理學叢書

朱子語類

七

〔宋〕黎靖德 編
王星賢 點校

中華書局

朱子語類卷第九十七

程子之書三 此卷係遺書中非入近思與四書等注者，以類而從，爲一卷。文集附。

或問：「尹和靖言看語録，伊川云：『某在，何必看此？』此語如何？」曰：「伊川在，便不必看；伊川不在了，如何不看！」蓋卿録云：「若伊川不在，則何可不讀！」只是門人所編，各隨所見淺深，却要自家分別它是非。前輩有言不必觀語録，只看易傳等書自好。天下亦無恁地道理，如此，則只當讀六經，不當看論孟矣！天下事無高無下，無小無大，若切己下工夫，件件是自家底；若不下工夫，擇書來看亦無益。」先生又言：「語録是雜載。只如閑説一件話，偶然引上經史上，便把來編了；明日人又隨上面去看。直是有學力，方能分曉。」謙。以下論語録。

問：「遺書中有十餘段説佛處，似皆云形上、直内與聖人同；却有一兩處云：『要之，其直内者亦自不是。』此語見得甚分明。不知其它所載，莫是傳録之差？」曰：「固是。纔經李端伯、呂與叔、劉質夫記，便真；至游定夫，便錯。可惜端伯、與叔、質夫早喪！使此三人者在，於程門之道，必有發明。」可學謂：「此事所係非輕，先生盍作一段文字爲辨明之？」曰：「須待爲之。」因説：「芮國器嘗云：『天下無二道，聖人無兩心，如何要排佛？』」曰：「只爲無二道，故著不得它。佛法只是作一無頭話相欺誑，故且恁地過；若分明説出，便窮。」可學。

記録言語難，故程子謂：「若不得某之心，則是記得它底意思。今遺書，某所以各存所記人之姓名者，蓋欲人辨識得耳。」今觀上蔡所記，則十分中自有三分以上是上蔡意思了，故其所記多有激揚發越之意；游氏所説則有温純不決之意；李端伯所記則平正；質夫所記雖簡約，然甚明切。看得來劉質夫那人煞高，惜乎不壽！廣。

伊川語，各隨學者意所録。不應一人之説其不同如此：游録語慢，上蔡語險，劉質夫語簡，永嘉諸公語絮。振。

李端伯語録宏肆，劉質夫語記其髓。方子。

坐客有問侯先生語録異同者。曰：「侯氏之説多未通。胡先生嘗薦之羅。他〔一〕録作「楊」。後延平先生與相會，頗謂胡先生稱之過當。因言其人輕躁不定，羅先生雖以凜然嚴

〔一〕「他」，似當作「池」。

毅之容與相待，度其頗難之。但云，其游程門之久，甚能言程門之事。然於道理未有所見，故其説前後相反，没理會。有與龜山一書。」賀孫。

張思叔語録多作文，故有失其本意處，不若只録語録爲善。方子。

楊志仁問明道説話。曰：「最難看。須是輕輕地挨傍它，描摸它意思，方得。若將來解，解不得。須是看得道理大段熟，方可看。」節。

先生問：「近來全無所問，是在此做甚工夫？」義剛對：「數日偶看遺書數版入心，遂乘興看數日。」先生曰：「遺書録明道語，多有只載古人全句，不添一字底，如曰『思無邪』，如曰『聖人以此齋戒，以神明其德夫』，皆是。亦有重出者，是當時舉此句教人去思量。」先生語至此，整容而誦「聖人以此齋戒，以神明其德夫」！曰：「便是聖人也要神明。這箇本是一箇靈聖底物事，自家齋戒，便會靈聖；不齋戒，便不靈聖。古人所以七日戒，三日齋。」胡叔器曰：「齋戒只是敬。」曰：「固是敬，但齋較謹於戒。湛然純一之謂齋，肅然警惕之謂戒。到湛然純一時，那肅然警惕也無了。」義剛。

胡明仲文伊川之語而成書，凡五日而畢。世傳河南夫子書，乃其略也。方。

問：「欲取程氏遺書中緊要言語，分爲門類，作一處看，庶得前後言語互相發明，易於融會。如何？」曰：「若編得也好。只恐言仁處或説著義，言性處或説著命，難入類耳。」浩。

學者宜先看遺書，次看尹和靖文字，後乃看上蔡文字，以發光彩，且已不述其說也。季通語。方。

伊川語尹曰：「夫子没而微言絶，異端起而大義乖。不知數十年後，人將謂我是何如人。」作説怪異模樣。又，三録中說，且得它見得不錯，已是好。所以楊謝如此。方。

「改文字自是難。有時意思或不好，便把來改；待得再看，又反不如前底。是以此見皆在此心如何，纔昏便不得。或有所遷就，或有所回避，或先有所主張，隨其意之所重，義理便差了。」器之問：「程子語有何疑處？」曰：「此等恐録得差，或恐是一時有箇意思說出，或是未定之論。今且怕把人未定之論便喚做是，也是切害。如今言語最是難得一一恰好。或有一時意思見得是如此，它日所見或未必然。惟聖人說出，句句字字都恰好。這只是這箇心，只是聖人之心平一。」賀孫。

記録言語有不同處。如伊川江行事，有二處載：一本云：「伊川自涪陵舟行遇風，舟人皆懼，惟伊川不動。岸上有負薪者，遥謂之曰：『達後如此，捨後如此。』伊川欲答之，而舟去已遠矣。」一本謂：「既至岸，或問其故。伊川曰：『心存誠敬爾。』或曰：『心存誠敬，曷若無心？』伊川欲與之言，已忽不見矣。」某嘗謂，前說不然。蓋風濤洶湧之際，負薪者何以見其不懼？而語言又何以相聞邪？「孰若無心」之説，謂隱者既言，則趨而辟之，可也。謂其忽然不見，則若鬼物然，必不然矣。又況達之與捨，只是一事，安得有分別邪？人傑。

「論日之行，『到寅，寅上光；到卯，卯上光』。『電是陰陽相軋，如以石相磨而火生。』『長安西風而雨。』『因食韭，言天地間寒煖有先後。』『或傳京師少雷，恐是地有高下。』『霹靂震死，是惡氣相擊搏。』凡此數條者，果皆有此理否？」曰：「此皆一時談論所及，學者記録如此。要之，天地陰陽變化之機，日月星辰運行之度，各有成説，而未可以立談判也。明道詩有『思入風雲變態中』之語。前輩窮理，何事不極其至？今所疑數條，其間必自有説。且『洊雷震，君子以恐懼修省』。聖人垂訓如此，則霹靂震死等事，理之所有，不可以爲無也。」謨。以下天地性理。

「伊川云：『測景以三萬里爲準，若有窮然。有至一邊已及一萬五千里者，而天地之運蓋如初也。』此言蓋誤。所謂『升降一萬五千里中』者，謂冬夏日行南陸北陸之間，相去一萬五千里耳，非謂周天只三萬里。」閎祖。

程氏遺書一段説日月處，諸本皆云：「不如三焦説周回而行。」不曉其義。後見一本云：「不如舊説周回而行。」乃傳寫之誤。雉。

十五卷：『必有無種之人，生於海島。』十八卷：『太古之時，人有牛首蛇身。』『金山得龍卵，龍湧水入寺，取卵而去。』『涪州見村民化虎。』此數條，皆記録者之誕。」曰：「以太極之旨而論氣化之事，則厥初生民，何種之有？此言海島無人之處，必有無種之人，不足多怪也。龍亦是天地間所有之物，有此物則有此理，取卵而去，容或有之。村民化虎，其説可疑。或恐此人氣惡如虎，它有所感召，未足深較也。」謨。

問：「遺書中有數段，皆云人與物共有此理，只是氣昏推不得，此莫只是大綱言其本同出？若論其得此理，莫已不同？」曰：「同。」曰：「既同，則所以分人物之性者，却是於通塞上別。如人雖氣禀異而終可同，物則終不可同。然則謂之理同則可，謂之性同則不可。」曰：「固然。但隨其光明發見處可見，如螻蟻君臣之類。但其禀形既別，則無復與人通之理。如獼猴形與人略似，則便有能解；野狐能人立，故能爲怪；如猪則極昏。如草木之類，荔枝、牡丹乃發出許多精英，此最難曉。」可學。

伊川説海漚一段，與横渠水冰説不争多。可學。

問：「程子説性一條云：『學者須要識得仁體。若知見得，便須立誠敬以存之。』是如何？」曰：「公看此段要緊是那句？」曰：「是『誠敬』二字上。」曰：「便是公不會看文字。它説要識仁，要知見得，方説到誠敬。末云：『吾之心，即天地之心；吾之理，即萬物之理；一日之運，即一歲之運。』這幾句説得甚好。人也會解得，只是未必實見得。向編近思録，欲收此段，伯恭以爲怕人曉不得，錯認了。程先生又説『性即理也』，更説得親切。」曰：「佛氏所以得罪於聖人，止緣它只知有一身，而不知有天地萬物。」曰：「如今人又忒煞不就自身己理會。」又問：「『性即理』，何如？」曰：「物物皆有性，便皆有其理。」曰：「枯槁之物，亦有理乎？」曰：「不論枯槁，它本來都有道理。」因指案上花瓶云：「花瓶便有花瓶底道理，書燈便有書燈底道理。水之潤下，火之炎上，金之從革，木之曲直，土之稼穡，一一都有性，都有理。人若用之，又著順它理，始得。若把金來削做木用，把木來鎔做金用，便無此理。」曰：「『西銘之意，與物同體』，體莫是仁否？」曰：「固是如此。然怎生見得意思是如此？與物同體固是仁，只便把與物同體做仁不得。恁地，只説得箇仁之軀殼。須實見得，方説得親切。如一椀燈，初不識之；只見人説如何是燈光，只恁地摶摸，只是不親切。只是便把光做燈，不得。」賀孫。

明道言「學者須先識仁」一段，説話極好。只是説得太廣，學者難入。人傑。

問：「一段説性命，下却云『見於事業之謂理』。『理』字不甚切。」曰：「意謂理有善有惡，但不甚安。」良久，又曰：「上兩句正是『天命之謂性』，下一句是『率性之謂道』。中庸是就天性上言，此是就事物上言，亦無害。」可學。

呂與叔謂養氣可以爲養心之助。程先生以爲不然，養心只是養心，又何必助？如爲孝只是爲孝，又何必以一事助之？某看得來，又不止此。蓋才養氣，則其心便在氣上了，此所以爲不可也。廣。

呂與叔言養氣可以爲養心之助，程先生大以爲不然。某初亦疑之，近春來方信。心死在養氣上，氣雖得其養，却不是養心了。方子。

問：「呂與叔有養氣之説，伊川有數處皆不予之。養氣莫亦不妨？只是認此爲道，却不是。」曰：「然。」又問：「一處説及平日思慮，如何？」曰：「此處正是微涉於道，故正之。」可學。

「遺書論命處，注云：『聖人非不知命，然於人事不得不盡。』如何？」曰：「人固有命，只是不可不『順受其正』，如『知命者不立乎巖牆之下』是。若謂其有命，却去巖牆之下立，萬一倒覆壓處，却是專言命不得。人事盡處便是命。」去僞。

問：「『觀雞雛，此可觀仁』，何也？」曰：「凡物皆可觀，此偶見雞雛而言耳。小小之物，生理悉具。」必大。

仲思問：「遺書云看雞雛可以觀仁，如何？」曰：「既通道理後，這般箇久久自知之。記曰：『善問者如攻堅木，先其易者，後其難者。』所以游先生問『陰陽不測之謂神』，而程子問之曰：『公是揀難底問？是疑後問？』故昨日與公説，讀書，須看一句後，又看一句；讀一章後，又讀一章。格物，須格一物後，又格一物。見這箇物事道理既多，則難者道理自然識得。」驤。

問：「遺書謂切脈可以體仁，莫是心誠求之之意否？」曰：「還是切脈底是仁？那脈是仁？」曰：「切脈是仁。」曰：「若如此，則當切脈時，又用著箇意思去體仁。」復問蜚卿曰：「仲思所説如何？」曰：「以伯羽觀之，恐是觀雞雛之意。」曰：「如何？」曰：「雞雛便是仁也。」曰：「切脈體仁又如何？」曰：「脈是那血氣周流，切脈則便可以見仁。」曰：「然。恐只是恁地。脈理貫通乎一身，仁之理亦是恁地。」又問：「雞雛如何是仁？」道夫曰：「先生嘗謂初與嫩底便是。」曰：「如此看，較分明。蓋當是時飲啄自如，未有所謂爭鬬侵陵之患者，只此便是仁也。」道夫。

致道問：「『仁則一，不仁則二』，如何？」曰：「仁則公，公則通，天下只是一箇道理。不仁則是私意，故變詐百出而不一也。」時舉。

問：「和靖語録中有兩段言仁：一云：『某謂仁者公而已。伊川曰：「何謂也？」曰：「能好人，能惡人。」伊川曰：「善涵養。」』又云：『某以仁，惟公可盡之。伊川曰：『思而至此，學者所難及也。天心所以至仁者，惟公耳。人能至公，便是仁。』」先生曰：「『人能至公，便是仁』，此句未安。然和靖言仁，所見如此。」問：「伊川何不以一二語告之？」曰：「未知其如何。」可學。

伊川言：「一心之謂誠，盡心之謂忠。」某看忠有些子是誠之用。「如惡惡臭，如好好色。」十分真實，恁地便是誠；若有八九分恁地，有一分不恁地，便是夾雜些虛僞在內，便是不誠。忠，便是盡心，盡心亦是恁地，便有些子是誠之用。賀孫。

「一心之謂誠，盡己之謂忠。」誠是實理自然如此，此處却不曾帶那動，只恁地平放在這裏。忠却是處事待物見得，却是向外説來。端蒙。

「盡心之謂忠，一心之謂誠，存於中之謂孚，見諸事之謂信。」問「中孚」之義，先生引伊川。蓋「孚」字從「爪」，從「子」，取鳥抱卵之義。言人心之所存者，實有是物也。僩。

問：「誠然後能敬。未知誠，須敬然後誠。『敬小誠大』，如何説？」曰：「必存此實理方能敬。只是此一『敬』字，聖人與學者深淺自異。」可學。

問：「程子曰『天下善惡皆天理』，何也？」曰：「惻隱是善，於不當惻隱處惻隱即是惡；剛斷是善，於不當剛斷處剛斷即是惡。雖是惡，然原頭若無這物事，却如何做得？本皆天理，只是被人欲反了，故用之不善而爲惡耳。」必大。

問：「『善惡皆天理』，如何？」曰：「此只是指其過處言。如『惻隱之心，仁之端』，本是善，纔過，便至於姑息；『羞惡之心，義之端』，本是善，纔過，便至於殘忍。故它下面亦自云：『謂之惡者，本非惡，但或過或不及，便如此。』」文蔚。

問：「『天下善惡皆天理。』楊墨之類，只是過不及，皆出於仁義，謂之天理，則可。如世之大惡，謂之天理，可乎？」曰：「本是天理，只是翻了，便如此。如人之殘忍，便是翻了惻隱。如放火殺人，可謂至惡；若把那去炊飯，殺其人之所當殺，豈不是天理？只緣翻了。道理有背有面，順之則是，背之則非。緣有此理，方有此惡。如溝渠至濁，當初若無清冷底水，緣何有此？」

或問：「『善惡皆天理也。』若是過與不及，些小惡事，固可說天理。如世間大罪惡，如何亦是天理？」曰：「初來本心都自好，少間多被利害遮蔽。如殘賊之事，自反了惻隱之心，是自反其天理。」賀孫問：「既是反了天理，如何又說『皆天理也』？莫是殘賊底惡，初從羞惡上發；淫溺貪欲底惡，初從惻隱上發；後來都過差了，原其初發都是天理？」曰：「如此說，亦好。但所謂反者，亦是四端中自有相反處。如羞惡，自與惻隱相反；是非，自與辭遜相反。如公說，也是好意思，因而看得舊一句不通處出。如『用人之智去其詐，用人之勇去其暴』，這兩句意分曉。惟是『用人之仁去其貪』一句没分曉。今公說貪是愛上發來，也是。思之，是淳善底人易得含胡苟且，姑息貪戀。」賀孫。

善，只是當恁地底；惡，只是不當恁地底。善惡皆是理，但善是那順底，惡是反轉來底。然以其反而不善，則知那善底自在，故「善惡皆理」也，然却不可道有惡底理。端蒙。

問：「『天只是以生爲道，繼此生理便是善。』善便有一箇元底意思，生便是繼，如何分作兩截？」曰：「此亦先言其理之統如此，然亦未甚安。有一人云：『「元」，當作「无」。』尤好笑！」可學。

孟子説「性善」，是就用處發明人性之善；程子謂「乃極本窮原之性」，却就用處發明本理。人傑。

季容甫問：「『中理在事，義在心』，如何？」曰：「中理，只是做得事來中理；義，則所以能中理者也。義便有揀擇取舍，易傳曰：『在物爲理，處物爲義。』」𦒿。

問：「『天地設位』一段，明道云見劉質夫録論人神處。『天地設位』，合道『易』字，道它字不得。不知此説如何？」曰：「明道説話，自有不論文義處。」可學。

問：「遺書有『古言乾坤不用六子』一段，如何？」曰：「此一段，却主張是自然之理。又有一段，却不取。」可學。

問遺書首卷「體道」之説。曰：「『體』，猶體當、體究之『體』，言以自家身己去體那道。蓋聖賢所説無非道者，只要自家以此身去體它，令此道爲我之有也。如克己，便是體道工夫。」僩。以下爲學工夫。

「謝氏記明道語：『既得後，須放開。』此處恐不然。當初必是說既得後，自然從容不迫，它記得意錯了。謝氏後來便是放開。周恭叔又是放倒。」因舉伊川謂「持之太甚，便是助長」。「亦須且恁去。助長固是不好，然合下未能到從容處，亦須且恁去，猶愈於不能執捉者。」淳。

「既得後，須放開。」此亦非謂須要放開，但謂既有所得，自然意思廣大，規模開擴。若未能如此，便是未有得，只是守耳。蓋以放開與否爲得與未得之驗。若謂有意放開，則大害事矣！上蔡謂周恭叔放開太早，此語亦有病也。

論遺書中說「放開」二字。先生曰：「且理會收斂。」問：「昨日論横渠言『得尺守尺，得寸守寸』，先生却云『須放寬地步』，如何？」曰：「只是且放寬看將去，不要守殺了。横渠說自好。但如今日所論，却是太局促了。」德明。

先生問：「遺書中『欲夾持這天理，則在德』一段，看得如何？」必大對曰：「中庸所謂『苟不至德，至道不凝焉』。」先生默然久之。必大問如何。曰：「此亦說得，然只是引證。畢竟如何是德？」曰：「只是此道理，因講習躬行後，見得是我之所固有，故守而勿失耳。」曰：「尋常看『據於德』，如何說？」必大以横渠「得寸守寸，得尺守尺」對。曰：「須先得了，方可守。如此說上，依舊認『德』字未著。今且說只是這道理，然須長長提撕，令在己者決定是做得如此。如方獨處默坐，未曾事君親，接朋友，然在我者已渾全是一箇孝弟忠信底人。以此做出事來，事親則必孝，事君則必忠，與朋友交則必信，不待旋安排。蓋存於中之謂德，見於事之謂行。易曰『君子以成德爲行』，正謂以此德而見諸事耳。德成於我者，若有一箇人在內，必定孝弟忠信，斷不肯爲不孝不弟不忠不信底事，與道家所謂『養成箇嬰兒在內』相似。凡人欲邊事，這箇人斷定不肯教自家做。故曰『默而成之，不言而信，存乎德行』。謂雖未曾說出來時，存於心中者，已斷是如此了，然後用得戒慎恐懼存養工夫。所以必用如此存養者，猶恐其或有時間斷故耳。程子所謂『須有不言而信者』，謂未言動時，已渾全是箇如此人，然却未有迹之可言，故曰『言難爲形狀』。又言：『學者須學文，知道者進德而已。有德，則「不習無不利」。』自初學者言之，它既未知此道理，則教它認何爲德？故必先令其學文。既學文後，知得此道理了，方可教其進德。聖人教人，既不令其躐等級做進德工夫，不令其止於學文而已。德既在己，則以此行之耳，不待外面勉强旋做，故曰『有德，則「不習無不利」』。凡此工夫，全在收斂近裏而已。中庸末章發明此意，至爲深切。自『衣錦尚絅』以下皆是，只暗暗地做工夫去。然此理自掩蔽不得，故曰『闇然而日章』。小人不曾做時，已報得滿地人知，然實不曾做得，故曰『的然而日亡』。『淡而不厭，簡而文，温而理』，皆是收斂近裏。『知遠之近，知風之自，知微之顯』，一句緊一句。」先生再三誦此六言，曰：「此工夫似淡而無味，然做時却自有可樂，故不厭；似乎簡略，然大小精粗秩然有序，則又不止於簡而已。『温而理』，温厚似不可曉，而條目不可亂，是於有序中更有分別。如此入細做工夫，故能『知遠之近，知風之自，知微之顯』。夫見於遠者皆本於吾心，可謂至近矣，然猶以己對物言之。『知風之自』，則知凡見於視聽舉動者，其是非得失，必有所從來，此則皆本於一身而言矣。至於『知微之顯』，則又説得愈密。夫一心至微也，然知其極，分明顯著。學者工夫能如此收斂來，方可言德，然亦未可便謂之德，但如此則可以入德矣。其下方言『尚不愧於屋漏』，蓋已能如此做入細工夫，知得分明了，方能慎獨涵養。其曰『不動而敬，不言而信』，蓋不動不言時，已是箇敬信底人了。又引詩『不顯維德』、『予懷明德』、『德輶如毛』言之，一章之中皆是發明箇『德』字。然所謂德者，實無形狀，故以『無聲臭』終之。」必大。

伊川云：「敬則無己可克。」其説高矣。然夫子當時只告顔子以「克己復禮」而已。蓋敬是常常存養底道理，克己是私欲發時便與克除去，兩不相妨。孔子告顔子克己之論，下面又有「爲仁由己而由人乎哉」之語在。璘。

問：「主敬不接視聽，須得如此否？」曰：「蓋有此樣人，如許渤之類。」

「心要活。」活，是生活之「活」，對著死説。活是天理，死是人欲。必大録云：「天理存則活，人欲用則死。」周流無窮，活便能如此。僩。

伯豐問：「程子曰『覺悟便是信』，如何？」曰：「未覺悟時，不能無疑，便半信半不信。已覺悟了，別無所疑，即是信。」僩。

「何以窒慾？伊川曰：『思。』此莫是言慾心一萌，當思禮義以勝之否？」曰：「然。」又問：「思與敬如何？」曰：「人於敬上未有用力處，且自思入，庶幾有箇巴攬處。『思』之一字，於學者最有力。」去僞。

「惟思爲能窒慾，如何？」曰：「思與觀同。如言『第能於怒時遽忘其怒而觀理之是非』。蓋是非既見，自然欲不能行。」升卿。

「思可以勝慾，亦是。」曰：「莫是要喚醒否？」曰：「然。」

蔡問：「程子曰：『要息思慮，便是不息思慮。』」曰：「思慮息不得，只敬便都没了。」淳。

上床斷不可思慮事爲，思慮了，没頓放處。如思慮處事，思慮了，又便做未得；如思量作文，思量了，又寫未得，遂只管展轉思量起來。便儘思量，不過如此。某舊來緣此不能寐，寧可呼燈來隨手寫了，方睡得著。程子贈温公數珠，只是令它數數而已，如道家數息是也。僩。

問：「『事上之道莫若忠，待下之道莫若恕。』莫是因事言之？」曰：「此説不知如何，郭子和亦如此説。如絜矩，豈無事上之恕？」可學。

程子曰：「積習儘有功。」禮在何處積習？在學者事到積習熟時，即和禮亦不見矣。必大。

問：「『從善如登』，是進向上底意？抑難底意？」曰：「從善積累之難，從惡淪胥之易。從善却好，然却難；從惡，便陷得易了。」淳。

問蘇季明「治經、傳道」一段。曰：「明道只在居業上説。忠信便是誠。」曰：「『誠』字説來大，如何執捉以進德？」曰：「由致知格物以至誠意處，則誠矣。」曰：「此是聖人事，學者如何用功？」曰：「此非説聖人，乃是言聖人之學如此。若學者則又有説話。乾言聖人之學，故曰『忠信所以進德，修辭立其誠所以居業』。坤言賢人之學，故曰『敬以直内，義以方外』。忠信便是在内，修辭是在外。」問：「何不説事？却説辭？」曰：「事尚可欺人，辭不可揜，故曰『言顧行，行顧言』。」曰：「既分聖賢之學，其歸如何？」曰：「歸無異。但著乾所言，便有自然底意思；坤所言，只是作得持守，終無自然底氣象。正如孔子告顔淵以克己，而告仲弓以敬恕。」曰：「伊川云：『敬則無己可克，則又與顔淵無異矣。』」曰：「不必如此看，且各就門户做。若到彼處自入得，尤好。只是其分界自如此。」可學。

問：「伊川語龜山：『勿好著書，著書則多言，多言則害道。』如何？」曰：「怕分却心，自是於道有害。」大雅。

居甫問：「伊川云：『隨時變易，乃能常久。』不知既變易，何以反能久？」曰：「一出一入乃能常，如春夏秋冬，乃天地之常久。使寒而不暑，暑而不寒，安能常久！」可學。

吕舍人記伊川説「人有三不幸」，以爲有高才能文章，亦謂之不幸。便是這事乖，少間盡被這些子能解擔閣了一生，便無暇子細理會義理。只從外面見得些皮膚，便説我已會得，筆下便寫得去，自然無暇去講究那精微。被人扛得來大，又被人以先生長者目我，更不去下問。少間傳得滿鄉滿保，都是這般種子。横渠有一段説：「人多爲人以前輩見處，每事不肯下問，壞了一生。我寧終是不知。」此段最好看。僩。

「自家既有此身，必有主宰。理會得主宰，然後隨自家力量窮理格物；而合做底事，不可放過些子。」因引程子言：「如行兵，當先做活計。」節。

問：「『以物待物』一段，上文云：『安可使小者亦大！』下又云：『用一心而處之。』意似相背。」曰：「『用一心而處之』，只是言盡吾心耳。」可學。

「樂意相關禽對語，生香不斷樹交花。」程子云：「可以見得浩然之氣。」先生云：「此只是無間斷之意，看『相關對語』，『不斷交花』，便見得。」端蒙。

問：「遺書云：『堯舜幾千年，其心至今在。』何謂也？」曰：「此是心之理，今則分明昭昭，具在面前。」淳。以下聖賢及先儒。

問：「伊川言：『「象憂亦憂，象喜亦喜」，與孔子「微服而過宋」相類。』」曰：「舜知象之將殺己，而象憂則亦憂，象喜則亦喜。孔子知桓魋必不能害，而又微服過宋。此兩事若相拗，然皆是『道並行而不相悖』，故云相類，非謂舜與孔子事一一相類也。」銖。節録云：「舜知象欲殺己而不防，夫子知桓魋不能殺己而微服，此兩事甚相拗，故伊川曰『相類』。」

問：「伊川曰：『聖人與理爲一，無過不及，中而已。』敢問：顏子擇乎中庸，未見其止，歎夫子瞻前忽後；則過不及雖不見於言行，而亦嘗動於心矣。此亦是失否？」曰：「此一段說得好。聖人只是一箇中底道理。」去僞。

問：「『有顏子之德，則孟子之事功自有』，與說才、誠處一段不同。恐彼是說天資之才，與此才別。到得理明，無不可用，是理明則天資之才不用？」曰：「然。」可學。

周茂叔納拜已受去，如何還？可學。

問：「遺書中說孔孟一段，看見不甚有異，南軒好提出。」曰：「明道云『我自做天裏』，此句只是帶過。後來却說是以天自處，便錯了。要之，此句亦是明道一時之意思如此。今必欲執以爲定說，却向空去了！」可學。

問：「明道行狀謂未及著書，而今有了翁所跋中庸，何如？」曰：「了翁初得此書，亦疑行狀所未嘗載，後乃謂非明道不能爲此。了翁之姪幾叟，龜山之壻也。翁移書曰：『近得一異書，吾姪不可不見。』幾叟至，次日，翁冠帶出此書。幾叟心知其書非是，未敢言。翁問曰：『何疑？』曰：『以某聞之龜山，乃與叔初年本也。』翁始覺，遂不復出。近日陸子静力主以爲真明道之書。某云：『却不要與某争。某所聞甚的，自有源流，非强説也。』兼了翁所舉知仁勇之類，却是道得著；至子静所舉，没意味也。」道夫。

「伊川前後進講，未嘗不齋戒，潛思存誠。如此，則未進講已前還有間斷否？」曰：「不然。尋常未嘗不誠，只是臨見君時，又加意爾，如孔子沐浴而告哀公是也。」去僞。

問：「伊川臨終時，或曰：『平生學底，正要今日用。』伊川開目曰：『説要用，便不是。』此是如何？」曰：「説要用，便是兩心。」僩。

魏問：「横渠言：『十五年學「恭而安」，不成。』明道曰：『可知是學不成，有多少病在。』莫是如伊川説：『若不知得，只是覷却堯學它行事，無堯許多聰明睿知，怎生得似它動容周旋中禮？』」曰：「也是如此。更有多少病。」良久曰：「人便是被一箇氣質局定，變得些子了，又更有些子；變得些子，又更有些子。」又云：「聖人『發憤忘食，樂以忘憂』，發憤便忘食，樂便忘憂，直是一刀兩段，千了萬當！聖人固不在説，但顔子得聖人説一句，直是傾腸倒肚，便都了；更無許多廉纖纏繞，絲來綫去。」問：「橫渠只是硬把捉，故不安否？」曰：「它只是學箇恭，自驗見不曾熟，不是學箇恭，又學箇安。」

程先生幼年屢説須要井田封建，到晚年又説難行，見於暢潛道録。想是它經歷世故之多，見得事勢不可行。淳。

問「古不必驗」一段。曰：「此是説井田。伊川高明，必見得是無不可行。然不如橫渠更驗過，則行出去無窒礙。」必大。

「古不必驗」，因橫渠欲置田驗井田，故云爾。伊川説話，多有如此處。可學。

范純父言：「今人陳乞恩例，義當然否，人皆以爲本分，不爲害。」伊川曰：「只爲而今士大夫道得箇『乞』字慣，却動不動又是乞也。」因問：「陳乞封父祖如何？」伊川云：「此事體又別。」再三請益，但云：「其説甚長，待別時説。」先生云：「某因説『甚長』之意思之，後來人只是投家狀，便是陳乞了。以至入仕，事事皆然。古者人有才德，即舉用。當時這般封贈，朝廷自行之，何待陳乞！程先生之意恐然也。觀後來郊恩都不曾爲太中陳請，則乞封贈，程先生亦不爲之矣。」揚。

問：「伊川於陳乞封父母之問云：『待別時説。』過謂此自出朝廷合行之禮，當今有司檢舉行下，亦不必俟陳乞也。」答云：「如此，名義却正。」過。

問：「謝顯道初見明道，自負該博，史書盡卷不遺一字。明道曰：『賢却記得許多，可謂玩物喪志！』謝聞此言，汗流浹背，面發赤。明道曰：『即此是「惻隱之心」。』夫爲師問所折難，而愧形於顔色，與惻隱之心似不相屬。明道乃云爾者，何也？」曰：「此問却要商量，且何不曰『羞惡之心』，而謂之『惻隱之心』？諸公試各以己意言之。」黎季成對曰：「此恐是識痛癢底道理。」先生未以爲然。次日，復以此請問。先生曰：「只是謝顯道聞明道之言，動一動。爲它聞言而動，便是好處，却不可言學者必欲其動。且如惻隱、羞惡、辭遜、是非，不是四件物，合下都有。『偏言則一事，總言則包四者』，觸其一則心皆隨之。言『惻隱之心』，則羞惡、辭遜、是非在其中矣。」又曰：「此心之初發處乃是惻隱，如有春方有夏，有惻隱方有羞惡也，如根蔕相連。」蓋卿。

伊川問和靖：「近日看大學功夫如何？」和靖曰：「只看得『心廣體胖』處意思好。」伊川曰：「如何見得好？」尹但長吟「心廣體胖」一句而已。看它一似瞞人，然和靖不是瞞人底人。公等讀書，都不見這般意思。僩。

又舉程子之言，謂陳平「知宰相之體」。先生問：「如何是『理陰陽』？」過未對。曰：「下面三語，便是『理陰陽』。」過。以下雜類。

問：「程先生云：『自漢以來，儒者皆不識此。』」曰：「如仲舒語，只約度有這物事。韓退之雖知有這物事，又說得太闊疏了。」燾。

魯叔問：「温公薨背，程子以郊禮成，賀而不弔，如何？」曰：「這也可疑。」或問：「賀則不弔，而國家事體又重，則不弔似無可疑。」曰：「便是不恁地。所以東坡謂『子於是日哭則不歌』，即不聞歌則不哭。蓋由哀而樂則難，由樂而哀則甚易。且如早作樂而暮聞親屬緦麻之戚，不成道既歌則不哭！這箇是一脚長，一脚短，不解得平。如所謂『三揖而進，一辭而退』，不成道辭亦當三！這所在以某觀之，也是伊川有些過處。」道夫問：「這事，且看温公諱日與禮成日同，則弔之可也。或已在先，則更差一日，亦莫未有害否？」曰：「似乎在先。但勢不恁地，自是合如此。只如『進以禮，退以義』，『罪疑惟輕，功疑惟重』，天下事自是恁地稱停不得。」道夫。

問：「王祥孝感事，伊川說如何？」曰：「程先生多有此處，是要說物我一同。然孝是王祥，魚是水中物，不可不別。如說感應，亦只言己感，不須言物。」可學。

問：「伊川『奪嫡』之說，不合禮經，是當時有遺命？抑後人爲之邪？」先生曰：「亦不見得如何，只侯師聖如此說。」問：「此說是否？」曰：「亦不見得是如何。」淳。

「世間有鬼神馮依言語者，蓋屢見之，未可全不信。本卷何以曰『師巫降言無此理』？又好談鬼神者，假使實有聞見，亦未足信。或是心病，或是目病，外書却言『不信神怪不可，被猛撞出來後，如何處置』。」先生曰：「神怪之説，若猶未能自明，鮮有不惑者。學者惟當以正自守，而窮理之有無，久久當自見得。讀書講明義理，到此等處雖有不同，姑闕其疑，以俟它日，未晚也。」謨。

「程先生謂：『莊生形容道體之語，儘有好處。老氏「谷神不死」一章最佳。』『莊子云：「嗜慾深者天機淺。」此言最善。』又曰：『謹禮不透者，深看莊子。』然則莊老之學，未可以爲異端而不講之耶？」曰：「『君子不以人廢言』，言有可取，安得而不取之？如所謂『嗜慾深者天機淺』，此語甚的當，不可盡以爲虛無之論而妄訾之也。」謨曰：「平時慮爲異教所汩，未嘗讀莊老等書，今欲讀之，如何？」曰：「自有所主，則讀之何害？要在識其意所以異於聖人者如何爾。」謨。以下異端。

遺書説：「老子言雜，陰符經却不雜，然皆窺測天道而未盡者也。」程先生可謂言約而理盡，括盡二書曲折。友仁。

「持國曰：『道家有三住：心住則氣住，氣住則神住。此所謂「存存守一」。』」伯淳曰：「『此三住者，人終食之頃未有不離者，其要只在收放心。』此則明道以持國之言爲然，而道家『三住』之説爲可取也。至第二卷，何以有曰『若言神住氣住，則是浮屠入定之法。雖言養氣，亦是第二節事？』若是，則持國當日之論，容有未盡者，或所記未詳，如何？」曰：

「二程夫子之爲教，各因其人而隨事發明之，故言之抑揚亦或不同。學者於此等處，必求其所以爲立言之意。倘自爲窒塞，則觸處有礙矣。與持國所言，自是于持國分上當如此説，然猶卒歸於收放心。至闢之以爲浮屠入定之説者，是必嚴其辭以啓迪後進，使先人之初不惑乎異端之説云爾。」謨。

「外書録伊川語：『今僧家讀一卷經，便要一卷經中道理受用。儒者讀書，却只閑了，都無用處！』又，明道嘗至禪房，方飯，見其趨進揖遜之盛，歎曰：『三代威儀，盡在是矣！』二説如何？」曰：「此皆歎辭也。前説歎後之學者不能著實做工夫，所以都無用處；後説歎吾儒禮儀反爲異端所竊取。但其間記録未精，故語意不圓，所以爲可疑耳。」謨。

「李端伯所記第一條，力闢釋氏説出山河大地等語，歷舉而言之。至論聖人之道，則以爲明如日星。及其終也，以爲會得此『便是會禪』。至與侯世興講孟子『浩然之氣』，則舉禪語爲況云：『事則不無，擬心則差。』十五卷論中庸言『無聲無臭』，勝如釋氏言『非黄非白』；似又以中庸之言，下與釋氏較勝負。至如所謂洒掃應對，與佛家默然處合；與陳瑩中論『天在山中，大畜』，是『芥子納須彌』，所引釋氏語不一而足。如其闢異端之嚴，而記者多録此，何耶？」曰：「韓持國本好佛學，明道與語，而有『便是會禪』之説者，蓋就其素所講明者因以入之。今人多説闢異端，往往於其教中茫然不知其説，馮虚妄語，宜不足以服之。如明道諸先生實嘗深究其說，盡得其所以爲虚誕怪僻之要領，故因言所及，各有其旨，未可以爲苟徇其說也。」謨。

問：「遺書首篇，明道與韓持國論禪一段，看來韓持國只是曉得那低底禪。嘗見范蜀公與温公書，說韓持國爲禪作祟，要想得山河大地無寸土，不知還能無寸土否？可將大樂與喚醒歸這邊來。今觀明道答它：『至如山河大地之說，是它山河大地，又干你何事？』想是持國曾發此問來，故明道如此說。不知當初韓持國合下被甚人教得箇矮底禪如此？然范蜀公欲以大樂喚醒，不知怎生喚得它醒？它方欲盡掃世間之物歸于至静，而彼欲以鬧底物引之，亦拙矣。況范蜀公之樂，也可可地。」用之問：「此等說，如何是矮底禪？豈解更有一般高底禪？」曰：「不然。它說世間萬法皆是虚妄，然又都是真實。你攻得它前面一項破，它又有後面一項，攻它不破。如明道云：『若說幻爲不好底性，則請別尋一箇好底性來，換了此不好底性。』此語也攻它不破。它元不曾說這箇不是性，它也說『直指人心，見性成佛』，何嘗說這箇不是性？你說『性外無道，道外無性』，它又何嘗說『性外有道，道外有性』來？它之說，有十分與吾儒相似處，只終不是。若見得吾儒之說，則它之說不攻自破，所以孟子說『遁辭知其所窮』。它到說窮處，便又有一樣說話，如云世間萬法都是虚妄，然又都是真實。此又是如何？今不須窮它，窮得它一邊，它又有一邊，都莫問它。只看得自家『天命之謂性，率性之謂道』分曉了，却略將它説看過，便見它底不是。所以明道引孔子『「予欲無言」，子貢曰：「子如不言，則小子何述焉？」子曰：「天何言哉？四時行焉，百物生焉，天何言哉！」』只看這數句，幾多分曉！也不待解説。只是玩味久之，便見。『天高地下，萬物散殊，而禮制行矣；流而不息，合同而化，而樂興焉。』『天有四時，春夏秋冬，風雨霜露，無非教也；地載神氣，神氣風霆，風霆流形，庶物露生，無非教也。』多少分曉！只是人自昏了，所以道理也要箇聰明底人看，一看便見，也是快活人。而今如此費人口頰，猶自不曉。」又曰：「釋迦佛初間入山修行，它也只是厭惡世諦，爲一身之計。觀它修行大故用功，未有後來許多禪底説話。後來相傳，一向説開了。」僩。

伊川謂：「釋氏之見，如管中窺天，只見直上，不見四旁。」某以爲不然。釋氏之見，蓋是瞥見水中天影耳。方子。

「禪家言性，猶日下置器」，謂輪迴也，如以蟻性與牛，是傾此於彼。方子。

問：「昨日先生説佛氏『但願空諸所有』，此固不是。然明道嘗説胸中不可有一事，如在試院推算康節數，明日問之，便已忘了。此意恐亦是『空諸所有』底意。」曰：「此出上蔡語録中，只是録得它自意，無這般條貫。顔子『得一善則拳拳服膺而不失』，孟子『必有事焉而勿忘』，何嘗要人如此？若是箇道理，須著存取。只如易繫説『過此以往，未之或知』，亦只是『雖欲從之，末由也已』之意。在它們説，便如鬼神變怪，有許多不可知底事。」德明。以下論記録之疑。

伊川曰：「實理者，實見得是，實見得非。」實理與實見不同。今合説，必記録有誤。蓋有那實理，人須是實見得。見得恁地確定，便有實見得，又都閑了。淳。

先生顧陳安卿曰：「伊川説實理，有不可曉處。云：『實見得是，實見得非。』恐是記者之誤，『見』字上必有漏落。理自是理，見自是見。蓋物物有那實理，人須是實見得。」義剛

問：「『不當以體會爲非心』，是如何？」曰：「此句曉未得。它本是闢横渠『心小性大』之説。心性則一，豈有小大！横渠却自説『心統性情』，不知怎生却恁地説？」

曰：「理在物，見在我。」曰：「是如此。」義剛。

問：「『不當以體會爲非心，故有「心小性大」之説』，如何是體會？」曰：「此必是横渠有此語，今其書中失之矣。横渠云『心禦見聞，不弘於性』，却做兩般説。渠説『人能弘道，非道弘人』處云：『心能檢其性，人能弘道也；性不知檢其心，非道弘人也。』此意却好。又不知它當初把此心、性作如何分？横渠説話有差處，多如此。」可學。

問：「游定夫所記，如云：『一息不存，非中也。』又曰：『君子之道，無適不中，故其心

與中庸合。』此處必是記録時失正意。」曰：「不知所記如何？其語極難曉。」可學。

問：「游定夫記程先生語，所謂：『一物不該，非中也；一事不爲，非中也；一息不存，非中也。何哉？爲其偏而已矣。』觀其意，蓋以中爲理，偏爲不周徧之意。『一物不該，一事不爲』，是説無物不有之意；『一息不存』，是説無時不然之意。是否？」曰：「便是它説『中』字不著。中之名義不如此。它説『偏』字却是一偏，一偏便不周徧，却不妨。但定夫記此語不親切，不似程先生每常説話，緣它夾雜王氏學。當時王氏學盛行，薰炙得甚廣。一時名流如江民表、彭器資、鄒道卿、陳了翁，皆被薰染，大片説去。」銖。

問：「『自性而行，皆善也』以下，當初必是以同此性，而於其上如此分別，記録不真了。」曰：「然。」可學。

問稱性之善一段。曰：「不是。」又問：「心如何有形？」曰：「張敬夫極善此二字。」曰：「當初意思必是以心比性，有少模倣，故記如此。」曰：「然。」可學。

「學者不可以不誠」一段，不是。可學。

問：「『内外得』一段，亦大寬。」曰：「然。」可學。

「物各付物，不役其知，便是致知，然最難。」此語未敢信，恐記者之誤。人傑。

問：「遺書有一段云：『「致知在格物」，物來則知起。物各付物，不役其知，則意自誠。』比其它説不同，却不曾下格物工夫。」曰：「不知此一段如何。」又問：「『物來則知起』，似無害。但以下不是。」曰：「亦須格，方得。」可學。

問「用方知，不用則不知」。曰：「這説也是理會不得，怕只是如道家通得未來底事。某向與一術者對坐，忽然云：『當有某姓人送簡至矣。』久之，果然。扣之，則云：『某心先動了，故知。』所謂用與不用，怕如此。恐伊川那時自因問答去，今不可曉。要附在『至誠之道可以前知』解中，只攪得鶻突，没理會。」賀孫。

問：「遺書中云：『聖人於易言「無思無爲」，此戒夫作爲。』此句須有錯。」曰：「疑當作『此非戒夫作爲』。」可學。

問「思入風雲變態中」。曰：「言窮理精深，雖風雲變態之理，思亦到。」節。以下文集。

明道詩：「不須愁日暮，天際是輕陰。」龜山語録説是時事。梅臺詩亦説時事。璘。

明道詩云：「旁人不識予心樂，將謂偷閑學少年。」此是後生時，氣象眩露，無含蓄。

「有鍾粹美兮，會元之期。」元氣會則生聖賢。曆家謂十一月朔夜半甲子冬至，自是難得遇也。砥。

問：「呂與叔問中處，『中者道之所從出』，某看呂氏意如何？」曰：「性者，道之所從出云爾。『中，即性也』，亦是此意。只是名義未善，大意却不在此。如程先生云『中即道也』，若不論其意，亦未安。」曰：「『中即道也』，未安。謂道所從出，却是就人爲上説，已陷了。」又云：「『中即道也』，却亦不妨。」又問：「『若謂性與道，大本與達道，可混爲一，即未安』以下云云，至『安得不爲二乎』，程先生語似相矛盾。」曰：「大本達道，性道雖同出，要須於中識所以異。」又問：「『中之爲義，自過不及而立名。』此段説中，與平日異。只爲吕氏形容中太過，故就其既發告之。」曰：「然。」又問「若只以中爲性」以下云云，至「却爲近之」。曰：「此語不可曉。當時問時，辭意亦自窘束。」又問：「『不倚之謂中，不雜之謂和』，如何？」曰：「有物方倚得。中未有物，如何倚？」曰：「若是，當倒説，中則不倚。」曰：「亦未是。不如不偏好。」又問：「中發出則自不雜，是要見工夫處，故以爲未安。」曰：「不雜訓和不得，可以訓不純。游定夫云『不乖之謂和』，却好。」又問：「『赤子之心』處，此是一篇大節目。程先生云：『毫釐有異，得爲大本乎？』看吕氏此處不特毫釐差，乃大段差。然毫釐差亦不得。聖人之心如明鏡止水，赤子之心如何比得？」曰：「未論聖人，與叔之失，却是認赤子之已發者皆爲未發。」曰：「固是如此。然若論未發時，衆人心亦不可與聖人同。」曰：「如何不同？若如此説，却是天理别在一處去了。」曰：「如此説，即中庸所謂未發之中，如何？」曰：「此却是要存其心，又是一段事。今人未發時心多擾擾，然亦有不擾擾時。當於此看。大抵此書答辭，亦有反爲所窘處。當初不若只與論聖人之心如此，赤子之心如彼，則自分明。」又問：「引孟子『心爲甚』，如何？」曰：「孟子乃是論心自度，非是心度物。」又問：「引『允執厥中』，如何？」曰：「它把做已發言，故如此説。」曰：「『聖人智周』以下，終未深達。又云『言未有異』，又終未覺。又云：『固未嘗以已發不同處指爲大本。』雖如此説，然所指又別。」曰：「然。」曰：「南軒云：「『心體昭昭』處，分作兩段。」曰：「不是如此，此説極好。敬夫初唱道時，好如此説話。」又問：「此一篇前項，只是名義失，最失處在赤子之心。」曰：「然。」可學。

鄭問呂氏與伊川論中書。曰：「呂説大概亦是，只不合將『赤子之心』一句插在那裏，便做病。赤子飢便啼，寒便哭，把做未發不得。如大人心千重萬折，赤子之心無恁勞攘，只不過飢便啼，寒便哭而已。未有所謂喜，所謂怒，所謂哀，所謂樂，其與聖人不同者只些子。」問：「南軒辨心體昭昭爲已發，如何？」曰：「不消如此。伊川只是改它赤子未發，南軒又要去討它病。」淳。

施問「赤子之心」。曰：「程子道是已發而未遠，如赤子飢則啼，渴則飲，便是已發。」寓。

今人呼墓地前爲「明堂」。嘗見伊川集中書爲「券臺」，不曉所以。南軒欲改之，某云不可，且留著。後見唐人文字中，言某朝詔改爲「券臺」。僩。

朱子語類卷第九十八

張子之書一 凡入近思者爲此卷。

張橫渠語録用關陝方言，甚者皆不可曉。近思録所載，皆易曉者。揚。

問「氣坱然太虚，升降飛揚，未嘗止息」。曰：「此張子所謂『虚空即氣』也。蓋天在四畔，地居其中，減得一尺地，遂有一尺氣，但人不見耳。此是未成形者。」問：「虚實以陰陽言否？」曰：「以有無言。及至『浮而上，降而下』，則已成形者，若所謂『山川之融結，糟粕煨燼』，即是氣之渣滓。要之，皆是示人以理。」道夫。第一卷。

升降飛揚，所以生人物者，未嘗止息，但人不見耳。如望氣者，凡氣之災祥皆能見之，如龍成五色之類。又如昔人有以五色綫令人暗中學辨，三年而後辨得。因論精專讀書。德明。

問：「『此虚實動静之機，陰陽剛柔之始。』言機言始，莫是説理否？」曰：「此本只是説氣，理自在其中。一箇動，一箇静，便是機處，無非教也。教便是説理。」又曰：「此等言語，都是經鍛鍊底語，須熟念細看。」義剛。

問：「『游氣紛擾，合而成質者，生人物之萬殊；其陰陽兩端，循環不已者，立天地之大義。』舊聞履之記先生語云：『游氣紛擾，當橫看；陰陽兩端，當直看，方見得。』是否？」曰：「也似如此。只是晝夜運而無息者，便是陰陽之兩端；其四邊散出紛擾者，便是游氣，以生人物之萬殊。某常言，正如麪磨相似，其四邊只管層層撒出。正如天地之氣，運轉無已，只管層層生出人物；其中有粗有細，故人物有偏有正，有精有粗。」又問：「『氣坱然太虛，升降飛揚，未嘗止息』，此是言一氣混沌之初，天地未判之時，爲復亘古今如此？」曰：「只是統說。只今便如此。」問：「升降者是陰陽之兩端，飛揚者是游氣之紛擾否？」曰：「此只是說陰陽之兩端。下文此『虛實動靜之機，陰陽剛柔之始』，此正是說陰陽之兩端。到得『其感遇聚結，爲雨露，爲霜雪，萬品之流形，山川之融結』以下，却正是說游氣之紛擾者也。」問：「『虛實動靜之機，陰陽剛柔之始』兩句，欲云『虛實動靜，乘此氣以爲機；陰陽剛柔，資此氣以爲始』，可否？」曰：「此兩句只一般。實與動，便是陽；虛與靜，便是陰。但虛實動靜是言其用，陰陽剛柔是言其體而已。」問：「『始』字之義如何？」曰：「只是說如箇生物底母子相似，萬物都從這裏生出去。上文說『升降飛揚』，便含這虛實動靜兩句在裏面了。所以虛實動靜陰陽剛柔者，便是這升降飛揚者爲之，非兩般也。至『浮而上者陽之清，降而下者陰之濁』，此兩句便是例。」疑是說生物底「則例」字。

問：「『無非教也』，都是道理在上面發見？」曰：「然。」因引禮記中「天道至教，聖人至德」一段與孔子「子欲無言」一段。「天地與聖人都一般，精底都從那粗底上發見，道理都從氣上流行。雖至粗底物，無非是道理發見。天地與聖人皆然。」僩。

問：「『游氣紛擾』一段，是說氣與理否？」曰：「此一段專是說氣，未及言理。『游氣紛擾，合而成質者，生人物之萬殊』，此言氣，到此已是渣滓粗濁者；去生人物，蓋氣之用也。『其動靜兩端，循環不已者，立天地之大義』，此說氣之本。上章言『氣坱然太虛』一段，亦是發明此意。因說佛老氏却不說著氣，以爲此已是渣滓，必外此然後可以爲道。遂至於絶滅人倫，外形骸，皆以爲不足卹也。」銖。

「游氣」、「陰陽」。陰陽即氣也，豈陰陽之外，又復有游氣？所謂游氣者，指其所以賦與萬物。一物各得一箇性命，便有一箇形質，皆此氣合而成之也。雖是如此，而所謂「陰陽兩端」，成片段滾將出來者，固自若也。亦猶論太極，物物皆有之；而太極之體，未嘗不存也。謨。

陰陽循環如磨，游氣紛擾如磨中出者。易曰「陰陽相摩，八卦相盪，鼓之以雷霆，潤之以風雨，日月運行，一寒一暑」，此陰陽之循環也；「乾道成男，坤道成女」，此游氣之紛擾也。閎祖。

「循環不已」者，「乾道變化」也；「合而成質」者，「各正性命」也。譬之樹木，其根本猶大義；散而成花結實，一向發生去，是人物之萬殊。賀孫。

問「游氣」、「陰陽」。曰：「游是散殊，比如一箇水車，一上一下，兩邊只管滾轉，這便是『循環不已，立天地之大義』底；一上一下，只管滾轉，中間帶得水灌溉得所在，便是『生人物之萬殊』。天地之間，二氣只管運轉，不知不覺生出一箇人，不知不覺又生出一箇物。即他這箇斡轉，便是生物時節。」道夫。

問「游氣紛擾，生人物之萬殊」。曰：「游氣是氣之發散生物底氣。游亦流行之意；紛擾者，參錯不齊。既生物，便是游氣。若是生物常運行而不息者，二氣初無增損也。」㽦。

問：「游氣莫便是陰陽？橫渠如此說，似開了。」曰：「此固是一物。但渠所說『游氣紛擾，合而成質』，恰是指陰陽交會言之。『陰陽兩端，循環不已』，却是指那分開底說。蓋陰陽只管混了闢，闢了混，故周子云：『混兮闢兮，其無窮兮。』」端蒙。

橫渠言「游氣紛擾」。季通云：「却不是說混沌未分，乃是言陰陽錯綜相混，交感而生物，如言『天地絪緼』。其下言『陰陽兩端』，却是言分別底。」上句是用，下句是體也。端蒙。

「游氣紛擾」是陰陽二氣之緒餘，「循環不已」是生生不窮之意。㽦。

叔器問游氣一段。曰：「游氣是裏面底，譬如一箇扇相似，扇便是立天地之大義底，扇出風來便是生人物底。」義剛。

問「陰陽」、「游氣」之辨。曰：「游氣是生物底。陰陽譬如扇子，扇出風，便是游氣。」義剛。

問「游氣」、「陰陽」。曰：「游氣是出而成質。」曰：「只是陰陽氣？」曰：「然。便當初不道『合而成質』，却似有兩般。」可學。

横渠言：「游氣紛擾，合而成質者，生人物之萬殊；其陰陽兩端，循環不已者，立天地之大義。」説得似稍支離。只合云，陰陽五行，循環錯綜，升降往來，所以生人物之萬殊，立天地之大義。端蒙。

横渠謂「天體物而不遺，猶仁體事而無不在」。此數句，是從赤心片片説出來，荀揚豈能到！士毅。

趙共父問「天體物而不遺，猶仁體事而無不在」。曰：「體物，猶言爲物之體也，蓋物物有箇天理；體事，謂事事是仁做出來。如『禮儀三百，威儀三千』，須是仁做始得。凡言體，便是做他那骨子。」時舉。

趙共父問：「『天體物而不遺，猶仁體事而無不在也。』以見物物各有天理，事事皆有仁？」曰：「然。天體在物上，仁體在事上，猶言天體於物，仁體於事。本是言物以天爲體，事以仁爲體。緣須著從上説，故如此下語。」致道問：「與『體物而不可遺』一般否？」曰：「然。」曰：「先生易解將『幹事』説。」曰：「幹事，猶言爲事之幹；體物，猶言爲物之體。」共父問：「下文云：『「禮儀三百，威儀三千」，無一物而非仁也。』」曰：「『禮儀三百，威儀三千』，然須得仁以爲骨子。」賀孫。

問：「『天體物而不遺，猶仁體事而無不在』，何也？」曰：「理者物之體，仁者事之體。事事物物，皆具天理，皆是仁做得出來。仁者，事之體。體物，猶言幹事，事之幹也。『禮儀三百，威儀三千』，非仁則不可行。譬如衣服，必有箇人著方得。且如『坐如尸』，必須是做得。凡言體者，必是做箇基骨也。」

「昊天曰明，及爾出王」，音往。言往來游衍，無非是理。「無一物之不體」，猶言無一物不將這箇做骨。端蒙。

問「仁體事而無不在」。曰：「只是未理會得『仁』字。若理會得這一字了，則到處都理會得。今未理會得時，只是於他處上下文有些相貫底，便理會得；到別處上下文隔遠處，便難理會。今且須記取做箇話頭，賀孫録云：「千萬記取此是箇話頭！」久後自然曉得。或於事上見得，或看讀別文義，却自知得。」道夫。賀孫同。

問：「『物之初生，氣日至而滋息』，此息只是生息之『息』，非止息之『息』否？」曰：

「然。嘗看孟子言『日夜之所息』，程子謂『息』字有二義。某後來看，只是生息。」道夫。

「『至之謂神，以其伸也；反之謂鬼，以其歸也。』人死便是歸，『祖考來格』便是伸。」死時便都散了。僩。

橫渠言「至之謂神，反之謂鬼」，固是。然雷風山澤亦有神，今之廟貌亦謂之神，亦以方伸之氣爲言爾。此處要錯綜周徧而觀之。伸中有屈，屈中有伸，便看此意。伸中有屈，如人有魄是也；屈中有伸，如鬼而有靈是也。

問：「神之伸也，其情狀可得而知者。鬼之歸也，如『洋洋乎如在其上，如在其左右』，依人而行之類，便是其情狀否？」曰：「鬼神即一樣，如何恁地看？」曰：「『至之謂神』，如雨露風雷、人物動植之類，其情狀可得而知。『反之謂鬼』，則無形狀之可求，故有此問。」曰：「『祖考來格』，便是神之伸也。這般處，橫渠有數説，説得好，又説得極密。某所以教公多記取前輩語，記得多，自是通貫。」又舉橫渠謂曰：「以博物洽問之學，以稽窮天地之思。」「須是恁地方得。」

用之問「性爲萬物之一源」。曰：「所謂性者，人物之所同得。非惟己有是，而人亦有是；非惟人有是，而物亦有是。」道夫。

橫渠云：「一故神。譬之人身，四體皆一物，故觸之而無不覺，不待心使至此而後覺也。此所謂『感而遂通，不行而至，不疾而速』也。」發於心，達於氣，天地與吾身共只是一團物事。所謂鬼神者，只是自家氣。自家心下思慮纔動，這氣即敷於外，自然有所感通。賀孫。

或問「一故神」。曰：「一是一箇道理，却有兩端，用處不同。譬如陰陽：陰中有陽，陽中有陰；陽極生陰，陰極生陽，所以神化無窮。」去僞。

問「一故神」。曰：「横渠說得極好，須當子細看。但近思録所載與本書不同。當時緣伯恭不肯全載，故後來不曾與他添得。『一故神』，横渠親注云：『兩在故不測。』只是這一物，却周行乎事物之間。如所謂陰陽、屈伸、往來、上下，以至於行乎什伯千萬之中，無非這一箇物事，所以謂『兩在故不測』。『兩故化』，注云：『推行乎一。』凡天下之事，一不能化，惟兩而後能化。且如一陰一陽，始能化生萬物。雖是兩箇，要之亦是推行乎此一爾。此說得極精，須當與他子細看。」道夫。

林問：「『一故神，兩故化』，此理如何？」曰：「兩所以推行乎一也。張子言：『一故神，兩在故不測；兩故化，推行於一。』謂此兩在，故一存也。『兩不立，則一不可見；一不可見，則兩之用或幾乎息矣』，亦此意也。如事有先後，才有先，便思量到末後一段，此便是兩。如寒，則暑便在其中；晝，則夜便在其中，便有一寓焉。」寓。

「一故神，兩故化。」兩者，陰陽、消長、進退。兩者，所以推行於一；一所以爲兩。「一不立，則兩不可得而見；兩不可見，則一之道息矣。」横渠此説極精。非一，則陰陽、消長無自而見；非陰陽、消長，則一亦不可得而見矣。

「『神化』二字，雖程子説得亦不甚分明，惟是横渠推出來。淵録云：「前人都説不到。」推行有漸爲化，合一不測爲神。」又曰：「『一故神』，兩在故不測。『兩故化』，言『兩在』者，或在陽，在陰時全體都是陰，在陽時全體都是陽。化是逐一挨將去底，一日復一日，一月復一月，節節挨將去，便成一年，這是化。」直卿云：「『一故神』，猶『一動一静，互爲其根』；『兩故化』，猶『動極而静，静極復動』。」方子。

横渠語曰：「一故神。」自注云：「兩在故不測。」又曰：「兩故化。」自注云：「推行於一。」是在陽又在陰，無這一，則兩便不能以推行。兩便即是這箇消長，又是化，又是推行之意。又曰：「横渠此語極精。見李先生説云：『舊理會此段不得，終夜椅上坐思量，以身去裏面體，方見得平穩。每看道理處皆如此。』某時爲學，雖略理會得，有不理會得處，便也恁地過了。及見李先生後，方知得是恁地下工夫。」又曰：「某今見得這物事了，覺得見好則劇相似。舊時未理會得，是下了多少工夫！而今學者却恁地泛泛然，都没緊要，不把當事，只是謾學。理會得時也好，理會不得時也不妨，恁地如何得！須是如射箭相似，把著弓，須是射得中，方得。」

「惟心無對」。「心統性情」。二程却無一句似此切。方子。

「心統性情。」統，猶兼也。升卿。

「心統性情。」性情皆因心而後見。心是體，發於外謂之用。孟子曰：「仁，人心也。」又曰：「惻隱之心。」性情上都下箇「心」字。「仁，人心也」，是說體；「惻隱之心」，是說用。必有體而後有用，可見「心統性情」之義。僩。

問「心統性情」。曰：「性者，理也。性是體，情是用。性情皆出於心，故心能統之。統，如統兵之『統』，言有以主之也。且如仁義禮智是性也，孟子曰：『仁義禮智根於心。』惻隱、羞惡、辭遜、是非，本是情也，孟子曰：『惻隱之心，羞惡之心，辭遜之心，是非之心。』以此言之，則見得心可以統性情。一心之中自有動靜，靜者性也，動者情也。」卓。

問：「『心統性情』，統如何？」曰：「統是主宰，如統百萬軍。心是渾然底物，性是有此理，情是動處。」又曰：「人受天地之中，只有箇心性安然不動，情則因物而感。性是理，情是用，性靜而情動。且如仁義禮智信是性，然又有說『仁心、義心』，這是性亦與心通；說惻隱、羞惡、辭遜、是非是情，然又說道『惻隱之心，羞惡之心，是非之心』，這是情亦與心通說。這是情性皆主於心，故恁地通說。」問：「意者心之所發，與情性如何？」曰：「意也與情相近。」問：「志如何？」曰：「志也與情相近。只是心寂然不動，方發出，便喚做意。横渠云：『志公而意私。』看這自説得好。志便清，意便濁；志便剛，意便柔；志便有立作意思，意便有潛竊意思。公自子細看，自見得。意，多是説私意；志，便説『匹夫不可奪志』。」賀孫。

「心統性情者也。」「寂然不動」，而仁義禮智之理具焉。動處便是情。有言静處便是性，動處是心，如此，則是將一物分作兩處了。心與性，不可以動静言。凡物有心而其中必虚，如飲食中雞心猪心之屬，切開可見。人心亦然。只這些虚處，便包藏許多道理，彌綸天地，該括古今。推廣得來，蓋天蓋地，莫不由此，此所以爲人心之妙歟？理在人心，是之謂性。性如心之田地，充此中虚，莫非是理而已。心是神明之舍，爲一身之主宰。性便是許多道理，得之於天而具於心者。發於智識念慮處，皆是情，故曰「心統性情」也。謨。

横渠云：「心統性情。」蓋好善而惡惡，情也；而其所以好善而惡惡，性之節也。且如見惡而怒，見善而喜，這便是情之所發。至於喜其所當喜，而喜不過；謂如人有三分合喜底事，我却喜至七八分，便不是。怒其所當怒，而怒不遷；謂如人有一分合怒底事，我却怒至三四分，便不是。以至哀樂愛惡欲皆能中節而無過：這便是性。道夫。

先生取近思録，指横渠「心統性情」之語以示學者。力行問曰：「心之未發，則屬乎性；既發，則情也。」曰：「是此意。」因再指伊川之言曰：「心一也，有指體而言者，有指用而言者。」力行。

季通云：「『心統性情』，不若云，心者，性情之統名。」端蒙。

横渠言：「凡物莫不有性，由通蔽開塞，所以有人物之别；由蔽有厚薄，故有智愚之别。」似欠了生知之聖。端蒙。

横渠此段不如吕與叔分别得分曉。吕曰：「蔽有淺深，故爲昏明；蔽有開塞，故爲人物。」閎祖。

或問：「通蔽開塞，張横渠、吕芸閣説，孰爲親切？」曰：「與叔倒分明似横渠之説。看來塞中也有通處，如猿狙之性即靈，猪則全然蠢了，便是通蔽不同處。『本乎天者親上，本乎地者親下。』如人頭向上，所以最靈；草木頭向下，所以最無知；禽獸之頭横了，所以無知；猿狙稍靈，爲他頭有時也似人，故稍向得上。」履孫。

敬子問：「『「精義入神」，事豫吾内，求利吾外也。』『求』字似有病，便有箇先獲底心。『精義入神』，自然是能利吾外，何待於求？」曰：「然。當云『所以利吾外也』。」李又曰：「繫辭此已上四節，都是説咸卦。蓋咸，只是自家感之他便應，非是有心於求人之應也。如上文往來屈伸，皆是此意。」僩。第二卷。

精熟義理而造於神，事業定乎内，而乃所以求利乎外也；通達其用而身得其安，素利乎外，而乃所以致養其内也。蓋内外相應之理。端蒙。

問「精義入神」一條。曰：「入神，是入至於微妙處。此却似向内做工夫，非是作用於外，然乃所以致用於外也。故嘗謂門人曰：『吾學既得於心，則修其辭；命辭無差，然後斷事；斷事無失，吾乃沛然。「精義入神」者，豫而已。』横渠可謂『精義入神』。横渠云：『陰陽二氣推行以漸，謂化；闔闢不測，謂神。』伊川先生説神化等，却不似横渠較説得分明。」賀孫。

「事豫吾内。」事未至而先知其理之謂豫。學履。

用之問：「『德不勝氣，性命於氣；德勝於氣，性命於德。』前日見先生説，以『性命』之『命』爲聽命之『命』。適見先生舊答潘恭叔書，以『命』與『性』字只一般，如言性與命也；所以後面分言『性天德，命天理』。不知如何？」曰：「也是如此。但『命』字較輕得些。」僩

問：「若將『性命』作兩字看，則『於氣』、『於德』字，如何地説得來？則當云『性命皆由於氣，由於德』始得。」曰：「横渠文自如此。」僩。

德性若不勝那氣禀，則性命只由那氣；德性能勝其氣，則性命都是那德，兩者相爲勝負。蓋其禀受之初，便如此矣。然亦非是元地頭不渾全，只是氣禀之偏隔著。故窮理盡

性，則善反之功也。「性天德，命天理」，則無不是元來至善之物矣。若使不用修爲之功，則雖聖人之才，未必成性。然有聖人之才，則自無不修爲之理。端蒙。

問「德不勝氣」一章。曰：「張子只是説性與氣皆從上面流下來。自家之德，若不能有以勝其氣，則祇是承當得他那所賦之氣。若是德有以勝其氣，則我之所以受其賦予者，皆是德。故窮理盡性，則我之所受，皆天之德；其所以賦予我者，皆天之理。氣之不可變者，惟死生修夭而已。蓋死生修夭，富貴貧賤，這却還他氣。至『義之於君臣，仁之於父子』，所謂『命也，有性焉，君子不謂命也』。這箇却須由我，不由他了。」道夫。

問：「『窮理盡性，則性天德，命天理。』這處性、命如何分别？」曰：「性是以其定者而言，命是以其流行者而言。命便是水恁地流底，性便是將椀盛得來。大椀盛得多，小椀盛得少，淨潔椀盛得清，汙漫椀盛得濁。」賀孫。

「横渠言：『形而後有氣質之性，善反之，則天地之性存焉。』又曰：『德不勝氣，性命於氣；德勝其氣，性命於德。』又曰：『性天德，命天理。』蓋人生氣禀自然不同，天非有殊，人自異禀。有學問之功則性命於德，不能學問，然後性命惟其氣禀耳。」曰：「從前看『性命於德』一句，意謂此性由其德之所命。今如此云，則是『性命』二字皆是德也。」曰：「然。」力行。

橫渠云：「所不可變者，惟壽夭耳。」要之，此亦可變。但大概如此。力行。

問：「『莫非天也』，是兼統善惡而言否？」曰：「然。正所謂『善固性也，然惡亦不可不謂之性』，二者皆出於天也。陽是善，陰是惡；陽是强，陰是弱；陽便清明，陰便昏濁。大抵陰陽有主對待而言之者，如陽是仁、陰是義之類。這又别是一樣，是專就善上説，未有那惡時底説話。」頃之，復曰：「程先生云：『視聽思慮動作，皆天也。人但於其中要識得真與妄爾。』」道夫。

陽明勝則德性用，陰濁勝則物欲行。只將自家意思體驗，便見得。人心虚静，自然清明；才爲物欲所蔽，便陰陰地黑暗了，此陰濁所以勝也。謨。

「『大其心，則能體天下之物。世人之心，止於見聞之狹，故不能體天下之物。唯聖人盡性，故不以所見所聞梏其心，故大而無外，其視天下無一物非我。』他只是説一箇大與小。孟子謂『盡心則知性知天』，以此。蓋盡心，則只是極其大；心極其大，則知性知天，而無有外之心矣。」道夫問：「今未到聖人盡心處，則亦莫當推去否？」曰：「未到那裏，也須知説聞見之外，猶有我不聞不見底道理在。若不知聞見之外猶有道理，則亦如何推得？要之，此亦是横渠之意然，孟子之意則未必然。」道夫曰：「孟子本意，當以大學或問所引爲正。」曰：「然。孟子之意，只是説窮理之至，則心自然極其全體而無餘，非是要大其心而後知性知天也。」道夫曰：「只如横渠所説，亦自難下手。」曰：「便是横渠有時自要恁地説，似乎只是懸空想像而心自然大。這般處，元只是格物多後，自然豁然有箇貫通處，這便是『下學而上達』也。孟子之意，只是如此。」道夫。

「大其心，則能遍體天下之物。」體，猶「仁體事而無不在」，言心理流行，脈絡貫通，無有不到。苟一物有未體，則便有不到處。包括不盡，是心爲有外。蓋私意間隔，而物我對立，則雖至親，且未必能無外矣。「故有外之心，不足以合天心。」端蒙。

問：「『物有未體，則心爲有外』，此『體』字是體察之『體』否？」曰：「須認得如何喚做體察。今官司文書行移，所謂體量、體究是這樣『體』字。」或曰：「是將自家這身入那事物裏面去體認否？」曰：「然。猶云『體羣臣』也。伊川曰『「天理」二字，却是自家體貼出來』，是這樣『體』字。」僩。

問：「『物有未體，則心爲有外。』『體』之義如何？」曰：「此是置心在物中，究見其理，如格物、致知之義，與『體用』之『體』不同。」木之。

横渠云：「物有未體，則心爲有外。」又曰：「有外之心，不足以合天心。」蓋天大無外，物無不包。物理所在，一有所遺，則吾心爲有外，便與天心不相似。」道夫。

「世人之心止於見聞之狹，聖人盡性，不以見聞梏其心。」伯豐問：「如何得不以見聞梏其心？」曰：「張子此説，是説聖人盡性事。如今人理會學，須是有見聞，豈能舍此？先是於見聞上做工夫到，然後脱然貫通。蓋尋常見聞，一事只知得一箇道理，若到貫通，便都是一理，曾子是已。盡性，是論聖人事。」僴。

問「有外之心」。曰：「十分事做得七八分，便是有外。所以致知、格物者，要得無外也。」夔孫。

或問：「如何是『有外之心』？」曰：「只是有私意，便内外扞格。只見得自家身己，凡物皆不與己相關，便是『有外之心』。横渠此説固好。然只管如此説，相將便無規矩，無歸著，入於邪遁之説。且如夫子爲萬世道德之宗，都説得語意平易，從得夫子之言，便是無外之實。若便要説天大無外，則此心便瞥入虛空裏去了。」學蒙。

横渠言：「爲德辨，爲感速。」辨，猶子細；感速，言我之感發速也。端蒙。

「息有養，瞬有存。」言一息之間亦有養，一瞬之頃亦有存，如「造次顛沛必於是」之意，但説得太緊。端蒙。

西銘一篇，首三句却似人破義題。「天地之塞」、「帥」兩句，恰似人做原題，乃一篇緊要處。「民吾同胞」止「無告者也」，乃統論如此。「于時保之」以下，是做處。端蒙。

「乾稱父！坤稱母！」厲聲言「稱」字。又曰：「以主上爲我家裏兄子，得乎！」節。

西銘解義云：「乾者，健而無息之謂；坤者，順而有常之謂。」問：「此便是陽動陰静否？」曰：「此是陽動陰静之理。」端蒙。

「混然中處」，言混合無間，蓋此身便是從天地來。端蒙。

「天地之塞吾其體，天地之帥吾其性。」塞，如孟子說「塞乎天地之間」。塞只是氣。吾之體即天地之氣。帥是主宰，乃天地之常理也。吾之性即天地之理。賀孫。

「吾其體，吾其性」，有我去承當之意。謨。

或問：「『天地之帥吾其性』，先生解以『乾健、坤順爲天地之志』。天地安得有志？」曰：「『復其見天地之心』，『天地之情可見』，安得謂天地無心、情乎！」或曰：「福善禍淫，天之志否？」曰：「程先生說『天地以生物爲心』，最好，此乃是無心之心也。」人傑。

西銘大要在「天地之塞吾其體，天地之帥吾其性」兩句。塞是說氣，孟子所謂「以直養而無害，則塞乎天地之間」，即用這箇「塞」字。張子此篇，大抵皆古人說話集來。要知道理只有一箇，道理，中間句句段段，只說事親事天。自一家言之，父母是一家之父母；自天下言之，天地是天下之父母；通是一氣，初無間隔。「民吾同胞，物吾與也。」萬物雖皆天地所生，而人獨得天地之正氣，故人爲最靈，故民同胞，物則亦我之儕輩。孟子所謂「親親而仁民，仁民而愛物」，其等差自然如此，大抵即事親以明事天。賀孫。

問西銘之義。曰：「緊要血脈盡在『天地之塞吾其體，天地之帥吾其性』兩句上。上面『乾稱父』，至『混然中處』是頭，下面『民吾同胞，物吾與也』，便是箇項。下面便撒開說，說許多。『大君者吾父母宗子』云云，盡是從『民吾同胞，物吾與也』說來。到得『知化則善述其事，窮神則善繼其志』，這志便只是那『天地之帥吾其性』底志。爲人子便要述得父之事，繼得父之志，如此方是事親如事天；便要述得天之事，繼得天之志，方是事天。若是違了此道理，便是天之悖德之子；若害了這仁，便是天之賊子；若是濟惡不悛，便是天之不才之子；若能踐形，便是天之克肖之子。這意思血脈，都是從『天地之塞吾其體，天地之帥吾其性』說。緊要都是這兩句，若不是此兩句，則天自是天，我自是我，有何干涉！」

或問：「此兩句，便是理一處否？」曰：「然。」僩。

問：「西銘自『乾稱父，坤稱母』，至『民吾同胞，物吾與也』處，是仁之體；『於時保之』以下，是做工夫處？」曰：「若言『同胞吾與』了，便說著『博施濟衆』，却不是。所以只說教人做工夫處只在敬與恐懼，故曰『于時保之，子之翼也』。能常敬而恐懼，則這箇道理自在。」又曰：「因事親之誠，以明事天之道，只是譬喻出來。下面一句事親，一句事天，如『匪懈』、『無忝』是事親，『不愧屋漏』、『存心養性』是事天。下面說事親，兼常變而言。如曾子是常，舜、伯奇之徒皆變。此在人事言者如此，天道則不然，直是順之無有不合者。」

又問「理一而分殊」。「言理一而不言分殊，則爲墨氏兼愛；言分殊而不言理一，則爲楊氏爲我。所以言分殊，而見理一底自在那裏；言理一，而分殊底亦在，不相夾雜。」子蒙。

林聞一問：「西銘只是言仁、孝、繼志、述事。」曰：「是以父母比乾坤。主意不是説孝，只是以人所易曉者明其所難曉者耳。」木之。

問：「西銘説『潁封人之錫類』，『申生其恭』。二子皆不能無失處，豈能盡得孝道？」曰：「西銘本不是説孝，只是説事天，但推事親之心以事天耳。二子就此處論之，誠是如此。蓋事親却未免有正有不正處。若天道純然，則無正不正之處，只是推此心以奉事之耳。」寓。

問：「西銘：『無所逃而待烹。』申生未盡子道，何故取之？」先生曰：「天不到得似獻公也。人有妄，天則無妄。若教自家死，便是理合如此，只得聽受之。」夔孫。

答叔京「參乎」、「伯奇」之語：「天命無妄；父母之命，有時而出於人欲之私。」方。

西銘要句句見「理一而分殊」。文蔚。

西銘通體是一箇「理一分殊」，一句是一箇「理一分殊」，只先看「乾稱父」三字。一篇中錯綜此意。

或問西銘「理一而分殊」。曰：「今人説，只説得中間五六句『理一分殊』。據某看時，

『乾稱父，坤稱母』，直至『存吾順事，没吾寧也』，句句皆是『理一分殊』。唤做『乾稱』、『坤稱』，便是分殊。如云『知化則善述其事』，是我述其事；『窮神則善繼其志』，是我繼其志。又如『存吾順事，没吾寧也』。以自家父母言之，生當順事之，死當安寧之；以天地言之，生當順事而無所違拂，死則安寧也，此皆是分殊處。逐句渾淪看，便是理一；當中横截斷看，便見分殊。」因問：「如先生後論云：『推親親之恩以示無我之公，因事親之誠以明事天之實。』看此二句，足以包括西銘一篇之統體，可見得『理一分殊』處分曉。」曰：「然。」又云：「以人之自有父母言之，則一家之内有許多骨肉宗族。如『民吾同胞，物吾與也』。大君者，吾父母宗子』以下，却是以天地爲一大父母，與衆人廝共底也。」燾。

道夫言：「看西銘，覺得句句是『理一分殊』。」曰：「合下便有一箇『理一分殊』，從頭至尾又有一箇『理一分殊』，是逐句恁地。」又曰：「合下一箇『理一分殊』；截作兩段，只是一箇天人。」道夫曰：「他説『乾稱父，坤稱母，予茲藐焉，乃混然中處』。如此，則是三箇。」曰：「『混然中處』則便是一箇。許多物事都在我身中，更那裏去討一箇乾坤？」問「塞」之與「帥」二字。曰：「塞，便是『充塞天地』之『塞』；帥，便是『志者氣之帥』之『帥』。」問：「『物吾與也』，莫是黨與之『與』？」曰：「然。」道夫。

西銘一篇，始末皆是「理一分殊」。以乾爲父，坤爲母，便是理一而分殊；「予茲藐焉，混然中處」，便是分殊而理一。「天地之塞吾其體，天地之帥吾其性」，分殊而理一；「民吾同胞，物吾與也」，理一而分殊。逐句推之，莫不皆然。某於篇末亦嘗發此意。乾父坤母，皆是以天地之大喻一家之小：乾坤是天地之大，父母是一家之小；大君大臣是大，宗子家相是小，類皆如此推之。舊嘗看此，寫作旁通圖子，分爲一截，上下排布，亦甚分明。謨。

一之問西銘「理一而分殊」。曰：「西銘自首至末，皆是『理一而分殊』。乾父坤母，固是一理；分而言之，便見乾坤自乾坤，父母自父母，惟『稱』字便見異也。」又問：「自『惡旨酒』至『勇於從而順令』，此六聖賢事，可見理一分殊乎？」曰：「『惡旨酒』，『育英才』，是事天；『顧養』及『錫類』則是事親；每一句皆存兩義，推類可見。」問：「『天地之塞』，如何是『塞』？」曰：「『塞』與『帥』字，皆張子用字之妙處。塞，乃孟子『塞天地之間』；體，乃孟子『氣體之充』者；有一毫不滿不足之處，則非塞矣。帥，即『志，氣之帥』，而有主宰之意。此西銘借用孟子論『浩然之氣』處。若不是此二句爲之關紐，則下文言『同胞』、言『兄弟』等句，在他人中物，皆與我初何干涉！其謂之『兄弟』、『同胞』，乃是此一理與我相爲貫通。故上說『父母』，下說『兄弟』，皆是其血脈過度處。西銘解二字只說大概，若要說盡，須因起疏注可也。」寓。

問西銘分殊處。曰：「有父，有母，有宗子，有家相，此即分殊也。」節。

西銘大綱是理一而分自爾殊。然有二説：自天地言之，其中固自有分別；自萬殊觀之，其中亦自有分別。不可認是一理了，只滚做一看，這裏各自有等級差別。且如人之一家，自有等級之別。所以乾則稱父，坤則稱母，不可棄了自家父母，却把乾坤做自家父母看。且如「民吾同胞」，與自家兄弟同胞，又自別。龜山疑其兼愛，想亦未深曉西銘之意。西銘一篇，正在「天地之塞吾其體，天地之帥吾其性」兩句上。敬仲。

問西銘。曰：「更須子細看他説理一而分殊。而今道天地不是父母，父母不是天地，不得，分明是一理。『乾道成男，坤道成女』，則凡天下之男皆乾之氣，凡天下之女皆坤之氣；從這裏（一）〔便〕〔一〕徹上徹下都即是一箇氣，都透過了。」又曰：「『繼之者善』便是公共底，『成之者性』便是自家得底。只是一箇道理，不道是這箇是，那箇不是。如水中魚，肚中水便只是外面水。」賀孫。

問：「西銘『理一而分殊』，分殊，莫是『民吾同胞，物吾與也』之意否？」曰：「民物固是分殊，須是就民物中又知得分殊。不是伊川説破，也難理會。然看久，自覺裏面有分別。」

用之問：「西銘所以『理一分殊』，如民物則分『同胞』、『吾與』，大君家相，長幼殘疾，

〔一〕據陳本改。

皆自有等差。又如所以事天，所以長長幼幼，皆是推事親從兄之心以及之，此皆是分殊處否？」曰：「也是如此。但這有兩種看：這是一直看下，更須横截看。若只恁地看，怕淺了。『民吾同胞』，同胞裏面便有理一分殊底意；『物吾與也』，吾與裏面便有理一分殊底意。『乾稱父，坤稱母』，道是父母，固是天氣而地質；然與自家父母，自是有箇親疏；從這處便『理一分殊』了。看見伊川説這意較多。龜山便正是疑『同胞』、『吾與』爲近於墨氏，不知他『同胞』、『吾與』裏面，便自分『理一分殊』了。如公所説恁地分別分殊，『殊』得也不大段。這處若不子細分別，直是與墨氏兼愛一般！」賀孫。卓録云：「劉用之問：『西銘「理一而分殊」。若大君宗子，大臣家相，與夫民、物等，皆是「理一分殊」否？』曰：『如此看，亦是。但未深，當截看。如西銘劈頭來便是「理一而分殊」。且「乾稱父，坤稱母」，雖以乾、坤爲父母，然〔一〕自家父母自有箇親疏，這是「理一而分殊」。等而下之，以至爲大君，爲宗子，爲大臣家相，若理則一，其分未嘗不殊。民吾同胞，物吾黨與，皆是如此。龜山正疑此一著，便以民吾同胞，物吾黨與，近于墨氏之兼愛。不知他同胞、同與裏面，便有箇「理一分殊」。若如公所説恁地分別，恐勝得他也不多。這處若不分別，直是與墨子兼愛一般！』」

問：「西銘句句是『理一分殊』，亦只就事天、事親處分否？」曰：「是。『乾稱父，坤稱母』，只下『稱』字，便別。這箇有直説底意思，有横説底意思。『理一而分殊』，龜山説得又

〔一〕「然」，賀疑下脱「與」字。

别。他只以『民吾同胞，物吾與』及『長長幼幼』爲理一分殊。」曰：「龜山是直説底意思否？」曰：「是。然龜山只説得頭一小截；伊川意則闊大，統一篇言之。」曰：「何謂横説底意思？」曰：「『乾稱父，坤稱母』是也。這不是即那事親底，便是事天底。」曰：「横渠只是借那事親底來形容事天做箇樣子否？」曰：「是。」淳。

問：「向日曾以西銘仁孝之理請問，先生令截斷横看。文蔚後來見得孝是發見之先，仁是天德之全。事親如事天，即是孝；自此推之，事天如事親，即仁矣。『老吾老，幼吾幼』，自老老幼幼之心推之，至於疲癃殘疾，皆如吾兄弟顛連而無告，方始盡。故以敬親之心，不欺闇室，不愧屋漏，以敬其天；以愛親之心，樂天循理，無所不順，以安其天，方始盡性。竊意横渠大意只是如此，不知是否？」曰：「他不是説孝，是將孝來形容這仁；事親底道理，便是事天底樣子。人且逐日自把身心來體察一遍，便見得吾身便是天地之塞，吾性便是天地之帥；許多人物生於天地之間，同此一氣，同此一性，便是吾兄弟黨與；大小等級之不同，便是親疏遠近之分。故敬天當如敬親，戰戰兢兢，無所不至；愛天當如愛親，無所不順。天之生我，安頓得好，令我當貴崇高，便如父母愛我，當喜而不忘；安頓得不好，令我貧賤憂戚，便如父母欲成就我，當勞而不怨。」徐子融曰：「先生謂事親是事天底樣子，只此一句，説盡西銘之意矣！」文蔚。

西銘有箇劈下來底道理，有箇横截斷底道理。直卿疑之。竊意當時語意，似謂每句直下而觀之，理皆在焉；全篇中斷而觀之，則上專是事天，下專是事親，各有攸屬。方子。

聖人之於天地，如孝子之於父母。西銘。升卿。

西銘説，是形化底道理，此萬物一源之性。太極者，自外而推入去，到此極盡，更没去處，所以謂之太極。謨。

問西銘：帥。摠心性言。與。如「與國」、「相與」之類。于時保之。畏天。不憂。樂天。賊。賊子。濟惡。積惡。化。有迹。神。無迹。旨酒。欲也。不弛勞。横渠解「無施勞」亦作「弛」。豫。如後漢書言「天意未豫」。方。

「龜山有論西銘二書，皆非，終不識『理一』。至於『稱物平施』，亦説不著。易傳説是。大抵西銘前三句便是綱要，了得，即句句上自有『理一分殊』。」後來已有一篇説了。方云：「指其名者分之殊，推其同者理之一。」方。

林子武問：「龜山語録曰：『西銘「理一而分殊」。知其理一，所以爲仁；知其分殊，所以爲義。』」先生曰：「仁，只是流出來底便是仁；各自成一箇物事底便是義。仁只是那流行處，義是合當做處。仁只是發出來底；及至發出來有截然不可亂處，便是義。且如愛其親，愛兄弟，愛親戚，愛鄉里，愛宗族，推而大之，以至於天下國家，只是這一箇愛流出來；而愛之中便有許多等差。且如敬，只是這一箇敬；便有許多合當敬底，如敬長、敬賢，便有許多分別。」又問禮。先生曰：「以其事物之宜之謂義，義之有節文之謂禮。且如諸侯七廟，大夫五廟，士二，這箇便是禮；禮裏面便有義。所以說：『天命之謂性，率性之謂道，修道之謂教。』如中庸集略呂與叔所云：『自是合當恁地。』知得親之當愛，子之當慈，這便是仁；至於各愛其親，各慈其子，這便是義。這一箇物事分不得。流出來底便是仁，仁打一動，便是義禮智信當來。不是要仁使時，仁來用；要義使時，義來用，只是這一箇道理，流出去自然有許多分別。且如心、性、情，而今只略略動著，便有三箇物事在那裏，其實只是一箇物。虛明而能應物者，便是心；應物有這箇道理，便是性；會做出來底，便是情，這只一箇物事。」義剛。

龜山說「理一」似未透。據老幼及人一句，自將分殊都說了。但其意以老幼互相推及，所以然者同類也，但施置有先後耳。因說：「我老老幼幼，他亦老老幼幼，互相推及，天下豈有不治！此便是『絜矩之道』。」方。

謝艮齋說西銘「理一分殊」，在上之人當理會理一，在下之人當理會分殊。如此，是分西銘做兩節了！艮齋看得西銘錯。先生以爲然。泳。

問東銘。曰：「此正如今法書所謂『故失』兩字。」因令道夫寫作圖子看：

戲言出於思也，戲動作於謀也。發於聲，見乎四支，謂非己心，不明也；欲人無己疑，不能也。

過言非心也，過動非誠也。失於聲，謬述其四體，謂己當然，自誣也；欲他人己從，誣人也。

或者謂出于心者，歸咎爲己戲；失于思者，自誣爲己誠。不知戒其出汝者，歸咎其不出汝者，長遂且傲非，不智孰甚焉！

問：「横渠語范巽之一段如何？」曰：「惟是今人不能『脱然如大寐之得醒』，只是捉道理説。要之，也説得去，只是不透徹。」又曰：「正要常存意，使不忘，他釋氏只是如此。然他逼拶得又緊。」直卿曰：「張子語比釋氏更有窮理工夫在。」曰：「工夫固自在，也須用存意。」問直卿：「如何説『存意不忘』？」曰：「只是常存不及古人意。」曰：「設此語者，只不要放倒此意爾。」道夫。

横渠：「未能立心，惡思多之致疑。」此説甚好，便見有次序處。必大録云：「蓋云事固當考索。然心未有主，却泛然理會不得。」若是思慮紛然，趨向未定，未是箇主宰，如何地講學！𥲤。

問「未知立心，惡思多之致疑；既知所以立，惡講治之不精」一章。曰：「未知立心，則或善或惡，故胡亂思量，惹得許多疑起；既知所立，則是此心已立於善而無惡，便又惡講治之不精，又却用思。講治之思，莫非在我這道理之内。如此，則『雖勤而何厭』！『所以急於可欲者』，蓋急於可欲之善，則便是無善惡之雜，便是『立吾心於不疑之地』。人之所以有疑而不果於爲善者，以有善惡之雜；今既有善而無惡，則『若決江河以利吾往』矣。『遜此志，務時敏』，雖是低下著這心以順他道理，又却抖擻起那精神，敏速以求之，則『厥修乃來』矣。這下面云云，只是説一『敏』字。」道夫。

「心大則百物皆通。」通，只是透得那道理去，病，則是窒礙了。端蒙。

居甫問：「『心小則百物皆病。』如何是小？」曰：「此言狹隘則事有窒礙不行。如仁則流於姑息，義則入於殘暴，皆見此不見彼。」可學。

「合内外，平物我，此見道之大端。」蓋道只是致一公平之理而已。端蒙。

問：「横渠『物怪神姦』書，先生提出『守之不失』一句。」曰：「且要守那定底。如『精氣爲物，游魂爲變』，此是鬼神定説。又如孔子説『非其鬼而祭之諂也』、『敬鬼神而遠之』等語，皆是定底。其他變處，如未曉得，且當守此定底。如前晚説怪，便是變處。」淳。第三卷。

横渠所謂「物怪神姦」不必辨，且只「守之不失」。如「精氣爲物，游魂爲變」，此是理之常也。「守之勿失」者，以此爲正，且恁地去，他日當自見也。若「委之無窮，付之不可知」，此又溺於茫昧，不能以常理爲主者也。伯有爲厲，别是一種道理。此言其變，如世之妖妄者也。謨。

問：「顏子心粗之説，恐太過否？」曰：「顏子比之衆人純粹，比之孔子便粗。如『有不善未嘗不知，知之未嘗復行』，是他細膩如此。然猶有這不善，便是粗。伊川説『未能「不勉而中，不思而得」，便是過』一段，説得好。」淳。

近思録云顏子心粗。顏子尚有此語，人有一毫不是，便是心粗。壽昌。

問：「横渠説：『客慮多而常心少，習俗之心勝而實心未完。』所謂客慮與習俗之心，有分別否？」曰：「也有分別：客慮是泛泛思慮，習俗之心便是從來習染偏勝底心。實心是義理底心。」僩。第四卷。

問「敦篤虚静者仁之本」。曰：「敦篤虚静，是爲仁之本。」僩。

問「湛一氣之本，攻取氣之欲」。曰：「湛一，是未感物之時，湛然純一，此是氣之本。攻取，如目之欲色，耳之欲聲，便是氣之欲。」曰：「攻取，是攻取那物否？」曰：「是。」淳。第五卷。

問：「横渠謂：『世之病難行者，以亟奪富人之田爲辭。然處之有術，期以數年，不刑一人而可復。』不審井議之行於今，果如何？」曰：「講學時，且恁講。若欲行之，須有機會。經大亂之後，天下無人，田盡歸官，方可給與民。如唐口分世業，是從魏晉積亂之極，至元魏及北齊、後周，乘此機方做得。荀悦漢紀一段正説此意，甚好。若平世，則誠爲難行。」黄丈問：「東坡破此論，只行限田之法，如何？」曰：「都是胡説！作事初如雷霆霹靂，五年後猶放緩了。況限田之法雖舉於今，明年便淡似今年，後年又淡似明年，一年淡一年，便寢矣。若欲行之，須是行井田；若不能行，則且如今之俗。必欲舉限田之法，此之謂戲論！且役法猶行不得：往年貴賤通差，縣吏呈單子，首曰『第一都保正蔣芾』，因此不便，竟罷。況於田，如何限得？林勳本政書一生留意此事，後在廣中作守，畫作數井。然廣中無人煙，可以如此。」淳。義剛録别出。第九卷。

安卿問：「横渠復井田之説如何？」曰：「這箇事，某皆不曾敢深考。而今只是差役，尚有萬千難行處；莫道便要奪他田，他豈肯！且如壽皇初要令官户亦作保正。其時蔣侍郎作保正，遂令人書『保正蔣芾』，後來此令竟不行。且如今有一大寄居作保正，縣道如何敢去追他家人？或又説，將錢問富人買田來均，不知如何得許多錢？荀悦便道，行井田須是大亂之後，如高光之時，殺得無人後，田便無歸，從而來均。此説也是。」義剛問：「東坡限田之説如何？」曰：「那箇只是亂説！而今立法如霹靂，後三五年去，便放緩了。今立限田時，直是三二十年事；到那時去，又不知如何。而今若要行井田，則索性火急做；若不行，且依而今様。那限田只是箇戲論，不可行。林勳作本政書，一生留意此事，後守廣郡，亦晝得數井。然廣中無人煙，可以如此。」義剛。

橫渠若制井田，畢竟繁。使伊川爲之，必簡易通暢。觀「古不必驗」之言可見。方。

問橫渠「言有無，諸子之陋也」。曰：「無者無物，却有此理；有此理，則有矣。老氏乃云『物生於有，有生於無』，和理也無，便錯了！」可學。第十三卷。

朱子語類卷第九十九

張子書二 非類入近思者別爲此卷。

正蒙有差分曉底看。節。

或問：「正蒙中説得有病處，還是他命辭不出有差？還是見得差？」曰：「他是見得差。如曰『「繼之者善也」，方是「善惡混」』云云。『「成之者性」，是到得聖人處，方是成得性，所以説「知禮成性而道義出」。』似這處，都見得差了。」賀孫。

正蒙所論道體，覺得源頭有未是處，故伊川云：「過處乃在正蒙。」答書之中云：「非明睿所照，而考索至此。」蓋横渠却只是一向苦思求將向前去，却欠涵泳以待其義理自形見處。如云「由氣化有道之名」，説得是好；終是生受辛苦，聖賢便不如此説。試教明道説，便不同。如以太虚太和爲道體，却只是説得形而下者，皆是「發而皆中節謂之和」處。䕫。

横渠教人道：「夜間自不合睡；只爲無可應接，他人皆睡了，己不得不睡。」他做正蒙時，或夜裏默坐徹曉。他直是恁地勇，方做得。因舉曾子「任重道遠」一段，曰：「子思、曾子直恁地，方被他打得透。」榦。

橫渠作正蒙時，中夜有得，亦須起寫了，方放下得而睡。不然，放不下，無安著處。

正蒙説道體處，如「太和」、「太虛」、「虛空」云者，止是説氣。説聚散處，其流乃是箇大輪迴。蓋其思慮攷索所至，非性分自然之知。若語道理，惟是周子説「無極而太極」最好。如「由太虛有天之名，由氣化有道之名，合虛與氣有性之名，合性與知覺有心之名」，亦説得有理。「由氣化有道之名」，如所謂「率性之謂道」是也。然使明道形容此理，必不如此説。伊川所謂「橫渠之言誠有過者，乃在正蒙」；「以清虛一大爲萬物之原，有未安」等語，概可見矣。人傑。

問：「橫渠説『太和所謂道』一段，考索許多亦好。其後乃云『不如野馬絪緼，不足謂之太和』，却説倒了。」曰：「彼以太和狀道體，與發而中節之和何異！」人傑。

問：「橫渠『太虛』之説，本是説無極，却只説得『無字』。」曰：「無極是該貫虛實清濁而言。『無極』字落在中間，『太虛』字落在一邊了，便是難説。聖人熟了説出，便恁地平正，而今把意思去形容他，却有時偏了。明道説：『氣外無神，神外無氣。謂清者爲神，則濁者非神乎？』後來亦有人與橫渠説。橫渠却云：『清者可以該濁，虛者可以該實。』却不知『形而上者』還他是理，『形而下者』還他是器。既説是虛，便是與實對了；既説是清，便是與濁對了，如左丞相大得右丞相不多。」問曰：「無極且得做無形無象説？」曰：「雖無形，却有理。」又問：「無極、太極，只是一物？」曰：「本是一物，被他恁地説，却似兩物。」夔孫。

横渠説道，止於形器中揀箇好底説耳。謂清爲道，則濁之中果非道乎？「客感客形」與「無感無形」，未免有兩截之病。聖人不如此説，如曰「形而上者謂之道」，又曰「一陰一陽之謂道」。人傑。

言「客感客形」與「無感無形」，未免分截作兩段事。聖人不如此説，只説「形而上，形而下」而已，故又曰「一陰一陽之謂道」。蓋陰陽雖是器，而與道初不相離耳。道與器，豈各是一物乎？當。

問「太虚不能無氣」一段。曰：「此難理會。若看，又走作去裏。」去僞。

問：「『氣聚則離明得施而有形，氣不聚則離明不得施而無形。』離明，何謂也？」曰：「此説似難曉。有作日光説，有作目説。看來只是氣聚則目得而見，不聚則不得而見，易所謂『離爲目』是也。」先生因舉「方其形也，有以知幽之因；方其不形也，有以知明之故」，「合當言『其形也，有以知明之故；其不形也，有以知幽之因』方是。却反説，何也？蓋以形之時，此幽之因已在此；不形之際，其明之故已在此。聚者散之因，散者聚之故。」一之。寓同。

問：「橫渠云：『太虛即氣。』太虛何所指？」曰：「他亦指理，但説得不分曉。」曰：「太和如何？」曰：「亦指氣。」曰：「他又云『由昧者指虛空爲性，而不本天道』，如何？」曰：「既曰道，則不是無，釋氏便直指空了。大要渠當初説出此道理多誤。」可學。

正蒙中「地純陰，天浮陽」一段，説日月五星甚密。閎祖。參兩篇。

橫渠云：「天左旋，處其中者順之，少遲則反右矣。」此説好。閎祖。

橫渠言「陰聚之，陽必散之」一段，却見得陰陽之情。㽦。

橫渠云：「陽爲陰累，則相持爲雨而降。」陽氣正升，忽遇陰氣，則相持而下爲雨。蓋陽氣輕，陰氣重，故陽氣爲陰氣壓墜而下也。「陰爲陽得，則飄揚爲雲而升。」陰氣正升，忽遇陽氣，則助之飛騰而上爲雲也。「陰氣凝聚，陽在内者不得出，則奮擊而爲雷霆。」陽氣伏於陰氣之内不得出，故爆開而爲雷也。「陽在外者不得入，則周旋不舍而爲風。」陰氣凝結於内，陽氣欲入不得，故旋繞其外不已而爲風，至吹散陰氣盡乃已也。「和而散，則爲霜雪雨露；不和而散，則爲戾氣曀霾。」戾氣，飛雹之類；曀霾，黄霧之類，皆陰陽邪惡不正之氣，所以雹水穢濁，或青黑色。僩。

問：「橫渠言：『帝天之命，主於民心。』」曰：「皆此理也。民心之所向，即天心之所存也。」人傑。天道篇。

問：「橫渠謂：『鬼神者，往來屈伸之意，故天曰神，地曰示，人曰鬼。』『示』字之義如何？」曰：「説文『示』字，以有所示爲義，故『視』字從『示』。天之氣生而不息，故曰神；地之氣顯然示人，故曰示。向嘗見三舍時舉子易義中有云：『一而大，謂之天；二而小，謂之地。』二而小，即『示』字也，恐是字説。」又曰：「『天曰神，地曰示』者，蓋其氣未嘗或息也。人鬼則其氣有所歸矣。」廣。神化篇。

林問：「『神爲不測，故緩辭不足以盡神；化爲難知，故急辭不足以體化。』如何是緩辭、急辭？」曰：「神自是急底物事，緩辭如何形容之？如『陰陽不測之謂神』，『神無方，易無體』，皆是急辭。化是漸漸而化，若急辭以形容之，則不可。」寓。

林問「象若非氣，指何爲象？時若非象，指何爲時」云云。答曰：「且如天地日月，若無這氣，何以撑住得成這象？象無晦明，何以別其爲晝夜？無寒無暑，何以別其爲冬夏？」寓。

「天氣降而地氣不接，則爲霧；地氣升而天氣不接，則爲雺。見禮運注。「聲者，氣形相軋而成。兩氣，風雷之類；兩形，桴鼓之類；氣軋形，如笙簧之類；形軋氣，如羽扇敲矢之類，是皆物感之良能，人習之而不察耳。」至。動物篇。

問：「橫渠説：『天性在人，猶水性之在冰，凝釋雖異，爲理一也。』又言：『未嘗無之謂體，體之謂性。』先生皆以其言爲近釋氏。冰水之喻，有還元反本之病，云近釋氏則可。『未嘗無之謂體，體之謂性』，蓋謂性之爲體本虛，而理未嘗不實，若與釋氏不同。」曰：「他意不是如此，亦謂死而不亡耳。」文蔚。誠明篇。

問：「張子冰水之說，何謂近釋氏？」曰：「水性在冰只是凍，凝成箇冰，有甚造化？及其釋，則這冰復歸於水，便有迹了。與天性在人自不同。」曰：「程子『器受日光』之說便是否？」曰：「是。除了器，日光便不見，却無形了。」淳。

問：「橫渠謂『所不能無感首無性』。性只是理，安能感？恐此言只可名『心』否？」曰：「橫渠此言雖未親切，然亦有箇模樣。蓋感固是心，然所以感者，亦是此心中有此理，方能感。理便是性，但將此句要來解性，便未端的。如伊川說『仁者天下之正理』；又曰：『仁者，天下之公，善之本也。』將此語來贊詠仁，則可；要來正解仁，則未親切。如義，豈不是天下之正理！」淳。

問：「橫渠言『物所不能無感謂性』，此語如何？」曰：「有此性，自是因物有感。見於君臣父子日用事物當然處，皆感也，所謂『感而遂通』是也。此句對了『天所不能自已謂命』。蓋此理自無息止時，晝夜寒暑，無一時停，故『逝者如斯』，而程子謂『與道爲體』。這道理，今古晝夜無須臾息，故曰『不能已』。」銖。

問：「聞見之知，非德性之知。他便把博物多能作聞見之知。若如學者窮理，豈不由此至德性之知？」曰：「自有不由聞見而知者。」可學。（天）〔大〕心篇〔一〕。

問橫渠「耳目知，德性知」。曰：「便是差了。雖在聞見，亦同此理。不知他資質如此，何故如此差！」某云：「呂與叔難曉處似橫渠，好處却多。」曰：「他又曾見伊川。」某云：「他更在得一二十年，須傳得伊川之學。」曰：「渠集中有與蘇季明一書，可疑，恐曾學佛。」可學。

賀孫再問前夜所說橫渠聖人不教人避凶處吉，亦以正信勝之之語。伯謨云：「此可以破世俗利害之說。合理者無不吉，悖理者無不凶。然其間未免有相反者，未有久而不定也。」先生因云：「諸葛誠之却道呂不韋春秋好，道他措置得事好。却道董子『正其義不謀其利，明其道不計其功』說不是。他便說，若是利成，則義自在其中；功成，則道自在其中。」賀孫。大易篇。

問橫渠說「遇」。曰：「他便說，命就理說。」曰：「此遇乃是命。」曰：「然。命有二：有理，有氣。」曰：「子思『天命之謂性』是理，孟子是帶氣說。」曰：「然」。可學。乾稱篇。

〔一〕據正蒙改。

「橫渠言遇，命是天命，遇是人事，但説得亦不甚好，不如孟子。」某又問。曰：「但不知他説命如何。」可學。

橫渠闢釋氏輪回之説。然其説聚散屈伸處，其弊却是大輪回。蓋釋氏是箇箇各自輪回，橫渠是一發和了，依舊一大輪回。呂與叔集中亦多有此意思。僩。

橫渠所謂「立得心」，只是作得主底意思。端蒙。以下理窟篇語録並雜録。

問橫渠「得尺守尺，得寸守寸」之説。曰：「不必如此，且放寬地步。不成讀書得一句且守一句！須一面居敬持養將去。」德明。

用之問「虚者，仁之原」。曰：「此如『「克己復禮」爲仁』，又如『太極動而生陽』。」子蒙。

問「虚者，仁之原」。曰：「虚只是無欲，故虚。虚明無欲，此仁之所由生也。」又問：「此『虚』字與『一大清虚』之『虚』如何？」曰：「這虚也只是無欲，渠便將這箇喚做道體。然虚對實而言，却不似形而上者。」銖。

問：「橫渠有『清虚一大』之説，又要兼清濁虚實。」曰：「渠初云『清虚一大』，爲伊川詰難，乃云『清兼濁，虚兼實，一兼二，大兼小』。渠本要説形而上，反成形而下，最是於此處不分明。如參兩云，以參爲陽，兩爲陰，陽有太極，陰無太極。他要强索精思，必得於己，而其差如此。」又問：「橫渠云『太虚即氣』，乃是指理爲虚，似非形而下。」曰：「縱指理爲虚，亦如何夾氣作一處？」問：「西銘所見又的當，何故却於此差？」曰：「伊川云：『譬如以管窺天，四旁雖不見，而其見處甚分明。』渠他處見錯，獨於西銘見得好。」可學。

或問：「橫渠先生『清虚一大』之説如何？」曰：「他是揀那大底説話來該攝那小底，却不知道纔是恁説，便偏了；便是形而下者，不是形而上者。須是兼清濁、虚實、一二、小大來看，方見得形而上者行乎其間。」

橫渠「清虚一大」却是偏。他後來又要兼清濁虚實言，然皆是形而下。蓋有此理，則清濁、虚實皆在其中。可學。

橫渠説氣「清虚一大」，恰似道有有處，有無處。須是清濁、虚實、一二、大小皆行乎其間，乃是道也。其欲大之，乃反小之！方。

陳後之問：「橫渠『清虚一大』，恐入空去否？」曰：「也不是入空。他都向一邊了。這道理本平正，清也有是理，濁也有是理，虚也有是理，實也有是理，皆此理之所爲也。他説成這一邊有，那一邊無，要將這一邊去管那一邊。」淳。

「清虚一大」，形容道體如此。道兼虚實言，虚只説得一邊。閎祖。

橫渠言「清虚一大爲道體」，是於形器中揀出好底來説耳。遺書中明道嘗辨之。㽦。

「或者别立一天」，疑即是橫渠。可學。

問橫渠説虛。云：「亦有箇意思，只是難説。要之，只『動而無動，静而無静』説爲善。橫渠又説『至虛無應』，有病。」方。

問：「『中虛，信之本；中實，信之質』，如何？」曰：「只看『中虛』、『中實』字，便見本、質之異。中虛，是無事時虛而無物，故曰中虛；若有物，則不謂之中虛。自中虛中發出來，皆是實理，所以曰中實。」燾。

問「中虛，信之本」。曰：「中虛，只是自家無私主，故發出來無非真實。纔有些私於中，便不虛不信矣。」燾。

問：「心如何能通以道，使無限量？」曰：「心不是橫門硬迸教大得。須是去物欲之蔽，則清明而無不知；窮事物之理，則脱然有貫通處。橫渠曰『不以聞見梏其心』，『大其心，則能體天下之物』。所謂『通之以道』，便是脱然有貫通處。若只守聞見，便自然狹窄了。」𣠞。

問「心包誠」一段。曰：「是橫渠説話，正如『心小性大』之意。」可學。

橫渠云：「以誠包心，不若以心包誠。」是他看得忒重，故他有「心小性大」之説。道夫。

因看語録「心小性大，心不弘於性，滯於知思」説，及上蔡云「心有止」説，遂云：「心有何窮盡？只得此本然之體，推而應事接物，皆是。故於此知性之無所不有，知天亦以此。

因省李先生云：『盡心者，如孟子見齊王問樂，則便對云云；言貨色，則便對云云；每遇一事，便有以處置將去，此是盡心。』舊時不之曉，蓋此乃盡心之效如此。得此本然之心，則皆推得去無窮也。如『見牛未見羊』説，苟見羊，則亦便是此心矣。」方。

橫渠云：「以道體身，非以身體道。」蓋是主於義理，只知有義理，却將身只做物樣看待。謂如先理會身上利害是非，便是以身體道。如顏子「非禮勿視」，便只知有禮，不知有己耳。僩。

問橫渠説「以道體身」等處。曰：「只是有義理，直把自家作無物看。伊川亦云：『除却身，只是理。』懸空只是箇義理。」人傑。

橫渠云：「學者識得仁體後，如讀書講明義理，皆是培壅。」且只於仁體上求得一箇真實，却儘有下工夫處也。謨。

道夫問：「張子云：『以心克己，即是復性，復性便是行仁義。』竊謂克己便是克去私心，却云『以心克己』，莫剩却『以心』兩字否？」曰：「克己便是此心克之。公但看『爲仁由己，而由人乎哉』，非心而何？『言忠信，行篤敬，立則見其參於前，在輿則見其倚於衡』，這不是心，是甚麽？凡此等皆心所爲，但不必更著『心』字。所以夫子不言心，但只説在裏，教人做。如喫飯須是口，寫字須是手，更不用説口喫手寫。」又問：「『復性便是行仁義。』復是方復得此性，如何便說行得？」曰：「既復得此性，便恁地行。纔去得不仁不義，則所行便是仁義，那得一箇在不仁不義與仁義之中底物事？不是人欲，便是天理；不是天理，便是人欲。所以謂『欲知舜與蹠之分者，無他，利與善之間也』。所隔甚不多，但聖賢把得這界定爾。」道夫。

朱子語類卷第一百

邵子之書

康節學於李挺之，請曰：「願先生微開其端，毋竟其說。」又恐是李學於穆時說。此意極好。學者當然須是自理會出來，便好。方。

「伊川之學，於大體上瑩徹，於小小節目上猶有疏處。康節能盡得事物之變，却於大體上有未瑩處。」用之云：「康節善談易，一作「說易極好」。見得透徹。」曰：「然。伊川又輕之，嘗有簡與橫渠云：『堯夫說易好聽。今夜試來聽它說看。』某嘗說，此便是伊川不及孔子處。只觀孔子便不如此。」僩。廣同。

或言：「康節心胸如此快活，如此廣大，如何得似他？」曰：「它是甚麼樣做工夫！」僩。

問：「近日學者有厭拘檢、樂舒放、惡精詳、喜簡便者，皆欲慕邵堯夫之爲人。」曰：「邵子這道理，豈易及哉！他腹裏有這箇學，能包括宇宙，終始古今，如何不做得大，放得下？今人却恃箇甚後敢如此！」因誦其詩云：「『日月星辰高照耀，皇王帝伯大鋪舒。』可謂人豪矣！」大雅。

厚之問：「康節只推到數？」曰：「然。」某問：「須亦窺見理？」曰：「雖窺見理，却不介意了。」可學。

問：「康節學到『不惑』處否？」曰：「康節又別是一般。聖人知天命以理，他只是以術。然到得術之精處，亦非術之所能盡。然其初只是術耳。」璘。

「邵康節，看這人須極會處置事，被他神閑氣定，不動聲氣，須處置得精明。他氣質本來清明，又養得來純厚，又不曾枉用了心。他用那心時，都在緊要上用。被他静極了，看得天下之事理精明。嘗於百原深山中闢書齋，獨處其中。王勝之常乘月訪之，必見其燈下正襟危坐，雖夜深亦如之。若不是養得至静之極，如何見得道理如此精明！只是他做得出來，須差異。季通嘗云：『康節若做，定是四公、八辟、十六侯、三十二卿、六十四大夫，都是加倍法。』想得是如此。想見他看見天下之事，才上手來，便成四截了。其先後緩急，莫不有定；動中機會，事到面前，便處置得下矣。康節甚喜張子房，以爲子房善藏其用。以老子爲得易之體，以孟子爲得易之用，合二者而用之，想見善處事。」問：「不知真箇用時如何？」曰：「先時説了，須差異。須有些機權術數也。」僩。

直卿問：「康節詩，嘗有莊老之説，如何？」曰：「便是他有些子這箇。」曰：「如此，莫於道體有異否？」曰：「他嘗説『老子得易之體，孟子得易之用』，體、用自分作兩截。」曰：「他又説經綸，如何？」曰：「看他只是以術去處得這事恰好無過，如張子房相似，他所以極口稱贊子房也。二程謂其粹而不雜。以今觀之，亦不可謂不雜。」曰：「他説風花雪月，莫是曾點意思否？」曰：「也是見得眼前這箇好。」璘録云：「舜功云：『堯夫似曾點。』曰：『他又有許多骨董。』」曰：「意其有『與自家意思一般』之意。」曰：「也是它有這些子。若不是，却淺陋了。」道夫。

問：「程子謂康節『空中樓閣』。」曰：「是四通八達。方子録云：「言看得四通八達。」莊子比康節亦髣髴相似。然莊子見較高，氣較豪。他是事事識得了，又却蹴踏著，以爲不足爲。康節略有規矩。然其詩云：『賓朋莫怪無拘檢，真樂攻心不柰何。』不知是何物攻他心。」佐。

「康節之學，近似釋氏，但却又挨傍消息盈虛者言之。」問：「擊壤序中『以道觀道』等語，是物各付物之意否？」曰：「然。蓋自家都不犯手之意。道是指陰陽運行者言之。」又問：「如此，則性與心身都不相管攝，亡者自亡，存者自存否？」曰：「某固言其與佛學相近者，此也。」又曰：「康節凡事只到半中央便止，如『看花切勿看離披』是也。如此，則與張子房之學相近。」曰：「固是。康節自有兩三詩稱贊子房。」曰：「然則與楊氏爲我之意何異？」先生笑而不言。必大。

因論康節之學，曰：「似老子。只是自要尋箇寬間快活處，人皆害它不得。後來張子房亦是如此。方衆人紛拏擾擾時，它自在背處。」人傑因問：「擊壤集序有『以道觀性，以性觀心，以心觀身，以身觀物；治則治矣，猶未離乎害也』。上四句自說得好，却云『未離乎害』。其下云：『不若以道觀道，以性觀性，以心觀心，以身觀身，以物觀物；雖欲相傷，其可得乎？若然，則以家觀家，以國觀國，以天下觀天下，亦從而可知也。』恐如上四句，似合聖人之中道；『以道觀道』而下，皆付之自然，未免有差否？」曰：「公且說前四句。」曰：「性只是仁義禮智，乃是道也。心則統乎性，身則主乎心，此三句可解。至於物，則身之所資以爲用者也。」曰：「此非康節之意。既不得其意，如何議論它？」人傑因請教。先生曰：「『以道觀性』者，道是自然底道理，性則有剛柔善惡參差不齊處，是道不能以該盡此性也。性有仁義禮智之善，心却千思萬慮，出入無時，是性不能以該盡此心也。心欲如此，而身却不能如此，是心有不能檢其身處。以一身而觀物，亦有不能盡其情狀變態處，此則未離乎害之意也。且以一事言之：若好人之所好，惡人之所惡，是『以物觀物』之意；若以己之好惡律人，則是『以身觀物』者也。」又問：「如此，則康節『以道觀道』等說，果爲無病否？」曰：「謂之無病不可，謂之有病亦不可。若使孔孟言之，必不肯如此說。渠自是一様意思。如『以天下觀天下』，其說出於老子。」又問：「如此，則『以道觀性，以性觀心，以心觀身』三句，義理有可通者，但『以身觀物』一句爲不可通耳。」曰：「若論『萬物皆備於我』，則『以身觀物』，亦何不可之有？」人傑。

康節本是要出來有爲底人，然又不肯深犯手做。凡事直待可做處，方試爲之；纔覺難，便拽身退，正張子房之流。必大。

問：「『堯夫之學似揚雄』，如何？」曰：「以數言。」可學。

某看康節易了，都看別人底不得。他說「太極生兩儀，兩儀生四象」，又都無玄妙，只是從來更無人識。揚子太玄一玄、三方、九州、二十七部、八十一家，亦只是這箇。他卻識，只是他以三爲數，皆無用了。他也只是見得一箇粗底道理，後來便都無人識。老氏「道生一，一生二，二生三」，亦剩說了一箇道。便如太極生陽，陽生陰，至二生三，又更都無道理。後來五峰又說一箇云云，便是「太極函三爲一」意思。賀孫。

康節之學似揚子雲。太玄(疑)〔擬〕[一]易，方、州、部、家，皆自三數推之。玄爲之首，一以生三爲三方，三生九爲九州，九生二十七爲二十七部，九九乘之，斯爲八十一家。首

〔一〕據文義改。

之以八十一，所以準六十四卦；贊之以七百二十有九，所以準三百八十四爻，無非以三數推之。康節之數，則是加倍之法。謨。

康節其初想只是看得「太極生兩儀，兩儀生四象」。心只管在那上面轉，久之理透，想得一舉眼便成四片。其法，四之外又有四焉。凡物才過到二之半時，便煩惱了，蓋已漸趨於衰也。謂如見花方蓓蕾，則知其將盛；既開，則知其將衰，其理不過如此。謂如今日戌時，從此推上去，至未有天地之始；從此推下去，至人消物盡之時。蓋理在數内，數又在理内。康節是他見得一箇盛衰消長之理，故能知之。若只説他知得甚事，如歐陽叔弼定謚之類，此知康節之淺陋者也。程先生有一柬説先天圖甚有理，可試往聽他就看。觀其意，甚不把當事。然自有易以來，只有康節説一箇物事如此齊整。如揚子雲太玄便零星補湊得可笑！若不補，又却欠四分之一；補得來，又却多四分之三。如潛虚之數用五，只似如今算位一般。其直一畫則五也，下横一畫則爲六，横二畫則爲七，蓋亦補湊之書也。方子。

或問康節數學。曰：「且未須理會數，自是有此理。有生便有死，有盛必有衰。且如一朵花，含蘂時是將開，略放時是正盛，爛熳時是衰謝。又如看人，即其氣之盛衰，便可以知其生死。蓋其學本於明理，故明道謂其『觀天地之運化，然後頹乎其順，浩然其歸』。若曰：渠能知未來事，則與世間占覆之術何異？其去道遠矣！其知康節者末矣！蓋他玩得此理熟了，事物到面前便見，便不待思量。」又云：「康節以四起數，疊疊推去，自易以後，無人做得一物如此整齊，包括得盡。想他每見一物，便成四片了。但才到二分以上便怕，乾卦方終，便知有箇姤卦來。蓋緣他於起處推將來，至交接處看得分曉。」廣云：「先生前日說康節之學與周子、程子少異處，莫正在此否？若是聖人，則處乾時，自有箇處乾底道理；處姤時，自有箇處姤底道理否？」曰：「然。」廣。

問：「先生說邵堯夫看天下物皆成四片，如此，則聖人看天下物皆成兩片也。」曰：「也是如此，只是陰陽而已。」廣。

論皇極經世：「乃一元統十二會，十二會統三十運，三十運統十二世，一世統三十年，一年統十二月，一月統三十日，一日統十二辰，是十二與三十迭爲用也。」因云：「季通以十三萬九千六百之數爲日分。」植。

堯至今方三千年。邵曆一萬年爲一會。揚。

易是卜筮之書，皇極經世是推步之書。經世以十二辟卦管十二會，綳定時節，却就中推吉凶消長。堯時正是乾卦九五，其書與易自不相干。只是加一倍推將去。方子。

㬊問易與經世書同異。曰：「易是卜筮。經世是推步，是一分爲二，二分爲四，四分爲八，八分爲十六，十六分爲三十二，又從裏面細推去。」節。

叔器問：「經世書『水火土石』，石只是金否？」曰：「它分天地間物事皆是四，如日月星辰，水火土石，雨風露雷，皆是相配。」又問：「金生水，如石中出水，是否？」曰：「金是堅凝之物，到這裏堅實後，自拶得水出來。」又問：「伯温解經世書如何？」曰：「他也只是説將去，那裏面曲折精微，也未必曉得。康節當時只説與王某，不曾説與伯温。模樣也知得那伯温不是好人。」義剛。

因論皇極經世，曰：「堯夫以數推，亦是心静知之。如董五經之類，皆然。」曰：「程先生云，須是用時知之。」曰：「用則推測。」因舉興化妙應知未來之事。曰：「如此又有術。」可學。

皇極經世紀年甚有法。史家多言秦廢太后，逐穰侯。經世書只言「秦奪宣太后權」。伯恭極取之，蓋實不曾廢。方子。

康節漁樵問對無名公序與一兩篇書，次第將來刊成一集。節。

「『天何依？』曰：『依乎地。』『地何附？』曰：『附乎天。』『天地何所依附？』曰：『自相依附。天依形，地依氣。』」所以重複而言不出此意者，唯恐人於天地之外别尋去處故也。天地無外，所謂「其形有涯，而其氣無涯」也。爲其氣極緊，故能扛得地住；不然，則墜矣。

氣外須有軀殼甚厚，所以固此氣也。今之地動，只是一處動，動亦不至遠也。謨。

舜弼問「天依地，地依氣」。曰：「恐人道下面有物。天行急，地閣在中。」可學。

「古今曆家，只是推得箇陰陽消長界分爾，如何得似康節説得那『天依地，地附天，天地自相依附，天依形，地附氣』底幾句？向嘗以此數語附於通書之後，欽夫見之，殊不以爲然，曰：『恐説得未是。』某云：『如此，則試別説幾句來看。』」廣云：「伊川謂，自古言數者，至康節方説到理上。」曰：「是如此。如揚子雲亦略見到理上，只是不似康節精。」廣。

問：「康節云：『雨化物之走，風化物之飛，露化物之草，雷化物之木。』此説是否？」曰：「想且是以大小推排匹配去。」問：「伊川云：『露是金之氣。』」曰：「露自是有清肅底氣象。古語云：『露結爲霜。』今觀之誠然。伊川云不然，不知何故。蓋露與霜之氣不同：露能滋物，霜能殺物也。又雪霜亦有異：霜則殺物，雪不能殺物也。雨與露亦不同：雨氣昏，露氣清。氣蒸而爲雨，如飯甑蓋之，其氣蒸鬱而汗下淋漓；氣蒸而爲霧，如飯甑不蓋，其氣散而不收。霧與露亦微有異：露氣肅，而霧氣昏也。」僩。

或問：「康節云：『道爲太極。』又云：『心爲太極。』道，指天地萬物自然之理而言；心，指人得是理以爲一身之主而言？」曰：「固是。但太極只是箇一而無對者。」

康節云：「一動一静者，天地之妙也；一動一静之間者，天地人之妙也。」蓋天只是動，地只是静。到得人，便兼動静，是妙於天地處。故曰：「人者，天地之心。」論人之形，雖只是器；言其運用處，却是道理。畬。

人身是形耳，所具道理，皆是形而上者。蓋「人者，天地之心也」。康節所謂「一動一静之間，天地人之至妙」者歟！人傑。

無極之前，陰含陽也；有象之後，陽分陰也。陽占却陰分數。文蔚。

「性者，道之形體；心者，性之郛郭；身者，心之區宇；物者，身之舟車」。此語雖説得粗，畢竟大概好。文蔚。

先生問：「性如何是道之形體？」淳曰：「道是性中之理。」先生曰：「道是泛言，性是就自家身上説。道在事物之間，如何見得？只就這裏驗之。砥録作「反身而求」。性之所在，則道之所在也。道是在物之理，性是在己之理。然物之理，都在我此理之中；道之骨子便是性。」劉問：「性，物我皆有，恐不可分在己、在物否？」曰：「道雖無所不在，須是就己驗之而後見。如『父子有親，君臣有義』，若不就己驗之，如何知得是本有？『天叙有典』，典是天底，自我驗之，方知得『五典五惇』。『天秩有禮』，禮是天底，自我驗之，方知得『五禮有庸』。」淳問：「心是郛郭，便包了性否？」先生首肯，曰：「是也。如横渠『心統性情』一句，乃不易之論。孟子説心許多，皆未有似此語端的。子細看，便見其他諸子等書，皆無依稀似此。」淳。寓同。砥同。

正卿問：「邵子所謂『道之形體』如何？」曰：「諸先生說這道理，却不似邵子說得最著實。這箇道理，纔說出，只是虛空，更無形影。惟是說『性者道之形體』，却見得實有。不須談空說遠，只反諸吾身求之，是實有這箇道理，還是無這箇道理？故嘗爲之說曰：『欲知此道之實有者，當求之吾性分之內。』邵子忽地於擊壤集序自說出幾句，最說得好！」賀孫。

或問：「『性者道之形體』，如何？」曰：「天之付與，其理本不可見，其總要却在此。蓋人得之於天，理元無欠闕。只是其理却無形象，不於性上體認，如何知得？程子曰：『其體謂之道，其用謂之神。而其理屬之人，則謂之性；其體屬之人，則謂之心；其用屬之人，則謂之情。』」祖道。

問：「性何以謂『道之形體』？」曰：「若只恁說道，則渺茫無據。如父子之仁，君臣之義，自是有箇模樣，所以爲形體也。」謨。

「性者，道之形體。」此語甚好。道只是懸空說。統而言之謂道。節。

「性者，道之形體。」今人只泛泛說得道，不曾見得性。椿。

「性者，道之形體。」性自是體，道是行出見於用處。

才卿問「性者，道之形體」。曰：「道是發用處見於行者，方謂之道；性是那道骨子。性是體，道是用。如云『率性之謂道』，亦此意。」僩。

「性者，道之形體；心者，性之郛郭。」康節這數句極好。蓋道即理也，如「父子有親，君臣有義」是也。然非性，何以見理之所在？故曰：「性者，道之形體。」仁義禮智，性也，理也，而具此性者心也，故曰：「心者，性之郛郭。」砥。

器之問中庸首三句。先生因舉「性者，道之形體」之語。器之云：「若說『道者，性之形體』，却分曉。」曰：「恁地看，倒了。蓋道者，事物常行之路，皆出於性，則性是道之原本。」木之曰：「莫是性者道之體，道者性之用否？」曰：「模樣是如此。」木之。

方賓王以書問云：「『心者，性之郛郭』，當是言存主統攝處？」可學謂：「郛郭是包括。心具此理，如郛郭中之有人。」曰：「方說句慢。」問：「以窮理爲用心於外，是誰說？」曰：「是江西說。」又問：「『發見』說話，未是。如此，則全賴此些時節，如何倚靠？」曰：「湖南皆如此說。」曰：「孟子告齊王，乃是欲因而成就之，若只執此，便不是。」曰：「然。」又問：「『穀種之必生，如人之必仁。』如此，却是以生譬仁。穀種之生，乃生之理，乃得此生理以爲仁。」曰：「『必』當爲『有』。」又解南軒「發是心體，無時而不發」，云：「及其既發，則當事而存，而爲之宰者也。」某謂：「心豈待發而爲之宰？」曰：「此一段强解。南軒說多差。」

可學。

或問：「康節云：『能物物，則吾爲物中之人。』伊川曰：『不必如此説。人自是人，物自是物。』伊川説得終是平。」先生曰：「自家但做箇好人，不怕物不做物。」

或誦康節詩云：「若論先天一事無，後天方要著工夫。」先生問：「如何是『一事無』？」曰：「出於自然，不用安排。」先生默然。廣云：「『一事無』處是太極。」先生曰：「嘗謂太極是箇藏頭底物事，重重推將去，更無盡期。有時看得來頭痛。」廣云：「先生所謂『迎之而不見其首，隨之而不見其後』，是也。」廣。

邵子「天地定位，否、泰反類」一詩，正是發明先天方圖之義。先天圖傳自希夷，希夷又自有所傳。蓋方士技術用以修煉，參同契所言是也。方子。

何巨源以書問：「邵子詩：『須探月窟方知物，未躡天根豈識人！』又，先生贊邵子『手探月窟，足躡天根』，莫只是陰陽否？」先生答之云：「先天圖自復至乾，陽也；自姤至坤，陰也。陽主人，陰主物。『手探足躡』，亦無甚意義。但姤在上，復在下；上，故言『手探』；下，故言『足躡』。」廣。

問：「康節云：『天根月窟閒來往，三十六宫都是春。』蓋云天理流行，而己常周旋乎其間。天根月窟是箇總會處，如『大明終始，時乘六龍』之意否？」曰：「是。」廣。

「三十六宮都是春。」易中二十八卦翻覆成五十六卦，唯有乾、坤、坎、離、大過、頤、小過、中孚八卦，反覆只是本卦。以二十八卦湊此八卦，故言「三十六」也。寓。

「康節詩儘好看。」道夫問：「舊無垢引心贊云：『廓然心境大無倫，盡此規模有幾人！我性即天天即性，莫於微處起經綸。』不知如何？」曰：「是殆非康節之詩也。林少穎云：『朱内翰作。』次第是子發也。」問：「何以辨？」曰：「若是真實見得，必不恁地張皇。」道夫曰：「舊看此意，似與『性爲萬物之一原，而心不可以爲限量』同。」曰：「固是。但只是摸空説，無著實處。如康節云『天向一中分造化，人從心上起經綸』，多少平易！實見得者自別。」又問「一中分造化」。曰：「本是一箇，而消息盈虛便生陰陽。事事物物，皆恁地有消便有息，有盈便有虛，有箇面便有箇背。」曰：「這便是自然，非人力之所能爲者？」曰：「這便是生兩儀之理。」道夫。賀孫録云：「『廓然心境大無倫』，此四句詩，正如貧子説金，學佛者之論也。」

康節煞有好説話，近思録不曾取入。近看文鑑編康節詩，不知怎生「天向一中分造化，人於心上起經綸」底詩却不編入。義剛。

康節以品題風月自負，然實强似皇極經世書。方。季通語。

康節之學，其骨髓在皇極經世，其花草便是詩。直卿云：「其詩多説閒静樂底意思，太煞把做事了。」曰：「這箇未説聖人，只顔子之樂亦不恁地。看他詩，篇篇只管説樂，次第樂得來厭了。聖人得底如喫飯相似，只飽而已。他却如喫酒。」又曰：「他都是有箇自私自利底意思，所以明道有『要之不可以治天下國家』之說。」道夫。

邵堯夫詩：「雪月風花未品題。」此言事物皆有造化。可學。

邵堯夫六十歲，作首尾吟百三十餘篇，至六七年間終。渠詩玩侮一世，只是一箇「四時行焉，百物生焉」之意。璘。

先生誦康節詩曰：「施爲欲似千鈞弩，磨礪當如百鍊金。」或問：「千鈞弩如何？」曰：「只是不妄發。如子房之在漢，謾說一句，當時承當者便須百碎！」道夫。

康節詩云：「幽暗巖崖生鬼魅，清平郊野見鸞凰。」聖人道其常，也只是就那光明處理會說與人。那幽暗處知得有多少怪異！僩。

康節曰：「思慮未起，鬼神莫知，不由乎我，更由乎誰！」此間有術者，人來問事，心下默念，則他說相應。有人故意思別事，不念及此，則其說便不應。問姓幾畫，口中默數，則他說便著；不數者，說不著。義剛。

因論學者輕俊者不美，朴厚者好，因說：「章惇、邢恕當時要學數於康節，康節見得他破，不肯與之。明道亦識得邢，語録中可見。凡先生長者惜才，不肯大段說破，萬一其有回意。」揚因問：「當時邵傳與章、邢，使其知前程事時，須不至如此之甚？」曰：「不可如此説。」後又問。云：「使章、邢先知之，他更是放手做，是虎而翼者也！」又因說：「康節當時只是窮得天地盈虛消息之理，因以明得此數。要之，天地之理，却自是當知，數亦何必知之！伊川謂『雷自起處起』。何必推知其所起處？惟有孟子見得，曰：『莫非命也，順受其正。』但有今日，都不須問前面事。但自盡，明日死也不可知，更二三十年在世也不可知。只自修，何必預知之！」揚。

康節謂章子厚曰：「以君之才，於吾之學，頃刻可盡。但須相從林下一二十年，使塵慮銷散，胸中豁無一事，乃可相授。」驤。

康節數學源流於陳希夷。康節天資極高，其學只是術數學。後人有聰明能算，亦可以推。建陽舊有一村僧宗元，一日走上徑山，住得七八十日，悟禪而歸。其人聰敏，能算法，看經世書，皆略略領會得。揚。

朱子語類卷第一百一

程子門人

總論

問：「程門誰真得其傳？」曰：「也不盡見得。如劉質夫、朱公掞、張思叔輩，又不見他文字。看程門諸公力量見識，比之康節、橫渠，皆趕不上。」義剛。

程子門下諸公便不及，所以和靖云：「見伊川不曾許一人。」或問：「伊川稱謝顯道王佐才，有諸？」和靖云：「見伊川説謝顯道好，只是不聞『王佐才』之語。」劉子澄編續近思録，取程門諸公之説。某看來，其間好處固多，但終不及程子，難於附入。璘。必大録云：「程門諸先生親從二程子，何故看他不透？子澄編近思續録，某勸他不必作，蓋接續二程意思不得。」

伊川之門，謝上蔡自禪門來，其説亦有差。張思叔最後進，然深惜其早世！使天予之年，殆不可量。其他門人多出仕宦四方，研磨亦少。楊龜山最老，其所得亦深。謙。

謂思叔持守不及和靖，乃伊川語，非特爲品藻二人，蓋有深意。和靖舉以語人，亦非自是，乃欲人識得先生意耳。若以其自是之嫌而不言，則大不是，將無處不窒礙矣。鎬。

呂與叔文集煞有好處。他文字極是實，説得好處，如千兵萬馬，飽滿伉壯。上蔡雖有過當處，亦自是説得透。龜山文字却怯弱，似是合下會得易。某嘗説，看文字須以法家深刻，方窮究得盡。某直是捹得下工！閎祖。

上蔡多説過了。龜山巧，又別是一般，巧得又不好。范諫議説得不巧，然亦好。和靖又忒不巧，然意思好。振。

問尹和靖立朝議論。曰：「和靖不觀他書，只是持守得好。它語録中説涵養持守處，分外親切。有些朝廷文字，多是呂稽中輩代作。」問：「龜山立朝，却有許多議論？」曰：「龜山雜博，是讀多少文字。」德明。

看道理不可不子細。程門高弟如謝上蔡、游定夫、楊龜山輩，下梢皆入禪學去。必是程先生當初説得高了，他們只晫見一截，少下面著實工夫，故流弊至此。義剛。

游、楊、謝三君子初皆學禪。後來餘習猶在，故學之者多流於禪。游先生大是禪學。德明。

一日，論伊川門人，云：「多流入釋氏。」文蔚曰：「只是游定夫如此，恐龜山輩不如此。」曰：「只論語序便可見。」文蔚。

龜山少年未見伊川時，先去看莊列等文字。後來雖見伊川，然而此念熟了，不覺時發出來。游定夫尤甚。羅仲素時復亦有此意。洛。

問：「程門諸公親見二先生，往往多差互。如游定夫之説，多入於釋氏。龜山亦有分數。」曰：「定夫極不濟事。以某觀之，二先生衣鉢似無傳之者。」又問：「上蔡議論莫太過？」曰：「上蔡好於事上理會理，却有過處。」又問：「和靖專於主敬，集義處少。」曰：「和靖主敬把得定，亦多近傍理。龜山説話頗淺狹。范淳夫雖平正，而亦淺。」又問：「嘗見震澤記善録，彼親見伊川，何故如此之差？」曰：「彼只見伊川面耳。」曰：「『中無倚著』之語，莫亦有所自來？」曰：「却是伊川語。」可學。

「游、楊、謝諸公當時已與其師不相似，却似别立一家。謝氏發明得較精彩，然多不穩貼。和靖語却實，然意短，不似謝氏發越。龜山語録與自作文又不相似，其文大故照管不到，前面説如此，後面又都反了。緣他只依傍語句去，皆是不透。龜山年高。與叔年四十七，他文字大綱立得脚來健，有多處説得好，又切。若有壽，必煞進。游定夫學無人傳，無語録。他晚年嗜佛，在江湖居，多有尼出入其門。他眼前分曉，信得及底，儘踐履得到。其變化出入處，看不出，便從釋去，亦是不透。和靖在虎丘，每旦起頂禮佛。鄭曰：「亦念金剛經。」他因趙相入侍講筵，那時都說不出，都柰何不得。人責他事業，答曰：『每日只講兩行書，如何做得致君澤民事業？』高宗問：『程某道孟子如何？』答曰：『程某不敢疑孟子。』如此，則是孟子亦有可疑處，只不敢疑爾。此處更當下兩語，却住了。他也因患難後，心神耗了。龜山那時亦不應出。侯師聖太粗疏，李先生甚輕之。來延平看親，羅仲素往見之，坐少時不得，只管要行。此亦可見其粗疏處。張思叔敏似和靖，伊川稱其朴茂；然亦狹，無展拓氣象。收得他雜文五六篇，其詩都似禪，緣他初是行者出身。郭冲晦有易文字，說易卦都從變上推。」問：「一二卦推得，豈可都要如此？」「近多有文字出，無可觀。周恭叔、謝用休、趙彥道、鮑若雨，那時温州多有人，然都無立作。王信伯乖。」鄭問：「它說『中無倚著』，又不取龜山『不偏』說，何也？」曰：「他謂中無偏倚，故不取『不偏』說。」鄭曰：「胡文定只上蔡處講得些子來，議論全似上蔡。如「獲麟以天自處」等。曾漸又胡文定處講得些子。」曰：「文定愛將聖人道理張大說，都是勉强如此，不是自然流出。曾漸多是禪。」淳。

學者氣質上病最難救。如程門謝氏便如「師也過」，游與楊便如「商也不及」，皆是氣質上病。向見無爲一醫者，善用鍼，嘗云：「是病可以鍼而愈，惟胎病爲難治。」必大。

蔡云：「不知伊川門人如此其衆，何故後來更無一人見得親切？」或云：「游、楊亦不久親炙。」曰：「也是諸人無頭無尾，不曾盡心存上面也。各家去奔走仕宦，所以不能理會得透。如邵康節從頭到尾，極終身之力而後得之。雖其不能無偏，然就他這道理，所謂『成而安』矣。如茂叔先生資禀便較高，他也去仕宦。只他這所學，自是從合下直到後來，所以有成。某看來，這道理若不是拚生盡死去理會，終不解得！書曰：『若藥不瞑眩，厥疾不瘳。』須是喫些苦極，方得。」蔡云：「上蔡也雜佛老。」曰：「只他見識又高。」蔡云：「上蔡老氏之學多，龜山佛氏之説多，游氏只雜佛，吕與叔高於諸公。」曰：「然。這大段有筋骨，惜其早死！若不早死，也須理會得到。」蔡又因説律管，云：「伊川何不理會？想亦不及理會？還無人相共理會？然康節所理會，伊川亦不理會。」曰：「便是伊川不肯理會這般所在。」賀孫。

「程門諸子在當時親見二程，至於釋氏，却多看不破，是不可曉。觀中庸説中可見。如龜山云：『吾儒與釋氏，其差只在杪忽之間。』某謂何止杪忽？直是從源頭便不同！」伯豐問：「崇正辨如何？」曰：「崇正辨亦好。」伯豐曰：「今禪學家亦謂所辨者，皆其門中自不以爲然。」曰：「不成吾儒守三綱五常，若有人道不是，亦可謂吾儒自不以爲然否？」又問：「此書只論其迹？」曰：「論其迹亦好。伊川曰：『不若只於迹上斷，畢竟其迹是從那裏出來。』胡明仲做此書，説得明白。若五峰説話中辨釋氏處却糊塗，鬬他不倒。皇王大紀中亦有數段，亦不分曉。」𣶏。

上蔡之學，初見其無礙，甚喜之。後細觀之，終不離禪底見解。如「洒掃應對」處，此只是小子之始學。程先生因發明，雖始學，然其終之大者亦不離乎此。上蔡於此類處，便說得大了。道理自是有小有大，有初有終。若如此說時，便是不安於其小者、初者，必知其中有所謂大者，方安爲之。如曾子三省處，皆只是實道理。上蔡於小處說得亦大了。記二先生語云：「才得後，便放開。不然，只是守。」此語記亦未備。得了自然開，如何由人放開？此便是他病處。諸家語録，自然要就所録之人看。上蔡大率張皇，不妥帖。更如游、楊解書之類，多使聖人語來反正。如解「不亦樂乎」，便云「『學之不講』爲憂。有朋友講習，豈不樂乎」之類，亦不自在。大率諸公雖親見伊川，皆不得其師之説。振。

程門弟子親炙伊川，亦自多錯。蓋合下見得不盡，或後來放倒。蓋此理無形體，故易差，有百般滲漏。去僞。

程門諸高弟覺得不快於師說，只爲他自說得去。文蔚。古之聖賢未嘗說無形影話，近世方有此等議論。蓋見異端好說玄說妙，思有以勝之，故亦去玄妙上尋，不知此正是他病處。如孟子說「反身而誠」，本是平實，伊川亦說得分明。到後來人說時，便如空中打箇筋斗。然方其記録伊川語，元不錯。及自說出來，便如此，必是聞伊川説時，實不得其意耳。必大。

問：「郭冲晦何如人？」曰：「西北人，氣質重厚淳固，但見識不及。如兼山易、中庸義多不可曉，不知伊川晚年接人是如何。」問：「游、楊諸公早見程子，後來語、孟、中庸説，先生猶或以爲疏略，何也？」曰：「游、楊諸公皆才高，又博洽，略去二程處參較所疑及病敗處，各能自去求。雖其説有疏略處，然皆通明，不似兼山輩立論可駭也。」德明。

周恭叔學問，自是靠不得。方。

朱公掞文字有幅尺，是見得明也。方。

南軒云：「朱公掞奏狀説伊川不著。」先生云：「不知如何方是説著？大意只要説得實，便好。如伊川説物便到『四凶』上，及吕與叔中庸，皆説實話也。」方。

李朴先之大概是能尊尚道學，但恐其氣剛，亦未能遜志於學問。道夫。

學者宜先看遺書，次看和靖文字，後乃看上蔡文字，以發光彩，且亦可不迷其説也。方。季通語。

吕與叔

吕與叔惜乎壽不永！如天假之年，必所見又别。程子稱其「深潛縝密」，可見他資質好，又能涵養。某若只如吕年，亦不見得到此田地矣。「五福」説壽爲先者，此也。友仁。

有爲吕與叔挽詩云：「曲禮三千目，躬行四十年！」方。

吕與叔中庸義，典實好看，又有春秋、周易解。方。

「吕與叔云：『聖人以中者不易之理，故以之爲教。』如此，則是以中爲一好事，用以立教，非自然之理也。」先生曰：「此是横渠有此説。所以横渠没，門人以『明誠中子』謚之，與叔爲作謚議，蓋支離也。西北人勁直，才見些理，便如此行去。又説出時，其他又無人曉，只據他一面説去，無朋友議論，所以未精也。」振。

吕與叔本是箇剛底氣質，涵養得到，所以如此。故聖人以剛之德爲君子，柔爲小人。若有其剛矣，須除去那剛之病，全其與剛之德，相次可以爲學。若不剛，終是不能成。有爲而言。卓。

看吕與叔論選舉狀：「立士規，以養德厲行；更學制，以量才進藝；定貢法，以取賢斂才；立試法，以試用養才；立辟法，以興能備用；立舉法，以覆實得人；立考法，以責任考功。」先生曰：「其論甚高。使其不死，必有可用。」

吕與叔後來亦看佛書，朋友以書責之，吕云：「某只是要看他道理如何。」其文集上雜記亦多不純。想後來見二程了，却好。

呂與叔集中有與張天驥書。是天驥得一書與他云：「我心廣大如天地，視其形體之身，但如螻蟻。」此也不足辨，但偶然是有此書。張天驥便是東坡與他做放鶴亭記者，即雲龍處士，徐州人。心廣大後，方能體萬物。蓋心廣大，則包得那萬物過，故能體此。體，猶『體羣臣』之『體』。」義剛。

呂與叔論顔子等處極好。龜山云云，未是。可學。

呂與叔有一段説輪回。可學。

謝顯道

上蔡高邁卓絶，言論宏肆，善開發人。若海。

上蔡語雖不能無過，然都是確實做工夫來。道夫。

問：「人之病痛不一，各隨所偏處去。上蔡才高，所以病痛盡在『矜』字？」曰：「此説是。」人傑。

謝氏謂去得「矜」字。後來矜依舊在，説道理愛揚揚地。淳。

或問：「謝上蔡以覺言仁，是如何？」曰：「覺者，是要覺得箇道理。須是分毫不差，方能全得此心之德，這便是仁。若但知得箇痛癢，則凡人皆覺得，豈盡是仁者耶？醫者以頑痺爲不仁，以其不覺，故謂之『不仁』。不覺固是不仁，然便謂覺是仁，則不可。」時舉。

問：「上蔡説仁，本起於程先生引醫家之説而誤。」曰：「伊川有一段説不認義理，最好。只以覺爲仁，若不認義理，只守得一箇空心，覺何事！」可學。

上蔡以知覺言仁。只知覺得那應事接物底，如何便唤做仁！須是知覺那理，方是。且如一件事是合做與不合做，覺得這箇，方是仁。唤著便應，抉著便痛，這是心之流注在血氣上底。覺得那理之是非，這方是流注在理上底。唤著不應，抉著不痛，這箇是死人，固是不仁。唤得應，抉著痛，只這便是仁，則誰箇不會如此？須是分作三截看：那不關痛癢底，是不仁；只覺得痛癢，不覺得理底，雖會於那一等，也不便是仁；須是覺這理，方是。植。

問：「謝氏以覺訓仁，謂仁爲活物，要於日用中覺得活物，便見仁體。而先生不取其説，何也？」曰：「若是識得仁體，則所謂覺，所謂活物，皆可通也。但他説得自有病痛，畢竟如何是覺？又如何是活物？又却别將此箇意思去覺那箇活物，方寸紛擾，何以爲仁？如説『克己復禮』，己在何處？克又如何？豈可以活物覺之而已也！」謨。

問：「上蔡以覺訓仁，莫與佛氏説異？若張子韶之説，則與上蔡不同。」曰：「子韶本無定論，只是迅筆便説，不必辨其是非。」某云：「佛氏説覺，却只是説識痛癢。」曰：「上蔡亦然。」又問：「上蔡説覺，乃是覺其理。」曰：「佛氏亦云覺理。」此一段説未盡，客至起。可學。

上蔡云：「釋氏所謂性，猶吾儒所謂心；釋氏所謂心，猶吾儒所謂意。」此説好。閎祖。

問：「上蔡説佛氏目視耳聽一段，比其它説佛處，此最當。」曰：「固是。但不知渠説本體是何？性若不指理，却錯了。」可學。

因論上蔡語録中數處，如云「見此消息，不下工夫」之類，乃是謂佛儒本同，而所以不同，但是下截耳。龜山亦如此。某謂：「明道云：『以吾觀於佛，疑於無異，然而不同。』」曰：「上蔡有觀復堂記云，莊列之徒云云，言如此則是聖人與莊列同，只是言有多寡耳。觀它説復，又却與伊川異，似以静處爲復。湖州刻伊川易傳，後有謝跋云，非全書。伊川嘗約門人相聚共改，未及而没。使當初若經他改，豈不錯了！龜山又有一書，亦改刪伊川易。遺書中謝記有一段，下注云：『鄭轂親見。』轂嘗云：『曾見上蔡每説話，必覆巾掀髯攘臂。』」方録云：「鄭轂言：『上蔡平日説話到掀舉處，必反袖以見精采。』」某曰：「若他與朱子發説論語，大抵是如此。」曰：「以此語學者，不知使之從何入頭！」可學。

上蔡觀復齋記中説道理，皆是禪學底意思。義剛。

問上蔡「學佛欲免輪回」一段。曰：「答辭似不甚切。」可學。

上蔡語録論佛處，乃江民表語。民表爲諫官，甚有可觀，只是學佛。當初是人寫江語與謝語共一册，遂誤傳作謝語。唯室先生陳齊之有辨，辨此甚明。璘。

國秀問：「上蔡説横渠以禮教人，其門人下梢頭低，只『溺於刑名度數之間，行得來困，無所見處』，如何？」曰：「觀上蔡説得又自偏了。這都看不得禮之大體，所以都易得偏。如上蔡説横渠之非，以爲『欲得正容謹節』。這自是好，如何廢這箇得？如專去理會刑名度數，固不得；又全廢了這箇，也不得。如上蔡説，便非曾子『籩豆則有司存』，本末並見之意。後世如有作者，必不專泥於刑名度數，亦只整頓其大體。如孟子在戰國時已自見得許多瑣碎不可行，故説喪服、經界諸處，只是理會大體，此便是後來要行古禮之法。」賀孫。

問：「上蔡云：『陰陽交而有神，形氣離而有鬼。知此者爲智，事此者爲仁。』上兩句只是説伸而爲神、歸而爲鬼底意思？」曰：「是如此。」問：「『事此者爲仁』，只是説能事鬼神者，必極其誠敬以感格之，所以爲仁否？」曰：「然。」問：「謝又云：『可者使人格之，不使人致死之。』可者，是可以祭祀底否？」曰：「然。」問：「禮謂致生爲不知，此謂致生爲知？」曰：「那只是説明器。如三日齋，七日戒，直是將做箇生底去祭他，方得。」問：「謝又云：『致死之故，其鬼不神。』」曰：「你心不向他，便無了。」問：「且如淫祠，自有靈應，如何便會無？」曰：「昔一僧要破地獄，人教他念破地獄呪，偏無討這呪處。一僧與云『遍觀法界性』四句便是。」或云：「只是『一切惟心造』。」曰：「然。」又問：「齋戒只是要團聚自家精神。然『自家精神，即祖考精神』。不知天地山川鬼神，亦只以其來處一般否？」曰：「是如此。天子祭天地，諸侯祭封内山川，是他是主。如古人祭墓，亦只以墓人爲尸。」胡泳。

鬼神，上蔡説得好。只覺得「陰陽交而有神」之説，與後「神」字有些不同。只是他大綱説得極好，如曰：「可者使人格之，不使人致死之。」可者，是合當祭，如祖宗父母，只須著盡誠感格之，不要人便做死人看待他。「不可者使人遠之，不使人致生之。」不可者，是不當祭，如閑神野鬼，聖人便要人遠之，不要人做生人看待他。可者格之，須要得他來；不可者遠之，我不管他，便都無了。「精氣爲物，遊魂爲變。」天地陰陽之氣交合，便成人物；到得魂氣歸於天，體魄降於地，是爲鬼，便是變了。説魂，則魄可見。賀孫。

叔器問：「上蔡説鬼神云：『道有便有，道無便無。』初看此二句，與『有其誠則有其神，無其誠則無其神』一般；而先生前夜言上蔡之語未穩，如何？」曰：「『有其誠則有其神，無其誠則無其神』，便是合有底，我若誠則有之，不誠則無之。『道有便有，道無便無』，便是合有底當有，合無底當無。上蔡而今都説得粗了，合當道：合有底，從而有之，則有；合無底，自是無了，便從而無之。今却只説『道有便有，道無便無』，則不可。」義剛。

上蔡言：「鬼神，我要有便有，以天地祖考之類。要無便無。」以「非其鬼而祭之」者，你氣一正而行，則彼氣皆散矣。揚。

上蔡曾有手簡云：「大事未辦。」李先生謂：「不必如此，死而後已，何時是辦！」方。

上蔡曰「人不可無根」，便是難。所謂根者，只管看，便是根，不是外面別討箇根來。

上蔡説「先有知識，以敬涵養」，似先立一物了。方。

上蔡云：「誠是實理。」不是專説是理。後人便只於理上説，不於心上説，未是。可學。

上蔡言「無窮者，要當會之以神」，是説得過當。只是於訓詁處尋繹踐履去，自然「下學上達」。賀孫。

「上蔡云『見於作用者，心也』，謂知而動者便是。」先生云：「本體是性，動者情，兼體動静者心。性静，情動。」方。以下數條，方問上蔡語録。

「養心不如悦心。」先生云：「『不如』字，恐有之；『淺近』字，恐伊川未必爾。此録已傳兩手，可疑。『悦心』説，更舉出處看。理義是本有，自能悦心，在人如行慊於心。」

「心之窮物有盡，而天者無盡。」先生云：「得其本，則用之無窮，不須先欲窮知其無窮也。」

「放開只守。」追記語中，説得頗別。似謂放開是自然豁開乃得之效；未得，則只是守此。録中語不安。

「敬則與事爲一。」先生云：「此與明道、伊川説別。今胡文定一派要『身親格』者，是宗此意。」

説「何思何慮」處，伊川本不許，上蔡却自擔當取也。讀語録及易傳可見。這〔一〕同上。

上蔡家始初極有好玩，後來爲克己學，盡舍之。後來有一好硯，亦把與人。方。

曾恬天隱嘗問上蔡云云，上蔡曰：「用得底便是。」以其説絜，故答以是。又嘗問「恭、敬」字同異。曰：「異。」「如何異？」曰：「『恭』平聲，『敬』仄聲。」上蔡英發，故胡文定喜之，想見與游楊説話時悶也。揚。

如今人説道，愛從高妙處説，便説入禪去，自謝顯道以來已然。向時有一陳司業，名可中，專一好如此説。如説如何是伊尹樂堯舜之道，他便去下面下一語云：「江上一犂春雨。」如此等類煞有，亦煞有人從它。只是不靠實，自是説他一般話。謙。

楊中立

龜山天資高，朴實簡易；然所見一定，更不須窮究。某嘗謂這般人，皆是天資出人，

〔一〕「這」，似誤。

非假學力。如龜山極是簡易，衣服也只據見定。終日坐在門限上，人犯之亦不較。其簡率皆如此。道夫。榦嘗聞先生云：「坐在門外石坐子上。」今云門限，記之誤也。方録云：「龜山有時坐門限上。李先生云：『某即斷不敢。』」

龜山解文字著述，無綱要。方。

龜山文字議論，如手捉一物正緊，忽墜地，此由其氣弱。

「龜山詩文説道理之類，才説得有意思，便無收殺。」揚曰：「是道理不透否？」曰：「雖然，亦是氣質弱，然公平無病。五峰説得却緊，然却有病。程先生少年文字便好，如養魚記、顔子論之類。」揚。

龜山言：「『天命之謂性』，人欲非性也。」天命之善，本是無人欲，不必如此立説。知言云：「天理人欲，同體而異用，同行而異情。」自是它全錯看了！德明。

「龜山與范濟美言：『學者須當以求仁爲要，求仁，則「剛、毅、木、訥近仁」一言爲要。』」先生曰：「今之學者，亦不消專以求仁爲念；相將只去看説仁處，他處盡遺了。須要將一部論語，粗粗細細，一齊理會去，自然有貫通處，却會得仁，方好。又，今人説曾子只是以魯得之，蓋曾子是資質省力易學。設使如今人之魯，也不濟事。范濟美博學高才，俊甚，故龜山只引『剛、毅、木、訥』告之，非定理也。」

問：「龜山言：『道非禮，則蕩而無止；禮非道，則梏於器數儀章之末。』則道乃是一虛無恍惚無所準則之物，何故如此說『道』字？」曰：「不可曉。此類甚多。」因問：「如此說，則似禪矣。」曰：「固是。其徒如蕭子莊、李西山、陳默堂皆說禪。龜山没，西山嘗有佛經疏追薦之。唯羅先生却是著實子細去理會。某舊見李先生時，說得無限道理，也曾去學禪。李先生云：『汝恁地懸空理會得許多，而面前事却又理會不得！道亦無玄妙，只在日用間著實做工夫處理會，便自見得。』後來方曉得他說，故今日不至無理會耳。」銖。

「龜山彈蔡京，亦是，只不迅速。」擇之曰：「龜山晚出一節，亦不是。」曰：「也不干晚出事。若出來做得事，也無妨。他性慢，看道理也如此。平常處看得好，緊要處却放緩了！做事都涣散無倫理。將樂人性急，粗率。龜山却恁寬平，此是間氣。然其粗率處，依舊有土風在。」義剛。

或問：「龜山晚年出處不可曉，其召也以蔡京，然在朝亦無大建明。」曰：「以今觀之，則可以追咎當時無大建明。若自家處之，不知當時所以當建明者何事？」或云：「不過擇將相爲急。」曰：「也只好說擇將相固是急，然不知當時有甚人可做。當時將只說种師道，相只說李伯紀，然固皆嘗用之矣。又況自家言之，彼亦未便見聽。據當時事勢亦無可爲者，不知有大聖賢之才如何爾。」僩。

問：「龜山晚年出得是否？」曰：「出如何不是？只看出得如何。當初若能有所建明而出，則勝於不出。」曰：「渠用蔡攸薦，蔡老令攸薦之。亦未是。」曰：「亦不妨。當時事急，且要速得一好人出來救之，只是出得來不濟事耳。觀渠爲諫官，將去猶惓惓於一對，已而不得對。及觀其所言，第一，正心、誠意，意欲上推誠待宰執；第二，理會東南綱運。當時宰執皆庸繆之流，待亦不可，不行亦不可。不告以窮理，而告以正心、誠意。賊在城外，道途正梗，縱有東南綱運，安能達？所謂『雖有粟，安得而食諸』！當危急之時，人所屬望，而著數乃如此！所以使世上一等人笑儒者以爲不足用，正坐此耳。」可學。

草堂先生及識元城龜山。龜山之出，時已七十歲，却是從蔡攸薦出。他那時覺得這邊扶持不得，事勢也極，故要附此邊人，所以薦龜山。初緣蔡攸與蔡子應說，令其薦舉人才，答云：「太師用人甚廣，又要討甚麽人？」曰：「緣都是勢利之徒，恐緩急不可用。有山林之人，可見告。」他說：「某只知鄉人鼓山下張觷，字柔直，其人甚好。」蔡攸曰：「家間子姪未有人教，可屈他來否？」此人即以告張，張即從之。及教其子弟，儼然正師弟子之分，異於前人。得一日，忽開諭其子弟以奔走之事，其子弟駭愕，即告之曰：「若有賊來，先及汝等，汝等能走乎？」子弟益驚駭，謂先生失心，以告老蔡。老蔡因悟曰：「不然，他説得是。」蓋京父子此時要喚許多好人出，已知事變必至，即請張公叩之。張言：「天下事勢至此，已不可救，只得且收舉幾箇賢人出，以爲緩急倚仗耳。」即令張公薦人，張公於是薦許多人，龜山在一人之數。今龜山墓誌云：「會有告大臣以天下將變，宜急舉賢以存國，於是公出。」正謂此。張後爲某州縣丞。到任，即知虜人入寇，必有自海道至者，於是買木爲造船之備。踰時果然。虜自海入寇，科州縣造舟，倉卒擾擾，油灰木材莫不踊貴。獨張公素備，不勞而辦。以此見知於帥憲，知南劍。會葉鐵入寇，民大恐。他即告諭安存之，率城中諸富家，令出錢米，沽酒，買肉，爲蒸糊之類。遂分民兵作三替，逐替燕犒酒食，授以兵器。先一替出城與賊接戰，即犒第二替出；先替未倦，而後替即得助之。民大喜，遂射殺賊首。富民中有識葉鐵者，即厚勞之，勿令執兵；只令執長鎗，上懸白旗，令見葉鐵，即以白旗指向之。衆上了弩，即其所指而發，遂中之。後都統任某欲争功，亦讓與之。其餘諸盗，却得都統之力，放賊之叔父以成反間。賀孫。儒用録别出。

問龜山出處之詳。曰：「蔡京晚歲漸覺事勢狼狽，亦有隱憂。其從子應之文蔚録云：「君謨之孫，與他叙譜。」自興化來，因訪問近日有甚人才。應之愕然曰：『今天下人才，盡在太師陶鑄中，某何人，敢當此問！』京曰：『不然。覺得目前盡是面諛脱取官職去底人，恐山林間有人才，欲得知。』應之曰：『太師之問及此，則某不敢不對。福州有張觷，字柔直者，抱負不苟。』觷平日與應之相好，時適赴吏部，應之因舉其人以告。遂賓致之爲塾客，然亦未暇與之相接。柔直以師道自尊，待諸生嚴厲，異於他客，諸生已不能堪。一日，呼之來前，曰：『汝曹曾學走乎？』諸生曰：『某尋常聞先生長者之教，但令緩行。』柔直曰：『天下被汝翁作壞了。早晚賊發火起，首先到汝家。若學得走，緩急可以逃死。』諸子大驚，走告其父，曰『先生忽心恙』云云。京聞之，矍然曰：『此非汝所知也！』即入書院，與柔直傾倒，因訪策焉。柔直曰：『今日救時，已是遲了。只有收拾人才是第一義。』京因叩其所知，遂以龜山爲對。龜山自是始有召命。今龜山墓誌中有『是時天下多故，或説當世貴人，以爲事至此，必敗。宜引耆德老成置諸左右，開道上意』云者，蓋爲是也。柔直後守南劍，設方略以拒范汝爲，全活一城，甚得百姓心。其去行在所也，買冠梳雜碎之物，不可勝數，從者莫測其所以。後過南劍，老稚迎拜者相屬於道。柔直一一拊勞之，且以所置物分遺。至今廟食郡中。」陳德本云：「柔直與李丞相極厚善。其卒也，丞相以詩哭之云：『中原未恢復，天乃喪斯人！』」儒用按：鄉先生羅泌丞日録：「柔直嘗知鼎州。泌丞罷舒州士曹，避地於鄉之石牛寨，與之素昧平生。時方道梗，柔直在湖南，乃宛轉寄詩存問云：『曾聞避世門金馬，何事投身寨石牛！千里重湖方鼎沸，可能同上岳陽樓？』則其汲汲人物之意，亦可見矣。」是詩，夷堅志亦載，但以爲袁司諫作，非也。又按玉溪文集云「柔直嘗知贛州，招降盜賊」云。

蔡京在政府，問人材於其族子蔡子應，端明之孫。以張柔直對。張時在部注擬，京令子應招之，授以門館。張至，以師禮自尊，京之子弟怪之。一日，張教京家子弟習走。其子弟云：「從來先生教某們慢行。今令習走，何也？」張云：「乃公作相久，敗壞天下。相次盜起，先殺汝家人，惟善走者可脱，何得不習！」家人以爲心風，白京。京愀然曰：「此人非病風。」召與語，問所以扶救今日之道及人材可用者。張公遂言龜山楊公諸人姓名，自是京父子始知有楊先生。德明。

問：「龜山當時何意出來？」曰：「龜山做人也苟且，是時未免禄仕，故胡亂就之。苟可以少行其道，龜山之志也。然來得已不是；及至，又無可爲者，只是説得那没緊要底事。當此之時，苟有大力量，咄嗟間真能轉移天下之事，來得也不枉。既不能然，又只是隨衆鶻突。及欽宗即位，爲諫議大夫，因争配享事，爲孫仲益所攻。孫言，楊某曩常與蔡京諸子游，今衆議攻京，而楊某曰慎毋攻居安云云。龜山遂罷。」又曰：「蔡京當國時，其所收拾招引，非止一種，諸般名色皆有。及淵聖即位，在朝諸人盡攻蔡京，且未暇顧國家利害。朝廷若索性貶蔡京過嶺，也得一事了。今日去幾官，分司西京；明日去幾官，又移某州；後日又移某州，至潭州而京病死。自此一年間，只理會得箇蔡京。這後面光景迫促了，虜人之來，已不可遏矣！京有四子：攸、絛、翛、鞗。鞗尚主。絛曾以書諫其父，徽宗怒，令京行遣，一家弄得不成模樣，更不堪説。攸、翛後被斬。是時王黼、童貫、梁師成輩皆斬，此數人嘗欲廢立，欽宗平日不平之故也。及高宗初立時，猶未知辨别元祐、熙豐之黨，故用汪、黄，不成人才。汪、黄又小人中之最下、最無能者。及趙丞相居位，方稍能辨别；亦緣孟后居中，力與高宗説得透了；高宗又喜看蘇、黄輩文字，故一旦覺悟而自惡之，而君子小人之黨始明。」僩。

「龜山裂裳裹足，自是事之變，在家亦無可爲。雖用『治蠱』之説，然文定云：『若從其言，亦救得一半。』」先生云：「若用其言，則議論正；議論正，則小人不得用。然龜山亦言天下事。當時排正論者，耿南仲、馮澥二人之力爲多，二人竟敗國！南仲上言：『或者以王氏學不可用。陛下觀祖宗時道德之學，人才兵力財用，能如熙豐時乎？陛下安可輕信一人之言以變之？』批答云：『頃以言者如何如何，今聞師傅之臣言之如此，若不爾，幾誤也！前日指揮，更不施行。』」方。

問：「龜山晚歲一出，爲士子詬罵，果有之否？」曰：「他當時一出，追奪荆公王爵，罷配享夫子且欲毁劈三經板。士子不樂，遂相與聚問三經有何不可，輒欲毁之。當時龜山亦謹避之。」問：「或者疑龜山此出爲無補於事，徒爾紛紛。或以爲大賢出處不可以此議，如何？」曰：「龜山此行固是有病，但只後人又何曾夢到他地位在！惟胡文定以柳下惠『援而止之而止』比之，極好。」道夫。

龜山之出，人多議之。惟胡文定之言曰：「當時若能聽用，決須救得一半。」此語最公。蓋龜山當此時雖負重名，亦無殺活手段。若謂其懷蔡氏汲引之恩，力庇其子，至有「謹勿擊居安」之語，則誣矣。幸而此言出於孫覿，人自不信。儒用。

坐客問龜山立朝事。曰：「胡文定論得好：『朝廷若委吳元忠輩推行其說，決須救得一半，不至如後來狼狽。』然當時國勢已如此，虜初退後，便須急急理會，如救焚拯溺。諸公今日論蔡京，明日論王黼，當時姦黨各已行遣了，只管理會不休，擔閣了日子。如吳元忠、李伯紀向來亦是蔡京引用，免不得略遮庇，只管喫人議論。龜山亦被孫覿輩窘擾。」德明。

問：「龜山云：『消息盈虛，天且不能暴爲之，去小人亦不可驟。』如何？」曰：「只看時如何，不可執。天亦有迅雷風烈之時。」德明。

伯夷微似老子。胡文定作龜山墓誌，主張龜山似柳下惠，看來是如此。僩。

「孫覿見龜山撰曾内翰行狀，曰：『楊中立却會做文字。』」先生曰：「龜山曾理會文字來。」

李先生嘗云：「人見龜山似不管事，然甚曉事也。」方。

李先生言：「龜山對劉器之言，爲貧。文定代云竿木云云，不若龜山之遜避也。」汪書延李，初至，見便問之。未竟，李疾作。方。

龜山張皇佛氏之勢，說橫渠不能屈之爲城下之盟。亦如李鄴張皇金虜也。龜山嘗稱李奉使還云：「金人上馬如龍，步行如虎，度水如獺，登城如猿。」時人目爲「四如給事」。方。

問：「橫浦語録載張子韶戒殺，不食蟹。高抑崇相對，故食之。龜山云：『子韶不殺，抑崇故殺，不可。』抑崇退，龜山問子韶：『周公何如人？』對曰：『仁人。』曰：『周公驅猛獸，兼夷狄，滅國者五十，何嘗不殺？亦去不仁以行其仁耳。』」先生曰：「此特見其非不殺耳，猶有未盡。須知上古聖人制爲罔罟佃漁，食禽獸之肉。但『君子遠庖厨』，不暴殄天物。須如此說，方切事情。」德明。

龜山銘誌不載高麗事。他引歐公作梅聖俞墓誌不載希文詩事，辨得甚好。「孰能識車中之狀，意欲施之事？」見韓詩外傳。道夫。

龜山墓誌，首尾却是一篇文字。後來不曾用。方。

游定夫

游定夫德性甚好。升卿。

游定夫，徽廟初爲察院，忽申本臺乞外，如所請。志完駭之。定夫云：「公何見之晚！如公亦豈能久此？」方。

侯希聖

胡氏記侯師聖語曰：「仁如一元之氣，化育流行，無一息間斷。」此説好。閎祖。

李先生云：「侯希聖嘗過延平，觀其飲啗，粗疏人也。」方。

尹彦明

和靖在程門直是十分鈍底。被他只就一箇「敬」字做工夫，終被他做得成。節。

和靖守得緊，但不活。蓋卿。

和靖持守有餘而格物未至，故所見不精明，無活法。升卿。

和靖才短，説不出，只緊守伊川之説。去僞。

和靖謪當。又云：「就諸先生立言觀之，和靖持守得不失。然才短，推闡不去，遇面生者，説得頗艱。」方。

和靖守得謹，見得不甚透。如俗語説，他只是「抱得一箇不哭底孩兒」！義剛。

問：「和靖言，先生教人，只是專令用『敬以直内』一段，未盡。」曰：「和靖才力短，伊川就上成就它，它亦據其所聞而守之，便以爲是。」可學。

自其上者言之，有明未盡處；自其下者言之，有明得一半，便謂只是如此。尹氏亦只是明得一半，便謂二程之教止此，孔孟之道亦只是如此。惟是中人之性，常常著力照管自家這心要常在。須是窮得透徹，方是。敬仲。

和靖只是一箇篤實，守得定。如涪州被召，祭伊川文云：「不背其師則有之，有益於世則未也。」因言：「學者只守得某言語，已自不易，少間又自轉移了。」炎言。

和靖說「主一」。與祈居之云：「如人入神廟，收斂精神，何物可入得！」有所據守。方。

和靖主一之功多，而窮理之功少。故說經雖簡約，有益學者，但推說不去，不能大發明。在經筵進講，少開悟啓發之功。紹興初入朝，滿朝注想，如待神明，然亦無大開發處。是時高宗好看山谷詩。尹云：「不知此人詩有何好處？陛下看它作什麼？」只說得此一言。然只如此說，亦何能開悟人主！大抵解經固要簡約。若告人主，須有反覆開導推說處，使人主自警省。蓋人主不比學者，可以令他去思量。如孔子告哀公、顏子好學之問，與答季康子詳略不同，此告君之法也。銖。

和靖當經筵，都說不出。張魏公在蜀中，一日，招和靖語之：「『人有不爲也，而後可以有爲』，此孟子至論。」和靖曰：「未是。」張曰：「何者爲至？」和靖曰：「『好善優於天下』

爲至。」先生曰：「此和靖至論，極中張病。然正好發明，惜但此而止耳。張初不喜伊洛之學，故諫官有言。和靖適召至九江，見其文，辭之，張皇恐再薦。和靖持守甚確，凡遇飲，手足在一處。醉後亦然。」揚。

胡文定初疑尹和靖，後見途中辭召表，方知其真有得。表言「臣師程某，今來亦不過守師之訓。變所守，又何取」云云之意。時陳公輔論伊川學，故途中進此表，尹亦只得如此辭。文定以此取之，亦未可見尹所得處。揚。

尹子之學有偏處。渠初見伊川，將朱公掞所抄語録去呈，想是他爲有看不透處。故伊川云：「某在，何必觀此書？」蓋謂不如當面與它説耳。尹子後來遂云：「語録之類不必看。」不知伊川固云「某在不必觀」，今伊川既不在，如何不觀？又如云：「易傳是伊川所自作者，其他語録是學者所記，故謂只當看易傳，不當看語録。」然則夫子所自作者春秋而已，論語亦門人所記也。謂學夫子者只當看春秋，不當看論語，可乎！𠫤。

尹和靖疑伊川之説，多其所未聞。璘。

王德修相見。先生問德修：「和靖大概接引學者話頭如何？」德修曰：「先生只云『在力行』。」曰：「力行以前，更有甚功夫？」德修曰：「尊其所聞，行其所知。」曰：「須是知得，方始行得。」德修曰：「自『吾十有五而志於學』，以至『從心所欲不踰矩』，皆是説行。」曰：

「便是先知了，然後志學。」文蔚。

問：「『天地設位，而易行乎其中矣。』和靖言行録云：『易行乎其中，聖人純亦不已處。』莫説得太拘？『天地設位，而易行乎其中矣』，如言『天高地下，萬物散殊』，而禮制行乎其中，無適而非也。今只言聖人『純亦不已』，莫太拘了？」曰：「亦不是拘，他説得不是。陰陽升降便是易。易者，陰陽是也。」文蔚。

和靖與楊畏答問一段語，殊無血脉。謂非本語，極是。龜山説得固佳，然亦出於程子「羈靮以御馬而不以制牛，胡不乘牛而服馬」之説。鎬。

「人之所畏，不得不畏。」此是和靖見未透處，亦是和靖不肯自欺屈强妄作處。鎬。

和靖赴樂會，聽曲子，皆知之，亦歡然；但拱手安足處，終日未嘗動也。在平江時，累年用一扇，用畢置架上。凡百嚴整有常。有僧見之，云：「吾不知儒家所謂周孔爲如何，然恐亦只如此也。」方。

王德修言，一日早起見和靖。使人傳語，令且坐，候看經了相見。少頃，和靖出。某問曰：「先生看甚經？」曰：「看光明經。」某問：「先生何故看光明經？」曰：「老母臨終時，令每日看此經一部，今不敢違老母之命。」先生曰：「此便是平日闕却那『諭父母於道』一節，便致得如此。」文蔚。

張思叔

張思叔與人做思堂記，言世間事有當思者，有不當思者：利害生死，不當思也；如見某物而思終始之云云，此當思也。方。

郭立之子和

「郭子和傳其父學，又兼象數，其學已雜，又被謝昌國拈掇得愈不是了！且如九圖中性善之説，性豈有兩箇？善又安有内外？故凡惡者，皆氣質使然。若去其惡，則見吾性中當來之善。語〔一〕。」又問：「郭以兼山學自名，是其學只一艮卦。」曰：「易之道，一箇艮卦可盡，則不消更有六十三卦。」又曰：「謝昌國論西銘『理一而分殊』，尤錯了！」去僞。

郭子和性論，與五峰相類。其言曰：「目視耳聽，性也。」此語非也。視明而聽聰，乃性也。箕子分明説：「視曰明，聽曰聰。」若以視聽爲性，與僧家「作用是性」何異？五峰曰：「好惡，性也。君子好惡以道，小人好惡以欲。君子小人者，天理人欲而已矣。」亦不

〔一〕「語」下似有脱文。

是。蓋好善惡惡，乃性也。璘。

胡康侯 雖非門人，而嘗見謝楊，今附。子姪附。

或問：「胡文定之學與董仲舒如何？」曰：「文定却信『得於己者可以施於人，學於古者可以行於今』。其他人皆謂得於己者不可施於人，學於古者不可行於今，所以淺陋。然文定比似仲舒較淺，仲舒比似古人又淺。」又曰：「仲舒識得本原，如云『正心修身可以治國平天下』，如說『仁義禮樂皆其具』，此等說話皆好。若陸宣公之論事，却精密，第恐本原處不如仲舒。然仲舒施之臨事，又却恐不如宣公也。」學蒙。

文定大綱說得正。微細處，五峰尤精，大綱却有病。方。

胡文定說較疏，然好；五峰說密，然有病。

問：「文定言，人常令胸中自在。」云：「克己無欲。」方。

文定氣象溫潤，却似貴人。方。

原仲說，文定少時性最急，嘗怒一兵士，至親毆之，兵輒抗拒。無可如何，遂回入書室中作小册，盡寫經傳中文有寬字者於册上以觀玩，從此後遂不性急矣。方。

胡文定云：「知至故能知言，意誠故能養氣。」此語好。又云：「豈有見理已明而不能處事者！」此語亦好。夔孫。

「胡文定公傳家録議論極有力，可以律貪起懦，但以上工夫不到。如訓子弟作郡處，末後説道：『將來不在人下。』便有克伐之意。」子升云：「有力行之意多，而致知工夫少。」曰：「然。」木之。

問：「文定靖康第二劄如何？」云：「君相了得，亦不必定其規模；不然，亦須定其大綱。專戰、專和、專守之類，可定。」揚。

文定論時事，要掃除故迹，乘勢更張。龜山論時，用其蠱卦説，且扶持苟完。龜山語見答胡康侯第八書中，止謂役法、冗官二事而已，非盡然也。伊川有從本言者，有從末言者。從末言，小變則小益，大變則大益。包荒傳云：「以含洪之體，爲剛果之用。」方。

胡文定公云：「世間事如浮雲流水，不足留情，隨所寓而安也。」寅近年却於正路上有箇見處，所以立朝便不碌碌，與往日全不同。往時虚憍恃氣，今則平心觀理矣。振。

曾吉甫答文定書中「天理人欲」之説，只是籠罩，其實初不曾見得。文定便許可之，它便只如此住了。᧡。

胡文定初得曾文清時，喜不可言。然已仕宦駸駸了，又參禪了，如何成就得他！揚。

向見籍溪説，文定當建炎間，兵戈擾攘，寓荆門，擬遷居。適湘中有兩士人協力具舟楫，往迎文定，其一人乃黎才翁。文定始亦有遲疑之意，及至湘中，則舍宇動用，便利如歸，處之極安。又聞范丈説，文定得碧泉，甚愛之。有本亭記所謂「命門弟子往問津焉」，即才翁也。佐。

胡致堂之説雖未能無病，然大抵皆太過，不會不及，如今學者皆是不及。學蒙。以下明仲。

胡致堂説道理，無人及得他。以他才氣，甚麽事做不得！只是不通檢點，如何做得事成？我欲做事，事未起，而人已檢點我矣。僩。

胡致堂議論英發，人物偉然。向嘗侍之坐，見其數盃後，歌孔明出師表，誦張才叔自靖人自獻於先王義、陳了翁奏狀等，可謂豪傑之士也！讀史管見乃嶺表所作，當時並無一册文字隨行，只是記憶，所以其間有牴牾處。有人好誦佛書，致堂因集史傳中虜人姓名揭之一處，其人果收去念誦，此其戲也。又嘗解論語「舉直錯諸枉」章云，是時哀公威權已去，不知何以爲舉錯；但能以是權付之孔子，斯可矣。人傑。

胡氏管見有可删者。慕容超説、昭帝説。𥊵。

南軒言「胡明仲有三大功：一，言太上即尊位事；二，行三年喪；三」云云。先生云：「南軒見得好。設使不即位，只以大元帥討賊，徽廟升遐，率六軍縞素，是甚麽模樣氣勢！

後來一番難如一番。今日有人做亦得，只是又較難些子！」揚。

胡籍溪人物好，沈静謹嚴，只是講學不透。賀孫。○以下原仲。

籍溪教諸生於功課餘暇，以片紙書古人懿行，或詩文銘贊之有補於人者，粘置壁間；俾往來誦之，咸令精熟。若海。

籍溪廳上大榜曰：「文定書堂。」籍溪舊開藥店，「胡居士熟藥正鋪」并諸藥牌，猶存。振。

「明仲甚畏仁仲議論，明仲亦自信不及。」先生云：「人不可不遇敵己之人。仁仲當時無有能當之者，故恣其言説出來。然今觀明仲説，較平正。」揚。以下仁仲。

游楊之後，多爲秦相所屈。胡文定剛勁，諸子皆然。和仲不屈於秦，仁仲直却其招不往。揚。

仁仲見龜山求教，龜山云：「且讀論語。」問：「以何爲要？」云：「熟讀。」方。

五峰善思，然思過處亦有之。道夫。

知言形容道德，只是如畫卦影。到了後方理會得，何益！方。

東萊云：「知言勝似正蒙。」先生曰：「蓋後出者巧也。」方子。振録云：「正蒙規摹大，知言小。」

知言疑義，大端有八：性無善惡，心爲已發，仁以用言，心以用盡，不事涵養，先務知識，氣象迫狹，語論過高。方。

做出那事，便是這裏有那理。凡天地生出那物，便都是那裏有那理。五峰謂「性立天下之有」，説得好；「情効天下之動」，効如効死、効力之「効」，是自力形出也。淳。

五峰説「心妙性情之德」。不是他曾去研窮深體，如何直見得恁地！夔孫。

「心妙性情之德。」妙是主宰運用之意。升卿。

仲思問：「五峰中、誠、仁如何？」曰：「『中者性之道』，言未發也；『誠者命之道』，言實理也；『仁者心之道』，言發動之端也。」又疑「道」字可改爲「德」字。曰：「亦可。『德』字較緊，然他是特地下此寬字。伊川答與叔書中亦云：『中者性之德，近之。』伯恭云：『知言勝正蒙。』似此等處，誠然，但不能純如此處爾。」又疑中、誠、仁，一而已，何必別言？曰：「理固未嘗不同。但聖賢説一箇物事時，且隨處説他那一箇意思。自是他一箇字中，便有箇正意義如此，不可混説。聖賢書初便不用許多了。學者亦宜各隨他説處看之，方見得他所説字本相。如誠、如中、如仁。若便只混看，則下梢都看不出。」伯羽。砥録別出。

仲思問：「天之所以命乎人者，實理而已。故言『誠者命之道，中者性之道』，如何？」曰：「未發時便是性。」曰：「如此，則喜怒哀樂未發便是性，既發便是情。」曰：「然。此三句道得極密。伯恭道『知言勝似正蒙』，如這處，也是密，但不純恁地。」又問：「『道』字不如『德』字？」曰：「所以程子云：『中者性之德爲近之。』但言其自然，則謂之道；言其實體，則謂之德。『德』字較緊，『道』字較寬。但他故下這寬字，不要挨摻著他。」又問：「言中，則誠與仁亦在其內否？」曰：「不可如此看。若可混併，則聖賢已自混併了。須逐句看他：言誠時，便主在實理發育流行處；言性時，便主在寂然不動處；言心時，便主在生發處。」砥。

堯卿問：「『誠者性之德』，此語如何？」曰：「何者不是性之德？如仁義禮智皆性之德，恁地說較不切。不如胡氏『誠者命之道乎』說得較近傍。」義剛。

問：「『誠者物之終始』，而『命之道』。」曰：「誠是實理，徹上徹下，只是這箇。生物都從那上做來，萬物流形天地之間，都是那底做。五峰云：『誠者命之道，中者性之道，仁者心之道。』此數句說得密。如何大本處却含糊了！以性爲無善惡，天理人欲都混了，故把作同體。」或問：「『同行』語如何？」曰：「此却是只就事言之。」直卿曰：「它既以性無善惡，何故云『中者性之道』？」曰：「它也把中做無善惡。」

李維申說：「合於心者爲仁。」曰：「却是從義上去。不如前日說『存得此心便是仁』，却是。」因舉五峰語云：「『人有不仁，心無不仁。』說得極好！」雉。

胡五峰云：「人有不仁，心無不仁。」此說極好！人有私欲遮障了，不見這仁，然心中仁依舊只在。如日月本自光明，雖被雲遮，光明依舊在裏。又如水被泥土塞了，所以不流，然水性之流依舊只在。所以「克己復禮爲仁」，只是克了私欲，仁依舊只在那裏。譬如一箇鏡，本自光明，只緣塵，都昏了。若磨去塵，光明只在。明作。

「五峰曰：『人有不仁，心無不仁。』既心無不仁，則『巧言令色』者是心不是？如『巧言令色』，則不成説道『巧言令色』底不是心，別有一人『巧言令色』。如心無不仁，則孔子何以説『回也，其心三月不違仁』？」蕭佐曰：「『我欲仁，斯仁至矣。』這箇便是心無不仁。」曰：「回心三月不違仁，如何説？」問者默然久之。先生曰：「既説回心三月不違仁，則心有違仁底。違仁底是心不是？説『我欲仁』，便有不欲仁底是心不是？」節。

「五峰謂『人有不仁，心無不仁』，此語有病。且如顏子『其心三月不違仁』。若纔違仁，其心便不仁矣，豈可謂『心無不仁』！」定夫云：「恐是五峰説本心無不仁。」曰：「亦未是。譬如人今日貧，則説昔日富不得。」震。

伊川初嘗曰：「凡言心者，皆指已發而言。」後復曰：「此説未當。」五峰却守其前説，以心爲已發，性爲未發，將「心性」二字對説。知言中如此處甚多。𥌾。

人學當勉，不可據見定。蓋道理無窮，人之思慮有限，若只守所得以爲主，則其或墮於偏者，不復能自明也。如五峰只就其上成就所學，亦只是忽而不詳細反復也。方。

問：「知言有云：『佛家窺見天機，有不器於物者。』此語莫已作兩截？」曰：「亦無甚病。方録作「此語甚得之」。此蓋指妙萬物者，而不知萬物皆在其中。聖人見道體，正如對面見人，其耳目口鼻髮眉無不見。佛家如遠望人，只見髣象，初不知其人作何形狀。」問：「佛家既如此說，而其說性乃指氣，却是兩般。」曰：「渠初不離此說。但既差了，則自然錯入別處去。」可學。

因言：「久不得胡季隨諸人書。季隨主其家學，說性不可以善言。本然之善，本自無對；才說善時，便與那惡對矣。才說善惡，便非本然之性矣。本然之性是上面一箇，其尊無比。僩録但云：「季隨主其家學，說性不可以善言。本然之性，是上面一箇，其尊無對。」善是下面底，才說善時，便與惡對，非本然之性矣。『孟子道性善』，非是說性之善，只是贊歎之辭，說『好箇性』！如佛言『善哉』！此文定之說。某嘗辨之云，本然之性，固渾然至善，不與惡對，僩録作「無善可對」。此天之賦予我者然也。然行之在人，則有善有惡：做得是者爲善，做得不是者爲惡。豈可謂善者非本然之性？只是行於人者，有二者之異，然行得善者，便是那本然之性也。若如其言，有本然之善，僩録作「性」。又有善惡相對之善，僩録作「性」。則是有二性矣！方其得於天者，此性也；及其行得善者，亦此性也。只是纔有箇善底，僩録作「行得善底」。便有箇不善底，所以善惡須著對說。不是元有箇惡在那裏，等得他來與之爲對。只是行得錯底，便流入於惡矣。此文定之說，故其子孫皆主其說，而致堂五峯以來，其說益差，遂成有兩性：本然者是一性，善惡相對者又是一性。他只說本然者是性，善惡相對者不是性，豈有此理！然文定又得於龜山，龜山得之東林常摠。摠，龜山鄉人，與之往來，後住廬山東林。龜山赴省，又往見之。摠極聰明，深通佛書，有道行。龜山問：「『孟子道性善』，說得是否？」摠曰：『是。』又問：『性豈可以善惡言？』摠曰：『本然之性，不與惡對。』此語流傳自他。然摠之言，本亦未有病。蓋本然之性是本無惡。及至文定，遂以『性善』爲贊歎之辭；到得致堂五峯輩，遂分成兩截，說善底不是性。若善底非本然之性，却那處得這善來？既曰贊歎性好之辭，便是性矣。僩録作「便是性本善矣」。若非性善，何贊歎之有？如佛言『善哉！善哉』！爲贊美之辭，亦是說這箇道好，所以贊歎之也。二蘇論性亦是如此，嘗言『孟子道性善』，猶云火之能熟物也；荀卿言『性惡』，猶云火之能焚物也。龜山反其說而辨之曰：『火之所以能熟物者，以其能焚故耳。若火不能焚，物何從熟？』蘇氏論性說：『自上古聖人以來，至孔子不得已而命之曰一，寄之曰中，未嘗分善惡言也。自「孟子道性善」，而一與中始支矣！』盡是胡說！他更不看道理，只認我說得行底便是。諸胡之說亦然，季隨至今守其家說。」因問：「文定却是卓然有立，所謂『非文王猶興』者。」曰：「固是。他資質好，在太學中也多聞先生師友之訓，所以能然。嘗得潁昌一士人，忘其姓名，問學多得此人警發。後爲荆門教授，龜山與之爲代，因此識龜山，因龜山方識游謝，不及識伊川。自荆門入爲國子博士，出來便爲湖北提舉。是時上蔡宰本路一邑，文定却從龜山求書見上蔡。既到湖北，遂遣人送書與上蔡。上蔡既受書，文定乃往見之。入境，人皆訝知縣不接監司。論理，上蔡既受他書，也是難爲出來接他。既入縣，遂先修後進禮見之。畢竟文定之學，後來得於上蔡者爲多。他所以尊上蔡而不甚滿於游、楊二公，看來游定夫後來也是郎當，誠有不滿人意處。頃嘗見定夫集，極説得醜差，盡背其師説，更説伊川之學不如他之所得。所以五峰臨終謂彪德美曰：『聖門工夫要處只在箇「敬」字。游定夫所以卒爲程門之罪人者，以其不仁不敬故也。』誠如其言。」卓。僩録略。

胡氏説善是贊美之辭，其源却自龜山，龜山語録可見。胡氏以此錯了，故所作知言並一齊恁地説。本欲推高，反低了。蓋説高無形影，其勢遂向下去。前日説韓子云：「何謂性？仁義禮智信。」此語自是，却是他已見大意，但下面便説差了。荀子但只見氣之不好，而不知理之皆善。揚子是好許多思量安排：方要把孟子「性善」之説爲是，又有不善之人；方要把荀子「性惡」之説爲是，又自有好人，故説道「善惡混」。温公便主張揚子而非孟子。程先生發明出來，自今觀之，可謂盡矣。賀孫。

「龜山往來太學，過廬山，見常揔。揔亦南劍人，與龜山論性，謂本然之善，不與惡對。

後胡文定得其説於龜山，至今諸胡謂本然之善不與惡對，與惡爲對者又別有一善。常摠之言，初未爲失。若論本然之性，只一味是善，安得惡來？人自去壞了，便是惡。既有惡，便與善爲對。今他却説有不與惡對底善，又有與惡對底善。如近年郭子和九圖，便是如此見識，上面書一圈子，寫『性善』字，從此牽下兩邊，有善有惡。」或云：「恐文定當來未有甚差，後來傳襲，節次訛舛。」曰：「看他説『善者贊美之辭，不與惡對』，已自差異。」文蔚。

問：「性無善惡之説，從何而始？」曰：「此出於常摠。摠住廬山，龜山入京，枉道見之，留數日。因問：『孟子識性否？』曰：『識。』曰：『何以言之？』曰：『善不與惡對言。』他之意，乃是謂其初只有善，未有惡。其後文定得之龜山，遂差了。今湖南學者信重知言。某嘗爲敬夫辨析，甚諱之。渠當初唱道湖南，偶無人能與辨論者，可惜！可惜！」又讀至彪居正問心一段，先生曰：「如何？」可學謂：「不於原本處理會，却待些子發見！」曰：「孟子此事，乃是一時間爲齊王耳。今乃欲引之以上他人之身，便不是了。」良久，又云：「以放心求心，便不是。纔知求，心便已回矣，安得謂之放！」可學。

因論湖湘學者崇尚知言，曰：「知言固有好處，然亦大有差失，如論性，却曰：『不可以善惡辨，不可以是非分。』既無善惡，又無是非，則是告子『湍水』之説爾。如曰『好惡性也，君子好惡以道，小人好惡以己』，則是以好惡説性，而道在性外矣，不知此理却從何而出。」

問：「所謂『探視聽言動無息之（際）〔本〕[一]，可以（會）〔知〕性』，此猶告子『生之謂性』之意否？」曰：「此語亦有病。下文謂：『道義明著，孰知其爲此心？物欲引誘，孰知其爲人欲？』便以道義對物欲，却是性中本無道義，逐旋於此處攙入兩端，則是性亦可以不善言矣！如曰：『性也者，天地鬼神之奧也，善不足以名之，況惡乎？』孟子説『性善』云者，歎美之辭，不與惡對。』其所謂『天地鬼神之奧』，言語亦大故誇逞。某嘗謂聖賢言語自是平易，如孟子尚自有些險處，孔子則直是平實。『不與惡對』之説，本是龜山與摠老相遇，因論孟子説性，曾有此言。文定往往得之龜山，故有是言。然摠老當時之語，猶曰『渾然至善，不與惡對』，猶未甚失性善之意。今去其『渾然至善』之語，而獨以『不與惡對』爲歎美之辭，則其失遠矣！如論齊王愛牛，此良心之苗裔，因私欲而見者，以答求放心之問；然雞犬之放，則固有去而不可收之理；人之放心，只知求之，則良心在此矣，何必等待天理發見於物欲之間，然後求之！如此，則中間空闕多少去處，正如屋下失物，直待去城外求也！愛牛之事，孟子只就齊王身上説，若施之他人則不可。況操存涵養，皆是平日工夫，豈有等待發見然後操存之理！今胡氏子弟議論每每好高，要不在人下。纔説心，便不説

〔一〕據知言改，下同。

用心，以爲心不可用。至如易傳中有連使『用心』字處，皆塗去『用』字。某以爲，孟子所謂『堯舜之治天下，豈無所用其心哉』，何獨不可以『用』言也？季隨不以爲然。遂檢文定春秋中有連使『用心』字處質之，方無語。大率議論文字，須要親切。如伊川説顔子樂道爲不識顔子者，蓋因問者元不曾親切尋究，故就其人而答，欲其深思而自得之爾。後人多因程子之言，愈見説得高遠；如是，則又不若樂道之爲有據。伊尹『樂堯舜之道』，亦果非樂道乎？湖湘此等氣象，乃其素習，無怪今日之尤甚也！謨。

五峰知言大抵説性未是。自胡文定、胡侍郎皆説性未是。其言曰：「性猶水也。善，其水之下乎；情，其水之瀾乎；欲，其水之波浪乎。」乍看似亦好，細看不然。如瀾與波浪何別？渠又包了情欲在性中，所以其説如此。又云：「性，好惡也。君子以道，小人以欲。君子小人，天理人欲而已矣。」伯恭舊看知言云：「只有兩段好，其餘都不好。」一段：『能攻人實病，能受人實攻。』一段：『以天下與人，而無人德我之望；有人之天下，而無取人之嫌。』」後來却又云都好。不知伯恭晚年是如何地看。某舊作孟子或問云：「人説性，不肯定説是性善，只是欲推尊性，於性之上虛立一箇『善』字位子，推尊其性耳。不知尊之反所以失之！」璘。

「五峰云：『好惡，性也。』此説未是。胡氏兄弟既闢釋氏，却説性無善惡，便似説得空了，却近釋氏。但當云『好善而惡惡，性也』。」𦬊謂：「好惡，情也。」曰：「只是好惡，却好惡箇甚底？」伯豐謂：「只『君子好惡以道』，亦未穩。」曰：「如此，道却在外，旋好惡之也。」𦬊。

直卿言：「五峰説性云：『好惡，性也。』本是要説得高，不知却反説得低了！」曰：「依舊是氣質上説。某常要與他改云：『所以好惡者，性也。』」寓。

「好惡，性也。」既有好，即具善；有惡，即具惡。若只云有好惡，而善惡不定於其中，則是性中理不定也。既曰天，便有「天命」、「天討」。方。

知言云：「凡人之生，粹然天地之心，道義全具，無適無莫；不可以善惡辨，不可以是非分，無過也，無不及也，此中之所以名也。」即告子「性無善無不善」之論也。惟伊川「性即理也」一句甚切至。閎祖。

問：「知言『萬事萬物，性之質也』，如何？」曰：「此句亦未有害，最是『好惡，性也』，大錯！既以好惡爲性，下文却云『君子好惡以道』，則是道乃旋安排入來。推此，其餘皆可見。」問：「與告子説話莫同否？」曰：「便是『湍水』之説。」又問：「粹然完具云云，却説得好。又云不可以善惡言，不可以是非判。」曰：「渠説有二錯：一是把性作無頭面物事；二是云云。」失記。可學。

「五峰言：『天命不囿於善，不可以人欲對。』」曰：「天理固無對，然有人欲，則天理便不得不與人欲對爲消長。善亦本無對，然既有惡，則善便不得不與惡對爲盛衰。且謂天命不囿於物，可也；謂『不囿於善』，則不知天之所以爲天矣！謂惡不足以言性，可也；謂善不足以言性，則不知善之所從來矣！」升卿。

「好善而惡惡，人之性也。爲有善惡，故有好惡。『善惡』字重，『好惡』字輕。君子順其性，小人拂其性。五峰言：『好惡，性也。君子好惡以道，小人好惡以欲。』是『好人之所惡，惡人之所好』，亦是性也！而可乎？」或問：「『天理人欲，同體異用』之說如何？」曰：「當然之理，人合恁地底，便是體，故仁義禮智爲體。如五峰之說，則仁與不仁，義與不義，禮與無禮，智與無智，皆是性。如此，則性乃一箇大人欲窠子！其說乃與東坡、子由相似，是大鑿脱，非小失也。『同行異情』一句，却說得去。」方子。

或問「天理人欲，同體而異用，同行而異情」。曰：「胡氏之病，在於說性無善惡。體中只有天理，無人欲，謂之同體，則非也。同行異情，蓋亦有之，如『口之於味，目之於色，耳之於聲，鼻之於臭，四肢之於安佚』，聖人與常人皆如此，是同行也。然聖人之情不溺於此，所以與常人異耳。」人傑謂：「聖賢不視惡色，不聽惡聲，此則非同行者。」曰：「彼亦就其同行處說耳。某謂聖賢立言，處處皆通，必不若胡氏之偏也。龜山云：『「天命之謂性」，人欲非性也。』胡氏不取其說，是以人欲爲性矣！　此其甚差者也。」人傑。

問：「『天理人欲，同體而異用，同行而異情』，如何？」曰：「下句尚可，上句有病。蓋行處容或可同，而其情則本不同也。至於體、用，豈可言異？　觀天理人欲所以不同者，其本原元自不同，何待用也！　胡氏之學，大率於大本處看不分曉，故鋭於闢異端，而不免自入一脚也。如説性，便説『性本無善惡，發然後有善惡』。『孟子説性善，自是歎美之辭，不與惡爲對』。大本處不分曉，故所發皆差。蓋其説始因龜山問揔老，而答曰：『善則本然，不與惡對。』言『本然』猶可，今曰『歎美之辭』，則大故差了！　又一學者問以放心求放心如何，他當時問得極緊，他一向鶻突應將去。大抵心只操則存，捨則放了，俄頃之間，更不喫力，他却説得如此周遮。」大雅。

問：「『天理人欲，同行而異情』，胡氏此語已精。若所謂『同體而異用』，則失之混而無別否？」曰：「胡氏論性無善惡，此句便是從這裏來。本原處無分別，都把做一般，所以便謂之『同體』。他看道理儘精微，不知如何，只一箇大本却無別了！」淳。

或問「天理人欲，同體異用」。曰：「如何天理人欲同體得！　如此，却是性可以爲善，亦可以爲惡，却是一團人欲窠子，將甚麽做體？　却是韓愈説性自好，言人之爲性有五，仁義禮智信是也。指此五者爲性，却説得是。性只是一箇至善道理，萬善總名。才有一毫不善，自是情之流放處，如何却與人欲同體！今人全不去看。」謙。

問：「『天理人欲同體而異用』，先生以爲未穩，是否？」曰：「亦須是實見此句可疑，始得。」又曰：「今人於義利處皆無辨，直恁鶻突去。是須還他是，不是還他不是。若都做得是，猶自有箇淺深。自如此説，必有一箇不是處，今則都無理會矣。」寓。

何丞辨五峰「理性」，何異修性？蓋五峰以性爲非善惡，乃是一空物，故云「理」也。方。

看知言彪居正問仁一段，云：「極費力。有大路不行，只行小徑。至如『操而存之』等語，當是在先。自孟子亦不專以此爲學者入德之門也。且齊王人欲蔽固，故指其可取者言之。至如説『自牖開説』，亦是爲蔽固而言。若吾儕言語，是是非非，亦何須如此？而五峰專言之，則偏也。」又云：「居正問：『以放心求放心，可乎？』既知其放，又知求之，則此便是良心也，又何求乎？又何必俟其良心遇事發見，而後操之乎？」方。

五峰曾説，如齊宣王不忍觳觫之心，乃良心，當存此心。敬夫説「觀過知仁」，當察過心則知仁。二説皆好意思。然却是尋良心與過心，也不消得。只此心常明，不爲物蔽，物來自見。從周。

五峰作皇王大紀，説北極如帝星、紫微等皆不動。説宮聲屬仁，不知宮聲却屬信。又宫無定體，十二律旋相爲宫。帝星等如果不動，則天必擘破。不知何故讀書如此不子細。人傑。

五峰説得宫之用極大，殊不知十二律皆有宫。又，宫在五行屬土。他説得其用如此大，猶五常之仁。宫自屬土，亦不爲仁也。又其云天有五帝座星，皆不動。今天之不動者，只有紫微垣、北極、五帝座不動，其他帝座如天市垣、太微垣、大火中星帝座，與大角星帝座，皆隨天動，安得謂不動！卓。

五峰論樂，以黄鍾爲仁，都配屬得不是。它此等上不曾理會，却都要將一大話包了。

論五峰説極星有三箇極星不動，殊不可曉。若以天運譬如輪盤，則極星只是中間帶子處，所以不動。若是三箇不動，則不可轉矣！又言：「雖形器之事，若未見得盡，亦不可輕立議論。須是做下學工夫。雖天文地理，亦須看得他破，方可議之。」又曰：「明仲嘗畏五峰議論精確，五峰亦嘗不有其兄，嘗欲焚其論語解，并讀史管見。以今觀之，殊不然。如論語、管見中雖有粗處，亦多明白。至五峰議論，反以好高之過，得一説便説，其實與這物事都不相干涉，便説得無著落。五峰辨疑孟之説，周遮全不分曉。若是恁地分疏孟子，剗地沈淪，不能得出世。」㽦。

「五峰疾病，彪德美問之，且求教焉。五峰曰：『游定夫先生所以得罪於程氏之門者，以其不仁不敬而已。』」先生云：「言其習不著，行不察，悠悠地至於無所得而歸釋氏也。其子德華，謂汪聖錫云，定夫於程氏無所得，後見某長老，乃有得也。此與呂居仁雜記語同。大率其資質本好者，却不用力，所以悠悠。如上蔡、文定，器質本駁偏，所以用力尤多。」方。

五峰有本亭記甚好。理固是好，其文章排佈之類，是文人之文。此其所居也。其所極好，在嶽山下，當時託二學生謀得之。文定本居籍溪，恐其當衝，世亂或不免，遂去居湖北。侯師聖令其還，謂亂將作，乃還衡嶽山下。亦有一人，侯令其還，不從，後不免。文定以識時知幾薦侯。亂兵，謂宗汝霖所招勤王者。宗死，其兵散走爲亂，湖北靡孑遺矣！揚。

五峰說「區以別矣」，用禮記「勾萌」字音。林少穎亦曾說與黃祖舜來如此。方。

胡氏議論須捉一事爲說。如后妃幽閒貞淑，却只指不妬忌爲至；伯夷氣象如此，却只指不失初心，爲就文王去武王之事。大要不論體，只論發出來處，類如此也。方。

胡說有三箇物事：一不動，一動，一靜，相對。振。

問：「湖南『以身格物』，則先亦是行，但不把行做事爾。」曰：「湖南病正在無涵養。無涵養，所以尋常盡發出來，不留在家。」方。

因説湖南學先體察，云：「不知古人是先學洒掃應對，爲復先體察？」方。

湖南一派，譬如燈火要明，只管挑，不添油，便明得也即不好。所以氣局小，長汲汲然張筋努脈。方。

謂胡季隨曰：「文定、五峰之學，以今竊議來，只有太過，無不及。季隨而今却但有不及。」又曰：「爲學要剛毅果決，悠悠不濟事。」方子。林學蒙録云：「爲學要剛毅果決，悠悠不濟事。且如『發憤忘食，樂以忘憂』，是甚麽樣精神骨肋！」注云：「因説胡季隨。」

或説胡季隨才敏。曰：「也不濟事。須是確實有志而才敏，方可。若小小聰悟，亦徒然。」學蒙。

五峰諸子不著心看文字，恃其明敏，都不虚心下意，便要做大。某嘗語學者，難得信得及、就實上做工夫底人。賀孫。

朱子語類卷第一百二

楊氏門人

羅仲素

羅先生嚴毅清苦，殊可畏。道夫。

李先生言：「羅仲素春秋説，不及文定。蓋文定才大，設張羅落者大。」文定集有答羅書，可見。方。

道夫言：「羅先生教學者静坐中看『喜怒哀樂未發謂之中』，未發作何氣象。李先生以爲此意不惟於進學有力，兼亦是養心之要。而遺書有云：『既思，則是已發。』昔嘗疑其與前所舉有礙，細思亦甚緊要，不可以不考。」直卿曰：「此問亦甚切。但程先生剖析毫釐，體用明白；羅先生探索本源，洞見道體，二者皆有大功於世。善觀之，則亦『並行而不相悖』矣。況羅先生於静坐觀之，乃其思慮未萌，虚靈不昧，自有以見其氣象，則初未害於未發。蘇季明以『求』字爲問，則求非思慮不可，此伊川所以力辨其差也。」先生曰：「公雖是如此分解羅先生說，終恐做病。如明道亦說静坐可以爲學，謝上蔡亦言多著静不妨。此說終是小偏。才偏，便做病。道理自有動時，自有静時。學者只是『敬以直内，義以方外』。見得世間無處不是道理，雖至微至小處亦有道理，便以道理處之，不可專要去静處求。所以伊川謂『只用敬，不用静』，便説得平。也是他經歷多，故見得恁地正而不偏。若以世之大段紛擾人觀之，若會静得，固好；若講學，則不可有毫髮之偏也。如天雄、附子，冷底人喫得也好；如要通天下喫，便不可。」道夫。

蕭子莊

先生問：「浦城有蕭先生顗。受業於龜山之門，不知所得如何？」道夫遂以蕭先生所答范公三書呈。先生曰：「元來是箇天資自好，朴實頭底人，初非學問之力。且如所謂『人能弘道』、『君子泰而不驕』、『君子坦蕩蕩』三者，那人舉得本自不倫，他又却從而贊美之。也須思量道如何而能弘，如何而能泰與坦蕩蕩，却只恁說，教人從何處下手？況『人能弘道』，本非此意。如他所說，却是『士不可以不弘毅』、『執德不弘』。今却以『人能弘道』言之，自不干事。又如第二書言：『士之所志，舍仁義而何爲哉？惟仁必欲熟，義必欲精。仁熟，則造次顛沛有所不違；義精，則利用安身而德崇矣。』此數句説得儘好。但仁固欲熟，義固欲精，也須道如何而能精，如何而能熟。却只隨他在後面説，不知前面畢竟是如何。又如舉孟子『不動心』、『養氣』之説，皆是汎説。惟其如此，故人亦謂伊川也只恁地，所以豪傑之士皆傲睨不服。」又曰：「據公所見，若有人問自家『仁必欲熟，義必欲精』兩句，如何地答？這便是格物致知。」道夫曰：「莫是克去己私以明天理，則仁自然熟，義自然精？」曰：「此正程先生所謂『涵養必以敬，進學在致知』之意也。」道夫。

廖用中

或問爲善爲利處。因舉龜山答廖用中書，云：「龜山説得鶻突，用中認得不子細，後來於利害便不能分别。紹興間，秦老當國，方主和議。廖有召命，自無所見，却去扣其平日所友善之人鄭邦達。邦達初不經意，但言：『和亦是好事。』廖到闕，即助和議，遂爲中丞，幸而不肯爲秦鷹犬。秦嘗諷其論趙丞相，不從。遷工部尚書，迄以此去。」儒用。

龜山與廖尚書説義利事。廖云：「義利即是天理人欲。」龜山曰：「只怕賢錯認，以利爲義也。」後來被召主和議，果如龜山説。廖初舉鄭厚與某人，可見其賢此二人。二人皆要上恐脱「不」字。主和議。及廖被召，却不問此二人，却去與葉孝先商量，更輔之以□□。及爲中丞，又薦鄭轂。然廖終與秦不合而出。但初不能别義利之分，亦是平時講之不熟也。鄭博士，某舊及見之，年七十餘，云嘗見上蔡。先人甚敬之。賀孫。

因言廖用中議和事，云：「廖用中固非詭隨者，但見道理不曾分曉。當時龜山已嘗有語云『恐子以利爲義』者，政爲是也。」壽昌。

胡德輝

因説胡珵德輝所著文字，問德輝何如人。曰：「先友也，晉陵人。曾從龜山游，故所記多龜山説話。能詩文，墨隸皆精好。嘗見先人館中唱和一卷，唯胡詩特佳。趙忠簡公當國，與張嵲巨山同爲史官。及趙公去位，張魏公獨相，以爲元祐未必全是，熙豐未必全非，遂擢何掄仲、李似表二人爲史官。胡、張所修史，皆標出，欲改之。胡、張遂求去。及忠簡再入相，遂去何、李，依舊用胡、張爲史官。成書奏上，弄得都成私意！」儒用。

尹氏門人

王德修

先生云：「嚮日鄉間一親戚虞氏，見仙里王德修見教云：『學者要識一「愧」字與「恥」字。』此言却極好。」大雅。

一日侍坐，學者問難紛然。王德修曰：「不必多問，但去行取。且如人理會『惟精惟一，允執厥中』，只管説如此是精，如此是一，臨了中却不見。」先生曰：「精一則中矣。」文蔚。

朱子語類卷第一百三

羅氏門人

李愿中

李先生終日危坐，而神彩精明，略無隤墮之氣。升卿。

延平先生氣象好。振。

問延平先生言行。曰：「他却不曾著書，充養得極好。凡爲學，也不過是恁地涵養將去，初無異義。只是先生睟面盎背，自然不可及。」驤。

李延平初間也是豪邁底人，到後來也是磨琢之功。在鄉，若不異於常人，鄉曲以上底人只道他是箇善人。他也略不與人説。待問了，方與説。賀孫。

李先生少年豪勇夜醉，馳馬數里而歸。後來養成徐緩，雖行一二三里路，常委蛇緩步，如從容室中也。問：「先生如何養？」曰：「先生只是潛養思索。」方。

「人性褊急，發不中節者，當於平日言語動作間以緩持之。持之久，則心中所發，自有條理。」因說：「李先生行郊外，緩步委蛇，如在室中，不計其遠。嘗隨至人家，才相見，便都看了壁上碑文。先生俟茶罷，即起向壁立看，看了一廳碑，又移步向次壁看，看畢就坐。其所持專一詳緩如此。初性甚急，後來養成至於是也。」方。

行夫問：「李先生謂：『常存此心，勿爲事物所勝。』」先生答之云云。頃之，復曰：「李先生涵養得自是別，真所謂不爲事物所勝者。古人云，終日無疾言遽色，他真箇是如此。尋如尋常人去近處，必徐行；出遠處，行必稍急。先生出近處也如此，出遠處亦只如此。尋常人叫一人，叫之一二聲不至，則聲必厲；先生叫之不至，聲不加於前也。又如坐處壁間有字，某每常亦須起頭一看。若先生則不然。方其坐時，固不看也。若是欲看，則必起就壁下視之。其不爲事物所勝，大率若此。常聞先生後生時，極豪邁，一飲必數十盃。醉則好馳馬，一驟三二十里不回。後來却收拾得恁地純粹，所以難及。」道夫。

李先生居處有常，不作費力事。所居狹隘，屋宇卑小。及子弟漸長，逐間接起，又接起廳屋。亦有小書室，然甚齊整瀟洒，安物皆有常處。其制行不異於人。亦常爲任希純教授延入學作職事，居常無甚異同，頹如也。真得龜山法門。亦嘗議龜山之失。方。

李延平不著書，不作文，頹然若一田夫野老，然又太和順了。羅仲素衣服之類亦日有定程，如黄昏如何服，睡復易。然太執。揚。

李先生好看論語，自明而已。謂孟子早是説得好了，使人愛看了也。其居在山間，亦殊無文字看讀辨正，更愛看春秋左氏。初學於仲素，只看經。後侯師聖來沙縣，羅邀之至，問：「伊川如何看？」云：「亦看左氏。要見曲折，故始看左氏。」方。

或問：「近見廖子晦言，今年見先生，問延平先生『静坐』之説，先生頗不以爲然，不知如何？」曰：「這事難説。静坐理會道理，自不妨。只是討要静坐，則不可。理會得道理明透，自然是静。今人都是討静坐以省事，則不可。嘗見李先生説：『舊見羅先生説春秋，頗覺不甚好。不知到羅浮静極後，又理會得如何。』是時羅已死。某心常疑之。以今觀之，是如此。蓋心下熱鬧，如何看得道理出！須是静，方看得出。所謂静坐，只是打疊得心下無事，則道理始出；道理既出，則心下愈明静矣。」僩。

舊見李先生云：「初問羅先生學春秋，覺説得自好。後看胡文定春秋，方知其説有未安處。」又云：「不知後來到羅浮山中静極後，見得又如何？」某頗疑此説，以爲春秋與「静」字不相干，何故須是静處方得工夫長進？後來方覺得這話好。蓋義理自有著力看不出處。然此亦是後面事，初間亦須用力去理會，始得。若只靠著静後聽他自長進，便却不得。然爲學自有許多階級，不可不知也。如某許多文字，便覺得有箇喫力處，尚有這些病在。若還更得數年，不知又如何。榦。

李先生云：「看聖賢言語，但一蹴看過，便見道理者，却是真意思。纔著心去看，便蹉過了多。」升卿。

正蒙、知言之類，學者更須被他汩没。李先生極不要人傳寫文字及看此等。舊嘗看正蒙，李甚不許。然李終是短於辨論邪正，蓋皆不可無也。無之，即是少博學詳說工夫也。方。

李先生云：「橫渠說，不須看。非是不是，只是恐先入了費力。」方。

李問陳幾叟借得文定傳本，用薄紙真謹寫一部。易傳亦然。方。

李先生云：「書不要點，看得更好。」方。

李先生說一步是一步。如說「仁者其言也訒」，某當時爲之語云「聖人如天覆萬物」云云。李曰：「不要如是廣說。須窮『其言也訒』前頭如何，要得一進步處。」方。

李先生不要人强行，須有見得處方行，所謂灑然處。然猶有偏在。灑落而行，固好。未到灑落處，不成不行！亦須按本行之，待其著察。方。

李先生當時說學，已有許多意思。只爲說「敬」字不分明，所以許多時無捉摸處。方。

李先生說：「人心中大段惡念却易制伏。最是那不大段計利害、乍往乍來底念慮，相續不斷，難爲驅除。」今看得來，是如此。廣。

李先生嘗云：「人之念慮，若是於顯然過惡萌動，此却易見易除。却怕於相似閑底事爆起來，纏繞思念將去，不能除，此尤害事。」某向來亦是如此。賀孫。

「『必有事焉。』由此可至『君子三變』。『改過遷善』，由此可至『所過者化』。」李先生說。方。

李先生言：「事雖紛紛，須還我處置。」方。

李先生有爲，只用蠱卦，但有決裂處。方。

李先生云：「天下事，道理多，如子瞻才智高，亦或窺得，然其得處便有病也。」方。

問：「先生所作李先生行狀云『終日危坐，以驗夫喜怒哀樂之前氣象爲如何，而求所謂中者』，與伊川之説若不相似？」曰：「這處是舊日下得語太重。今以伊川之語格之，則其下工夫處，亦是有些子偏。只是被李先生静得極了，便自見得是有箇覺處，不似别人。今終日危坐，只是且收斂在此，勝如奔馳。若一向如此，又似坐禪入定。」賀孫。

或問：「延平先生何故驗於喜怒哀樂未發之前而求所謂中？」曰：「只是要見氣象。」陳後之曰：「持守良久，亦可見未發氣象。」曰：「延平即是此意。若一向這裏，又差從釋氏去。」淳。

問：「延平欲於未發之前觀其氣象，此與楊氏體驗於未發之前者，異同如何？」曰：

「這箇亦有些病。那『體驗』字是有箇思量了，便是已發。若觀時恁著意看，便也是已發。」

問：「此體驗是著意觀？只恁平常否？」曰：「此亦是以不觀觀之。」淳。

再論李先生之學常在目前。先生曰：「只是『君子戒慎所不睹，恐懼所不聞』，便自然常存。顏子非禮勿視聽言動，正是如此。」德明。

胡氏門人

張敬夫

近日南軒書來，不曾見說嘗讀某書，有何新得。今又與伯恭相聚，往往打入多中去也。方。

欽夫見識極高，却不耐事；伯恭學耐事，却有病。升卿。

南軒、伯恭之學皆疏略，南軒疏略從高處去，伯恭疏略從卑處去。伯恭說道理與作爲，自是兩件事。如云：「仁義道德與度數刑政，介然爲兩塗，不可相通。」他在時不曾見與某說。他死後，諸門人弟子此等議論方漸漸說出來，乃云皆原於伯恭也。僩。

欽夫說得高了，故先生只要得典實平易。方。

敬夫高明，他將謂人都似他，纔一説時，便更不問人曉會與否，且要説盡他箇。故他門人，敏底秖學得他説話，若資質不逮，依舊無著摸。某則性鈍，説書極是辛苦，故尋常與人言，多不敢爲高遠之論。蓋爲是身曾親經歷過，故不敢以是責人爾。學記曰：「進而不顧其安，使人不由其誠。」今教者之病，多是如此。道夫。

學者於理有未至處，切不可輕易與之説。張敬夫爲人明快，每與學者説話，一切傾倒説出。此非不可，但學者見未到這裏，見他如此説，便不復致思，亦甚害事。某則不然。非是不與他説，蓋不欲與學者以未至之理耳。枅。

南軒嘗言，遁悶工夫好做。振。

南軒説「端倪」兩字極好。此兩字，却自人欲中生出來。人若無這些箇秉彝，如何思量得要做好人！煇。

或問：「南軒云：『行之至，則知益明；知既明，則行益至。』此意如何？」曰：「道理固是如此。學者工夫當並進，不可推泥牽連，下梢成兩下擔閣。然二者都要用工，則成就時二者自相資益矣。」銖。

王壬問：「南軒類聚言仁處，先生何故不欲其如此？」曰：「便是工夫不可恁地。如此，則氣象促迫，不好。聖人説仁處固是緊要，不成不説仁處皆無用！亦須是從近看將去，優柔玩味，久之自有一箇會處，方是工夫。如『博學、審問、慎思、明辨、篤行』，聖人須說『博學』，如何不教人便從慎獨處做？須是說『禮儀三百，威儀三千』，始得。」雉。

問：「先生舊與南軒反覆論仁，後來畢竟合否？」曰：「亦有一二處未合。敬夫說本出胡氏。胡氏之說，惟敬夫獨得之，其餘門人皆不曉，但云當守師之說。向來往長沙，正與敬夫辨此。」可學。

問：「南軒與先生書，說『性善』者歎美之辭，如何？」曰：「不必如此說。善只是自然純粹之理。今人多以善與惡對說，便不是。大凡人何嘗不願爲好人，而怕惡人！」煇。

問：「南軒謂『動中見静，方識此心』。如何是『動中見静』？」曰：「『動中見静』，便是程子所說『艮止』之意。釋氏便言『定』，聖人只言『止』。寓録云：「此段文已詳了。」敬夫却要將這箇爲『見天地之心』。復是静中見動，他又要動中見静，却倒說了。」淳。寓同。

問：「曾看南軒論語否？」曰：「雖嘗略看，未之熟也。」曰：「南軒後來只修得此書。如孟子，竟無工夫改。」必大。

南軒論語初成書時，先見後十篇，一切寫去與他說。後見前十篇，又寫去。後得書來，謂說得是，都改了。孟子說，不曾商量。

問：「南軒解『子謂子産，有君子之道四焉』，將孟子『惠而不知爲政』，立兩壁辨論，非特於本旨爲贅，且使學者又生出一事。」曰：「欽夫最不可得，聽人説話，便肯改。如論語舊説，某與議論修來，多是此類。且如他向解顔淵『克己復禮』處，須説要先格物，然後克己。某與説，克己一事，自始學至成德，若未至『從心所欲，不踰矩』、『從容中道』時，皆要克，豈可與如此説定？因作一戲語云：『譬如對先生長者聽其格言至論，却嫌他説得未盡，云，我更與他添些令盡。』彼當時聞此語，即相從，除却先要格物一段。不意今又添出『自始學至成德皆要克』一段。此是某攻他病底藥，病去，則藥自不用可也。今又更留取藥在，却是去得一病，又留取一病在。又如『述而不作』處，他元説先云：『彼老彭者何人哉？而反使吾夫子想像慕用！』某與説，此譬如吾夫子前面致恭盡禮於人，而吾輩乃奮怒攘臂於其後！他聞説即改，此類甚衆。若孟子，則未經修，爲人傳去印了，彼亦自悔。出仕後不曾看得文字，未及修孟子而卒。蓋其間有大段害事者，如論性善處，却著一片説入太極來，此類頗多。」大雅云：「此書却好把與一般頽闒者看，以作其喜學之意。」曰：「此亦吕伯恭教人看上蔡語録之意。但既與他看了，候他稍知趨嚮，便與醫了，則得。」大雅。

「南軒語孟子，嘗説他這文字不好看。蓋解經不必做文字，止合解釋得文字通，則理自明，意自足。今多去上做文字，少間説來説去，只説得他自一片道理，經意却蹉過了！要之，經之於理，亦猶傳之於經。傳，所以解經也，既通其經，則傳亦可無；經，所以明理也，若曉得理，則經雖無，亦可。嘗見一僧云：『今人解書，如一盞酒，本自好；被這一人來添些水，那一人來又添些水，次第添來添去，都淡了！』他禪家儘見得這樣，只是他又忒無注解。」問：「陸氏之學，恐將來亦無注解去。」曰：「他本只是禪。」榦問：「嘗看文字，多是虛字上無緊要處最有道理。若做文粗疏，粗解，這般意思，却恐都不見了。」曰：「然。且如今說『秉彝』，這箇道理却在『彝』字上『秉』字下。所以莊子謂『批大郤，導大窾』，便是道理都在空處。如易中說『觀其會通，以行其典禮』，通便是空處。行得去，便是通；會，便是四邊合湊來處。」問：「莊子云：『聞解牛，得養生。』如何可以養生？」曰：「只是順他道理去，不假思慮，不去傷著它，便可以養生。」又曰：「不見全牛，只是見得骨骼自開。」問：「莊子此意如何？」曰：「也是他見得箇道理如此。」問：「他本是絶滅道理，如何有所見？」曰：「他也是就他道理中見得如此。」因歎曰：「天下道理，各見得恁地，剖析開去，多少快活！若只鶻突在裏，是自欺而已！」又問：「老子云『三十幅共一轂，有之以爲利，無之以爲用』，亦是此意否？」曰：「某也政謂與此一般。便也是他看得到這裏。」榦。

林艾軒在行在，一日訪南軒，曰：「程先生語録，某却看得；易傳，看不得。」南軒曰：「何故？」林曰：「易有象數，伊川皆不言，何也？」南軒曰：「孔子說易不然。易曰：『公用射隼于高墉之上，獲之無不利。』如以象言，則公是甚？射是甚？隼是甚？高墉是甚？

聖人止曰：『隼者，禽也；弓矢者，器也；射之者，人也。君子藏器於身，待時而動，何不利之有！』」振。

龍泉簿范伯崇寄書來云：「今日氣象，官無大小，皆難於有爲。蓋通身是病，無下藥處耳。安得大賢君子，正其根本，使萬目具舉，吾民得樂其生耶！嚴陵之政，遠近能言之。蓋惻隱之心發於誠然，加之明敏，何事不立！」方。

「上初召魏公，先召南軒來。某亦赴召至行在，語南軒云：『湯進之不去，事不可爲。莫擔負了他底，至於敗事！』某待得見魏公時，親與之説。度住不得，一二日去矣。及魏公來，湯左相，張右相，都不可商量事。同進同退，獨與上商量又不得。上又要商量，但時召南軒入，往來傳言，與魏公商量。一日召南軒，上在一幄中，外無一人，説話甚款。南軒開陳臨安不可居，乞且移蹕建康，然宮禁左右且少帶人，又百司之類，亦且帶緊要底去。上曰：『朕獨行，后妃宮禁之類，全不帶一人去。臨安淫侈之甚，如何居！』南軒祝上未須與人説，相將又譖。上曰：『朕不言。卿不須漏洩。』上因曰：『待朕取一文字與卿看。』上顧左右無人使，遂曰：『卿且待。』上自起去取。南軒見幄外皆是宮人，深懼所言皆爲彼聞之矣。少頃上來，忘其文字。其後與宰相議用兵事，湯固力爭。上曰：『朕旦夕親往建康。』未幾，外面鬨鬨地，謂上往建康。南軒見上問云：『陛下嘗祝臣勿言。聞陛下對宰執言之，何也？』上曰：『被他撓人，故以此激之。』意思如此，記不全。南軒出入甚親密，滿朝忌之。一日，往見周葵，政府諸人在，次第逐報南軒來。周指之曰：『吾輩進退，皆在此郎之手。』是時南軒少年，又處得地位不是，而人情皆如此，何以成得事？南軒亦問至太上處理會事之類，太上曰：『尚記得卿父娶時如何事，卿今如此。』南軒奏邊事並不可和之意，太上亦順應之。臨辭去，乃曰：『與卿父説，不如和好。』湯在相位時，有御札出來罵，亦有『秦檜不如』之語。然竟用之，不可曉，恐是太上意。上因廣西買馬事之類，甚向南軒，諸公已忌之。後到荆南，趙雄事事沮之，不可爲矣。」先生又言：「近有誰説，在荆南時，司天奏相星在楚地，甚明。上曰：『張栻當之。』人愈忌之。」揚。

南軒再召時，論今日自是當理會恢復。然不如此理會，須是云云，有劄子。上大喜，次日降出劄子，御批：「恢復須是如此理會。」即除侍講，云：「且得直宿時與卿説話。」虞允文、趙雄之徒不喜，遂沮抑。揚。

南軒自魏公有事後，在家凡出入人事之類，必以兩轎同其弟出入。揚。

議南軒祭禮，曰：「欽夫信忒猛，又學胡氏云云，有一般没人情底學問。嘗謂欽夫曰：『改過不吝，從善如流，固好。然於事上也略審覆行，亦何害？』」南軒只以魏公繼室配，又以時祭廢俗祭，某屢言之。伯羽。

因説南軒爲人作文序，曰：「欽夫無文字不做序。」淳。

南軒從善之亟。先生嘗與閑坐立，所見什物之類放得不是所在，並不齊整處，先生謾言之；雖夜後，亦即時令人移正之。揚。

「春風騎蕩家家到，天理流行事事清。」此南軒題桃符云爾，擇之議之。方。

欽夫言：「老子云：『不善人，善人之資；善人，不善人之師。』與孔子『見賢思齊，見不賢内省』之意不同。」爲老子不合有資之之意，不善也。方。

朱子語類卷第一百四

朱子一

自論爲學工夫

某自丱讀四書，甚辛苦。諸公今讀時，又較易做工夫了。敬仲。以下讀書。

某向來看大學，猶病於未子細，如今愈看，方見得精切。後生家好著些工夫，子細看文字。因說：「前輩諸先生長者説話，於大體處固無可議；若看其他細碎處，大有工夫未到。」木之。

某向丱角讀論孟，自後欲一本文字高似論孟者，竟無之。友仁。

某十數歲時讀孟子言「聖人與我同類者」，喜不可言！以爲聖人亦易做。今方覺得難。揚。

某舊時看文字，一向看去，一看數卷，全不曾得子細；於義理之文亦然，極爲病。今日看中庸，只看一段子。揚。

讀書須純一。如看一般未了，又要搬涉，都不濟事。某向時讀書，方其讀上句，則不知有下句；讀上章，則不知有下章。讀中庸，則祇讀中庸；讀論語，則祇讀論語。一日祇看一二章，將諸家説看合與不合。凡讀書到冷淡無味處，尤當著力推考。道夫。

讀書須讀到不忍捨處，方是見得真味。若讀之數過，略曉其義即厭之，欲別求書看，則是於此一卷書猶未得趣也。蓋人心之靈，天理所在，用之則愈明。只提醒精神，終日著意，看得多少文字！窮得多少義理！徒爲懶倦，則精神自是憒憒，只恁昏塞不通，可惜！某舊日讀書，方其讀論語時，不知有孟子；方讀學而第一，不知有爲政第二。今日看此一段，明日且更看此一段，看來看去，直待無可看，方換一段看。如此看久，自然洞貫，方爲浹洽。時下雖是鈍滯，便一件了得一件，將來却有盡理會得時。若撩東劄西，徒然看多，事事不了；日暮途遠，將來荒忙不濟事。舊見李先生説：「理會文字，須令一件融釋了後，方更理會一件。」「融釋」二字下得極好，此亦伊川所謂「今日格一件，明日又格一件，格得多後，自脱然有貫通處」。此亦是他真曾經歷來，便説得如此分明。今若一件未能融釋，而又欲理會一件，則第二件又不了。推之萬事，事〔事〕〔一〕不了，何益！大雅。

〔一〕據陳本增。

某是自十六七時下工夫讀書，彼時四旁皆無津涯，只自恁地硬著力去做。至今日雖不足道，但當時也是喫了多少辛苦，讀了書。今人卒乍便要讀到某田地，也是難。要須積累著力，方可。某今老而將死，所望者，但願朋友勉力學問而已！道夫。

器之問「野有死麕」。曰：「讀書之法，須識得大義，得他滋味。没要緊處，縱理會得也無益。大凡讀書，多在諷誦中見義理。況詩又全在諷誦之功，所謂『清廟之瑟，一唱而三歎』，一人唱之，三人和之，方有意思。又如今詩曲，若只讀過，也無意思；須是歌起來，方見好處。」因說：「讀書須是有自得處。到自得處，説與人也不得。某舊讀『仲氏任只，其心塞淵，終温且惠，淑慎其身；先君之思，以勗寡人』！『既破我斧，又闕我斨，周公東征，四國是皇。哀我人斯，亦孔之將』！伊尹曰：『先王肇修人紀，從諫弗咈，先民時若，居上克明，爲下克忠，與人不求備，檢身若不及，以至於有萬邦。兹惟艱哉！』如此等處，直爲之廢卷慨想而不能已！覺得朋友間看文字，難得這般意思。某二十歲前後，已看得書大意如此，如今但較精密。日月易得，匆匆過了五十來年！」木之。

謂器之看詩，病於草率。器之云：「如今將先生數書循環看去。」曰：「都讀得了，方可循環再看。如今讀一件書，須是真箇理會得這一件了，方可讀第二件；讀這一段，須是理會得這一段了，方可讀第二段。少間漸漸節次看去，自解通透。只五年間，可以讀得經子諸書，迤邐去看史傳，無不貫通。韓退之所謂『沈潛乎訓義，反覆乎句讀』，須有沈潛反覆之功，方得。所謂『審問之』，須是表裏内外無一毫之不盡，方謂之審。恁地竭盡心力，猶有見未到處，却不奈何。如今人不曾竭盡心力，只見得三兩分了，便草草揭過，少間只是鶻突無理會，枉著日月，依舊似不曾讀相似。只如韓退之、老蘇作文章，本自没要緊事。然他大段用功，少間方會漸漸埽去那許多鄙俗底言語，换了箇心胸，説這許多言語出來。如今讀書，須是加沈潛之功，將義理去澆灌胸腹，漸漸盪滌去那許多淺近鄙陋之見，方會見識高明。」因説：「讀詩，惟是諷誦之功。上蔡亦云：『詩，須是謳吟諷誦以得之。』某舊時讀詩，也只先去看許多注解，少間却被惑亂。後來讀至半了，都只將詩來諷誦至四五十過，已漸漸得詩之意；却去看注解，便覺減了五分以上工夫；更從而諷誦四五十過，則胸中判然矣。」因説：「如今讀書，多是不曾理會得一處通透了，少間却多牽引前面疑難來説，此最學者大病。譬如一箇官司，本自是鶻突了，少間又取得許多鶻突底證見來證對；却成一場無理會去，又有取後面未曾理會底來説。却似如今只來建陽縣，猶自未見得分曉，却又將建寧府與南劍州事來説，如何説得行！少間弄來弄去，只是胡説瞞人。有人説話如此者，某最怕之。説甲未了，又纏向乙上去；説乙未了，又纏向丙上去，無一句著實。正如斜風雨相似，只管吹將去，無一點著地。故有終日與他説，不曾判斷得一件分曉，徒費氣力耳。」木之。

先生因與朋友言及易，曰：「易非學者之急務也。某平生也費了些精神理會易與詩，然其得力則未若語、孟之多也。易與詩中所得，似雞肋焉。」壯祖。

問：「近看胡氏春秋，初無定例，止説歸忠孝處，便爲經義，不知果得孔子意否？」曰：「某嘗説，詩、書是隔一重兩重説，易、春秋是隔三重四重説。春秋義例、易爻象，雖是聖人立下，今説者用之，各信己見，然於人倫大綱皆通，但未知曾得聖人當初本意否。且不如讓渠如此説，且存取大意，得三綱、五常不至廢墜足矣。今欲直得聖人本意不差，未須理會經，先須於論語、孟子中專意看他，切不可忙；虚心觀之，不須先自立見識，徐徐以俟之，莫立課程。某二十年前得上蔡語録觀之，初用銀朱畫出合處；及再觀，則不同矣，乃用粉筆；三觀，則又用墨筆。數過之後，則全與元看時不同矣。大抵老兄好去難處用工，不肯向平易處用工，故見如此難進，今當於平易處用工。」大雅。

讀書貪多，最是大病，下梢都理會不得。若到閑時無書讀時，得一件書看，更子細。某向爲同安簿滿，到泉州候批書，在客邸借文字，只借得一册孟子，將來子細讀，方尋得本意見。看他初間如此問，又如此答；待再問，又恁地答。其文雖若不同，自有意脈，都相貫通；句句語意，都有下落。賀孫。

看文字，却是索居獨處好用工夫，方精專，看得透徹，未須便與朋友商量。某往年在同安日，因差出體究公事處，夜寒不能寐，因看得子夏論學一段分明。後官滿，在郡中等批書，已遣行李，無文字看，於館人處借得孟子一册熟讀，方曉得「養氣」一章語脈。當時亦不暇寫出，只逐段以紙簽簽之云，此是如此説。簽了，便看得更分明。後來其間雖有修改，不過是轉換處，大意不出當時所見。如謾人底議論，某少年亦會説，只是終不安，直到尋箇愨實處方已。㽦。

某舊年思量義理未透，直是不能睡。初看子夏「先傳後倦」一章，凡三四夜，窮究到明，徹夜聞杜鵑聲。過。

問：「嘗聞先生爲學者言：『讀書，須有箇悦處，方進。』先生又自言：『某雖如此，屢覺有所悦。』」因稟曰：「此先生進德日新工夫。不知學者如何到得悦處？」曰：「亦只是時習。時習故悦。」德明。

某嘗説，看文字須如法家深刻，方窮究得盡。某直是下得工夫！義剛。

某舊時讀書，專要揀好處看，到平平泛泛處，多闊略，後多記不得，自覺也是一箇病。今有一般人，看文字却只摸得些渣滓，到有深意好處，却全不識！此因有獻易説，多失伊川精意而言。賀孫。

凡看文字，諸家説異同處最可觀。某舊日看文字，專看異同處。如謝上蔡之説如彼，楊龜山之説如此，何者爲得？何者爲失？所以爲得者是如何？所以爲失者是如何？學蒙。

某尋常看文字都曾疑來。如上蔡觀復堂記、文定答曾吉甫書，皆曾把做孔孟言語一般看。久之，方見其未是。每一次看透一件，便覺意思長進。不似他人只依稀一見，謂其不似，便不復看；不特不見其長處，亦不見其短處。䕫。

某尋常見是人文字，未嘗敢輕易；亦恐有好處，鞭著工夫看它。䕫。

某所以讀書自覺得力者，只是不先立論。方子。

某自十五六時至二十歲，史書都不要看，但覺得閑是閑非没要緊，不難理會。大率才看得此等文字有味，畢竟粗心了。吕伯恭教人看左傳，不知何謂。履孫。

「學者難得，都不肯自去著力讀書。某登科後要讀書，被人横截直截，某只是不管，一面自讀。」顧文蔚曰：「且如公有誰鞭辟？畢竟是自要讀書。」文蔚。

看道理，若只恁地説過一徧便了，則都不濟事。須是常常把來思量，始得。看過了後，無時無候，又把起來思量一徧。十分思量不透，又且放下，待意思好時，又把起來看。恁地，將久自然解透徹。延平先生嘗言：「道理須是日中理會，夜裏却去静處坐地思量，方始有得。」某依此説去做，真箇是不同。義剛。以下窮理。

或問：「先生謂：『講論固不可無，須是自去體認。』如何是體認？」曰：「體認是把那聽得底自去心裏重複思量過。伊川曰：『時復思繹，浹洽於中，則説矣。』某向來從師，一日間所聞説話，夜間如温書一般，字字子細思量過。才有疑，明日又問。」廣。

問「必有事焉，而勿正，心勿忘，勿助長」。曰：「此亦只是爲公孫丑不識『浩然之氣』，故教之養氣工夫緩急云，不必太急，不要忘了，亦非教人於無著摸處用工也。某舊日理會道理，亦有此病。後來李先生説，令去聖經中求義。某後刻意經學，推見實理，始信前日諸人之誤也。」大雅。

器之問：「嘗讀孟子『求放心』章，今每覺心中有三病：籠統不專一，看義理每覺有一重似簾幙遮蔽，又多有苦心不舒快之意。」曰：「若論求此心放失，有千般萬樣病，何止於三？然亦别無道理醫治，只在專一。果能專一，則静；静則明；明則自無遮蔽；既無遮蔽，須自有舒泰寬展處。這也未曾如此，且收斂此心專一，漸漸自會熟，熟了自有此意。看來百事只在熟。且如百工技藝，也只要熟，熟則精，精則巧。」器之又問：「先生往時初學，亦覺心有不專一否？」曰：「某初爲學，全無見成規模，這邊也去理會尋討，那邊也去理會尋討。向時諸前輩每人各是一般説話。後來見李先生，李先生較説得有下落，説得較縝密。若看如今，自是有見成下工夫處。看來須是先理會箇安著處，譬如人治生，也須先理會箇屋子，安著身己，方始如何經營，如何積累，漸漸須做成家計。若先未有安著身己處，雖然經營，畢竟不濟事。爲學者不先存此心，雖説要去理會，東東西西，都自無安著處。孟子所以云收放心，亦不是説只收放心便了。收放心，且收斂得箇根基，方可以做工夫。若但知收放心，不做工夫，則如近日江西所説，則是守箇死物事。故大學之書，須教人格物、致知以至於誠意、正心、修身、齊家、治國、平天下，節節有工夫。」賀孫。

某所得處甚約，只是一兩切要句上。却日夜就此一兩句上用意玩味，胸中自是灑落。又云：「放心不必是走在别處去，但一劄眼間便不見。才覺得，又便在面前，不是難收拾。自去提撕，便見得是如此。」恪。

近日已覺向來説話太支離處，反身以求，正坐自己用功亦未切耳。因此減去文字功夫，覺得閑中氣象甚適。每勸學者，亦且看孟子「道性善」、「求放心」兩章，著實體察收拾爲要。其餘文字，且大概諷誦涵詠，未須大段着力考索也。

舊在湖南理會乾坤，乾是先知，坤是踐履，上是「知至」，下是「終之」，却不思今只理會箇知，未審到何年月方理會「終之」也。是時覺得無安居處，常恁地忙。又理會動静，以爲理是静，吾身上出來便是動，却不知未發念慮時静，應物時動；静而理感亦有動，動時理安亦有靜。初尋得箇動靜意思，其樂甚乖，然却一日舊似一日。當時看明道答横渠書，自不入也。方。

舊來失了此物多時，今收來尚未便入腔窠，但當盡此生之力而後已。自謂云爾。方。

今日學者不長進，只是「心不在焉」。嘗記少年時在同安，夜聞鍾鼓聲，聽其一聲未絶，而此心已自走作，因此警懼，乃知爲學須是專心致志。又言：「人有一正念，自是分曉。又從旁别生一小念，漸漸放闊去，不可不察。」德明。

這道理，須是見得是如此了，驗之於物，又如此；驗之吾身，又如此；以至見天下道理皆端的如此了，方得。如某所見所言，又非自會説出來，亦是當初於聖賢與二程所説推之，而又驗之於己，見得真實如此。道夫。

劉晏見錢流地上，想是他計較得熟了，如此。某而今看聖人説話，見聖人之心成片價從面前過。胡泳。

某尋常莫説前輩，只是長上及朋友稍稍説道理底，某便不敢説他説得不是，且將他説去研究。及自家曉得，却見得他底不是。某尋常最居人後。又曰：「尋常某最得此力。」節。

初師屏山籍溪。籍溪學於文定，又好佛老；以文定之學爲論治道則可，而道未至。

然於佛老亦未有見。屏山少年能爲舉業，官莆田，接塔下一僧，能入定數日。後乃見了老，歸家讀儒書，以爲與佛合，故作聖傳論。其後屏山先亡，籍溪在。某自見於此道未有所得，乃見延平。可學。論傳授。

或說：「象山說，『克己復禮』，不但只是欲克去那利欲忿懥之私，只是有一念要做聖賢，便不可。」曰：「此等議論，恰如小兒則劇一般，只管要高去，聖門何嘗有這般說話！人要去學聖賢，此是好底念慮，有何不可？若以爲不得，則堯舜之『兢兢業業』，周公之『思兼三王』，孔子之『好古敏求』，顏子之『有爲若是』，孟子之『願學孔子』之念，皆當克去矣！看他意思只是禪。誌公云：『不起纖毫修學心，無相光中常自在。』他只是要如此，然豈有此理？只如孔子答顏子：『克己復禮爲仁。』據他說時，只這一句已多了，又況有下頭一落索？只是顏子才問仁，便與打出方是！及至恁地說他，他又却諱。某常謂，人要學禪時，不如分明去學他禪和一棒一喝便了。今乃以聖賢之言夾雜了說，都不成箇物事。道是龍，又無角；道是蛇，又有足。子靜舊年也不如此，後來弄得直恁地差異！如今都教壞了後生，箇箇不肯去讀書，一味顛蹶没理會處，可惜！可惜！正如荀子不睹是，逞快胡罵亂罵，教得箇李斯出來，遂至焚書坑儒！若使荀卿不死，見斯所爲如此，必須自悔。使子靜今猶在，見後生輩如此顛蹶，亦須自悔其前日之非。」又曰：「子靜說話，常是兩頭明，中間暗。」或問：「暗是如何？」曰：「是他那不說破處。他所以不說破，便是禪。所謂『鴛鴦繡出從君看，莫把金針度與人』，他禪家自愛如此。某年十五六時，亦嘗留心於此。一日在病翁所會一僧，與之語。其僧只相應和了說，也不說是不是；却與劉說，某也理會得箇昭昭靈靈底禪。劉後說與某，某遂疑此僧更有要妙處在，遂去扣問他，見他說得也煞好。及去赴試時，便用他意思去胡說。是時文字不似而今細密，由人粗說，試官爲某說動了，遂得舉。時年十九。後赴同安任，時年二十四五矣，始見李先生。與他說，李先生只說不是。某却倒疑李先生理會此未得，再三質問。李先生爲人簡重，却是不甚會說，只教看聖賢言語。某遂將那禪來權倚閣起。意中道，禪亦自在，且將聖人書來讀。讀來讀去，一日復一日，覺得聖賢言語漸漸有味。却回頭看釋氏之說，漸漸破綻，罅漏百出！」廣。

問擇之云：「先生作延平行狀，言『默坐澄心，觀四者未發已前氣象』，此語如何？」曰：「先生亦自說有病。」後復以問。先生云：「學者不須如此。某少時未有知，亦曾學禪，只李先生極言其不是。後來考究，却是這邊味長。才這邊長得一寸，那邊便縮了一寸，到今銷鑠無餘矣。畢竟佛學無是處。」德明。

某舊時亦要無所不學，禪、道、文章、楚辭、詩、兵法，事事要學，出入時無數文字，事事有兩册。一日忽思之曰：「且慢，我只一箇渾身，如何兼得許多！」自此逐時去了。大凡人知箇用心處，自無緣及得外事。揚。

某自十四五歲時，便覺得這物事是好底物事，心便愛了。某不敢自昧，實以銖累寸積而得之。方子。

與范直閣說「忠恕」，是三十歲時書，大概也是。然說得不似，而今看得又較別。淳。

三十年前長進，三十年後長進得不多。僩。

某今且勸諸公屏去外務，趲工夫專一去看這道理。某年二十餘已做這工夫，將謂下梢理會得多少道理。今忽然有許多年紀，不知老之至此，也只理會得這些子。歲月易得蹉跎，可畏如此！賀孫。

因言讀書用功之難：「諸公覺得大故淺近，不曾著心。某舊時用心甚苦。思量這道理，如過危木橋子，相去只在毫髮之間，才失脚，便跌落下去！用心極苦。五十歲已後，覺得心力短，看見道理只争絲髮之間，只是心力把不上。所以大學、中庸、語、孟諸文字，皆是五十歲已前做了。五十已後，長進得甚不多。而今人看文字，全然心粗。未論説道理，只是前輩一樣文士，亦是用幾多工夫，方做得成，他工夫更多。若以他這心力移在道理上，那裏得來！如韓文公答李翊一書，與老蘇上歐陽公書，他直如此用工夫！未有苟然而成者。歐陽公則就作文上改换，只管揩磨，逐旋捱將去，久之，漸漸揩磨得光。老蘇則直是心中都透熟了，方出之於書。看他們用工夫更難，可惜！若移之於此，大段可畏。看來前輩以至敏之才而做至鈍底工夫，今人以至鈍之才而欲爲至敏底工夫，涉獵看過，所以不及古人也。故孔子曰：『參也魯。』須是如此做工夫始得。」僩。

讀書須是虚心，方得。他聖人説一字是一字，自家只平著心去秤停他，都不使得一毫杜撰，只順他去。某向時也杜撰説得，終不濟事。如今方見得分明，方見得聖人一言一字不吾欺。只今六十一歲，方理會得恁地。若或去年死，也則枉了。自今夏來，覺見得纔是聖人説話，也不少一箇字，也不多一箇字，恰恰地好，都不用一些穿鑿。莊子云：「吾與之虚而委蛇。」既虚了，又要隨他曲折恁地去。今且與公説箇樣子，久之自見。今人大抵偪塞滿胸，有許多伎倆，如何便得他虚？亦大是難。分明道「知至而後意誠」，蓋知未至，雖見人説，終是信不過。今説格物，且只得一件兩件格將去，及久多後，自然貫通信得。道夫。

某覺得今年方無疑。伯羽。

理會得時，今老而死矣，能受用得幾年！然十數年前理會不得，死又却可惜！士毅。丙辰冬。

先生多有不可爲之歎。漢卿曰：「前年侍坐，聞先生云：『天下無不可爲之事，兵隨將轉，將逐符行。』今乃謂不可爲。」曰：「便是這符不在自家手裏。」或謂漢卿多禪語。賀孫因云：「前承漢卿教訓，似主静坐澄清之語。漢卿云，味道煞篤實云云。」先生曰：「静坐自是好。近得子約書云：『須是識得喜怒哀樂未發之本體。』此語儘好。」漢卿又問：「前年侍坐，所聞似與今别。前年云：『近方看得這道理透。若以前死，却亦是枉死了！』今先生忽發嘆，以爲只如此不覺老了。還當以前是就道理説，今就勳業上説？」先生曰：「不如此。自是覺得無甚長進，於上面猶覺得隔一膜。」又云：「於上面但覺透得一半。」賀孫。

某當初講學，也豈意到這裏？幸而天假之年，許多道理在這裏，今年頗覺勝似去年，去年勝似前年。夔孫。

某老矣，無氣力得説。時先生病，當夜説話，氣力比常時甚微。看也看不得了，行也行不盡了，説也説不辦了。諸公勉之！僩。

敬子舉先生所謂「傳命之脈」，及佛氏「傳心」、「傳髓」之説。曰：「便是要自家意思與他爲一。若心不在上面，書自是書，人自是人，如何看得出！孔子曰：『吾十有五，而志於學。』只十五歲時，便斷斷然以聖人爲志矣。」二程自十五六時，便脱然欲學聖人。僩。

周敬王四十一年壬戌，孔子卒，至宋慶元三年丁巳，一千六百七十六年。先生是年正旦，書於藏書閣下東楹。人傑。

人之血氣，固有强弱，然志氣則無時而衰。苟常持得這志，縱血氣衰極，也不由他。如某而今如此老病衰極，非不知每日且放晚起以養病，但自是心裏不穩，只交到五更初，目便睡不著了。雖欲勉强睡，然此心已自是箇起來底人，不肯就枕了。以此知，人若能持得這箇志氣定，不會被血氣奪。凡爲血氣所移者，皆是自棄自暴之人耳。僩。以下雜記。

先生患氣痛、脚弱、泄瀉。或勸晚起。曰：「某自是不能晚起，雖甚病，纔見光，亦便要起，尋思文字。纔稍晚，便覺似宴安鴆毒，便似箇懶惰底人，心裏便不安。須是早起了，却覺得心下鬆爽。」僩。

某氣質有病，多在忿懥。閎祖。

因語某人好作文，曰：「平生最不喜作文，不得已爲人所託，乃爲之。自有一等人樂於作詩，不知移以講學，多少有益！」符舜功曰：「趙昌父前日在此，好作詩。與之語道理，如水投石！」可學。

戊辰年省試出「剛中而應」。或云：「此句凡七出。」某將彖辭暗地默數，只有五箇。其人堅執。某又再誦再數，只與説：「記不得，只記得五出，且隨某所記行文。」已而出院檢本，果五出耳。又云：「只記得大象，便畫得卦。」銖。

先生每得未見書，必窮日夜讀之。嘗云：「向時得徽宗實録，連夜看，看得眼睛都疼。」一日，得韓南澗集，一夜與文蔚同看，倦時令文蔚讀聽，至五更盡(倦)〔卷〕〔一〕。曰：「一生做詩，只有許多！」文蔚。

〔一〕據陳本改。

朱子語類卷第一百五

朱子二

論自注書

總論

傅至叔言：「伊洛諸公文字，說得不恁分曉，至先生而後大明。」先生曰：「他一時間都是英才，故撥著便轉，便只須恁地說。然某於文字，却只是依本分解注。大抵前聖說話，雖後面便生一箇聖人，有未必盡曉他說者。蓋他那前聖，是一時間或因事而言，或主一見而立此說。後來人却未見他當時之事，故不解得一一與之合。且如伊川解經，是據他一時所見道理恁地說，未必便是聖經本旨。要之，他那箇說，却亦是好說。且如易之『元亨利貞』，本來只是大亨而利於正。雖有亨，若不正，則那亨亦使不得了。當時文王之意，祇是爲卜筮設，故祇有『元亨』，更無有不元亨；祇有『利貞』，更無不利貞。後來夫子於彖既以『元亨利貞』爲四德，又於文言復以爲言，故後人祇以爲四德，更不做『大亨利貞』說了。易只是爲卜筮而作，故周禮分明言太卜掌三易：連山、歸藏、周易。古人於卜筮之官立之，凡數人。秦去古未遠，故周易亦以卜筮得不焚。今人纔說易是卜筮之書，便以爲辱累了易；見夫子說許多道理，便以爲易只是說道理。殊不知其言『吉凶悔吝』皆有理，而其教人之意無不在也。夫子見文王所謂『元亨利貞』者，把來作四箇說，道理亦自好，故恁地說，但文王當時未有此意。今若以『元者善之長，亨者嘉之會，利者義之和，貞者事之幹』，與來卜筮者言，豈不大糊塗了他！要之，文王者自不妨孔子之說，孔子者自不害文王之說。然孔子却不是曉文王意不得，但他又自要說一樣道理也。」道夫。

某釋經，每下一字，直是稱等輕重，方敢寫出！方子。

某解書，如訓詁一二字等處，多有不必解處，只是解書之法如此；亦要教人知得，看文字不可忽略。賀孫。

某所改經文字者，必有意，不是輕改，當觀所以改之之意。節。

每常解文字，諸先生有多少好說話，有時不敢載者，蓋他本文未有這般意思在。

道夫。

問：「先生解經，有異於程子説者，如何？」曰：「程子説，或一句自有兩三説，其間必有一説是，兩説不是。理一而已，安有兩三説皆是之理！蓋其説或後嘗改之，今所以與之異者，安知不曾經他改來？蓋一章而衆説叢然，若不平心明目，自有主張斷入一説，則必無衆説皆是之理。」大雅。

方伯謨勸先生少著書。曰：「在世間喫了飯後，全不做得些子事，無道理。」伯謨曰：「但發大綱。」曰：「那箇毫釐不到，便有差錯，如何可但發大綱！」

小學之書

問：「小學云：『德崇業廣。』」曰：「德是得之於心，業是見之於事。」燾。

問小學「舞勺舞象」。曰：「勺是周公樂，象是武王樂。」曰：「注：『勺，籥也。』是如何？」曰：「而今也都見不得。」淳。

問：「『衣不帛襦袴』，恐太温，傷陰氣也。」曰：「是如此。今醫家亦説小兒子不要太煖。内則亦是小兒不要著好物事。」璘。

問：「小學舉内則篇『四十始仕，方物出謀、發慮』。先生注云：『方物出謀，則謀不過物；方物發慮，則慮不過物。』請問『不過物』之義？」曰：「方物謀慮，大概只是隨事謀慮。」植。

「方物出謀，發慮。」方，猶對也。只是比並那物，如窮理一般也。淳。

「和之所問小學『方物』之義，乃是第二條。莫只且看到此，某意要識得下面許多事。」和之因問「五御」中「逐水曲」及「過君表」等處。先生既答，曰：「而今便治禮記者，他也不看。蓋是他將這箇不干我事，無用處，便且鹵莽讀過了。」和之云：「後當如先生所教，且將那頭放輕。」曰：「便放輕，也不得。須是見得這頭有滋味時，那頭自輕。」時舉。

問：「小學立教篇，大司徒六行：孝、友、睦、婣、任、恤。後面『八刑糾萬民』，却無不友之刑，雖有不弟之刑。又注云：『不敬師長。』如何？」曰：「也不須恁地看。且看古之聖人教人之法如何，而今全無這箇。且『天降下民，作之君，作之師』，作之君，便是作之師。」僩。

楊尹叔問：「『嚴威儼恪，非所以事親也』，注『恪』爲『恭敬』，如何？」曰：「恭敬較寬，便都包許多，解『恪』字亦未盡。恪，是恭敬中朴實緊切處，今且恁地解。若就恭敬說，則恭敬又別。恭主容，敬主事，如『居處恭，執事敬』之類。」安卿問：「恪非所以事親，只是有嚴意否？」曰：「太莊、太嚴厲了。」寓。

問：「小學明倫一篇，見得盡是節文事親之實。」曰：「其中極有難行處。」曰：「愛敬與倪爲一，自無難行。」曰：「此便是愛敬尺度。須是把他去量度，方見得愛敬。」倪。

葉兄問小學君、師、父三節。曰：「劉表遣韓嵩至京師。嵩曰：『嵩至京師，天子假嵩一職，則成天子之臣，將軍之故吏耳。在君爲君，不復爲將軍死也。』便是此意。」卓。

問林兄：「看小學如何？」林舉小學「父慈而教，子孝而箴」。先生曰：「人既自有這良能、良知了，聖賢又恁地說，直要人尋教親切。『父慈而教，子孝而箴』，看我是能恁地不恁地？小學所説，教人逐一去上面尋許多道理。到著大學，亦只是這道理。又教人看得就切實如此，不是胡亂恁地說去。」子蒙。

問：「『疑事毋質』，經文只説『疑事』，而小學注云『毋得成言之』，何也？」曰：「『質，成也』，『成言之』，皆古注文。謂彼此俱疑，不要將己意斷了。」問：「『直而勿有』，亦只是上意否？」曰：「是從上文來，都是教人謙退遜讓。」賀孫。

問：「小學實明倫篇，何以無朋友一條？」曰：「當時是衆編類來，偶無此爾。」淳。

安卿問：「曲禮『外言不入於閫，内言不出於閫』一段甚切，何故不編入小學？」曰：「此樣處，漏落也多。」又曰：「小學多説那恭敬處，少説那防禁處。」義剛。

近思録

修身大法，小學備矣；義理精微，近思録詳之。閎祖。

近思録好看。四子，六經之階梯；近思録，四子之階梯。淳。

近思録逐篇綱目：(一)道體；(二)爲學大要；(三)格物窮理；(四)存養；(五)改過遷善，克己復禮；(六)齊家之道；(七)出處、進退、辭受之義；(八)治國、平天下之道；(九)制度；(十)君子處事之方；(十一)教學之道；(十二)改過及人心疵病；(十三)異端之學；(十四)聖賢氣象。振。

近思録大率所録雜，逐卷不可以一事名。如第十卷，亦不可以事君目之，以其有「人教小童」在一段。揚。

近思録一書，無不切人身、救人病者。壽昌。

鄭言：「近思録中語，甚有切身處。」曰：「聖賢説得語言平，如中庸、大學、論語、孟子，皆平易。近思録是近來人説話，便較切。」賀孫。卓同。

或問近思録。曰：「且熟看大學了，即讀語、孟。近思録又難看。」賀孫。

近思録首卷難看。某所以與伯恭商量，教他做數語以載於後，正謂此也。若只讀此，則道理孤單，如頓兵堅城之下；却不如語、孟只是平鋪説去，可以游心。道夫。

看近思録，若於第一卷未曉得，且從第二、第三卷看起。久久後看第一卷，則漸曉得。過。

問蜚卿：「近思録看得如何？」曰：「所疑甚多。」曰：「今猝乍看這文字，也是難。有時前面恁地説，後面又不是恁地；這裏説得如此，那裏又却不如此。子細看來看去，却自中間有箇路陌。推尋通得四五十條後，又却只是一箇道理。伊川云：『窮理豈是一日窮得盡！窮得多後，道理自通徹。』」驤。

因論近思録，曰：「不當編易傳所載。」問：「如何？」曰：「公須自見。」意謂易傳已自成書。文蔚。

因説近思續録，曰：「如今書已儘多了。更有，却看不辦。」𥲅。

論語或問

張仁叟問論語或問。曰：「是五十年前文字，與今説不類。當時欲修，後來精力衰，那箇工夫大，後掉了。」節。

先生説論語或問不須看。請問，曰：「支離。」泳。

孟子要指

先生因編孟子要指云：「孟子若讀得無統，也是費力。某從十七八歲讀至二十歲，只逐句去理會，更不通透。二十歲已後，方知不可恁地讀。元來許多長段，都自首尾相照管，脈絡相貫串，只恁地熟讀，自見得意思。從此看孟子，覺得意思極通快，亦因悟作文之法。如孟子當時固不是要作文，只言語説出來首尾相應，脈絡相貫，自是合著如此。」又曰：「某當初讀『自暴自棄』章，只恁地鶻突讀去。伊川易傳云『拒之以不信，絶之以不爲』，當初也匹似閑看過。後因在舟中偶思量此，將孟子上下文看，乃始通串，方始説得是如此，亦温故知新之意。」又曰：「看文字，不可恁地看過便道了。須是時復玩味，庶幾忽然感悟，到得義理與踐履處融會，方是自得。這箇意思，與尋常思索而得，意思不同。」賀孫。

問：「孟子首章，是先剖判箇天理人欲，令人曉得，其托始之意甚明。若先生所編要略，却是要從源頭説來，所以不同。」曰：「某向時編此書，今看來亦不必。只孟子便直恁分曉示人，自是好了。」時舉曰：「孟子前面多是分明説與時君。且如章首説『上下交征利』，其害便至於『不奪不饜』；説仁義，便云未有遺其親，後其君；次章説賢者便有此樂，不賢者便不能有此樂。都是一反一正，言其效驗如此，亦欲人君少知恐懼之意耳。」曰：「也不是要人君知恐懼，但其效自必至此。孟子之書，明白親切，無甚可疑者。只要日日熟讀，須教他在吾肚中轉作千百回，便自然純熟。某當初看時，要逐句去看他，便但覺得意思促迫；到後來放寬看，却有條理。然此書不特是義理精明，又且是甚次第底文章。某因熟讀後便見，自此也知作文之法。」時舉。

敬之問：「看要略，見先生所説孟子，皆歸之仁義。如説『性』、『反』，以後諸處皆然。」曰：「是他見得這道理通透，見得裏面本來都無別物事，只有箇仁義。到得説將出，都離這箇不得，不是要安排如此。道也是離這仁義不得，舍仁義不足以見道。如造化只是箇陰陽，捨陰陽不足以明造化。」問：「古人似各有所主，如曾子只守箇忠恕，子思只守箇誠，孟子只守箇仁義，其實皆一理也。」曰：「也不是他安排要如此，是他見得道理做出都是這箇，説出也只是這箇，只各就地頭説，不是把定這箇將來做。如堯舜是多少道理！到得後來衣鉢之傳，只説『人心惟危，道心惟微，惟精惟一，允執厥中』。緊要在上三句，説會如此，方得箇中，方得箇恰好。這也到這地頭當説中，便説箇中。聖賢言語，初不是著意安排，只遇著這字，便説出這字也。」賀孫。

因整要略，謂：「孟子發明許多道理都盡，自此外更無別法。思惟這箇，先從性看。看得這箇物事破了，然後看入裏面去，終不甚費力。要知雖有此數十條，是古人已説過，不得不與他理會。到得做工夫時，却不用得許多。難得勇猛底人，直截便做去。」賀孫。

敬之問要指不取「杞柳」一章。曰：「此章自分曉，更無可玩索，不用入亦可。却是『生之謂性』一段難曉，説得來反恐鶻突，故不編入。」賀孫。

中庸集略

大凡文字，上古聖賢説底便不差。到得周、程、張、邵們説得亦不差，其他門人便多病。某初要節一本中庸集略，更下手不得。其間或有一節説得好，第二節便差底；又有説得似好，而又説從別處去底。然而看得他們説多，却覺煞得力。義剛。

仁説

仁説只説得前一截好。閎祖

仁説图〔一〕

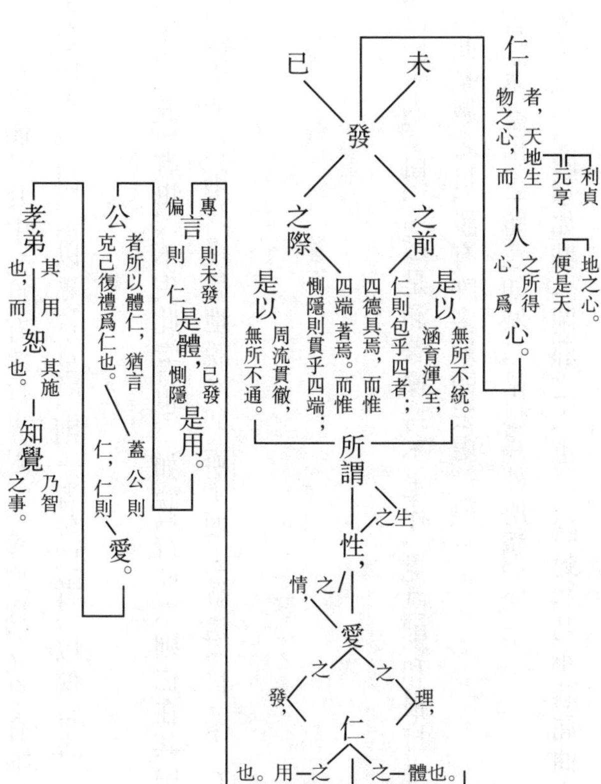

〔一〕參看仁説，見朱文公文集卷六十七。

問「仁者天地生物之心」。曰：「天地之心，只是箇生。凡物皆是生，方有此物。如草木之萌芽，枝葉條榦，皆是生方有之。人物所以生生不窮者，以其生也。才不生，便乾枯殺了。這箇是統論一箇仁之體。其中又自有節目界限，如義禮智，又自有細分處也。」問「偏言則一事，專言則包四者」。曰：「以專言言之，則一者包四者；以偏言言之，則四者不離乎一者。」僩。

問：「先生仁説，説『存此』者也，『不失此』者也。如説『行此』，則仁在其中，非仁也。」曰：「謂之仁固不可，謂之非仁則只得恁地説。如孟子便去解這『仁』字，孔子却不恁地。」節。

敬齋箴

問「持敬」與「克己」工夫。曰：「敬是涵養操持不走作，克己則和根打併了，教他盡净。」問敬齋箴。曰：「此是敬之目，説有許多地頭去處。」僩。

「守口如瓶」，是言語不亂出；「防意如城」，是恐爲外所誘。道夫。

「守口如瓶」，不妄出也；「防意如城」，閑邪之入也。「蟻封」，乃小巷屈曲之地，是「折旋中矩」，不妄動也。敬仲。

「『周旋中規，折旋中矩。』周旋，是直去却回來，其回轉處欲其圓，如中規也；折旋，是直去了，復横去，如曲尺相似，其横轉處欲其方，如中矩也。」又問敬齋箴「蟻封」。曰：「蟻垤也，北方謂之『蟻樓』，如小山子，乃蟻穴地，其泥墳起如丘垤，中間屈曲如小巷道。古語云：『乘馬折旋於蟻封之間。』言蟻封之間，巷路屈曲狹小，而能乘馬折旋於其間，不失其馳驟之節，所以爲難也。『鸛鳴于垤』，垤，即蟻封也。天陰雨下，則蟻出，故鸛鳴于垤，以俟蟻之出，而啄食之也。王荆公初解垤爲自然之丘，不信蟻封之説，後過北方親見有之，遂改其説。」僩。

問「主一」。曰：「心只要主一，不可容兩事。一件事了，更加一件，便是貳；一件事了，更加兩件，便是叁。『勿貳以二，勿叁以三』，是不要二三；『不東以西，不南以北』，是不要走作。」淳。

問：「『勿貳以二，勿叁以三；不東以西，不南以北』，如何分別？」曰：「都只是形容箇敬。敬須主一。初來有一箇事，又添一箇，便是來貳他成兩箇；元有一箇，又添兩箇，便是來叁他成三箇。『不東以西，不南以北。』只一心做東去，又要做西去；做南去，又要做北去，皆是不主一。上面説箇心不二三，下面説箇心不走作。」寓。

或問：「敬齋箴後面少些從容不迫之意，欲先生添數句。」曰：「如何解迫切！今未曾下手在，便要從容不迫，却無此理。除非那人做工夫大段嚴迫，然後勸他勿迫切。如人相殺，未曾交鋒，便要引退。今未曾做工夫在，便要開後門。然亦不解迫切，只是不曾做，做著時不患其迫切，某但常覺得緩寬底意思多耳。」李曰：「先生猶如此說，學者當如何也！」僩。

六君子贊

「勇撤皋比」，說講易事。閎祖。

通鑑綱目

說編通鑑綱目，尚未成文字。因言：「伯恭大事記忒藏頭亢腦，如搏謎相以。又，解題之類亦大多。」

問：「『正統』之說，自三代以下，如漢、唐亦未純乎正統，乃變中之正者；如秦、西晉、隋，則統而不正者；如蜀、東晉，則正而不統者。」曰：「何必恁地論！只天下爲一，諸侯朝覲獄訟皆歸，便是得正統。其有正不正，又是隨他做，如何恁地論！有始不得正統，而後方得者，是正統之始；有始得正統，而後不得者，是正統之餘。如秦初猶未得正統，及始皇并天下，方始得正統。晉初亦未得正統，自泰康以後，方始得正統。隋初亦未得正統，自滅陳後，方得正統。如本朝至太宗并了太原，方是得正統。又有無統時：如三國、南北、五代，皆天下分裂，不能相君臣，皆不得正統。義剛録作：「此時便是無統。」某嘗作通鑑綱目，有『無統』之説。此書今未及修，後之君子必有取焉。温公只要編年號相續，此等處，須把一箇書『帝』、書『崩』，而餘書『主』、書『殂』。既不是他臣子，又不是他史官，只如旁人立看一般，何故作此尊奉之態？此等處，合只書甲子，而附注年號於其下，如魏黄初幾年、蜀章武幾年、吴青龍幾年之類，方爲是。」又問：「南軒謂漢後當以蜀漢年號繼之，此説如何？」曰：「如此亦得。他亦以蜀漢是正統之餘，如東晉，亦是正統之餘也。」問：「東周如何？」曰：「必竟周是天子。」問：「唐後來多藩鎮割據，義剛録云：「唐末天子不能有其土地，亦可謂正統之餘否？」則如何？」曰：「唐之天下甚闊，所不服者，只河北數鎮之地而已。」義剛録云：「安得謂不能有其土地！」淳。義剛同。

温公通鑑以魏爲主，故書「蜀丞相亮寇」何地，從魏志也，其理都錯。某所作綱目以蜀爲主。後劉聰、石勒諸人，皆晉之故臣，故東晉以君臨之。至宋、後魏諸國，則兩朝平書之，不主一邊，年號只書甲子。

問綱目主意。曰：「主在正統。」問：「何以主在正統？」曰：「三國當以蜀漢爲正，而温公乃云，某年某月『諸葛亮入寇』，是冠履倒置，何以示訓？緣此遂欲起意成書。推此意，修正處極多。若成書，當亦不下通鑑許多文字。但恐精力不逮，未必能成耳。若度不能成，則須焚之。」大雅。

問：「宋、齊、梁、陳正統如何書？」曰：「自古亦有無統時。如周亡之後，秦未帝之前，自是無所統屬底道理。南北亦只是並書。」又問：「東晉如何書？」曰：「宋、齊如何比得東晉！」又問：「三國如何書？」曰：「以蜀爲正。蜀亡之後，無多年便是西晉。中國〔一〕亦權以魏爲正。」又問：「後唐亦可以繼唐否？」曰：「如何繼得！」賜。

綱目於無正統處並書之，不相主客。通鑑於無統處，須立一箇爲主。某又參取史法之善者，如權臣擅命，多書以某人爲某王某公。范曄却書「曹操自立爲『魏公』」。綱目亦用此例。方子。

問：「武后擅唐，則可書云：『帝在房陵。』呂氏在漢，所謂『少帝』者，又非惠帝子，則宜何書？」曰：「彼謂『非惠帝子』者，乃漢之大臣不欲當弑逆之名耳。既云『後宮美人子』，則是明其非正嫡元子耳。」大雅。

〔一〕「國」，疑當作「間」。

或問武后之禍。曰：「前輩云，當廢武后所出，別立太宗子孫。」曰：「此論固善。但當時宗室爲武后殺盡，存者皆愚暗，豈可恃？」因說：「通鑑提綱例：凡逆臣之死，皆書曰『死』。至狄仁傑，則甚疑之。李氏之復，雖出仁傑，然畢竟是死於周之大臣。不柰何，也教相隨入死例，書云：某年月日狄仁傑死也。」大雅。

朱子語類卷第一百六

朱子三

外任

同安主簿

主簿就職內大有事，縣中許多簿書皆當管。某向爲同安簿，許多賦稅出入之簿，逐日點對僉押，以免吏人作弊。時某人爲泉倅，簿書皆過其目。後歸鄉與說及，亦懵不知。他是極子細官人，是時亦只恁呈過。賀孫。

因說「慢令致期謂之賊」，曰：「昔在同安作簿時，每點追稅，必先期曉示。只以一幅紙截作三片，作小榜徧貼云，本廳取幾日點追甚鄉分稅，仰人户鄉司主人頭知委。只如此，到限日近時，納者紛紛。然此只是一箇信而已。如或違限遭點，定斷不恕，所以人怕。」時舉。

初任同安主簿，縣牒委補試。喚吏人問例。云：「預榜曉示，令其具檢頗多。」即諭以不要如此，只用一幅紙寫數榜，但云縣學某月某日補試，各請知悉。臨期吏覆云：「例當展日。」又諭以「斷不展日」！過。

問：「奏狀還借用縣印否？」曰：「豈惟縣印？縣尉印亦可借。蓋是專達與給納官司及有兵刑處，朝廷皆給印。今之官司合用印處，緣兵火散失，多用舊印。要去朝廷請印，又須要錢，所以官司且只苟簡過了。某在同安作簿，去州請印。當時有箇指揮使，并一道家印，緣胥吏得錢方給。某戲謂，要做箇軍員與道士，亦不能得！又見崇安縣丞用淮西漕使印。」人傑。

南康

因說賑濟，曰：「平居須是修陂塘始得。到得旱了賑濟，委無良策。然下手得早，亦得便宜。在南康時，才見旱，便剗刷錢物，庫中得三萬來貫，準擬糴米，添支官兵。却去上供錢内借三萬貫糴米賑糶。早時糴得，却糶錢還官中解發，是以不闕事。舊來截住客舡，糴三分米。至於客舡不來，某見官中及上户自有米，遂出榜放客船米自便，不糴客舡米。

又且米價不甚貴。」又曰：「悔一件事：南康煞有常平米，是庚寅辛卯年大旱時糴，米價甚貴。在法不得減元價，遂不曾糶。當時只好糶了，上章待罪，且得爲更新米一番。亦緣當時自有米，所以不動。此米久之爲南康官吏之害。」璘。

某在南康時，民有訟坐家逃移者，是身只在家，而託言逃移不納税。又有訟望鄉復業者，是身不回鄉，而寄狀管業也。淳。

道夫言：「察院黄公鎂，字用和。剛正，人素畏憚。其族有縱惡馬踏人者，公治之急。其人避之惟謹，公則斬其馬足以謝所傷。」先生曰：「某南康臨罷，有躍馬於市者，踏了一小兒將死。某時在學中，令送軍院，次日以屬知録。晚過廨舍，知録云：『早上所喻，已栲治如法。』某既而不能無疑，回至軍院，則其人冠屨儼然，初未嘗經栲掠也！遂將吏人并犯者訊。次日，吏人杖脊勒罷，偶一相識云：『此是人家子弟，何苦辱之？』某曰：『人命所係，豈可寬弛！若云子弟得躍馬踏人，則後日將有甚於此者矣。况州郡乃朝廷行法之地，保佑善良，抑挫豪横，乃其職也。縱而不問，其可得耶！』後某罷，諸公相餞於白鹿，某爲極口説西銘『民吾同胞，物吾與也』一段。今人爲秀才者，便主張秀才；爲武官者，便主張武官；爲子弟者，便主張子弟，其所陷溺一至於此！」賀孫聞之先生云：「因出謁回，即使吏杖之譙樓下，方始交割。」道夫。人傑録云：「因説劉子澄好言家世，曰：『某在南康時，有一子弟騎馬損人家小兒，某訊而禁之，子澄以爲不然。某因講西銘「凡天下疲癃殘疾，惸獨鰥寡，吾兄弟顛連而無告者也」。君子之爲政，且要主張這一等人，遂痛責之。』大概人不可有偏倚處。」

法：鄰縣有事於鄰州，只是牒上。今却小郡與鄰大郡便申狀，非是。蓋雖是大郡，却都只是列郡，只合使牒。某在南康時，吏人欲申隆興。又，建康除了安撫，亦只是列郡，某都是使牒。吏初皇懼，某與之云：「有法，不妨只如此去。」揚。

總論作郡

因論常平倉，曰：「某自點二州，知常平之弊如此，更不敢理會。看南康自有五六萬石，漳州亦六七萬石，盡是浮埃空殼，如何敢挑動！這一件事，不知做甚麼合殺？某在浙東嘗奏云，常平倉與省倉不可相連，須是東西置立，令兩倉相去遠方可。每常官吏檢點省倉，則掛省倉某號牌子；檢點常平倉，則掛常平倉牌子。只是一箇倉，互相遮瞞！令所在常平倉，都教司法管，此最不是。少間太守要侵支，司法如何敢拗他！通判雖管常平，而其職實管於司法。又，所在通判，大率避嫌不敢與知州爭事，韓文公所謂『例以嫌不可否事者也』。且如經、總制錢、牙契錢、倍契錢之類，盡被知州瞞朝廷奪去，更不敢爭。」僩。

與陳尉説治盜事，因曰：「凡事，須子細體察，思量到人所思量不到處，防備到人所防備不到處，方得無事。」又曰：「凡事，須是小心寅畏，若恁地粗心駕去，不得。」又曰：「某嘗作郡來。每見有賊發，則惕然皇恐！便思自家是長民之官，所以致此是何由？遂百種爲收捉。捉得，便自歡喜；不捉得，則終夜皇恐！」賀孫。

因說鄭惠叔愛惜官錢，云：「某見人將官錢胡使，爲之痛心！兩爲守，皆承弊政之後，其所用官錢，並無分明。凡所送遺，並無定例，但隨意所向爲厚薄。問胥輩，皆云：『有時這般官員過往，或十千，或五千。後番或是這樣，又全不送，白休了。』某遂云：『如此不得。朝廷有箇公庫在這裏，若過往官員，當隨其高下多少與之，乃是公道，豈可把爲自家私恩！』於是立爲定例，看甚麼官員過此，便用甚麼例送與之，却得公溥。後來至於凡入廣諸小官，如簿、尉之屬，箇箇有五千之助，覺得意思儘好。」賀孫。

馬子嚴莊甫見先生言：「近有人作假書請託公事者。」先生曰：「收假書，而不見下書之人，非善處事者。舊見吳提刑逵公路當官，凡下書者，須令當廳投下；却將書於背處觀之，觀畢方發付其人，令等回書。前輩處事，詳密如此。又，某當官時，有人將書來者，亦有法以待之，須是留其人喫湯，當面拆書，若無他，方令其去。」人傑。

問：「今之神祠，無義理者極多。若當官處，於極無義理之神祠，雖係敕額，凡祈禱之類不往，可否？」曰：「某當官所至，須理會一番。如儀案所具合祈禱神示，有無義理者，使人可也。」人傑。

浙東

「而今救荒甚可笑。自古救荒只有兩説：第一是感召和氣，以致豐穰；其次只有儲蓄之計。若待他飢時理會，更有何策？東邊遣使去賑濟，西邊遣使去賑濟，只討得逐州幾箇紫綾册子來，某處已如何措置，某處已如何經畫，元無實惠及民。」或問：「先生向來救荒如何？」曰：「亦只是討得紫綾册子，更有何策！」自修。

賑濟無奇策，不如講水利。到賑濟時成甚事！向在浙東，疑山陰、會稽二縣刷飢餓人少，通判鄭南再三云數實。及子細，刷起三倍！可學。

紹興時去得遲，已無擘畫，只依常行，先差一通判抄劄城下兩縣飢民。其人不留意，只抄得四萬來人。外縣却抄得多，遂欲治之而不曾，却託石天民重抄得八萬人。是時已遲。天民云：「甚易。只關集大保長盡在一寺，令供出人之貧者。大保長無有不知，數日便辦。却分作數等賑濟賑糶。其初令畫地圖，量道里遠近，就僧寺或莊宇置糶米所。於門首立木牌，關防再入之人。」璘。

先生語次，問浙東旱。可學云：「浙東民户歌先生之德。」先生曰：「向時到部，州縣有措置，亦賴朝廷應副得以效力，已自有名無實者多。」因曰：「向時浙東先措置，分户高下出米，不知有米無米不同。有徐木者獻策，須是逐鄉使相推排有米者。時以事逼不曾行。今若行之一縣，甚易。大抵今時做事，在州郡已難，在監司尤難，以地闊遠，動成文具。惟縣令於民親，行之爲易。計米之有無，而委鄉之聰明誠信者處之；聰明者人不能欺，誠信者人不忍欺。若昏懦之人，爲之所紿；譎詐之士，則務欲容，於此大不可。」可學。

浙東之病，如和買之害，酒坊之害，置酒坊者，做不起破家，做得起害民。如鹽倉之害，如溫州有數處鹽倉，置官吏甚多，而一歲所買不過數十斤，自可省罷。更欲白之朝。出鹽之地，納白户鹽，却令過私鹽。升卿。

某向在浙東，吏人押安撫司牒，既僉名押字；至紹興府牒，吏亦請僉名，某當時只押字去。聞王仲行有語，此伊川所謂「只第一件便做不得」者。如南康舊來有文字到建康，皆用申狀，某以爲不然。是時陳福公作留守，只牒建康僉廳；若作前宰執，只當直牒也。如南康有文字到鄰路監司，亦只合備牒。其諸縣與鄰州用牒，却有著令。德明。

因論監司巡歷受折送，曰：「近法，自上任許一次受。」直卿曰：「看亦只可量受。」曰：「某在浙東，都不曾受。」道夫。

「建陽簿權縣。有婦人，夫無以贍，父母欲取以歸。事到官，簿斷聽離。致道深以爲不然，謂夫婦之義，豈可以貧而相棄？官司又豈可遂從其請？」曰：「這般事都就一邊看不得。若是夫不才，不能育其妻，妻無以自給，又柰何？這似不可拘以大義。只怕妻之欲離其夫，别有曲折，不可不根究。」直卿云：「其兄任某處，有繼母與父不恤前妻之子。其子數人貧窶不能自活，哀鳴於有司。有司以名分不便，只得安慰而遣之，竟無如之何。」曰：「不然。這般所在，當以官法治之。也須追出後母責戒勵，若更離間前妻之子，不存活他，定須痛治。」因云，程先生謂「舜不告而娶」，舜雖不告，堯嘗告之矣。堯之告之也，以王法治之而已。因云：「昔爲浙東倉時，紹興有繼母與夫之表弟通，遂爲接脚夫，擅用其家業，恣意破蕩。其子不甘，來訴。初以其名分不便，却之。後趕至數十里外，其情甚切，遂與受理，委楊敬仲。敬仲深以爲子訴母不便。某告之曰：『曾與其父思量否？其父身死，其妻輒棄背與人私通，而敗其家業。其罪至此，官司若不與根治，則其父得不銜冤於地下乎！今官司只得且把他兒子頓在一邊。』渠當時亦以爲然。某後去官，想成休了。初追之急，其接脚夫即赴井，其有罪蓋不可掩。」賀孫。

漳州

郡中元自出公牒，延郡士黄知録樵、施允壽、石洪慶、李唐咨、林易簡、楊士訓及淳與永嘉徐寓八人入學，而張教授與舊職事沮格。至是先生下學，僚屬又有乞留舊有官學正，有司只得守法，言者不止。先生變色厲詞曰：「郡守以承流宣化爲職，不以簿書財計獄訟爲事。某初到此，未知人物賢否，風俗厚薄。今已九月矣，方知得學校底裏，遂欲留意學校。所以採訪鄉評物論，延請黄知録，以其有恬退之節，欲得表率諸生。又延請前輩士人同爲之表率，欲使邦人士子識些向背，稍知爲善之方，與一邦之人共趨士君子之域，以體朝廷教養作成之意。不謂作之無應，弄得來没合殺。教授受朝廷之命，分教一邦，其責任不爲不重，合當自行規矩。而今却容許多無行之人、争訟職事人在學，枉請官錢，都不成學校！士人先要識箇廉退之節。禮義廉恥，是謂四維。若寡廉鮮恥，雖能文要何用！某雖不肖，深爲諸君恥之！」淳。寓録少異。

詣學，學官以例講書。歸謂諸生曰：「且須看他古人道理意思如何。今却只做得一篇文字讀了，望他古人道理意思處，都不曾見。」道夫。

先生熟聞知録趙師虙之爲人，試之政事，又得其實，遂首舉之，其詞曰：「履行深醇，持心明恕。」聞者莫不心服。道夫。

「聞先生禁漳民禮佛朝嶽，皆所以正人心也。」曰：「未説到如此。只是男女混淆，便當禁約爾。」侍坐諸公各言諸處淫巫瞽惑等事，先生蹙頞嗟歎而已。因舉江西有玉（降）

〔隆〕〔一〕萬壽宮、太平興國宮，每歲兩處朝拜，不憚遠近奔趨，失其本心，一至於此！曰：「某嘗見其如此，深哀其愚！上昇一事，斷無此理。豈有許多人一日同登天，自後又却不見一箇登天之人！如汀民事定、光二佛，其惑亦甚。其佛肉身嘗留公廳，禱祈徼福。果有知道理人爲汀州，合先投畀水火，以袪民惑。愚民施財崇修佛宇，所在皆然，此弊滋蔓尤甚。」陳後之言：「泉州妖巫惑民，新立廟貌。海舡運土石，及遠來施財，遭風覆舟相繼而不悟。」曰：「亦嘗望見廟宇壯麗，但尋常不喜入神廟，不及往觀。凡此皆是愚而無知者之所爲耳！」謨。

鄭湜補之問戢盜。曰：「只是嚴保伍之法。」鄭云：「保伍之中，其弊自難關防，如保頭等，易得挾勢爲擾。」曰：「當令逐處鄉村舉衆所推服底人爲保頭。又不然，則行某漳州教軍之法，以戢盜心。這是已試之效。」因與說：「某在漳州，初到時，教習諸軍弓射等事，皆無一人能之。後分許多軍作三番，每日輪番入校場挽弓，及等者有賞；其不及者留在，只管挽射，及等則止；終不及則罷之。兩月之間，翕然都會射，及上等者亦多。後多留刺以填闕額。其有老弱不能者，並退罷之。他若會射了，有賊盜他是不怕他。」劉叔通問：「韓

〔一〕據院本改。

范當初教兵甚善。」先生因云：「公道韓公兵法如何？」又云：「刺陝西義勇事，何故這箇人恁地不曉事！儂智高反，亦是輕可底事，何故恁地費力？」劉云：「聞廣中都無城郭，其處種竻木爲城，枝節生刺，刀火不能破。」賀孫。

楊通老問：「趙守斷人立後事錯了，人無所訴。」曰：「理却是心之骨，這骨子不端正，少間萬事一齊都差了！如一箇印刊得不端正，看印在甚麼所在，千箇萬箇都喎斜。不知人心如何恁地暗昧！這項事，其義甚明。這般所在，都是要自用，不肯分委屬官，所以事叢雜，處置不暇，胡亂斷去。在法，屬官自合每日到官長處共理會事；如有不至者，自有罪。今則屬官雖要來，長官自不要他來，他也只得體這般法意是多少好。某嘗說，或是作縣，看是狀牒如何煩多，都自有箇措置。每聽詞狀，集屬官都來，列位於廳上看，有多少均分之，各自判去。到著到時，亦復如此。若是眼前易事，各自處斷。若有可疑等事，便留在，集衆較量斷去，無有不當，則獄訟如何會壅？此非獨爲長官者省事，而屬官亦各欲自效。兼是如簿尉等初官，使之決獄聽訟得熟，是亦教誨之也。某在漳州，豐憲送下狀如雨，初亦爲隨手斷幾件。後覺多了，恐被他壓倒了，於是措置幾隻厨子在廳上，分了頭項。送下訟來，即與上簿。合索案底，自入一厨；人案已足底，自入一厨。一日集諸同官，各分幾件去定奪。只於廳兩邊設幙位，令逐項敘來歷，未後擬判。俟食時，即就郡厨辦數味，飲食同坐。食訖，即逐人以所定事較量。初間定得幾箇來，自去做文章，都不説著事情。某不免先爲畫様子云，某官今承受提刑司判下狀係某事。（一）甲家於某年某月某日有甚干照，計幾項；乙家於某年某月某日有甚干照，計幾項，逐項次第寫令分明。（二）甲家如何因甚麽事争起到官，乙家如何來解釋互論，甲家又如何供對已前事分明了。（一）某年某月某日如何斷。（二）某年某月某日某家於某官番訴，某官又如何斷。以後幾經番訴，並畫一寫出，後面却點對以前所斷當否，或有未盡情節，擬斷在後。如此了，却把來看：中間有擬得是底，並依其所擬斷决，合追人便追人；若不消追人，便只依其所擬，回申提刑司去。有擬得未是底，或大事可疑，却合衆商量。如此事都了，並無壅滯。」楊通老云：「天下事體固是説道當從原頭理會來，也須是從下面細處理會將上，始得。」曰：「固是。如做監司，只管怕訟多，措置不下。然要省狀，也不得。若不受詞訟，何以知得守令政事之當否？全在這裏見得。只如入建陽，受建陽民户訟，這箇知縣之善惡便見得。如今做守令，其弊百端，豈能盡防！如胥吏沈滯公事，邀求於人，人皆知可惡，無術以防之。要好，在嚴立程限。他限日到，自要苦苦邀索不得。若是做守令，有可以白干沈滯底事，便是無頭腦。須逐事上簿，逐事要了，始得。某爲守，一日詞訴，一日著到。合是第九日亦詞訟，某却罷了此日詞訟。明日是休日，今日便刷起，一旬之内，有未了事，一齊都要了。大抵做官，須是令自家常閑，吏胥常忙，方得。若自家被文字來叢了，討頭不見，吏胥便來作弊。做官須是立綱紀，綱紀既立，都自無事。如諸縣發簿曆到州，在法，本州點對自有限日。如初間是本州磨算司，便自有十日限，却交過通判審計司，亦有五日限。今到處並不管著限日，或遲延一月，或遲延兩三月，以邀索縣道，直待計囑滿其所欲，方與呈州。初過磨算司使一番錢了，到審計司又使一番錢，到倅廳發回呈州呈覆，吏人又要錢。某曾作簿，知其弊，於南康及漳州，皆用限日。他這般法意甚好，後來一向埋没了。某每到，即以法曉諭，定要如此，亦使磨底磨得子細，審底審得子細。有新簿舊簿不同處，便批出理會。初間吏輩以爲無甚緊要，在漳州押下縣簿，付磨算司及審計司，限到滿日却不見到。根究出，乃是交點司未將上，即時決兩吏，後來却每每及限，雖欲邀索，也不敢遷延。縣道知得限嚴，也不被他邀索。如此等事整頓得幾件，自是省事。此是大綱紀。如某爲守，凡遇支給官員俸給，預先示以期日，到此日，只要一日支盡，更不留未支。這亦防邀索之弊。看百弊之多，只得嚴限以促之，使他大段邀索不得。」又曰：「某人世爲良宰，云要緊處有八字：『開除民丁，劃割户税。』世世傳之。」又曰：「法初立時，有多少好意思。後來節次臣僚胡亂申請，皆變壞了。如父母在堂，不許異財，法意最好。今爲人父母在不異財，却背地去典賣，後來却昏賴人。以一時之弊變萬世之良法，只是因某人私意申請。法儘有好處。今非獨下之人不畏法，把法做文具事，上自朝廷，也只把做文具行了，皆不期於必行。前夜說上下視法令皆爲閑事。如不許州郡監司饋送，幾番行下，而州郡監司亦復如前；但變换名目，多是做忌日，去寺中焚香，於是皆有折送，其數不薄。間有甚無廉恥者，本無忌日，乃設爲忌日焚香以圖饋送者。朝廷詔令，事事都如此無紀綱，人人玩弛，可慮！可慮！」又曰：「只如省部有時行下文字，儘有好處。只是後來付之胥吏之手，都没收殺。某在漳州，忽行下文字，應諸州用鑄印處，或有闕損磨滅底，並許申上，重行改造。此亦有當申者。如合有鑄印處，乃是兵刑錢穀處；如尉有鑄印，亦有管部弓兵，司理主郡刑獄，乃無鑄印。後來申去，又如掉在水中一般！過得幾時，又行文字來；又申去，又休了。如今事事如此，省部文字，一付之吏手，一味邀索，百端阻節。如某在紹興，有納助米人從縣保明到州，州保明到監司，監司方與申部，忽然部中又行下一文字來，再令保明！某遂與逐一詳細申去云：『已從下一一保明訖，未委今來因何再作行移？』如此申去，休了。後來忽又行下來云：『助米人稱進士，未委是何處幾時請到文解？還是鄉貢？如何，仰一一牒問上來。』這是叵耐不叵耐！他事事敢如此邀求取索。當初朝廷只許進士助米，所謂『進士』，只是科舉終場人，如何敢恁地說！某當時若便得這省吏在前，即時便與刺兩行字配將去！然申省去，將謂省官須治此吏，那裏治他？又如奏罷一縣令，即申請一面差人待闕，候救荒事訖，交割下替。不知下替便來争，上去部裏論，部裏便判罷權官。後來與申去云，元初差這人，乃是奉聖旨令救荒，盡與備許多在前。及後部中行下，乃前列聖旨了，後乃仍舊自云：『合還下替，交割職事。』直是恁地胡亂行移，略不知有聖旨！那箇權官見代者來得恁地急，不能與争，自去了。」賀孫。

敬之問：「淳熙事類，本朝累聖删定刑書，不知尚有未是處否？」曰：「正緣是删改太多，遂失當初立法之意。如父母在堂，不許分異，此法意極好。到後來因有人親在，私自分析，用盡了，到親亡，却據法負賴，遂著令許私分。又某往在臨漳，豐憲送一項公事，有人情願不分，人皆以爲美。乃是有寡嫂孤子，後來以計嫁其嫂，而又以己子添立，併其産業。後委鄭承看驗，逐項剖析子細，乃知其情。」賀孫。

頃常欲因奏對言一事，而忘之：諸州軍兵衣絹或非所有，則以上供錢對易於出産州軍，最爲煩擾。如漳州舊與信、處二州對易。每歲本州爲兩州包認上供錢若干，盡數解納，而兩州絹絶不來！太守歲遣書饋懇情，恬不爲意，或得三分之一，措發到一半，極矣。然絹紕薄，而價高，常致軍人怨詈。傅景仁初解漳州，以支散衣絹不好，爲軍人喊噪，不得已以錢貼支，始得無事，歲以爲苦。興化取之台州，更是回遠。此事最不難理會，而無一人肯言之者，不知何故。既知漳不出絹，信州、處州有之，何不令兩州以所合發納上供錢輸絹左藏，只令漳州以錢散軍人，豈不兩便！軍人皆願得錢，不願得絹。蓋今絹價每疋三千省，而請錢則得五千省故也。此亦當初立法委曲勞複之過，改之何妨？僩。

本州鬻鹽，最爲毒民之横賦，屢經旨罷，而復屢起。先生至，石丈屢言其利害曲折。先生即散榜，先罷瀕海十一鋪，其餘諸鋪擬俟經界正賦既定，然後悉除之。至是諸鋪解到鹽錢，諸庫皆充塞。先生曰：「某而今方見得鹽錢底裏，與郡中歲計無預。前後官都被某見過，無不巧作名色支破者。古者山澤之利，與民共之；今都占了，是何理也！合盡行除罷，而行迫無及矣！」淳。

本朝立法，以知州爲不足恃，又置通判分掌財賦之屬。然而知州所用之財，下面更有許多幕職官通管，尚可稽考。惟通判使用，更無稽考。通判廳財賦極多。某在漳州，凡胥吏輩窠坐，有優輕處，重難處，盡與他擺換一次，優者移之重處，重者移之優處。惟通判廳人吏不願移换，某曰：「你若不肯，盡與你斷罷。」於是皆一例擺换。蓋通判廳財賦多，恣意侵漁，無所稽考也。僩。

問欲行經界本末。曰：「本一官員姓唐，上殿論及此，尋行下漳、泉二州相度。本州申以爲可行，而泉州顔尚書操兩可之説，致廟堂疑貳。却是因黄伯耆輪對再論，其劄子末極好。如云：『今日以天下之大，公卿百官之衆，商量一經界，三年而不成！使更有大於此者，將若之何？』上如其請，即時付出。三省宰執奏請，又止且行於漳州。且事當論是非。若經界果可行，當行於三州；若不可行，則皆當止。漳與泉、汀接壤，今獨行於漳州，果何謂？」某云：「今農務已興，乃差官措置，豈是行經界之時？去冬好行，乃不行，廟堂何不略思？」曰：「今日諸公正是如此滚纏過，故做到公卿。如少有所思，則必至觸礙，安得身如此之安！若放此心於天地間公平處置，則何事不可爲？去年上朝廷文字，及後來抗祠請，皆有後時之慮。今日却非避事。」可學。

「經界，料半年便都了。以半年之勞而革數百年之弊，且未説到久，亦須四五十年未便卒壞。若行，則令四縣特作四樓以貯簿籍，州特作一樓，以貯四縣之圖帳，不與他文書混。闔郡皆曰不可者。只是一樣人田多税少，便造説唪嚇，以爲必有害無利。一樣人是憚勞，懶做事，却被那説所誣，遂合辭以爲不可。其下者因翕然從之。」或曰：「亦是民間多無契，故恐耳。」曰：「十分做一分無契，此只一端耳。況某亦許無契者來自陳。」或曰：「只據民户見在田，不必索契，如何？」曰：「如此則起無限争訟，必索契，則無限争訟遏矣。今之爲縣，真有愛民之心者十人，則十人以經界爲利；無意於民者十人，則十人以經界爲害。今之民，只教貧者納税，富者自在收田置田，不要納税。如此，則人便道好，更無些事不順他，便稱頌爲賢守！」淳。

因論漳泉行經界事：「假未得人，勢亦著做。古人立事，亦硬擔當著做，以死繼之而已。韓魏公作相，温公在言路，凡事頗不以魏公爲然，魏公甚被他激撓。後來温公作魏公祠堂記，却説得魏公事分明，見得魏公不可及處，温公方心服他。記中所載魏公之言曰：『凡爲人臣者，盡力以事君，死生以之，顧事之是非何如耳。至於成敗，天也，豈可豫憂其不成，遂輟不爲哉！』公爲此言時，乃仁宗之末，英宗之初，蓋朝廷多故之時也。」必大。人傑録云：「某在臨漳，欲行經界，只尋得善熟者數人任之。大抵立事須要人才，若人才難得，不成便休，須著做去。」又一條云：「立事之人，須要硬擔當，死生以之。如韓魏公之立英廟。英廟即位，繼感風疾，魏公當時只是鎮之以靜。及英廟疾亟，迎立潁王。或曰：『若主上復安，將如之何？』魏公曰：『不過爲太上皇耳。』温公爲諫官，魏公甚苦之。及作魏公祠堂記，有數語形容魏公最好，是他見得魏公有不可及處。」

先生於州治射堂之後圃，畫爲井字九區，中區石甃爲高壇，中之後區爲茆菴，菴三牕，左牕櫺爲泰卦，右爲否卦，後爲復卦；前扇爲剥卦。菴前接爲小屋。前區爲小茅亭。左右三區，各列植桃李，而間以梅。九區之外，圍繞植竹。是日遊其間，笑謂諸生曰：「上有九疇八卦之象，下有九丘八陣之法。」淳。

先生庚戌四月至臨漳。淳罷省試歸，至冬至，始克拜席下。明年，先生以喪嫡子，丐祠甚堅。當路者又以經界一奏，先生持之力，雖已報行，而終以不便已爲病，幸其有是請也，即爲允之。四月，主管鴻慶宮，加秘閣修撰，二十九日遂行。淳送至同安縣東之沈井鋪而別，實五月二日也。先生在臨漳，首尾僅及一期，以南陬敝陋之俗，驟承道德正大之化，始雖有欣然慕，而亦有謼然疑、譁然毁者。越半年後，人心方肅然以定。僚屬厲志節而不敢恣所欲，仕族奉繩檢而不敢干以私，胥徒易慮而不敢行姦，豪猾斂蹤而不敢冒法。平時習浮屠爲傳經禮塔朝岳之會者，在在皆爲之屏息。平時附鬼爲妖，迎遊於街衢而掠抄於閭巷，亦皆相視斂戢，不敢輒舉。良家子女從空門者，各閉精廬，或復人道之常。四境狗偷之民，亦望風奔遁，改復生業。至是及期，正爾安習先生之化，而先生行矣！是豈不爲恨哉！淳。

先生因説邑中隕星，恐有火災，縣官禱禳，云：「豈可不修人事！合當拘家家蓄水警備。」因舉漳州之政。賀孫。

建寧自鄭丙、程大昌至今，聖節不許僧子陞堂説法。他處但人不敢擔當住罷。某在臨漳，且令隨例祝香，只不許人問話。頃曾孝叙知青州，請一僧開堂，觀者甚衆。其僧忽云：「此知州是你青州半面天子。」孝叙大皇恐，即時自劾，枷此僧送獄。必大。

先生除江東漕，辭免。文蔚問：「萬一不容辭免，則當如何？」曰：「事便是如此安排不得。此已辭了，而今事却在他這裏，如何預先安排得？」文蔚。

潭州

在潭州時，詣學陞堂，以百數籤抽八齋，每齋一人，出位講大學一章。講畢，教授以下請師座講説大義。曰：「大綱要緊，只是前面三兩章。君子小人之分，却在『誠其意』處。誠於爲善，便是君子；不誠底，便是小人，更無別説。」琮。

問：「先生到此，再詣學矣，不知所以教諸生者，規模如何？」曰：「且教他讀經書，識得聖人法語大訓。」曰：「鄉來南康白鹿學規，却是教條，不是官司約束。」曰：「屢欲尋訪湖學舊規，尚此未獲。」曰：「先生如此教人，可無躐等之患。」曰：「躐等何害？若果有會躐等之人，自可敬服。」曰：「何故？」曰：「今若有人在山脚下，便能一躍在山頂上，何幸如之！政恐不由山脚，終不可以上山頂耳。」琮。

先生至嶽麓書院，抽籤子，請兩士人講大學，語意皆不分明。先生遽止之，乃諭諸生曰：「前人建書院，本以待四方士友，相與講學，非止爲科舉計。某自到官，甚欲與諸公相與講明。一江之隔，又多不暇。意謂諸公必皆留意，今日所説，反不如州學，又安用此贅疣！明日煩教授諸職事共商量一規程，將來參定，發下兩學，共講磨此事。若只如此不留心，聽其所之。學校本是來者不拒，去者不追，豈有固而留之之理？且學問自是人合理會底事。只如『明明德』一句，若理會得，自提省人多少。明德不是外面將來，安在身上，自是本來固有底物事。只把此切己做工夫，有甚限量！此是聖賢緊要警策人處，如何不去理會？不理會學問，與蚩蚩橫目之氓何異？」謙。

客說社倉訟事。曰：「如今官司鶻突，都無理會，不如莫辨。」因說：「如今委送事，不知屬官能否，胡亂送去，更無分曉了絶時節。某在潭州時，州中僚屬，朝夕相見，却自知得分曉，只縣官無由得知。後來區處每月版帳錢，令縣官逐人輪番押來，當日留住，試以公事。又怕他鶻突寫來，却與立了格式云：今蒙使府委送某事如何。（一）某人於某年月日於某處理某事，某官如何斷。（一）又於某時某再理，某官如何斷。（一）某今看詳此事理如此，於條合如何結絶。如此，人之能否，皆不得而隱。」木之。

問：「先生須更被大任用在。」曰：「某何人，安得有此！然亦做不得，出來便敗。且如在長沙城，周圍甚廣，而兵甚少。當時事未定，江上洶洶，萬一兵潰，必趨長沙。守臣不可去，只是浪戰而死。此等事，須是有素定家計。魏公初在五路，治兵積粟爲五年計，然後大舉。因虜人攻犯淮甸，不得已爲牽制之師。事既多違，魏公久廢，晚年出來，便做不得。欲爲家計，年老等不得了，只是逐急去，所以無成。某今日亦等不得了，規模素不立，才出便敗。」德明。

或問修城事。云："修城一事，費亦浩瀚。恐事大力小，兼不得人，亦難做。如今只靠兩寨兵，固是費力，又無馭衆之將可用。"張倅云："向來靖康之變，虜至長沙，城不可守。雖守臣之罪，亦是闊遠難守。"曰："向見某州修城，亦以闊遠之故，稍縮令狹，却易修。"周伯壽云："前此陳君舉説，長沙米倉酒庫自在城外。萬一修得城完，財物盡在城外，不便。只當移倉庫，不當修城。"曰："此是秀才家應科舉議論。倉庫自當移，城自當修。"先生又云："向見張安國帥長沙，壁間掛一修城圖，計料甚子細。有人云：『如何料得如此？恐可觀不可用。』張帥自後便卷了圖子，更不説著。周益公自是怕事底人，不知誰便説得他動。初，益公任内，只料用錢七萬。今甎瓦之費已使了六萬，所餘止一萬，初料得少，如今朝廷亦不肯添了。"謙。

而今官員不論大小，盡不見客。敢立定某日見客，某日不見客。甚至月十日不出，不知甚麼條貫如此。是禮乎？法乎？可怪！不知出來與人相應接少頃，有甚辛苦處？使人之欲見者等候不能得見，或有急幹欲去，有甚心情等待？欲吞不可，欲吐不得，其苦不可言！此等人，所謂不仁之人，心都頑然無知，抓著不痒，掐著不痛矣！小官嘗被上位如此而非之矣，至他榮顯，又不自知矣。因言夏漕每日先見過往人客了，然後請職事官相見。蓋恐幙職官稟事多時，過客不能久候故也。潭州初一十五例不見客，諸司皆然，某遂破例令皆相見。先生在潭州每間日一詣學，士人見於齋中，官員則於府署。僩。

今人獄事，只管理會要從厚。不知不問是非善惡，只務從厚，豈不長姦惠惡？大凡事付之無心，因其所犯考其實情，輕重厚薄付之當然，可也。若從薄者固不是；只云我只要從厚，則此病所係亦不輕。某在長沙治一姓張人，初不知其惡如此，只因所犯追來，久之乃出頭。適有大赦，遂且與編管。後來聞得此人凶惡不可言，人只是平白地打殺不問。門前有一木橋，商販者自橋上過，若以柱杖拄其橋，必捉來弔縛。此等類甚多，若不痛治，何以懲戒！公等他日仕宦，不問官大小，每日詞狀，須置一簿，穿字號録判語；到事亦作一簿；發放文字亦作一簿。每日必勾了號，要一日内許多事都了，方得。若或做不辦，又作一簿記未了事，日日檢點了，如此方不被人瞞了事。今人只胡亂隨人來理會，來與不來都不知，豈不誤事！銖。

過甲寅年見先生，聞朋輩説，昨歲虜人問使人云：「南朝朱先生出處如何？」對以「本朝見擢用」。既歸，即白堂，所以得帥長沙之命。過。

朱子語類卷第一百七

朱子四

内任丙辰後雜記言行。

孝宗朝

六月四日，周揆令人諭意云：「上問：『朱某到已數日，何不請對？』」遂詣閤門，通進榜子。有旨：「初七日後殿班引。」及對，上慰勞甚渥。自陳昨日浙東提舉日，荷聖恩保全。上曰：「浙東救荒，煞究心。」又言：「蒙除江西提刑，衰朽多疾，不任使令。」上曰：「知卿剛正，只留卿在這裏，待與清要差遣。」再三辭謝，方出奏劄。上曰：「正所欲聞。」口奏第一劄意，言犯惡逆者，近來多奏裁減死。上曰：「似如此人，只貸命，有傷風教，不可不理會。」第四札言科罰。上曰：「聞多是羅織富民。」第五劄讀至「制將之權，旁出閹寺」，上曰：「這箇事却不然，盡是採之公論，如何由他！」對曰：「彼雖不敢公薦，然皆託於士大夫之公論，而實出於此曹之私意。且如監司守臣薦屬吏，蓋有受宰相、臺諫風旨者。況此曹奸僞百出，何所不可！臣往蒙賜對，亦嘗以此爲說，聖諭謂爲不然。臣恐疏遠所聞不審，退而得之士大夫，與夫防夫走卒，莫不謂然，獨陛下未之知耳。至去者未遠而復還！」謂甘昪。問上曰：「陛下知此人否？」上曰：「固是。但洩漏文書，乃是他子弟之罪。」對曰：「豈有子弟有過，而父兄無罪！然此特一事耳。此人挾勢爲奸，所以爲盛德之累者多矣。」上曰：「高宗以其有才，薦過來。」對曰：「小人無才尚可，小人有才，鮮不爲惡。」上因舉馬、蘇論才、德之辯云云，至「當言責者，懷其私以緘默」，奏曰：「陛下以曾任知縣人爲六院察官，闕則取以充之。雖曰親擢，然其涂轍一定，宰相得以先布私恩於合入之人；及當言責，往往懷其私恩，豈肯言其過失！」上曰：「然。近日一事可見矣。」至「知其爲賢而用之，則用之唯恐其不速，聚之唯恐其不多；知其爲不肖而退之，則退之唯恐其不早，去之唯恐其不盡」，奏曰：「豈有慮君子太多，須留幾箇小人在裏！人之治身亦然，豈有慮善太多，須留些惡在裏！」至「軍政不修，士卒愁怨」，曰：「主將刻剝士卒以爲苞苴，陞轉階級，皆有成價。」上曰：「却不聞此。果有時，豈可不理會！卿可子細採探，却來說。」末後辭云：「照對江西係是盜賊刑獄浩繁去處，久闕官正。臣今迤邐前去之任，不知有何處分？」上曰：「卿自詳練，不在多囑。」閎祖。

「今之兵官，有副都總管、路鈐、路分、都監、統領將官、州鈐轄、州都監，而路鈐、路分、統領之類，多以貴游子弟處之。至如副都總管，事體極重，向以節度使爲之，後有以修武郎爲之者。如州統領，至有以下班祇應爲之者，此士夫所親見。只今天下無虞，邊境不聳，故無害。萬一略有警，便難承當。兵政病敗，未有如今日之甚者！某屢言於壽皇。壽皇謂某曰：『命將，國之大事，非朝廷之公選，即諸軍之公薦，決無他也。』某奏云：『陛下但見列薦於朝廷之上，以爲是皆公選，而不知皆結托來爾。且如今之文臣列薦者，陛下以爲果皆出於公乎？不過有勢力者一書便可得。』壽皇曰：『果爾，誠所當察。卿其爲朕察之！』」道夫。

寧宗朝

初見先生，即拜問云：「先生難進易退之風，天下所共知。今新天子嗣位，乃幡然一來，必將大有論建。」先生笑云：「只爲當時不合出長沙，在官所有召命，又不敢固辭。」又云：「今既受了侍從職名，却不容便去。」先生云：「正爲如此。」又笑云：「若病得狼狽時，也只得去。」自修。

在講筵時，論嫡孫承重之服，當時不曾帶得文字行。旋借得儀禮看，又不能得分曉，不免以禮律爲證。後來歸家檢注疏看，分明說：「嗣君有廢疾不任國事者，嫡孫承重。」當時若寫此文字出去，誰人敢争！此亦講學不熟之咎。人傑。

祧僖祖之議，始於禮官許及之、曾三復，永嘉諸公合爲一辭。先生獨建不可祧之議。陳君舉力以爲不然，趙揆亦右陳說。文字既上，有旨，次日引見。上出所進文字，云：「高宗不敢祧，壽皇不敢祧，朕安敢祧！」再三以不祧爲是。既退，而政府持之甚堅，竟不行。唯謝中丞入文字，右先生之說，乞且依禮官初議。爲樓大防所繳，卒祧僖祖云。閎祖。

先生檢熙寧祧廟議示諸生云：「荆公數語，是甚次第！若韓維、孫固、張師顔等所說，如何及得他！最亂道是張師顔說。當時親法之議也如此，是多少人說，都説不倒。東坡是甚麽樣會辯！也説得不甚切。荆公可知是動得人主。前日所論欲祧者，其說不出三項：一欲祧僖祖於夾室，以順翼宣祖所祧之主祔焉。但夾室乃偏側之處，若藏列祖於偏側之處，而太祖以孫居中尊，是不可也。一，是欲祔景靈宫。景靈宫元符所建，貌象西畔六人，東向。其四皆衣道家冠服，是四祖。二人通天冠，絳紗袍，乃是太祖、太宗，暗地設在裏，不敢明言。某書中有一句說云云。今既無頓處，況元初奉祀景靈宫聖祖，是用簠簋籩豆，又是蔬食。今若祔列祖，主祭時須用葷腥，須用牙盤食，這也不可行。又一項，是欲立別廟。某說，若立別廟，須大似太廟，乃可。又不知祫祭時如何，終不成四人令在那一邊，幾人自在這一廟，也只是不可。不知何苦如此！其說不過但欲太祖正東向之位，別更無說。他所謂『東向』，又那曾考得古時是如何？東向都不曾識，只從少時讀書時，見奏議中有說甚『東向』，依稀聽得。如今廟室甚狹，外面又接簷，似乎闊三丈，深三丈。祭時各捧主出祭，東向位便在楹南簷北之間，後自坐空；昭在室外，後却靠實；穆却在簷下一帶，亦坐空。如此，則東向不足爲尊，昭一列却有面南居尊之意。古者室中之事，東向乃在西南隅，所謂奧，故爲尊。合祭時，太祖位不動，以羣主入就尊者，左右致饗，此所以有取於東向也。今堂上之位既不足以爲尊，何苦要如此？乃使太祖無所自出。」祝禹圭云：「僖祖以上皆不可考。」曰：「是不可考。要知定是有祖所自出。不然，僖祖却從平地爆出來，是甚說話！」問：「郊則如何？」曰：「郊則自以太祖配天。這般事，最是宰相沒主張。奏議是趙子直編。是他當初已不把荆公做是了，所以將那不可祧之說，皆附於注脚下，又甚率略；那許多要祧底話，却作大字寫。不知那許多是說箇甚麼？只看荆公云：『反屈列祖之主，下祔子孫之廟，非所以順祖宗之孝心。』如何不說得人主動！當時上云：『朕聞之矍然，敢不祇允！』這許多只閑說，只是好勝，都不平心看道理。」又云：「某嘗在上前說此，上亦以爲不可，云：『高宗既不祧，壽皇既不祧，朕又安可爲！』柰何都無一人將順這好意思。某所議，趙丞相白乾地不付出，可怪！」賀孫。

問：「本朝廟制，韓維請遷僖祖，孫固欲爲僖祖立別廟，王安石欲以僖祖東向，其議如何？」曰：「韓説固未是，孫欲立別廟，如姜嫄，則姜嫄是婦人，尤無義理。介甫之説却好。僖祖雖無功德，乃是太祖嘗以爲高祖。今居東向，所謂『祖以孫尊，孫以祖屈』者也。近者孝宗祔廟，趙丞相主其事，因祧宣祖，乃併僖祖祧之，令人毁拆僖祖之廟。當時集議某不曾預，只入文字，又於上前説此事。末云：『臣亦不敢自以爲是，更乞下禮官，與羣臣集議。』趙丞相遂不付出。當時曾無玷、陳君舉之徒全然不曉，但謝子肅、章茂獻却頗主某説。又孫從之云：『僖祖無功德。』某云：『且如秀才起家貴顯，是自能力學致位，何預祖宗？而朝廷贈官必及三代。如公之説，則不必贈三代矣。僖祖有廟，則其下子孫當祧者置於東西夾室，於理爲順。若以太祖爲尊，而自僖祖至宣祖，反置於其側，則太祖之心安乎？』」又問：「趙丞相平日信先生，何故如此？」曰：「某後來到家檢渠所編本朝諸臣奏議，正主韓維等説，而作小字附注王安石之説於其下，此惡王氏之僻也。」又問廟門堂室之制。曰：「古之士廟，如今之五架屋，以四分之一爲室，其制甚狹。近因在朝，見太廟之堂亦淺，祫祭時，太祖東向，乃在虚處。羣穆背簷而坐，臨祭皆以帟幙圍之。古人惟朝踐在堂，它祭皆在室中。户近東，則太祖與昭穆之位背處皆實。又其祭逐廟以東向爲尊，配位南向。若朝踐以南向爲尊，則配位西向矣。」又問：「今之州縣學，先聖有殿，只是一虛敞處，則堂室之制不備？」曰：「古禮無塑像，只云先聖位向東。」又問：「若一理會，則更無是處？」曰：「固是。」人傑。

「太廟向有十二室，今祔孝宗，却除了僖祖、宣祖兩室，止有十一室，止有八世，進不及祖宗時之九，退不得如古之七，豈有祔一宗而除兩祖之理？況太祖而上，又豈可不存一始祖？今太祖在廟，而四祖並列四夾室，亦甚不便。某謂止祧宣祖，合存僖祖。既有一祖在上，以下諸祖列於西夾室，猶可。或言：『周祖后稷，以其有功德；今僖祖無功，不可與后稷並論。』某遂言：『今士大夫白屋起家，以至榮顯，皆説道功名是我自致，何關於乃祖乃父？則朝廷封贈三代，諸公能辭而不受乎！況太祖初來自尊僖祖爲始祖，諸公必忍去之乎？』某聞一日集議，遂辭不赴。某若去時，必與諸公合炒去。乃是陳君舉與趙子直自如此做，曾三復、孫逢吉亦主他説。中間若謝子肅、章茂獻、張春卿、樓大防皆以爲不安，云：『且待朱丈來商量。』曾三復乃云：『乘此機會祧了。』這是甚麽事，乘機投會恁地急！某先有一奏議投了。樓、張諸公上劄，乞降出朱某議；若某言近理，臣等敢不遵從！趙子直又不付出，至於乘夜撤去僖祖室！兼古時遷廟，又豈應如此？偶一日接奉使，兩府侍從皆出，以官驛狹，侍郎幙次在茶坊中，而隔幙次説及此，某遂辨説一番，諸公皆順聽。陳君舉謂：『今各立一廟。周時后稷亦各立廟。』某説：『周制與今不同。周時豈特后稷各立廟，雖赧王也自是一廟。今立廟若大於太廟，始是尊祖。今地步狹窄，若別立廟，必做得小小廟宇，名曰尊祖，實貶之也！』君舉説幾句話，皆是臨時去檢注脚來説。某告之云：『某所説底，都是大字印在那裏底，却不是注脚細字。』向時太廟一帶十二間，前堂後室，每一廟各占一間，祧廟之主却在西夾室。今立一小廟在廟前，不知中間如何安排？後來章茂獻、謝深甫諸公皆云：『悔不用朱丈之説！』想也且恁地説。」正淳欲借奏草看，曰：「今事過了，不須看。」賀孫。

集議欲祧僖祖，正太祖東向之位，先生以爲僖祖不可祧，惟存此，則順、翼、宣祧祖可以祔入。劉知夫云：「諸公議欲立僖祖廟爲別廟。陳君舉舍人引閟宮爲故事。」先生曰：「閟宫詩，而今人都説錯了。」又因論周禮「祀先王以袞冕，祀先公以鷩冕」，此乃不敢以天子之服加先公，故降一等。直卿云：「恐不是『祭以大夫』之義。」先生曰：「祭自用天子禮，只服略降耳。」時舉。

問：「甲寅祧廟，其説異同？」曰：「趙丞相初編奏議時，已將王介甫之説不作正文寫，只注小字在下。」又曰：「祧廟亦無毁拆之理。」曰：「曾入文字論祧。朝奏云：『此事不可輕易。』上云：『説得極好。以高宗朝不曾議祧，孝宗朝不曾議祧，卿云「不可輕易」，極是。』又奏云：『陛下既以臣言爲然，合下臣章疏集議。』却不曾降出。」過。

今日偶見韓持國廟議，都不成文字！元祐諸賢文字大率如此，只是胡亂討得一二浮辭引證，便將來立議論，抵當他人。似此樣議論，如何當得王介甫！所以當時只被介甫出，便揮動一世，更無人敢當其鋒。只看王介甫廟議是甚麽樣文字！他只是數句便説盡，更移動不得，是甚麽樣精神！這幾箇如何當得他！伊川最説得公道，云：「介甫所見，終是高於世俗之儒。」又曰：「朱公掞排禪學劄子，其所以排之者甚正。只是這般樣論，如何排得他！也是胡亂討幾句引證，便要斷倒他，可笑之甚！」時吕正獻公作相，好佛，士大夫競往參禪，寺院中入室陞堂者皆滿。當時號爲「禪鑽」。（去聲。）故公掞上疏乞禁止之。僩。

實録院略無統紀。修撰官三員，檢討官四員，各欲著撰，不相統攝，所修前後往往不相應。先生嘗與衆議，欲以事目分之。譬之六部：吏部專編差除，禮部專編典禮，刑部專編刑法，須依次序編排，各具首末，然後類聚爲書，方有條理。又如一事而記載不同者，須置簿抄出，與衆會議，然後去取，庶幾存得總底在。唯葉正則不從。葉爲檢討，正修高宗實録。閎祖。

今之史官，全無相統攝，每人各分一年去做。或有一件事，頭在第一年，末梢又在第二三年者，史官只認分年去做，及至把來，全鬬湊不著。某在朝時建議説，不要分年，只分事去做。且天下大事無出吏、禮、兵、刑、工、户六件事。如除拜注授是吏部事，只教分得吏事底人，從建炎元年，逐一編排至紹興三十二年。他皆做此，却各將來編年逐月類入。衆人不從。某又云，若要逐年做，須是實置三簿：一簿關報上下年事首末，首當附前年某月，末當附後年某月；一簿承受所關報本年合入事件；一簿考異。向後各人收拾得，也存得箇本。又別置一簿，列具合立傳者若干人，某人傳，當行下某處收索行狀、墓誌等文字，專牒轉運司疾速報應。已到者，鈎銷簿；未到者，據數再催，庶幾易集。後來去國，聞此説又不行。賜。

而今史官不相統總，只是各自去書，書得不是，人亦不敢改。更是他書了，亦不將出來，據他書放那裏，知他是不是！今雖有那日歷，然皆是兼官，無暇來修得。而今須是別差六人鎖放那裏，教他專工修，方得。如近時作高宗實録，却是教人管一年，這也不得。且如這一事，頭在去年，尾在今年，那書頭底不知尾，書尾底不知頭，都不成文字！如爲臣下作傳，某將來看時，説得詳底只是寫行狀，其略底又恰如春秋樣，更無本末可攷。又有差除去了底，這一截又只休了，如何地稽考！據某看來，合分作六項，人管一事。謂如刑事，便去關那刑部文字看。他那用刑皆有年月，恁地把來編類，便成次序。那五者皆然。俟編一年成了，却合斂來。如元年五月一日有某事，這一月内事先後便皆可見。且如立傳，他那日歷上，薨卒皆有年月在。這便當印板行下諸州，索行實、墓誌之屬，却令運司專差一人督促，史院却去督促運司。有未到底。又刷下去催來，便恁地便好，得成箇好文字。而今實録，他們也是將日歷做骨，然却皆不曾實用心。有時攷不得後，將牒下州縣去討；那州郡不應，也不管。恁地，如何解理會得！義剛。

近世修史之弊極甚！史官各自分年去做，既不相關，又不相示。亦有事起在第一年，而合殺處在二年，前所書者不知其尾，後所書者不知其頭。有做一年未終，而忽遷他官，自空三四月日而不復修者。有立某人傳，移文州郡索事實，而竟無至者。嘗觀徽宗實録，有傳極詳，似只寫行狀、墓誌；有傳極略，如春秋様，不可曉。其首末雜手所作，不成倫理。然則如之何？本朝史以曆日爲骨，而參之以他書。今當於史院置六房吏，各專掌本房之事。如周禮官屬下所謂史幾人者，即是此類。如吏房有某注差，刑房有某刑獄，户房有某財賦，皆各有册系日月而書。其吏房有事涉刑獄，則關過刑房；刑房有事涉財賦，則關過户房。逐月接續爲書，史官一閲，則條目具列，可以依據。又以合立傳之人，列其姓名於轉運司，令下諸州索逐人之行狀、事實、墓誌等文字，專委一官掌之，逐月送付史院。如此，然後有可下筆處。及異日史成之後，五房書亦各存之，以備漏落。淳。

君舉謂不合與諸公争辯，這事難説。嘗記得林少穎見人好説話，都記寫了。嘗舉一項云，國家嘗理會山陵，要委諭民間遷去祖墳事。後區處未得，特差某官前往定奪果當如何。這箇官人看了，乃云只消看中做。林説：「這話説得不是。當時只要理會當遷與不當遷。當遷去，雖盡去亦得；若不當遷，雖一毫不可動。當與不當，這便是中，如何於二者之間酌中做？」此正是今時人之大病。所以大學格物窮理，正要理會這些。須要理會教是非端的分明，不如此定不得。如初間看善惡如隔一牆；只管看來，漸漸見得善惡如隔一壁。看得隔一壁底，已自勝似初看隔一牆底了；然更看得又如隔一幅紙。這善惡只是争些子，這裏看得直是透！善底端的是善，惡底端的是惡，略無些小疑似。大學只要論箇知與不知，知得切與不切。

先生看天雨，憂形於色，云：「第一且是攢宫掘箇窟在那裏，如何保得無水出！梓宫甚大，攢宫今闊四丈，自成池塘，柰何！柰何！這雨浸淫已多日，柰何！」賀孫。

是夜雨甚，先生屢惻然憂歎，謂：「明日掩攢雨，勢如此，奈何！」再三憂之。賀孫問：「紹興山陵土甚卑，不知如何？」曰：「固是可慮。只這事，前日既在那裏都説來，只滿朝無一人可恃，卒爲下面許多陰陽官占住了。」問：「聞趙丞相前亦入文字，説得甚好。」曰：「是説得煞好，後來一不從，也只住了。」自高宗攢宫時，在蜀中入文字説此。今又舉此，不知如何，又只如此住了。某初到，亦入一文字，後來却差孫從之相視。只孫從之是朝中煞好人，他初間畫三項利害，云：『展發引之期，別卜攢宮，上策也；只依舊在紹興，下策也。』說得煞力。到得相視歸來，更說得没理會。到後來，又令集議。初已告報日子，待到那一日四更時，忽扣門報云：『不須集議。』待問其故，云：『已再差官相視。』時鄭惠叔在吏書，乃六部之長，闗集都是他。當時但聽得說差官，便止了衆人集議。當時若得集議一番，須說得事理分明。初，孫從之去，那曾得看子細！纔到那裏，便被守把老閹促將去，云：『這裏不是久立處。』某時在景靈宫行香，聞此甚叵耐，即與同坐諸公說：『如此，亦不可不說。』遂回聚於鄭惠叔處。待到那裏，更無一人下手作文字，只管教某。某云：『若作之，何辭？止緣某前日已入文字，今作出，又止此意思。得諸公更作，庶說得更透切。』都只說過，更無人下手，其遂推劉得修作。劉遂下手，鄭惠叔又只管說，不消說如何。某說：『這是甚麽樣大事！如何恁地住？』遂顧左右，即取紙筆令劉作，衆人合湊，遂成。待去到待漏院要進，都署銜位，各了。黄伯耆者，他已差做相視官，定了不簽他；他又來，須要簽，又换文字將上。待得他去相視歸來，却說道：『自好。』這事遂定。滿朝士夫都靠不得，便如此。這般事，爲臣子須做一家事盡心竭誠乃可。明知有不穩當，事大體重如此，如何住得！他說須要山是如何，水須從某方位盤轉，經過某方位，從某方位環抱，方可用。不知天地如何恰生這般山，依得這般樣子，更莫管他也。依他說，爲臣子也須盡心尋求，那知不有如此樣？驀忽更有，也未可知，如何便住得！聞亦自有人來説幾處可用，都被那邊計較阻抑了。」又云：「許多侍從也不學，宰相也不學，將這般大事只恁地做。且如祧廟集議，某時怕去争炒，遂不去，只入文字。後來説諸公在那裏羣起譁然，甚可畏，宰相都自怕了。君舉所主廟議，是把禮記『祖文王，宗武王』爲據，上面又説『祖契而宗湯』。又引詩小序『禘太祖』。詩序有甚牢固？又引『烝祭歲，文王騂牛一，武王騂牛一』，那時自是卜洛之始，未定之時，一時禮數如此。又用國語，亦是難憑。」器之問：「濮議如何？」先生曰：「歐公説固是不是，辨之者亦説得偏。既是所生，亦不可不略是殊異。若止封皇伯，與其他皇伯等，亦不可。須封號爲『大王』之類，乃可。伊川先生有説，但後來已自措置得好。凡祭享禮數，一付其下面子孫，朝廷無所預。」賀孫。

林丈説：「彭子壽彈韓侂胄只任氣性，不顧國體，致侂胄大憾，放趙相，激成後日之事。」曰：「他絶不曉事情，率爾而妄舉！」淳。

丙辰後

正卿問：「命江陵之命，將止於三辭？」曰：「今番死亦不出。纔出，便只是死！」賀孫。

直卿云：「先生去國，其他人不足責，如吴德夫、項平父、楊子直合乞出。」先生曰：「諸人怕做黨錮，看得定是不解恁地。且如楊子直前日纔見某入文字，便來勸止，且攢著眉做許多模樣。某對他云：『公何消得恁地？如今都是這一串説話，若一向絶了，又都無好人去。』」賀孫。

季通被罪，臺(謂)〔評〕〔一〕及先生。先生飯罷，樓下起西序行數回，即中位打坐。賀孫退歸精舍，告諸友。漢卿筮之，得小過「公弋取彼在穴」，曰：「先生無虞，蔡所遭必傷。」即同輔萬季弟至樓下。先生坐睡甚酣，因諸生偶語而覺，即揖諸生。諸生問所聞蔡丈事如何。曰：「州縣捕索甚急，不曉何以得罪。」因與正淳説早上所問孟子未通處甚詳。繼聞蔡已遵路，防衛頗嚴。諸友急往中途見别，先生舟往不及。聞蔡留邑中，皆詹元善調護之。先生初亦欲與經營，包顯道因言：「禍福已定，徒爾勞擾。」先生嘉之，且云：「顯道説得自好，未知當局如何。」是夜諸生坐樓下，圍爐講問而退。聞蔡編管道州，乃沈繼祖文字，主意詆先生也。賀孫。

或有謂先生曰：「沈繼祖乃正淳之連袂也。」先生笑曰：「『彌子之妻，與子路之妻，兄弟也。』何傷哉！」人傑。

〔一〕據院本改。

先生往净安寺候蔡。蔡自府乘舟就貶，過净安，先生出寺門接之。坐方丈，寒暄外，無嗟勞語。以連日所讀參同契所疑扣蔡，蔡應答洒然。少遲，諸人醵酒至，飲皆醉。先生間行，列坐寺前橋上飲，回寺又飲。先生醉睡。方坐飲橋上，詹元善即退去。先生曰：「此人富貴氣！」賀孫。

論及「僞學」事，云：「元祐諸公後來被紹聖羣小治時，却是元祐曾去撩撥它來，而今却是平地起這件事出。」義剛。

有一朋友微諷先生云：「先生有『天生德於予』底意思，却無『微服過宋』之意。」先生曰：「某又不曾上書自辨，又不曾作詩謗訕，只是與朋友講習古書，説這道理。更不教做，却做何事！」因曰：「論語首章言：『人不知而不愠，不亦君子乎！』斷章言：『不知命，無以爲君子。』」賜録云：「且以利害禍福言之，此是至粗底。此處人只信不及，便講學得，待如何！亦没安頓處。」今人開口亦解一飲一啄自有定分，及遇小小利害，便生趨避計較之心。古人刀鋸在前，鼎鑊在後，視之如無物者，賜録作「如履平地」。蓋緣只見得這道理，都不見那刀鋸鼎鑊！」又曰：「『死生有命』，如合在水裏死，須是溺殺，此猶不是深奥底事，難曉底話。如今朋友都信不及，覺見此道日孤，令人意思不佳。」人傑。

或勸先生散了學徒，閉户省事以避禍者。先生曰：「禍福之來，命也。」廣。

先生曰：「如某輩皆不能保，只是做將去，事到則盡付之。人欲避禍，終不能避。」德明。

今爲辟禍之説者，固出於相愛。然得某壁立萬仞，豈不益爲吾道之光！閎祖。

「其默足以容」，只是不去擊鼓訟冤，便是默，不成屋下合説底話亦不敢説也！同。

或有人勸某當此之時，宜略從時。某答之云：「但恐如草藥，煅煉得無性了，救不得病耳！」僩。

有客遊二廣多年，知其山川人物風俗，因言廉州山川極好。先生笑曰：「被賢説得好，下梢不免去行一番。」此時黨事方起。又因問舉業，先生笑曰：「某少年時只做得十五六篇義，後來只是如此發舉及第。人但不可不會作文字。及其得，也只是如此。今人却要求爲必得，豈有此理！」祖道。

時「僞學」之禁嚴，彭子壽鐫三官，勒停。諸權臣之用事者，睥睨不已。先生曰：「某今頭常如黏在頸上。」又曰：「自古聖人未嘗爲人所殺。」胡泳。

雜記言行

某嘗言，吾儕講學，正欲上不得罪於聖賢，中不誤於一己，下不爲來者之害，如此而已，外此非所敢與。道夫。

吾輩不用有忿世疾惡之意，當常自體此心寬明無係累，則日充日明，豈可涯涘耶！泛愛親仁，聖人忠恕體用，端的如此。振。

「人言好善嫉惡，而今在閑處，只見疾惡之心愈至。」伯謨曰：「唯其好善，所以嫉惡。」道夫。

先生愛説「恰好」二字，云：「凡事自有恰好處。」過。

先生每語學者云：「凡事無許多閑勞攘。」過。

先生每論及靖康、建炎間事，必蹙頞慘然，太息久之。義剛。

長孺問：「先生須得邵堯夫先知之術？」先生久之曰：「吾之所知者，『惠迪吉，從逆凶』；『滿招損，謙受益』。若是明日晴，後日雨，吾又安能知耶！」㬊。

因言科舉之學，問：「若有大賢居今之時，不知當如何？」曰：「若是第一等人，它定不肯就。」又問：「先生少年省試報罷時如何？」曰：「某是時已自斷定，若那番不過省，定不復應舉矣。」僩。

有爲其兄求薦書。先生曰：「没奈何，爲公發書。某只云，某人爲某官，亦老成諳事，亦可備任使。更須求之公議如何，某不敢必。辛棄疾是朝廷起廢爲監司，初到任，也須采公議薦舉。他要使一路官員。他所薦舉，須要教一路官員知所激勸是如何人。他若把應付人情，有書來便取去，這一任便倒了。某兩爲太守，嘗備員監司，非獨不曾以此事懇人，而人亦不曾敢以此事懇某，自謂平日修行得這些力。他明知以私意來懇祝，必被某責。然某看公議舉人，是箇好人，人人都知；若是舉錯了，也是自家錯了。本不是應付人情，又不是交結權勢，又不是被他獻諛，這是多少明白！人皆不來私懇，其間有當薦之人，自公舉之。待其書來說，某已自舉薦他了，更無私懇者。」賀孫。

有親戚託人求舉。先生曰：「親戚固是親戚，然薦人於人，亦須是薦賢始得。今鄉里平平等人，無可稱之實，某都不與發書懇人。況某人事母如此，臨財如此，居鄉曲事長上如此，教自家薦舉他甚麼得！」因問所託之人：「公且與撰幾句可薦之迹將來，是說得說不得？假使說道向來所爲不善，從今日自新，要求舉狀，是便有此心，何可保！」賀孫。

人每欲不見客，不知它是如何。若使某一月日不見客，必須大病一月。似今日一日與客說話，却覺得意思舒暢。不知它們關著門不見人底，是如何過日？義剛。

直卿勸先生且謝賓客數月，將息病。先生曰：「天生一箇人，便須著管天下事。若要不管，須是如楊氏爲我方得，某却不曾去學得這般學。」義剛。

擇之勞先生人事之繁。答曰：「大凡事，只得耐煩做將去。纔起厭心，便不得。」道夫。

先生病中應接不倦，左右請少節之。先生厲聲曰：「你懶惰，教我也懶惰！」淳。

先生病起，不敢峻補，只得平補。且笑曰：「不能興衰撥亂，只得扶衰補敝。」淳。

近日百事都如此，醫者用藥，也只用平平穩穩底藥，亦不能爲害，亦不能治病。是他初不曾識得病，故且如此酌中。世上事都如此。扁鵲視疾，察見肺肝，豈是看見裏面如何？也只是看得證候極精，纔見外面，便知五臟六腑事。賀孫。

先生一日説及受贓者，怒形於言，曰：「某見此等人，只與大字面配去！」徐又曰：「今説公吏不合取錢，爲知縣者自要錢矣！」節節言之，爲之吁歎。過。

梅雨，溪流漲盛，先生扶病往觀。曰：「君子於大水，必觀焉。」僩。

先生每觀一水一石，一草一木，稍清陰處，竟日目不瞬。飲酒不過兩三行，又移一處。大醉，則趺坐高拱。經史子集之餘，雖記録雜記，舉輒成誦。微醺，則吟哦古文，氣調清壯。某所聞見，則先生每愛誦屈原楚騷、孔明出師表、淵明歸去來并詩、并杜子美數詩而已。壽昌。

先生於父母墳墓所託之鄉人，必加禮。或曰：「敵己以上，拜之。」賀孫。

先生每日早起，子弟在書院，皆先著衫到影堂前擊板，俟先生出。既啓門，先生陞堂，率子弟以次列拜炷香，又拜而退。子弟一人詣土地之祠炷香而拜。隨侍登閣，拜先聖像，方坐書院，受早揖，飲湯少坐，或有請問而去。月朔，影堂薦酒果；望日，則薦茶；有時物，薦新而後食。過。

先生早晨拈香。春夏則深衣；(公)〔冬〕[一]則戴漆紗帽。衣則以布爲之，闊袖皂褖，裳則用白紗，如濂溪畫像之服。或有見任官及它官相見，易窄衫而出。過。

問衣裳制度。曰：「也無制度，但畫像多如此，故效之。」又問：「有尺寸否？」曰：「也無稽考處。那禮上雖略說，然也說得没理會處。」義剛。

先生嘗立北橋，忽市井游手數人悍然突過，先生斂衽橋側避之。每閑行道間，左右者或辟人，先生即厲聲止之曰：「你管他作甚！」先生每徒行拜謁，步速而意專，不左右顧。及無事領諸生遊賞，則徘徊顧瞻，緩步微吟。先生有疾，及諸生省問，必正冠坐揖，各盡其情，略無倦接之意。諸生有未及壯年者，待之亦周詳。先生病少愈，既出寢室，客至必見，見必降階肅之，去必送至階下。諸生夜聽講退，則不送。或在坐有外客，則自降階送之。先生於客退，必立視其車行，不復顧，然後退而解衣，及應酬他事。或客方登車猶相面，或以他事稟者，不領之。或前客纔登車，而尚留之客輒有所稟議，亦令少待。先生對客語及本路監司守將，必稱其官。賀孫。

[一] 據陳本、院本改。

侍先生到唐石，待野叟樵夫，如接賓客，略無分毫畦町，某因侍立久之。先生曰：「此一等人，若勢分相絶，如何使他得以盡其情？」唐石有社倉，往往支發不時，故彼人來告。先生云：「救弊之道，在今日極是要嚴。不嚴，如何得實惠及此等細民！」炎。

先生端居甚嚴，而或「温而厲」、「恭而安」；望其容貌，則見面盎背。當諸公攻「僞學」之時，先生處之雍容，只似平時。故炎祭先生文有云：「凛然若銜馭之甚嚴，泰然若方行之無畔。蓋久而後得之，又何止流行乎四時，而昭示乎河漢！」炎。

先生書所居之桃符云：「愛君希道泰，憂國願年豐。」書竹林精舍桃符云：「道迷前聖統，朋誤遠方來。」先是趙昌父書曰：「教存君子樂，朋自遠方來。」故嗣歲先生自家易之以此。若海。

先生書閣上只扁南軒「藏書」二字。鎮江一竇兄託過稟求書其家齋額，不許。因云：「人家何用立牌榜？且看熹家何曾有之？」先是漳州守求新「貢院」二字，已爲書去，却以此説：「彼有數百間貢院，不可無一牌，人家何用！」過。

登先生藏書閣，南軒題壁上題云：「於穆元聖，繼天測靈；開此謨訓，惠我光明。靖言保之，匪金厥籯；含英咀實，百世其承！」意其爲藏書閣銘也，請先生書之，刻置社倉書樓之上。先生曰：「只是以此記書厨名，待爲别做。」振。

道問人多來求詩與跋，某以爲人之所以與天地日月相爲長久者，元不在此。可學。

先生因人求墓銘，曰：「『吁嗟身後名，於我如浮烟！』人既死了，又更要這物事做甚！」或曰：「先生語此，豈非有爲而言？」曰：「也是既死去了，待他説是説非，有甚干涉！」又曰：「所可書者，以其有可爲後世法。今人只是虚美其親，若有大功大業，則天下之人都知得了，又何以此爲？且人爲善，亦自是本分事，又何必須要恁地寫出！」賀孫。

信州一士人爲其先人求墓碑，先生不許。請之不已，又却之。臨別送出，舉指云：「贈公『務實』二字。」過。

先生初欲正甫以沙隨行實來，爲作墓碑，久之不到。既而以舊人文字稍多，又欲屬筆。汪季路亦不曾及是議，立祠堂於德興縣學，曾爲德興丞。爲書「沙隨先生之祠」六字。過。

陳同父一子、一壻吴康，同來求銘文。先生是時例不作此，與寫「有宋龍川先生陳君同父之墓」十二字。婺源李參仲於先生爲鄉舊，其子亦來求墓銘，只與跋某人所作行實，亦書「有宋鍾山先生李公之墓」與之。過。

壽昌因先生酒酣興逸，遂請醉墨。先生爲作大字韶國師頌一首，又作小字杜牧之九日詩一首，又作大字淵明歸田園居一首。有舉子亦乘便請之，先生曰：「公既習舉業，何事於此？」請之不已，亦爲作淵明阻風於規林第二首。且云：「但能參得此一詩透，則公今日所謂舉業，與夫他日所謂功名富貴者，皆不必經心可也。」壽昌。

先生語朋舊：「無事時不妨將藥方看，欲知得養生之理也。」過。

先生說：「南軒論熹命云『官多祿少』四字。」因云：「平日辭官文字甚多。」過。

因上亮隔，取中間一條爲正，云：「事須有一箇大本。」方。

因對雨，云：「安徐便好。」昨日驟雨。今日方微下，已浹洽，悠悠未已，有周溥意，不似前日暴也。方。

開窗坐，見窗前地上日色，即覺熱；退坐不見，即不熱。目受而心忌之，則身不安之矣。如許渤著衣，問人寒熱，則心凝不動也。僧有受焚者，亦爾。方。

先生於世俗未嘗立異。有歲迫欲入新居而外門未立者，曰：「若入後有禁忌，何以動作？」門欲橫從巷出。曰：「直出是公道，橫則與世俗相拗。」淳。

先生問直卿：「何不移入新屋居？」曰：「外門未立。」曰：「歲暮只有兩日，便可下工。若搬入後有禁忌，如何動作？　初三又是赤口。」義剛。

壽昌問先生：「『此心元自通天地，枉却靈宫一炷香！』先生遊南嶽詩。若在小（能）〔龍〕〔一〕王廟，還敢如此道否？」先生曰：「某却不曾到吴城山。」壽昌。

〔一〕據陳本改。

朱子語類卷第一百八

朱子五

論治道

治道別無説，若使人主恭儉好善，「有言逆於心，必求諸道；有言孫於志，必求諸非道」，這如何會不治！這別無説，從古來都有見成樣子，真是如此。賀孫。

天下事有大根本，有小根本。正君心是大本。其餘萬事各有一根本，如理財以養民爲本，治兵以擇將爲本。

天下事自有箇大根本處，每事又各自有箇緊要處。端蒙。

天下事當從本理會，不可從事上理會。方。

論世事，曰：「須是心度大，方包裹得過，運動得行。」振。

爲學，是自博而反諸約；爲治，是自約而致其博。自修。

因論世俗不冠帶，云：「今爲天下，有一日不可緩者，有漸正之者。一日不可緩者，興起之事也；漸正之者，維持之事也。」方。

古者修身與取才，卹民與養兵，皆是一事，今遂分爲四。升卿。

自古有「道術爲天下裂」之說，今親見其弊矣。自修。

天下事，須是人主曉得通透了，自要去做，方得。如一事八分是人主要做，只有一二分是爲宰相了做，亦做不得。廣。

問：「或言今日之告君者，皆能言『修德』二字。不知教人君從何處修起？必有其要。」曰：「安得如此說！只看合下心不是私，即轉爲天下之大公。將一切私底意盡屏去，所用之人非賢，即別搜求正人用之。」問：「以一人耳目，安能盡知天下之賢？」曰：「只消用一箇好人作相，自然推排出來。有一好臺諫，知他不好人，自然住不得。」德明。

「井田之法要行，須是封建，令逐國各自去理會。如王畿之内，亦各有都鄙、家鄙。漢人嘗言，郡邑在諸國之外，而遠役於中都，非便。」問：「漢以王國雜見於郡縣間，如何？」曰：「漢本無法度。」德明。

封建實是不可行。若論三代之世，則封建好處，便是君民之情相親，可以久安而無患；不似後世郡縣，一二年輒易，雖有賢者，善政亦做不成。淳。

因言：「封建只是歷代循襲，勢不容已，柳子厚亦説得是。賈生謂『樹國必相疑之勢』，甚然。封建後來自然有尾大不掉之勢。成周盛時，能得幾時！到春秋列國强盛，周之勢亦浸微矣。後來到戰國，東西周分治，赧王但寄於西周公耳。雖是聖人法，豈有無弊者！」大率先生之意，以爲封建井田皆易得致弊。廣。

問：「後世封建郡縣，何者爲得？」曰：「論治亂畢竟不在此。以道理觀之，封建之意，是聖人不以天下爲己私，分與親賢共理，但其制則不過大，此所以爲得。賈誼於漢言『衆建諸侯而少其力』。其後主父偃竊其説，用之於武帝。」端蒙。

諸生論郡縣封建之弊。曰：「大抵立法必有弊，未有無弊之法，其要只在得人。若是箇人，則法雖不善，亦占分數多了；若非其人，則有善法，亦何益於事！且如説郡縣不如封建，若封建非其人，且是世世相繼，不能得他去；如郡縣非其人，却只三兩年任滿便去，忽然換得好底來，亦無定。范太史唐鑑議論大率皆歸於得人。某初嫌他恁地説，後來思之，只得如此説。」又云：「革弊須從原頭理會。」燾。

「柳子厚封建論則全以封建爲非；胡明仲輩破其説，則專以封建爲是。要之，天下制度，無全利而無害底道理，但看利害分數如何。封建則根本較固，國家可恃；郡縣則截然易制，然來來去去，無長久之意，不可恃以爲固也。如役法亦然。荆公只見差役之害，而免役之利。」先生云：「差役時皆土著家户人，州縣亦較可靠；免役則皆浮浪之人。靖康間州縣亦有守令要守，而吏民皆散去，無復可恃。然其弊亦不勝其多。」揚。

先生言論間猶有不滿於五峰論封建井田數事。嘗疏其説以質疑。先生云：「封建井田，乃聖王之制，公天下之法，豈敢以爲不然！但在今日恐難下手。設使强做得成，亦恐意外别生弊病，反不如前，則難收拾耳。此等事，未須深論。他日讀書多，歷事久，當自見之也。」枅。

因論封建，曰：「此亦難行。使膏粱之子弟不學而居士民上，其爲害豈有涯哉！且以漢諸王觀之，其荒縱淫虐如此，豈可以治民！故主父偃勸武帝分王子弟，而使吏治其國，故禍不及民。所以後來諸王也都善弱，蓋漸染使然。積而至於魏之諸王，遂使人監守，雖飲食亦皆禁制，更存活不得。及至晉懲其弊，諸王各使之典大藩，摠强兵，相屠相戮，馴致大亂。」僩云：「監防太密，則有魏之傷恩；若寬去繩勒，又有晉之禍亂。恐皆是無古人教養之法，故爾。」曰：「那箇雖教，無人柰得他何。」或言：「今之守令亦善。」卓録起此，作郭兄問。曰：「却無前代尾大不掉之患。只是州縣之權太輕，卓録作「無權」。卒有變故，更支撑不住。」僩因舉祖宗官制沿革中，説祖宗時州郡禁兵之額極多，又有諸般名色錢可以贍養。及王介甫作相，凡州郡兵財，皆括歸朝廷，而州縣益虚。所以後來之變，天下瓦解，由州郡無兵無財故也。曰：「只祖宗時，州郡已自輕了。如仁宗朝京西羣盗横行，破州屠縣，無如之何。淮南盗王倫破高郵，郡守晁仲約以郡無兵財，遂開門犒之卓録作：「斂金帛賂之。」使去。富鄭公聞之大怒，欲誅守臣，曰：『豈有任千里之寄，不能拒賊，而反賂之！』范文正公争之曰：『州郡無兵無財，俾之將何捍拒？今守臣能權宜應變，以全一城之生靈，亦可矣；豈可反以爲罪耶？』然則彼時州郡已如此虚弱了，如何盡責得介甫！」僩。卓録今附于下。「介甫只是刮刷太甚，凡州郡禁兵闕額，盡令勿補填。且如一州有千人禁軍額，闕五百人，則本郡不得招填，每歲椿留五百名之衣糧，并一季衣賜之物，令轉運使掌之，而盡歸於朝廷，如此煞得錢不可勝計。」陳丈云：「記得先生説，教提刑掌之，歸朝廷，名曰『封椿闕額禁軍錢』。」又云：「也怪不得州郡，欲添兵，誠無糧食給之，其勢多招不得。某守南康，舊有千人禁軍額，某到時纔有二百人而已，然歲已自闕供給。本軍每年有租米四萬六千石，以三萬九千來上供，所餘者止七千石，僅能贍得三月之糧。三月之外，便用别擘畫措置，如斛面、加糧之屬。又盡，則預於民間借支。方借之時，早穀方熟，不得已出榜，令民先將早米來納，亦謂之租米。俟冬，則折除其租米，亦當大米之數，如此猶贍不給。壽皇數數有指揮下來，必欲招滿千人之額。某申去云：『不難於招，只是無討糧食處。』又行下云：『便不及千人，亦須招填五百人。』雖聖旨如此，然終無得錢糧處，只得如此挨過日子而已！想得自初千人之額，自來不曾及數。蓋州郡只有許多米，他無來處，何以贍給之？然上供外所餘七千石，州郡亦不得用。轉運使每歲行文字下來約束，只教樁留在本州，不得侵支顆粒。那裏有？年年侵使了，每監司使公吏下來檢視，州郡又厚賂遺之，使去。全無顆粒，怪不得。若更不得支此米，何從得贍軍？然亦只贍得兩三月，何況都無！非天雨鬼輸，何從得來！某在彼時，顏魯子、王齊賢屢行文字下來，令不得動。某報去云：『累政即無顆粒見在。雖上司約束分明，柰歲用支使何？今求上司，不若爲之豁除其數。若守此虛名而無實，徒爲胥吏輩賂賄之地。又況州郡每歲靠此米支遣，決不能如約束，何似罷之？』更不聽，督責愈急。顏魯子又推王齊賢，王齊賢又推顏魯子。及王齊賢去，顏依舊行下約束，却被某不能管得，只認支使了。若以爲罪，則前後之爲守者皆一様，又何從根究？其勢不柰何，只得如此處。」卓。

居今之世，若欲盡除今法，行古之政，則未見其利，而徒有煩擾之弊。又事體重大，阻格處多，決然難行。要之，因祖宗之法而精擇其人，亦足以治，只是要擇人。范淳夫唐鑑，其論亦如此，以爲因今郡縣，足以爲治。某少時常鄙之，以爲苟簡因循之論。以今觀之，信然。僩。德明録云：「問：『今日之治，當以何爲先？』曰：『只是要得人。』」

問：「先生所謂『古禮繁文，不可考究，欲取今見行禮儀增損用之，庶其合於人情，方爲有益』，如何？」曰：「固是。」曰：「若是，則禮中所載冠、婚、喪、祭等儀，有可行者否？」曰：「如冠、昏禮，豈不可行？但喪、祭有煩雜耳。」問：「若是，則非理明義精者，不足以與此。」曰：「固是。」曰：「井田封建如何？」曰：「亦有可行者。如有功之臣，封之一鄉，如漢之鄉亭侯。田稅亦須要均，則經界不可以不行，大綱在先正溝洫。又如孝弟忠信，人倫日用間事，播爲樂章，使人歌之，做周禮讀法，徧示鄉村裏落，亦可代今粉壁所書條禁。」人傑。

問：「歐公本論謂今冠、昏、喪、祭之禮，只行於朝廷，宜令禮官講明頒行於郡縣。此說如何？」曰：「向來亦曾頒行，後來起告訐之訟，遂罷。然亦難得人教他。」問：「三代規模未能遽復，且講究一箇粗法管領天下，如社倉舉子之類。」先生曰：「譬如補鍋，謂之小補可也。若要做，須是一切重鑄。今上自朝廷，下至百司、庶府，外而州縣，其法無一不弊，學校科舉尤甚。」又云：「今之禮，尚有見於威儀辭遜之際；若樂，則全是失了！」問：「朝廷合頒降禮樂之制，令人講習。」曰：「以前日浙東之事觀之，州縣直是視民如禽獸，豐年猶多饑死者！雖百后夔，亦呼召他和氣不來！」德明。

制度易講，如何有人行！振。

立一箇簡易之法，與民由之，甚好。夏商井田法所以難廢者，固是有聖賢之君繼作，亦是法簡，不似周法繁碎。然周公是其時不得不恁地，惟繁故易廢。使孔子繼周，必能通變使簡易，不至如是繁碎。今法極繁，人不能變通，只管築塞在這裏。道夫。

吴伯英與黄直卿議溝洫。先生徐曰：「今則且理會當世事尚未盡，如刑罰，則殺人者不死，有罪者不刑；稅賦，則有産者無稅，有稅者無産，何暇議古？」蓋卿。

欲整頓一時之弊，譬如常洗澣，不濟事。須是善洗者，一一拆洗，乃不枉了，庶幾有益。過。

聖人固視天下無不可爲之時，然勢不到他做，亦做不得。燾。

因説理會天下彌文，曰：「伊川云：『只患不得爲，不患不能爲。如有稱在此，物來即輕重皆了，何必先要一一等過天下之物！』」方。

審微於未形，御變於將來，非知道者孰能！燾。

會做事底人，必先度事勢，有必可做之理，方去做。燾。

不能則謹守常法。燾。

天生一世人才，自足一世之用。自古及今，只是這一般人。但是有聖賢之君在上，氣焰大，薰蒸陶冶得別，這箇自争八九分。只如時節雖不好，但上面意思略轉，下面便轉。況乎聖賢是甚力量！少間無狀底人自銷鑠改變，不敢做出來；以其平日爲己之心爲公家辦事，自然修舉，蓋小人多是有才底。儒用。或録云：「問：『天地生一世人，自足了一世用，但患人不能盡用天地之才，此其不能大治。若以今世論之，則人才之可數者，亦可見矣，果然足以致大治乎？」曰：「不然。人只是這箇人，若有聖賢出來，只它氣焰自薰蒸陶冶了無限人才，這箇自争八九分。少間無狀者惡者自消爍，不敢使出，各求奮勵所長，而化爲好人矣。而今朝廷意思略轉，則天下之人便皆變動，況有大聖賢者出，甚麽樣氣魄！那箇盡薰蒸了，小人自是不敢放出無狀；以其自私自利辦事之心而爲上之用，皆是有用之人矣。」

荀悦曰：「教化之行，挽中人而進於君子之域；教化之廢，推中人而墮於小人之塗。」若是舉世恁地各舉其職，有不能者，亦須勉强去做，不然，也怕公議。既無公議，更舉無忌憚了！夔孫。

天下人，不成盡廢之，使不得從政。只當講學，庶得人漸有好者，庶有可以爲天下之理。方。

今日人材須是得箇有見識，又有度量人，便容受得今日人材，將來截長補短使。升卿。

後世只是無箇人樣！德明。

汎言人才，曰：「今人只是兩種：謹密者多退避，俊快者多粗疏。」道夫。

世間有才底人，若能損那有餘，勉其不足時節，却做得事；却出來擔當得事，與那小廉曲謹底不同。

貪汙者必以廉介者爲不是，趨競者必以恬退者爲不是。由此類推之，常人莫不皆然。

人傑。

今人材舉業浸纖弱尖巧，恐是風氣漸薄使然，好人或出於荒山中。方。

賀孫問先生出處，因云：「氣數衰削。區區愚見，以爲稍稍爲善正直之人，多就摧折困頓，似皆佞諛得志之時。」曰：「亦不可一向如此説，只是無人。一人出來，須得許多人大家合力做。若是做不得，方可歸之天，方可喚做氣數。今若有兩三人要做，其他都不管他，直教那兩三人摧折了便休。」賀孫。

有言：「世界無人管，久將脱去。凡事未到手，則姑晦之；俟到手，然後爲。」有詰之者曰：「若不幸未及爲而死，吾志不白，則如之何？」曰：「此亦不柰何，吾輩蓋是折本做也。」先生曰：「如此，則是一部孟子無一句可用也！嘗愛孟子答淳于髡之言曰：『嫂溺援之以手，天下溺援之以道。子欲手援天下乎？』吾人所以救世者，以其有道也。既自放倒矣，天下豈一手可援哉！觀其説，緣飾得來不好。安得似陸子静堂堂自在，説成一箇物事乎！」方子。

直卿云：「嘗與先生言，如今有一等才能了事底人，若不識義理，終是難保。先生不以爲然。以爲若如此説，却只是自家這下人使得；不是自家這下人，都不是人才！」賀孫。

「荀彧歎無智謀之士，看今來把誰做智謀之士？」伯謨云：「今時所推，只永嘉人；江西人又粗，福建又無甚人。」先生不應，因云：「南軒見義必爲，他便是没安排周遮，要做便做。人説道他勇，便是勇，這便是不可及！」歎息數聲。賀孫。

浙中人大率以不生事撫循爲知體。先生謂：「便是『枉尺直尋』。如此風俗議論至十年，國家事都無人作矣！常人以便文，小人以容奸，如此風大害事。」揚。

今世士大夫惟以苟且逐旋挨去爲事，挨得過時且過。上下相咻以勿生事，不要十分分明理會事，且恁鶻突。才理會得分明，便做官不得。有人少負能聲，及少經挫抑，却悔其太惺惺了了；一切刓方爲圓，且恁隨俗苟且，自道是年高見識長進。當官者，大小上下，以不見吏民，不治事爲得策，曲直在前，只不理會，庶幾民自不來，以此爲止訟之道。民有寃抑，無處伸訴，只得忍遏。便有訟者，半年周歲不見消息，不得了決，民亦只得休和，居官者遂以爲無訟之可聽。風俗如此，可畏！可畏！僩。

今日人才之壞，皆由於詆排道學。治道必本於正心、修身，實見得恁地，然後從這裏做出。如今士大夫，但説據我逐時恁地做，也做得事業；説道學，説正心、修身，都是閑説話，我自不消得用此。若是一人叉手並脚，便道是矯激，便道是邀名，便道是做崖岸。須是如市井底人拖泥帶水，方始是通儒實才！賀孫。

器遠問：「文中子：『安我者，所以寧天下也；存我者，所以厚蒼生也。』看聖人恁地維持紀綱，却與有是非無利害之説有不相似者。」曰：「只爲人把利害之心去看聖人。若聖人爲治，終不成埽蕩紀綱，使天下自恁地頽壞廢弛，方喚做公天下之心！聖人只見得道理合恁地做。今有天下在這裏，須著去保守，須著有許多維持紀綱，這是決定著如此，不如此便不得，這只是箇睹是。」又問：「若如此説，則陳丈就事物上理會，也是合如此。」曰：「雖是合如此，只是無自家身己做本領，便不得。」又問：「事求可，功求成，亦是當如此？」曰：「只要去求可求成，便不是。聖人做事，那曾不要可，不要成！只是先從這裏理會去，却不曾恁地計較成敗利害。如公所説，只是要去理會許多汩董了，方牽入這心來，却不曾有從這裏流出在事物上底意思。」賀孫。

蔡季通因浙中主張史記，常説道邵康節所推世數，自古以降，去後是不解會甚好，只得就後世做規模。以某看來則不然。孔子修六經，要爲萬世標準。若就那時商量，別作箇道理，孔子也不解修六經得。如司馬遷亦是箇英雄，文字中間自有好處。只是他説經世事業，只是第二三著，如何守他議論！如某退居老死無用之物，如諸公都出仕官〔一〕，這國家許多命脈，固自有所屬，不直截以聖人爲標準，却要理會第二三著，這事煞利害，千萬

〔一〕「官」，似當作「宦」。

細思之！賀孫。

凡事求可，功求成，取必於智謀之末，而不循天理之正者，非聖賢之道。燾。

古人立法，只是大綱，下之人得自爲。後世法皆詳密，下之人只是守法。法之所在，上之人亦進退下之人不得。揚。

今世有二弊：法弊，時弊。法弊但一切更改之，却甚易；時弊則皆在人，人皆以私心爲之，如何變得！嘉祐間法可謂弊矣，王荆公未幾盡變之，又別起得許多弊，以人難變故也。揚。

揚因論科舉法雖不可以得人，然尚公。曰：「銓法亦公。然法至於盡公，不在人，便不是好法。要可私而公，方始好。」揚。

今日之法，君子欲爲其事，以拘於法而不得騁；小人却徇其私，敢越於法而不之顧。人傑。

今人只認前日所行之事而行之，便謂之循典故，也須揀箇是底始得。學蒙。

被幾箇秀才在這裏翻弄那吏文，翻得來難看。吏文只合直説，某事是如何，條貫是如何，使人一看便見，方是。今只管弄閑言語，説到緊要處，又只恁地帶過去。至。

今日天下，且得箇姚崇、李德裕來措置，看如何。浩。

今日之事，若向上尋求，須用孟子方法；其次則孔明之治蜀，曹操之屯田許下也。德明。

因論郡縣政治之乖，曰：「民雖衆，畢竟只是一箇心，甚易感也。」揚。

吴英茂實云：「政治當明其號令，不必嚴刑以爲威。」曰：「號令既明，刑罰亦不可弛。苟不用刑罰，則號令徒掛牆壁爾。與其不遵以梗吾治，曷若懲其一以戒百？與其覈實檢察於其終，曷若嚴其始而使之無犯？做大事，豈可以小不忍爲心！」言經界。道夫。

因論經界，曰：「只著一『私』字，便生無限枝節。」或問：「程子『與五十里采地』之説如何？」曰：「人之心無窮，只恐與五十里，他又要一百里；與一百里，他又要二百里。」淳。

吾輩今經歷如此，異時若有尺寸之柄，而不能爲斯民除害去惡，豈不誠可罪耶！某嘗謂，今之世姑息不得，直須共他理會，庶幾善弱可得存立。道夫。

或問：「爲政者當以寬爲本，而以嚴濟之？」曰：「某謂當以嚴爲本，而以寬濟之。曲禮謂『涖官行法，非禮，威嚴不行』。須是令行禁止。若曰令不行，禁不止，而以是爲寬，則非也。」人傑。

古人爲政，一本於寬，今必須反之以嚴。蓋必如是矯之，而後有以得其當。今人爲寬，至於事無統紀，緩急予奪之權皆不在我；下梢却是奸豪得志，平民既不蒙其惠，又反受其殃矣！若海。

今人説寬政，多是事事不管，某謂壞了這「寬」字。人傑。

平易近民，爲政之本。僩。

爲政如無大利害，不必議更張。則所更一事未成，必鬨然成紛擾，卒未已也。至於大家，且假借之。故子産引鄭書曰：「安定國家，必大焉先。」人傑。

問：「爲政更張之初，莫亦須稍嚴以整齊之否？」曰：「此事難斷定説，在人如何處置。然亦何消要過於嚴？今所難者，是難得曉事底人。若曉事底人，歷練多，事纔至面前，他都曉得依那事分寸而施以應之，人自然畏服。今人往往過嚴者，多半是自家不曉，又慮人欺己，又怕人慢己，遂將大拍頭去拍他，要他畏服。若自見得，何消過嚴？便是這事難。」又曰：「難！難！」僩。

因言措置天下事直是難！救得這一弊，少間就這救之之心又生那一弊。如人病寒，下熱藥，少間又變成燥熱；及至病熱，下寒藥，少間又變得寒。到得這家計壞了，更支捂不住。僩。

問：「州縣間寬嚴事，既已聞命矣。若經世一事，向使先生見用，其將何先？」曰：「亦只是隨時。如壽皇之初是一樣，中間又是一樣，只合隨時理會。」問：「今日之治，奉行祖宗成憲。然是太祖皇帝以來至今，其法亦有弊而常更者。」曰：「亦只是就其中整理，如何便超出做得！如薦舉，如科場，如銓試，就其中從長整理。」問：「向說諸州廂禁軍與屯戍大軍更互教閱，如何？」曰：「亦只是就其法整理。」既而歎曰：「法度尚可移，如何得人心變易，各人將他心去行法！且如薦舉一事，雖多方措置隄防，然其心只是要去私他親舊，應副權勢，如何得心變！」說了，德明起稟云：「數日聽尊誨，敬當銘佩，請出整衣拜辭。」遂出，再入，拜於床下。三哥扶掖。先生俯身顰眉，動色言曰：「後會未期。朋友間多中道而畫者，老兄却能拳拳於切己之學，更勉力擴充，以慰衰老之望！」德明復致詞拜謝而出，不勝悵然！前一日，先生云：「朋友赴官來相別，某病如此，時事又如此，後此相見，不知又如何。」道中追念斯言，不覺涕下！伯魯進求一言之誨。先生云：「歸去且與廖丈商量。昨日說得已詳，大抵只是如此。」稱「丈」者，爲丈夫。伯魯言。德明。

問治亂之機。曰：「今看前古治亂，那裏是一時做得！少是四五十年，多是一二百年醞釀，方得如此。」遂俛首太息。賀孫。

朱子語類卷第一百九

朱子六

論取士

古人學校、教養、德行、道藝、選舉、爵祿、宿衛、征伐、師旅、田獵，皆只是一項事，皆一理也。

召穆公始諫厲王不聽，而退居于郊。及厲王出奔，國人欲殺其子，召公匿之。國人圍召公之第，召公乃以己子代厲王之子，而宣王以立。因歎曰：「便是這話難説！古者公卿世及，君臣恩意交結素深，與國家共休戚，故患難相爲如此。後世相遇如塗人，及有患難，則涣然離散而已。然今之公卿子孫，亦不可用者，只是不曾教得，故公卿之子孫莫不驕奢淫佚。不得已而用草茅新進之士，舉而加之公卿之位，以爲苟勝於彼而已。然所恃者，以其知義理，故勝之耳。若更不知義理，何所不至！古之教國子，其法至詳密，故其才者既足以有立，而不才者亦得以薰陶漸染，而不失爲寡過之人，豈若今之驕騃淫奢也哉！陳同父課藁中有一段論此，稍佳。」僩。

賓問：「人才須教養。明道章疏須先擇學官，如何？」曰：「便是未有善擇底人。某嘗謂，天下事不是從中做起，須得結子頭是當，然後從上梳理下來，方見次序。」德明問：「聞先生嘗言，州縣學且依舊課試，太學當專養行義之士。」曰：「却如此不得。士自四方遠來太學，無緣盡知其來歷，須是從鄉舉。」德明。

「吕與叔欲奏立四科取士：曰德行，曰明經，曰政事，曰文學。德行則待州縣舉薦，下三科却許人投牒自試。明經裏面分許多項目，如春秋則兼通三傳，禮則通三禮，樂則盡通諸經所説樂處。某看來，樂處説也未盡。政事則如試法律等及行移決判事。又定爲試辟，未試則以事授之，一年看其如何，辟則令所屬長官舉辟。」遠器云：「這也只是法。」曰：「固是法，也待人而行，然這却法意詳盡。如今科舉，直是法先不是了。今來欲教吏部與二三郎官盡識得天下官之賢否，定是了不得這事！」賀孫。

因論學校，曰：「凡事須有規模。且如太學，亦當用一好人，使之自立繩墨，遲之十年，日與之磨煉，方可。今日學官只是計資考遷用，又學識短淺，學者亦不尊尚。」可學曰：「神宗未立三舍前，太學亦盛。」曰：「吕氏家塾記云，未立三舍前，太學只是一大書會，當時有孫明復、胡安定之流，人如何不趨慕！」可學。

林擇之曰：「今士人所聚多處，風俗便不好。故太學不如州學，州學不如縣學，縣學不如鄉學。」曰：「太學真箇無益，於國家教化之意何在？向見陳魏公説，亦以爲可罷。」義剛。

祖宗時，科舉法疏闊。張乖崖守蜀，有士人亦不應舉。乖崖去尋得李畋出來舉送去。如士人要應舉時，只是著布衫麻鞋，陳狀稱，百姓某人，今聞朝廷取士如何如何，來應舉；連投所業。太守略看所業，方請就客位，換襴幞相見，方得請試。只一二人，試訖舉送。舊亦不糊名，仁宗時方糊名。揚。

「商鞅論人不可多學爲士人，廢了耕戰。此無道之言。然以今觀之，士人千人萬人，不知理會甚事，真所謂游手！只是恁地底人，一旦得高官厚禄，只是爲害朝廷，何望其濟事？真是可憂！」因云云云。「舊時此中赴試時，只是四五千人，今多一倍。」因論呂與叔論得取士好。因論其集上代人章表之類，文字多難看，此文集之弊。揚因謂：「去了此等好。」曰：「然。」因歎：「與叔甚高，可惜死早！使其得六十左右，直可觀，可惜善人無福！兄弟都有立。一兄和叔，做鄉儀者，更直截，死早。」揚。

康節謂：「天下治，則人上行；天下亂，則人上文。」太祖時，人都不理會文；仁宗時，人會説。今又不會説，只是胡説。因見時文義，甚是使人傷心！揚。

因説「子張學干禄」，曰：「如今時文，取者不問其能，應者亦不必其能，只是盈紙便可得。推而上之，如除擢皆然。禮官不識禮，樂官不識樂，皆是吏人做上去。學官只是備員考試而已，初不是有德行道藝可爲表率，仁義禮智，從頭不識到尾！國家元初取人如此，爲之柰何！」明作。

三舍人做乾元統天義，説乾元處云「如目之有視，耳之有聽，體之有氣，心之有神」云云。如今也無這般時文。僩。

今人作經義，正是醉人説話。只是許多説話改頭换面，説了又説，不成文字！僩。

今人爲經義者，全不顧經文，務自立説，心粗膽大，敢爲新奇詭異之論。方試官命此題，已欲其立奇説矣。又，出題目定不肯依經文成片段，都是斷章牽合，是甚麽義理！三十年前人猶不敢如此，只因一番省試出「上天之載，無聲無臭，儀刑文王」三句，後遂成例。當時人甚駭之，今遂以爲常矣。遂使後生輩違背經旨，争爲新奇，迎合主司之意，長浮競薄，終將若何，可慮！可慮！王介甫三經義固非聖人意，然猶使學者知所統一。不過專念本經，及看注解，而以其本注之説爲文辭，主司考其工拙，而定去留耳。豈若今之違經背義，恣爲奇説，而無所底止哉！當時神宗令介甫造三經義，意思本好。只是介甫之學不正，不足以發明聖意爲可惜耳。今爲經義者，又不若爲詞賦；詞賦不過工於對偶，不敢如治經者之亂説也。聞虜中科舉罷，即曉示云，後舉於某經某史命題，仰士子各習此業。使人心有所定止，專心看一經一史，不過數舉，則經史皆通。此法甚好。今爲主司者，務出隱僻題目，以乘人之所不知，使人弊精神於檢閱，茫然無所向方，是果何法也！僩。

時有報行遣試官牽合破碎出題目者。或曰：「如此行遣一番，也好。」曰：「某常説，不當就題目上理會。這箇都是道術不一，所以如此。所以王介甫行三經字説，説是一道德，同風俗。是他真箇使得天下學者盡只念這物事，更不敢别走作胡説，上下都有箇據守。若是有才者，自就他這腔子裏説得好，依舊是好文字。而今人却務出暗僻難曉底題目，以乘人之所不知，却如何教他不杜撰，不胡説得！」或曰：「若不出難題，恐盡被人先牢籠做了。」曰：「莫管他。自家依舊是取得好文字，不悮遠方觀聽。而今却都是杜撰胡説，破壞後生心術，這箇乖。某常説，今日學校科舉不成法。上之人分明以賊盜遇士，士亦分明以盜賊自處，動不動便鼓譟作鬧，以相迫脅，非盜賊而何？這箇治之無他，只是嚴挾書傳義之禁，不許繼燭，少間自沙汰了一半。不是秀才底人，他亦自不敢來。雖無沙汰之名，而有其實。既不許繼燭，他自要奔，去聲。無緣更代得人筆。」或曰：「恐難止遏。今只省試及太學補試，已自禁遏不住。」曰：「也只是無人理會。若捉得一兩箇，真箇痛治，人誰敢犯！這箇須從保伍中做起，却從保正社首中討保明狀，五家爲保，互相保委。若不是秀才，定不得與保明。若捉出詭名納兩副三副卷底人來，定將保明人痛治，人誰敢犯！某嘗說，天下無難理會底事，這般事，只是黑地裏脚指縫也求得出來，不知如何得恁地無人理會！」又曰：「今日科舉考試也無法不通看。」或曰：「解額當均否？」曰：「固是當均。」或曰：「看來不必立爲定額，但以幾名終場卷子取一名，足矣。」曰：「不得。少間便長詭名納卷之弊。依舊與他立定額。只是從今起，照前三舉内終場人數計之，就這數内立定額數。三舉之後，又將來均一番。如此，則多少不至相懸絶矣。」因説混補，曰：「頃在朝時，趙丞相欲行三舍法。陳君舉欲行混補，趙丞相不肯，曰：『今此天寒粟貴，若復混補，須添萬餘人，米價愈騰踴矣！』某曰：『爲混補之説者固是謬，爲三舍之説亦未爲得也。未論其他，只州郡那裏得許多錢穀養他？蓋入學者既有舍法之利，又有科舉之利，不入學者止有科舉一塗，這裏便是不均。利之所在，人誰不趨？看來只均太學解額於諸路，便無事。如今太學解額，七人取兩人。便七人取一人也由我，十人取一人也由我，二十人、三十人、四十人取一人也只由我。而今自立箇不平放這裏，如何責得人趨！』」或問：「恩榜無益於國家，可去否？」曰：「此又去不得。去之則傷仁恩，人必怨。看來只好作文學助教闕，立定某州文學幾員，助教幾員，隨其人士之多少以定員數，如宗室宫觀例，令自指射占闕，相與受代，莫要教他出來做官。既不傷仁恩，又無老耄昏濁貪猥不事事之病矣。」杜佑通典中說釋奠處有文學助教官。因説禄令，曰：「今日禄令更莫説，更是不均。且如宫觀祠禄，少間又盡指占某州某州。蓋州郡財賦各自不同，或元初立額有厚薄，或後來有增減，少間人盡占多處去。雖曰州郡富厚，被人炒多了，也供當不去。少間本州本郡底不曾給得，只得去應副他處人矣。」因又説經界。或曰：「初做，也須擾人。」曰：「若處之有法，何擾之有？而今只是人人不曉，所以被人瞞説難行。間有一兩箇曉得底，終不足以勝不曉者之多。若人人都教他算，教他法量，他便使瞞不得矣。打量極多法，惟法算量極易，自紹興間，秦丞相舉行一番以至今。看來是蘇綽以後，到紹興方得行一番，今又多弊了。看來須是三十年又量一番，庶常無弊。蓋人家田産只五六年間便自不同，富者貧，貧者富，少間病敗便多，飛産匿名，無所不有。須是三十年再與打量一番，則乘其弊少而易爲力，人習見之，亦無所容其奸矣。要之，既行，也安得盡無弊？只是得大綱好，其間寧無少弊處？只如秦丞相紹興間行，也安得盡無弊？只是十分弊，也須革去得九分半，所餘者一分半分而已。今人却情願受這十分重弊壓在頭上，都不管。及至纔有一人理會起，便去搜剔那半分一分底弊來瑕疵之，以爲決不可行。如被人少却百貫千貫却不管，及被人少却百錢千錢，便反到要與理會。今人都是這般見識。而今分明是有箇天下國家，無一人肯把做自家物事看，不可説著。某常説，天下事所以終做不成者，只是壞於懶與私而已！懶，則士大夫不肯任事。有一樣底說，我只認做三年官了去，誰能閑理會得閑事，閑討煩惱！我不理會，也得好好做官去。次則豪家上户羣起遮攔，恐法行則奪其利，盡用納稅。惟此二者爲梗而已。」又曰：「事無有處置不得者。事事自有箇恰好處，只是不會思量，不得其法。只如舊時科舉無定日，少間人來這州試了，又過那州試；州裏試了，又去漕司試，無理會處。不知誰恁聰明，會思量定作八月十五日，積年之弊，一朝而革，這箇方唤做處置事。聖人所以做事動中機會，便是如此。」又曰：「凡事須看透背後去。」因舉掌云：「且如這一事，見得這一面是如此，便須看透那手背後去，方得。如國手下棊一著，便見得數十著以後之著。若只看這一面，如何見得那事幾？更說甚治道！」僩。

包顯道言科舉之弊。先生曰：「如他經尚是就文義上說，最是春秋不成說話，多是去求言外之意，說得不成模樣。某說道，此皆是『侮聖人之言』！却不如王介甫樣，索性廢了，較强。」又笑云：「常有一人作隨時變通論，皆說要復古。至論科舉要復鄉舉里選，却說須是歇二十年却行，要待那種子盡了方行得。說得來也是。」義剛。

器遠問：「今士人習爲時文應舉，如此須當有箇轉處否？」曰：「某舊時看，只見天下如何有許多道理恁地多！如今看來，只有一箇道理，只有一箇學。在下者也著如此學，在上者也著如此學。在上若好學，自見道理，許多弊政，亦自見得須要整頓。若上好學，便於學舍選舉賢儒，如胡安定、孫明復這般人爲教導之官；又須將科目盡變了，全理會經學，這須會好。今未説士子，且看朝廷許多奏表，支離蔓衍，是説甚麽！如誥宰相，只須説數語戒諭，如此做足矣。」敬之云：「先生常説：『表奏之文，下諛其上也；誥勑之文，上諛其下也。』」賀孫。

問：「今日科舉之弊，使有可爲之時，此法何如？」曰：「也廢他不得。然亦須有箇道理。」又曰：「更須兼他科目取人。」

「今時文賦却無害理，經義大不便，分明是『侮聖人之言』！如今年三知舉所上劄子，論舉人使字，理會這箇濟得甚？今日亦未論變科舉法。只是上之人主張分別善惡，擢用正人，使士子少知趨向，則人心自變，亦有可觀。」可學問：「歐陽公當時變文體，亦是上之人主張？」曰：「渠是變其詭怪。但此等事，亦須平日先有服人，方可。」舜功問：「歐陽公本論亦好，但末結未盡。」曰：「本論精密却過於原道。原道言語皆自然，本論却生受。觀其意思，乃是聖人許多憂慮做出，却無自然氣象。下篇不可曉。」德粹云：「以拜佛，知人之性善。」先生曰：「亦有説話。佛亦教人爲善，故渠以此觀之也。」可學。

今科舉之弊極矣！鄉舉里選之法是第一義，今不能行。只是就科舉法中與之區處，且變著如今經義格子，使天下士子各通五經大義。一舉試春秋，一舉試三禮，一舉試易、詩、書，禁懷挾。出題目，便寫出注疏與諸家之說，而斷以己意。策論則試以時務，如禮、樂、兵、刑之屬，如此亦不爲無益。欲革奔競之弊，則均諸州解額，稍損太學之額。太學則罷月書季考之法，皆限之以省試，獨取經明行修之人。如此，亦庶幾矣。木之。

因言今日所在解額太不均，先生曰：「只將諸州終場之數，與合發解人數定便了。又不是天造地設有定數，何故不敢改動？也是好笑！」浩。

或言太學補試，動一二萬人之冗。曰：「要得不冗，將太學解額減損，分布於諸州軍解額少處。如此，則人皆只就本州軍試，又何苦就補試也！」燾。

臨別，先生留飯。坐間出示理會科舉文字，大要欲均諸州解額，仍乞罷詩賦，專經學論策，條目井井。云：「且得士人讀些書，三十年後，恐有人出。」泳。

乙卯年，先生作科舉私議一通，付過看。大概欲於三年前曉示，下次科場，以某經、某子、某史試士人。如大義，每道只六百字，其餘兩場亦各不同。後次又預前以某年科場，別以某經、某子、某史試士人，蓋欲其逐番精通也。過欲借録，不許。過。

先生言時文之謬，云：「如科舉後便下詔，今番科舉第一場出題目在甚經内；論題出在甚史内，如史記、漢書等，廣説二書；策只出一二件事。庶幾三年之間，專心去看得一書。得底固是好，不得底也逐番看得一般書子細。」胡泳。

先生云：「禮書已定，中間無所不包。某常欲作一科舉法。今之詩賦實爲無用，經義則未離於説經。但變其虚浮之格，如近古義，直述大意。立科取人，以易、詩、書爲一類，三禮爲一類，春秋三傳爲一類。如子年以易、詩、書取人，則以前三年舉天下皆理會此三經；卯年以三禮取人，則以前三年舉天下皆理會此三禮；午年以春秋三傳取人，則以前三年舉天下皆理會此春秋三傳。如易、詩、書稍易理會，故先用此一類取人。如是周而復始，其每舉所出策論，皆有定所。如某書出論，某書出策，如天文、地理、樂律之類，皆指定令學者習，而用以爲題。」賀孫云：「此法若行，但恐卒未有考官。」曰：「須先令考官習之。」賀孫。

李先生説：「今日習春秋者，皆令各習一傳，并習誰解，只得依其説，不得臆説。」先生曰：「六經皆可如此，下家狀時，皆令定了。」揚。

今人都不曾讀書，不會出題目。禮記有無數好處，好出題目。揚。

科舉種子不好。謂試官只是這般人。揚。

張孟遠以書來論省試策題目，言今日之弊，在任法而不任人。孟遠謂今日凡事傷不能守法。曰：「此皆偏説。今日乃是要做好事，則以礙法不容施行；及至做不好事，即便越法不顧，只是不勇於爲善。」必大。

「科舉是法弊。大抵立法，只是立箇得人之法。若有奉行非其人，却不干法事，若只得人便可。今却是法弊，雖有良有司，亦無如之何。」王嘉叟云：「朝廷只有兩般法：一是排連法，今銓部是也；一是信采法，今科舉是也。」𧌎。

問：「今之學校，自麻沙時文册子之外，其他未嘗過而問焉。」曰：「怪它不得，上之所以教者不過如此。然上之人曾不思量，時文一件，學子自是著急，何用更要你教！你設學校，却好教他理會本分事業。」曰：「上庠風化之原，所謂『季考行藝』者，行尤可笑，只每月占一日之食便是。」先生笑曰：「何其簡易也！」曰：「天下之事，大正則難，如學校間小正須可。」曰：「大處正不得，小處越難。才動著，便有掣肘，如何正得！」琮。

因說科舉所取文字，多是輕浮，不明白著實。因歎息云：「最可優者，不是說秀才做文字不好，這事大關世變。東晉之末，其文一切含胡，是非都没理會。」賀孫。

有少年試教官。先生曰：「公如何須要去試教官？如今最没道理，是教人懷牒來試討教官。某嘗經歷諸州，教官都是許多小兒子，未生髭鬚；入學底多是老大底人，如何服得他！某思量，須是立箇定制，非四十以上不得任教官。」又云：「須是罷了堂除，及注授教官，却請本州鄉先生爲之。如福州，便教林少穎這般人做，士子也歸心，他教也必不苟。」又云：「只見泉州教官却老成，意思却好。然他教人也未是，如教人編抄甚長編文字。」又曰：「今教授之職，只教人做科舉時文。若科舉時文，他心心念念要爭功名，若不教他，你道他自做不做？何待設官置吏，費廩祿教他做？也須是當職底人怕道人不曉義理，須是要教人識些。如今全然無此意，如何恁地！」賀孫。

坐中有說赴賢良科。曰：「向來作時文應舉，雖是角虛無實，然猶是白直，却不甚害事。今來最是喚做賢良者，其所作策論，更讀不得。緣世上只有許多時事，已前一齊話了，自無可得說。如笮酒相似，第一番淋了，第二番又淋了，第三番又淋了。如今只管又去許多糟粕裏只管淋，有甚麼得話！既無可得話，又只管要新。最切害處，是輕德行，毁名節，崇智術，尚變詐，讀之使人痛心疾首。不知是甚世變到這裏，可畏！可畏！這都是不祥之兆，隆興以來不恁地。自隆興以後有恢復之説，都要來説功名，初不曾濟得些事。今看來，反把許多元氣都耗却。管子、孔門所不道，而（此）〔其〕〔一〕言猶曰『禮義廉恥，是謂四維』。如今將禮義廉恥一切埽除了，却來説事功！」賀孫。

葉正則、彭大老欲放混補，廟堂亦可之，但慮艱食，故不果行。二人之意，大率爲其鄉人地耳。廟堂云「今日太學文字不好」，却不知所以不好之因。便使時文做得十分好後，

〔一〕據陳本改。

濟得甚事！某有一策：諸州解額，取見三舉終場最多人數，以寬處爲準，皆與添上。省試取數却不增。其補試，却用科舉年八月十五日引試。若要就補，須舍了解試始得。如此，庶幾人有固志，免得如此奔競喧鬨。閎祖。

說趙丞相欲放混補，歎息云：「方今大倫，恁地不成模樣！身爲宰相，合以何爲急？却要急去理會這般事，如何恁地不識輕重！此皆是衰亂之態。只看宣和末年，番人將至，宰相說甚事，只看實録頭一版便見，且說太學秀才做時文不好，你道是識世界否！如今待補取士，有甚不得？如何道恁地便取得人才，如彼便取不得人才？只是亂說。待補之立，也恰如擲骰子一般，且試采，擲得便得試，擲不得便不得試，且以爲節制。那裏得底便是，不得底便不是？這般做事，都是枉費氣力。某常說均解額，只將逐州三舉終場人數，用其最多爲額，每百人取幾人，太學許多濫恩一齊省了。元在學者，聽依舊恩例。諸路牒試皆罷了，士人如何也只安鄉舉。如何自家却立箇物事，引誘人來奔趨！下面又恁地促窄，無入身處。如何又只就微末處理會！若均解額取人數多，或恐下梢恩科數多，則更將分數立一長限；以前得舉人，却只依舊限，有甚不得處？他只說近日學中緣有待補，不得廣取，以致學中無好文字。不知時文之弊已極，雖鄉舉又何嘗有好文字膾炙人口？若是要取人才，那裏將這幾句冒頭見得？只是胡說！今時文日趨於弱，日趨於巧小，將士人這些志氣都消削得盡。莫説以前，只是宣和末年三舍法纔罷，學舍中無限好人才，如胡邦衡之類，是甚麽樣有氣魄！做出那文字是甚豪壯！當時亦自煞有人。及紹興渡江之初，亦自有人才。那時士人所做文字極粗，更無委曲柔弱之態，所以亦養得氣宇。只看如今秤斤注兩，作兩句破頭，如此是多少衰氣！」賀孫。

或問：「趙子直建議行三舍法：補入縣學；自縣學比試，入於州學；自州學貢至行在補試，方入太學。如何？」曰：「這是顯然不可行底事。某嘗作書與説，他自謂行之有次第，這下梢須大乖。今只州縣學裏小小補試，動不動便只是請囑之私。若便把這箇爲補試之地，下梢須至於興大獄。子直這般所在，都不詢訪前輩。如向者三舍之弊，某嘗及見老成人説，劉聘君云，縣學嘗得一番分肉，肉有内舍、外舍多寡之差。偶齋僕下錯了一分，學生便以界方打齋僕，高聲大怒云：『我是内舍生，如何却只得外舍生肉？』如此等無廉恥事無限，只是蔡京法度如此。嘗見胡珵德輝有言曰：『學校之設，所以教天下之人爲忠爲孝也。國家之學法，始於熙寧，成於崇觀。熙寧之法，李定爲之也；崇觀之法，蔡京爲之也。李定者，天下之至不孝者也；蔡京者，天下之至不忠者也。豈有不忠不孝之人，而其所立之法可行於天下乎！』今欲行三舍之法，亦本無他説，只爲所取待補多滅裂，真正老成士人，多不得太學就試，太學緣此多不得人。然初間所以立待補之意，只爲四方士人都來就試，行在壅隘，故爲此法。然又須思量，所以致得四方士人苦死都要來赴太學試，爲甚麽？這是箇弊端，須從根本理會去。某與子直書曾云，若怕人都來赴太學試，須思量士人所以都要來做甚麽。皆是秀才，皆非有古人教養之實，而仕進之途如此其易。正試既優，又有舍選，恩數厚，較之諸州或五六百人解送一人，何其不平至於此！自是做得病痛如此。不就這處醫治，却只去理會其末！今要好，且明降指揮，自今太學並不許以恩例爲免。若在學人援執舊例，則以自今新補入爲始。他未入者幸得入而已，未暇計此。太學既無非望之恩，又於鄉舉額窄處增之，則人人自安鄉里，何苦都要入太學！不就此整理，更説甚？高抑崇，秦相擧之爲司業，抑崇乃龜山門人。龜山於學校之弊，煞有説話，渠非不習聞講論，到好做處，却略不施爲。秦本惡程學，後見其用此人，人莫不相慶，以爲庶幾善類得相汲引。後乃大不然，一向苟合取媚而已！學校以前整頓固難。當那時兵興之後，若從頭依自家好規模整頓一番，豈不可爲？他當時於秦相前，亦不敢説及此。」賀孫。

因論黄幾先言，曾於周丈處見虜中賦，氣脈厚。先生曰：「那處是氣象大了，説得出來。自是如此，不是那邊人會。」揚。

朱子語類卷第一百一十

朱子七

論兵

今州郡無兵無權。先王之制，内有六鄉、六遂、都鄙之兵，外有方伯、連帥之兵，内外相維，緩急相制。賀孫。

本强，則精神折衝；不强，則招殃致凶。僩。

或言：「古人之兵，當如子弟之衞父兄。而孫吴之徒，必曰與士卒同甘苦而後可，是子弟必待父兄施恩而後報也。」先生曰：「巡而拊之，『三軍之士皆如挾纊』，此意也少不得。」賀孫。木之同。

凡爲守帥者，止教閱將兵，足矣。程其年力，汰斥癃老衰弱，招補壯健，足可爲用，何必更添寨置軍？其間衣糧或厚或薄，遂致偏廢。如此間將兵，則皆差出接送矣。方子。

「辛棄疾頗諳曉兵事。云：『兵老弱不汰可慮。向在湖南收茶寇，令統領揀人，要一可當十者，押得來便看不得，盡是老弱！問：何故如此？云：只揀得如此，間有稍壯者，諸處借事去。州郡兵既弱，皆以大軍可恃，又如此！爲今之計，大段著揀汰，但所汰者又未有頓處。』某向見張魏公，説以分兵殺虜之勢。只緣虜人調發極難，元顏要犯江南，整整兩年，方調發得聚。彼中雖是號令簡，無此間許多周遮，但彼中人纔逼迫得太急，亦易變，所以要調發甚難。只有沿淮有許多捍禦之兵。爲吾之計，莫若分幾軍趨關陜，他必擁兵於關陜；又分幾軍向西京，他必擁兵於西京；又分幾軍望淮北，他必擁兵於淮北，其他去處必空弱。又使海道兵擣海上，他又著擁兵捍海上。吾密揀精鋭幾萬在此，度其勢力既分，於是乘其稍弱處，一直收山東。虜人首尾相應不及，再調發來添助，彼卒未聚，而吾已據山東。纔據山東，中原及燕京自不消得大段用力，蓋精鋭萃於山東而虜勢已截成兩段去。又先下明詔，使中原豪傑自爲響應。是時魏公答以『某只受一方之命，此事恐不能主之』。」蔡云：「今兵政如此，終當如何？」曰：「須有道理。」蔡曰：「莫著改更法制？」曰：「這如何得？　如同父云：『將今法制，重新洗換一番方好。』某看來，若便使改换得井牧其田，民皆爲兵，若無人統率之，其爲亂道一也。」「然則如之何？」曰：「只就這腔裏自有道理，這極易。只呼吸之間，便可以弱爲强，變怯爲勇，振柔爲剛，易敗爲勝，直如反掌耳！」

賀孫。

先生云：「當今要復太祖兵法，方可復中原。」又云：「諸州禁軍皆不可用。幾年説要揀冗兵，但只説得，各圖苟且安便，無有爲者。故新者來，舊者又不去，來而又來，相將積得，皆不可用。如澄冗官，見這人不可用，便除一人。而今不可用者又復留而不去，故軍冗不練，官冗不澄。」壽昌。

問：「今日之軍政，只有君相上下一心，揀之又揀，如太祖時，方好。」曰：「只有揀練便用。太祖時即用。如揀而養十數年，又老了，依舊無用。」揚。

今兵官愈多，兵愈不精。道夫。

今日兵不濟事。兵官不得人，專務刻削兵，且驕弱安養，不知勞苦，一旦如何用！某嘗言，宜散京師之兵，却練諸郡之兵，依太祖法，每年更戍趲去淮上衞邊。謂如福建之兵趲去饒州，饒州之兵趲去衢信，衢信趲去行在，迤邐趲去淮上。今年如此，明年又趲去，則京師全無養兵之費，豈不大好！㽦。

言今兵政之弊，曰：「唐制節度、兵。觀察、財。處置等使，即節鎮也；使持節某州諸軍事、兵。某州刺史，民。即支郡也。支郡隸於節鎮，而節鎮、支郡各有衙前左右押衙，管軍都頭，並掌兵事，又皆是士人爲之。其久則根勢深固，反視節度有客主之勢。至有誅逐其上，而更代爲之。凡陸梁跋扈之事，因兹而有。惟是節度得人，方能率服人心，歸命朝廷。若論唐初兵力最盛，斥地最廣，乃在於統兵者簡約而無牽制之患。然自唐末，大抵節鎮之患深，如人之病，外强中乾，其勢必有以通其變而後可。故太祖皇帝知其病而疏理之，於是削其支郡，以斷其臂指之勢；置通判，以奪其政；命都監監押，以奪其兵；立倉場庫務之官，以奪其財；向之所患，今皆無憂矣。其後又有路分、鈐轄、總管等員。神宗時，又增置三十七將。亂離之後，又有都統、統領、統制之名。大抵今日之患，又却在於主兵之員多。朝廷雖知其無用，姑存其名。日費國家之財，不可勝計，又刻剥士卒，使士卒困怨於下。若更不變而通之，則其害未艾也。要之，此事但可責之郡守。他分明謂之郡將，若使之練習士卒，修治器甲，築固城壘，以爲一方之守，豈不隱然有備而可畏！古人謂『生之者衆，食之者寡，爲之者疾，用之者舒』，今一切反之！」道夫。

問：「後世雖養長征兵，然有緩急，依舊徵發於民，終是離民兵不得。兼長征兵終不足靠，如杜子美石壕吏詩可見。」曰：「自秦漢以下至六國〔一〕，皆未有長征兵，都是徵發於

〔一〕「六國」，各本同，似當作「六朝」，待考。

民。及唐府衞法壞，然後方有長征兵。」因論荆襄義勇，州縣官吏反擾之。當時朝廷免徵科，官吏不得役使。今徵科既不得免，民反倍有所費，又官吏役使如故。曰：「某當初見劉共父説，他制得義勇極好，且是不屬官吏，官不得擾之。某應之曰：『無緣有不屬州縣之理。』固疑其末流如此。」僩。

兵甲詭名不可免，善兵者亦不於此理會。纔有一人可用，便令其兼數人之料。軍中若無此，便不足以使人。故朝廷只是擇將，以其全數錢米與之，只責其成功，不來此屑屑計較。近來刮刷得都盡，朝廷方以爲覈實得好。先生云聞前輩云云。揚。

兵法以能分合爲變，不獨一陣之間有分合，天下之兵皆然。今日之兵，分者便不可合，合者便不可分。本朝舊來只郡國禁兵而已，但在西北者差精鋭耳。渡江後，又添上御前軍，却是張、韓輩自起此項兵。後來既不可得而去，只得如此聚屯。今以不如祖宗時財賦，養祖宗時所無之兵，安得不窮也！　嵤。

唐時州縣上供少，故州縣富。兵在藩鎮，朝廷無甚養兵之費。自本朝罷了藩鎮，州郡之財已多歸於上。熙豐間，又令州郡見看軍額幾人，折了者不得補，却以其費樁管上供，而朝廷得錢物甚多。今天下兵約四五十萬，又皆羸弱無用之人，所費不可計。今若要理會，須從此起。揚。

論財賦，曰：「財用不足，皆起於養兵。十分，八分是養兵，其他用度，止在二分之中。古者刻剥之法，本朝皆備，所以有靖康之亂。已前未有徐揚江鄂之兵，止謂張宣撫兵，某人兵。今增添許多兵。合當精練禁兵，汰其老弱，以爲廂兵。」節。

今朝廷盡力養兵，而兵常有不足之患。自兵農既分之後，計其所費，却是無日不用兵也。時舉。

今天下財用費於養兵者十之八九，一百萬貫養一萬人。此以一歲計。僩。

「今日民困，正緣沿江屯兵費重。只有屯田可減民力，見説襄漢間儘有荒地。」某云：「當用甚人耕墾？」曰：「兵民兼用，各自爲屯。彼地沃衍，收穀必多。若做得成，敵人亦不敢窺伺。兵民得利既多，且耕且戰，便是金城湯池。兵食既足，可省漕運，民力自蘇。然後盡驅州郡所養歸明北軍，往彼就食，則州郡自寬。遲之十年，其效必著。須是擇帥。既得其人，專一委任，許令辟召寮屬，同心措置，勿數更易，庶幾有濟。」浩。屯田。

范伯達有文字，説淮上屯田，須與畫成一井，中爲公田，以給軍。令軍中子弟分耕，取公田所入以給軍。德明。

因言：「淮上屯田，前此朝廷嘗差官理會。其人到彼，都不曾敢起人所與者。都只令人築起沿江閑地以爲屯，此亦太不立。大抵世事須是出來擔當，不可如此放倒。人是天地中最靈之物，天能覆而不能載，地能載而不能覆，恁地大事，聖人猶能裁成輔相之，況於其他。」因舉齊景公答夫子「君君臣臣」之語，又與晏子言「美哉室」之語，皆放倒説話。且如五代時，兵驕甚矣。周世宗高平一戰既敗却，忽然誅不用命者七十餘人，三軍大振，遂復合戰而克之。凡事都要人有志。壯祖。

屯田，須是分而屯之，統帥屯某州，總司屯甚州，漕司屯甚州，以户部尚書爲屯田使，使各考其所屯之多少，以爲殿最，則無不可行者。今則不然，每欲行一文字，則經由數司僉押相牽制，事何由成！道夫。

趙昌父相見，因論兵事。先生曰：「兵以用而見其强弱，將以用而見其能否。且如本朝諸公游陝西者，多知邊事，此亦是用兵之故。今日諸生坐於屋下，何以知其能？縱有韓白復生，亦何由辨之？」可學。擇將帥。

問選擇將帥之術。曰：「當無事之時，欲識得將，須是具大眼力，如蕭何識韓信，方得。不然，邊警之時，兩兵相抗，恁時人才自急。且如國家中興，張、韓、劉、岳突然而出，豈平時諸公所嘗識者？不過事期到此，廝撈出來耳。」道夫。

不令宦官賣統軍官職，是今日軍政第一義。方。

今日將官全無意思，只似人家驕子弟了。褒衣博帶，談道理，説詩書，寫好字，事發遣！如此，何益於事？謙。

今諸道帥臣，只曾作一二任監司，即以除之；有警，則又欲其親督戰士。此最不便，萬一爲賊所虜，爲之柰何！彼固不足卹，然失一帥，其勢豈不張大？前輩謂祖宗用帥取以二路：一是曾歷邊郡；一是帥臣子弟，曾諳兵事者。此最有理。或謂戎幕宜用文武三四員，此意亦好。蓋經歷知得此等利害，向後皆可爲帥。然必須精選而任，不可泛濫也。道夫。

或問：「諸公論置二大帥以統諸路之帥，如何？」曰：「不消如此。只是擇得一箇人了，君相便專意委任他，却使之自擇參佐，事便歸一。今若更置大帥以監臨之，少間必有不相下之意，徒然紛擾。須是得一箇人委任他，聽他自漸漸理會許多軍政，將來自有條理。」恪。

蜀遠朝廷萬有餘里。擇帥須用嚴毅、素有威名、足以畏壓人心，則喜亂之徒不敢作矣。道夫。

或問古今治亂者。先生言：「古今禍亂，必有病根。漢宦官后戚，唐藩鎮，皆病根也。今之病根，在歸正人忽然放教他來，州縣如何柰得他何！所幸老者已死，少者無彼中人氣象，似此間人一般，無能爲矣。」謙。

邊防馬政甚弊。廬州舊夾肥水而城，今只築就一邊。揚。

論刑

天下事最大而不可輕者，無過於兵刑。臨陳時，是胡亂錯殺了幾人。所以老子云：「夫佳兵者不祥之器，聖人不得已而用之。」獄訟，面前分曉事易看。其情僞難通，或旁無佐證，各執兩説繫人性命處，須喫緊思量，猶恐有誤也。僩。

論刑，云：「今人説輕刑者，只見所犯之人爲可憫，而不知被傷之人尤可念也。如劫盜殺人者，人多爲之求生，殊不念死者之爲無辜；是知爲盜賊計，而不爲良民地也。若如酒稅僞會子，及飢荒竊盜之類，猶可以情原其輕重大小而處之。」時舉。

今之法家，惑於罪福報應之説，多喜出人罪以來福報。夫使無罪者不得直，而有罪者得倖免，是乃所以爲惡爾，何福報之有！書曰：「欽哉！欽哉！惟刑之恤哉！」所謂欽恤者，欲其詳審曲直，令有罪者不得免，而無罪者不得濫刑也。今之法官惑於欽恤之説，以爲當寬人之罪而出其死；故凡罪之當殺者，必多爲可出之塗，以俟奏裁，則率多減等：當斬者配，當配者徒，當徒者杖，當杖者笞。是乃賣弄條貫，舞法而受賕者耳！何欽恤之有？罪之疑者從輕，功之疑者從重，所謂疑者，非法令之所能決，則罪從輕而功從重，惟此一條爲然耳；非謂凡罪皆可以從輕，而凡功皆可以從重也。今之律令亦有此條，謂法所不能決者，則俟奏裁。今乃明知其罪之當死，亦莫不爲可生之塗以上之。惟壽皇不然，其情理重者皆殺之。僩。

李公晦問：「『恕』字，前輩多作愛人意思說，如何？」曰：「畢竟愛人意思多。」因云：「人命至重，官司何故斬之於市？蓋爲此人曾殺那人，不斬他，則那人之冤無以伸，這愛心便歸在被殺者一邊了。然古人『罪疑惟輕』，『與其殺不辜，寧失不經』，雖愛心只在被殺者一邊，却又溢出這一邊些子。」佐。

朱子語類卷第一百一十一

朱子八

論民

建寧迎神。先生曰：「孟子言『我亦欲正人心，息邪説，距詖行，放淫辭』，今人心都喎邪了，所以如此。泉州一富室，捨財造廟，舉室乘舟往廟所致祭落成，中流舟溺，無一人免者。民心不得其正，眼前利害猶曉不得，況欲曉之以義理哉！」必大。人傑録略。教民。

今欲行古制，欲法三代，煞隔霄壤。今説爲民減放，幾時放得到他元肌膚處！且如轉運使每年發十萬貫，若大段輕減，減至五萬貫，可謂大恩。然未減放那五萬貫，尚是無名額外錢。須一切從民正賦，凡所增名色，一齊除盡，民方始得脱净，這裏方可以議行古制。如今民生日困，頭只管重，更起不得。爲人君，爲人臣，又不以爲急，又不相知，如何得好！這須是上之人一切埽除妄費，卧薪嘗膽，合天下之智力，日夜圖求，一起而更新之，方始得。某在行在不久，若在彼稍久，須更見得事體可畏處。不知名園麗圃，其費幾何？日費幾何？下面頭會箕斂以供上之求。又有上不在天子，下不在民，只在中間白乾消没者何限！因言賦重民困，曰：「此去更須重在！」賀孫。取民。

程正思言，當今守令取民之弊，渠能言其弊，畢竟無策。就使臺官果用其言而陳於上前，雖戒敕州縣，不過虚文而已。先生云：「今天下事只礙箇失人情，便都使不得。蓋事理只有一箇是非，今朝廷之上，不敢辨别是非。如宰相固不欲逆上意，上亦不欲忤宰相意。今聚天下之不敢言是非者在朝廷，又擇其不敢言之甚者爲臺諫，習以成風，如何做得事！」人傑。

今上下匱乏，勢須先正經界。賦入既正，總見數目，量入爲出，罷去冗費，而悉除無名之賦，方能救百姓於湯火中。若不認百姓是自家百姓，便不恤。必大。

荀悦云，田制須是大亂之後，方可定。揚。

今之賦，輕處更不可重。只重處減似那輕處，可矣。淳。

今世産賦百弊。砧基簿，只是人户私本；在官中本，天下更無一處有。税賦本末，更無可稽尋處。義剛。

朋友言，某官失了税簿。先生曰：「此豈可失了！此是根本。無這箇後，如何稽考？所以周官建官，便皆要那史。所謂史，便是掌管那簿底。」義剛。

福建賦税猶易辨，浙中全是白撰，横斂無數，民甚不聊生，丁錢至有三千五百者。人便由此多去計會中使，作宫中名字以免税。向見辛幼安説，糞船亦插德壽宫旗子。某初不信，後提舉浙東，親見如此。嘗有人充保正，來論某當催秋税，某人當催夏税。某初以爲催税只一般，何争秋夏？問之，乃知秋税苗産有定色，易催；夏税是和買絹，最爲重苦。蓋始者一疋，官先支得六百錢；後來變得令人先納絹，後請錢，已自費力了；後又無錢可請，只得白納絹；今又不納絹，只令納價錢，錢數又重。催不到者，保正出之，一番當役，則爲之困矣。故浙中不如福建，浙西又不如浙東，江東又不如江西。越近都處，越不好。淳。義剛同。

浩曰：「江浙税重。昨日來，路問村人，見得此間只成十一之税。」曰：「嘗見前輩説，閩中真是樂國。某初只在山間，不知外處事，及到浙東，然後知吾鄉果是樂地。今只汀州全做不得，彼處屢經寇竊，逃亡者多。遺下産業，好者上户占去，不好者勒鄰至耕佃。鄰至無力，又逃亡。所有田業或抛荒，或隱没，都無歸著。又，官科鹽於民，歲歲增添。此外有名目科斂不一，官艱於催科，民苦於重斂，更無措手足處。守倅只利俸厚，得俸便了，更不恤大體，須是得監司與理會。亦近説與應倉了，不知如何。」浩云：「要好，得監司去地頭置局，與理會一番，直是見底方可住。」先生擊節曰：「此是至切之論！某之見正是如此。」浩。

黄仁卿將宰樂安，論及均税錢，曰：「今説道『税不出鄉』。要之，税有輕重，如何不出鄉得？若教税不出州時，庶説稍均得。」先生曰：「『税不出鄉』，只是古人一時間尋得這説，去防那一時之弊。而今耳裹聞得，却把做箇大説話。但只均税錢，也未盡，須是更均税物方得。且如福州納税，一錢可以當這裹十錢，而今便須是更均那税物。」又曰：「往在漳州，見有退税者，不是一發退了；謂如春退了税後，秋又要退苗，却不知别郡如何。然畢竟是名目多後，恁地。據某説時，只教有田底便納米，有地底便納絹，只作兩鈔；官司亦只作一倉一場。如此，百姓與官司皆無許多勞攘。」又曰：「三十年一番經界方好。」又曰：「元稹均田圖惜乎不見！今將他傳來考，只有兩疏，却無那圖。然周世宗一見而喜之，便欲行，想見那圖大段好。嘗見陸宣公奏議後面説那口分世業，其纖悉畢盡，古人直是恁地用心！今人若見均田圖時，他只把作鄉司職事看了，定是不把作書讀。今如何得有陸宣公樣秀才！」又曰：「林勳本政書每鄉開具若干字號田，田下注人姓名，是以田爲母，人爲子，説得甚好。」義剛。

楊通老相見，論納米事。先生曰：「今日有一件事最不好：州縣多取於民，監司知之當禁止，却要分一分！　此是何義理！」又論廣西鹽，曰：「其法亦不密。　如立定格，六斤不得過百錢，不知去海遠處，搬擔所費重。　此乃許子之道。　但當任其所之，隨其所鬻，則其價自平。　天下之事所以可權衡者，正謂輕重不同。　乃今一定其價，安得不弊！」又論汀寇止四十人，至調泉、福、建三州兵；臨境無寇，須令汀守分析。　先生曰：「纔做從官不帶職出，便把這事做欠闕；見風吹草動，便喜做事，不顧義理，只是簡利多害少者爲之。　今士大夫皆有此病。」可學。

嘗謂爲政者當順五行，修五事，以安百姓。　若曰賑濟於凶荒之餘，縱饒措置得善，所惠者淺，終不濟事。　道夫。　賑民。

今賑濟之事，利七而害三，則當冒三分之害，而全七分之利。　不然，必欲求全，恐併與所謂利者失之矣！　人傑。

「余正甫説時，煞説得好，雖有智者爲之計，亦不出於此。　然所説救荒賑濟之意固善，而上面取出之數，不節不可。」直卿云：「制度雖只是這箇制度，用之亦在其人。　如糴米賑饑，此固是。　但非其人，則做這事亦將有不及事之患。」曰：「然。」賀孫。

賑濟之策，初且大綱；如抄人口之類，亦且待其抄來如何。　如不實，有人訟，然後或添或去，却罪官吏。　一細碎，便生病。　屯田亦然，且理會大處。　如薛士龍輩皆有一定格子，細細碎碎，皆在我手，尚得。只一出使委人，如何了得！又此等事，須是上下一心方行得。揚。

直卿言：「辛幼安帥湖南，賑濟榜文祇用八字，曰：『劫禾者斬！閉糴者配！』」先生曰：「這便見得他有才。此八字，若做兩榜，便亂道。」又曰：「要之，只是粗法。」道夫。

李壽翁啓請要移義倉放鄉下，令簿尉月巡之，丞三月一巡之。先生曰：「如此，則丞、簿、尉只幹辦此事也不給，都無力及其他事矣。又月月官出擾鄉人一番，也是行不得。」後被朝廷寫下常平法一卷下來，也不道是行得行不得，只休了。又有一官人，要令逐縣試過了，方得來就試。先生云：「且如福州十二縣，今只一處弊；逐處試過，却有十二處弊！」揚。

今日莫備於役法，亦莫弊於役法。振。役民。

問：「差役、雇役孰便？」曰：「互有得失。而今所謂雇役便者，即謂不擾税人；然聚浮浪無根著之人在那裏，又多害事。所謂差役便者，即謂税人自顧藉愛惜；然其爲之者，多有破家蕩産之患。蓋緣既教他作衙前，少間庫厨都教他管，便自備這物事，以供應官員，大有不便。祖宗時却有坊場、河渡以補之，謂之『優重』也。」夔孫。

因論役法，曰：「差役法善。晁以道嘗有劄子，論差役有十利。」僩。

「彭仲剛子復作台州臨海縣，理會役法甚善。朝廷措置役法，看如何措置，終是不公。

且如鄉有寬狹，寬鄉富家多，狹鄉富家少；狹鄉富家靳靳自足，一被應役，無不破家蕩産，極可憐憫！彭計一縣有幾鄉，鄉有闊狹，某鄉多富家，某鄉少富家，却中分富家，以畀兩鄉，令其均平。其有不均處，則隨其道里遠近分割裨補，令其恰好，人甚便之。」或曰：「恐致人怨。」曰：「不怨。蓋其公心素有以信於民，民自樂之；雖非法令之所得爲，然使民宜之，亦終不得而變也。又有所在利於爲保正而不利於爲保長者。蓋保長催税，其擾極多。某在紹興，有人訴不肯爲保長，少間却計會情願做保正，某甚嘉之，以爲捨易而就難。及詢之士人，乃云保長難於保正。又有計會欲爲保長者，蓋有所獲於其中。所在風俗不同，看來只用倍法：若産錢滿若干，當爲保正；外又計其餘産若干，當爲保長；若産錢倍多，則須兩番爲保正。如此，則無争。又，催税之法，頃見崇安趙宰使人倈由子，分爲幾限，令百姓依限當廳來納，甚無擾。及過隆興，見帥司令諸邑倈由子催税，而責以十限。縣但委之吏手，是時饑餓民甚苦之，恣爲吏人乞覓。或所少止七百，而限以十限，每限自用百錢與吏；或欲作一項輸納，吏又以違限拒之；或所少不滿千錢，而趁限之錢，則已踰千矣。其擾不可言。所以做官難，非通四方之風俗情僞，如何了得！」僩。

李丈問：「保正可罷否？」曰：「這箇如何罷得？但處之無擾可矣。」曰：「此自王荆公始否？」曰：「保正自古有，但所管人户數有限。今只論都，則人數不等，然亦不干人數多寡。若無擾，雖所管千百家，亦不爲勞苦；若重困之，雖二十家亦不勝矣。」淳。

因論保伍法，或曰：「此誠急務。」曰：「固是。先王比閭保伍之法，便是此法，都是從這裏做起，所謂『分數』是也。兵書云：『御衆有多寡，分數是也。』看是統馭幾人，只是分數明，所以不亂。王介甫鋭意欲行保伍法，以去天下坐食之兵，不曾做得成。范仲達名如璋，太史之弟。爲袁州萬載令，行得保伍極好。自來言保伍法，無及之者。此人有心力，行得極整肅；雖有姦細，更無所容。每有疑以無行止人，保伍不敢著，互相傳送至縣，縣驗其無他，方令傳送出境。訖任滿，無一寇盜。頃張定叟知袁州，託其訊問，則其法已亡，偶有一縣吏略記大概。」僩。

某保甲草中所説縣郭四門外置隅官四人，此最緊要，蓋所以防衞縣郭以制變。縣有官府、獄訟、倉庫之屬，須是四面有箇防衞始得。一箇隅官，須各管得十來里方可；諸鄉則只置彈壓之類，而不復置隅官；默寓箇大小相維之意於其間。又，後面「子弟」一段，須是著意理會。這箇子弟，真箇要他用，非其他泛泛之比。須是别有箇拔擢旌賞以激勸之，乃可。此等事難處，須是理會教他整密無些罅縫，方可。僩。

「歸正人」，元是中原人，後陷於蕃而復歸中原，蓋自邪而歸於正也。「歸明人」，元不是中原人，是傜洞之人來歸中原，蓋自暗而歸於明也。如西夏人歸中國，亦謂之「歸明」。燾。

論財

今朝廷之財賦不歸一，分成兩三項，所以財匱。且如諸路總領贍軍錢，凡諸路財賦之入總領者，户部不得而預也。其他則歸户部，户部又未盡得。凡天下之好名色錢容易取者、多者，皆歸於内藏庫、封樁庫，惟留得名色極不好、極難取者，乃歸户部。故户部所得者，皆是枷棒栲箠得來，所以户部愈見匱乏。封樁内藏，孝宗時鋭意恢復，故愛惜此錢，不肯妄用。間欲支，則有司執奏，旋悟而止。及至今日，則供浮費不復有矣。今之户部、内藏，正如漢之大農、少府錢。大農，則國家經常之費；少府，則人主之私錢。

今之户部，但逐時了得些以支撥都下軍馬之類。如無，又借出内藏錢以充之。凡天下財賦到，即分幾多入内庫，幾多入何處，幾多入户部。王宣子爲户部時，曾去理會。虞并甫不樂，罷黜之。揚。

因致道説國家財用耗屈，某人曾記得，在朝文臣每月共支幾萬貫，武臣及内侍等五六十萬貫。曰：「唐初節度使皆是臨陳對敵，平定禍亂，故得此官。今因唐舊，而節度使之名不罷，皆安居暇食，安然受節度使之重禄，豈不是無謂！似聞蔡京當國，曾欲罷之。」賀孫。

宗室俸給，一年多一年。駸駸四五十年後，何以當之？事極必有變。如宗室生下，便有孤遺請給。初立此條，止爲貧窮全無生活計者，那曾要得恁地泛及！賀孫。

因言宗室之盛，曰：「頃在漳州，因壽康登極恩，宗室重試出官，一日之間，出官者凡六十餘人。州郡頓添許多俸給，幾無以支吾。朝廷不慮久遠，宗室日盛，爲州郡之患，今所以已有一二州郡倒了。緣宗室請受浩翰，直是孤遺多。且如一人有十子，便用十分孤遺請受；有子孫多，則寧不肯出官。蓋出官，則其子孫孤遺之俸皆止，而一官之俸，反不如孤遺衆分之多也。在法，宗室無依倚者，方得請孤遺俸，有依倚者不得請。有依倚，謂其伯叔兄弟有官可以相依倚，而不至於困乏。今則有伯叔兄弟爲官者，反得憑勢以請孤遺之俸；而真孤遺無依倚者反艱於請，以其無援，而州郡沮抑之也。不知當初立法如何煞有不公處！如宗室丁憂，依舊請俸；宗室選人待闕，亦有俸給；恩亦太重矣。朝廷更不思久遠，他日爲州郡之害未涯也。如漢法：宗室惟天子之子，則裂土地而王之；其王之子，則嫡者一人繼王，庶子則皆封侯；侯惟嫡子繼侯，而其諸子則皆無封。故數世之後，皆與庶人無異，其勢無以自給，則不免躬農畝之事。如光武少年自販米，是也。漳泉宗室最多。南外、西外，在彼宮中不能容，則皆出居於外。」因問西外、南外。曰：「徽宗以宗室衆多，京師不能容，故令秦王位下子孫出居西京，謂之『西外』；太祖位下子孫出居南京，謂之『南外』。及靖康之亂，遭虜人殺戮虜掠之餘，能渡江自全者，高宗亦遣州郡收拾。於是皆分置福、泉二州，依舊分太祖、秦王位下而居之也。居於京師者，皆太宗以下子孫。太宗子孫是時世次未遠，皆有緦麻服，故皆處於京師。而太宗以下，又自分兩等，濮園者尤親，蓋濮邸比那又争兩從也。濮園之親，所謂『南班宗室』是也。近年如趙不流之屬皆是南班，其恩禮又優。故濮園位下女事人者，其夫皆有官。」因言：「京師破時，黄唐傳爲宗正官，以宗室簿籍獻於虜，虜依簿搜索，無一人能逃匿者。又，徽宗、淵聖諸子，皆是宦者指名取索，亦無一人能免者，言之痛傷！虜人初破京城時，只見來索近上寵倖用事底宦者數人；人莫測之，但疑其欲效此間置官，依倣宫闈間事耳。乃是呼去問諸王諸公主所在，宫人有幾位，諸王有幾位，兩宫各有多少，并宫中寶玉之藏各有幾所。宦者一一聲説，略不敢隱。其有宫中秘藏寶玉之物，外人不得知者，虜人皆來索取，皆是宦者教之也。方搜捕諸王宗室時，吴革獻議於孫傅，欲藏匿淵聖之子，年十許歲，以續趙祀，而取外人一子狀貌年數相似者，殺之以獻虜，云皇子出閤，爲衆人争奪蹂踐而死。孫傅不敢擔當，竟不敢爲，只得兩手付之，無一箇骨肉能免者，可痛！」問：「吴革是時結連義兵，欲奪二聖，爲范瓊誘殺之。不知當時若從中起，能有濟否？」曰：「也做不得，大勢去矣！古人云：『懔乎若朽索之馭六馬！』豈不是如此？只這裏才操縱少緩，其終便有此禍，可不慄慄危懼！從古以來如此。如唐高祖太宗之子孫被武后殺盡，其間不絶如綫。唐明皇奔迸流離，其子孫皆餓死，中更幾番禍亂，殺戮無遺，哀哉！」卓。

或論會子之弊。曰：「這物事輕了，是誘人入於死地。若是一片白紙，也直一錢在。而今要革其弊，須是從頭理會方得。」燾。

或欲通銅錢出淮，先生深以爲不然。云：「東南銅錢已是甚少，其壞之又多端。私鑄銅器者，動整四五緡壞了。只某鄉間舊有此，想見別處更多。又有海船之泄，海船高大，多以貨物覆其上，其内盡載銅錢，轉之外國。朝廷雖設官禁，那曾檢點得出！其不廉官吏反以此爲利。又其一，則淮上透漏，監官點閲税物，但得多納幾錢，他不復問。銅錢過彼極有利，六七百文可得好絹一匹。若更不禁，那箇不要帶去？又聞入川中用，若放入川蜀，其透漏之路更多。」賀孫。

論淮西鐵錢交子，曰：「交子本是代錢，今朝廷只以紙視之。今須是銅錢交子不得用於淮，鐵錢交子不得用於江南。又須江南官司置場，兑换銅錢交子，乃可行耳。」人傑。

「兩淮鐵錢交子，試就今不行處作箇措置，不若禁行在會子不許過江，只專令用交子。如淮人要過江買賣，江南須自有人停榻交子，便能换錢。又不若朝廷捐數萬貫錢在江南收買交子，却發過淮南，自可流通。」必大曰：「不許行在會子過淮，此恐難禁。」先生以爲然。必大因言：「鐵錢之輕，亦緣積年鑄得多了，又只用之淮上十餘郡，所以至此益賤。」先生遂言：「古者只是荒歲方鑄錢。周禮所謂『國凶荒札喪，則市無征而作布』，既可因此以養饑民，又可以權物之重輕。蓋古人錢闕，方鑄將來添。今淮上亦可且住鑄數歲，候少時却鑄。」次年，臣僚請罷舒蘄鼓鑄。必大。

閩下四州鹽法分税，上四州官賣。浙東紹興四州邊海亦合如閩下四州法，而官賣之，故其法甚弊。揚。

朱子語類卷第一百一十二

朱子九

論官

周不置三公之官，只是冢宰以下六卿爲之。周公嘗以冢宰爲太師，顧命乃同召太保奭、芮伯、彤伯、畢公、衞侯、毛公。注謂此六卿也，「稱公則三公矣」。揚。

或問：「漢三公之官與周制不同，何耶？」曰：「漢初未見孔壁古文尚書中周官一篇説太師、太傅、太保爲三公。或録云：「自古文尚書出，方有周官篇。伏生口授二十五篇無周官，故漢只置太尉、司徒、司空爲三公，而無周三公、三少，蓋未見古文尚書。」但見伏生口授牧誓、立政篇中所説司徒、司馬、司空，遂誤以是爲三公而置之。愚按：「漢高后元年，初置少傅。平帝元始元年，又置太保、太師。然當時所建三公，實司徒、司馬、司空，非此之謂。但因其字義，以爲師、保之職，故亦甚尊崇之，位在三公上。東漢稱爲上公，後世易爲三師，皆是意也。使西漢明見周官，有所據依，必不若是舛矣。」又按：漢書百官表中却曰：「太師、太傅、太保，是爲三公。」又曰：「或説司馬主天，司徒主人，司空主土，是爲三公。」其説與周官合者，豈孔氏書所謂「傳之子孫以貽後代」者，至是私有所傳授，故班固得以述之歟？抑但習聞其説無所折衷，故兩存之而不廢耶？古文尚書至東晉時因内史梅頤始行于世。東晉之前，如揚雄以酒誥爲虚談，趙岐、杜預以説命、皋陶謨等篇爲逸書，則其證也。古者，諸侯之國只得置司徒、司馬、司空三卿。爲天子，方得置三公、三孤六卿。牧誓、立政所紀，周是時方爲諸侯，乃侯國制度。周官所紀，則在成王時，所以不同。三公、三孤以師道輔佐天子，本是加官。周公以太師兼冢宰，召公以太保兼宗伯，是以加官而兼宰相之職也。上數語疑有未圓處。後世官職益紊，今遂以三公、三孤之官，爲階官貼職之類，不復有師保之任，論道經邦之責矣。舊來猶是文臣之有勳德重望者方除，以其有輔教天子之名故也。後世或以諸王，或以武臣爲之，既是天子之子與武臣，豈可任師保之責耶？訛謬承襲，不復釐正。祖宗之法，除三孤、三公者必須建節；或録云：「今加三公者，又須加節度使。朝廷又極惜節度使，蓋節度使每月請俸千餘緡，所以不輕授人。本朝如韓、富、文、杜諸公欲加三公、少，須建節，不知是甚意。」加檢校太子少保、少師之類，然後除開府儀同三司；既除開府，然後除三孤、三公。南渡以來，如張、韓、劉、岳諸武臣猶是如此。今則不然，既建節後，便抹過檢校，徑除開府，至三孤、三公矣。或録云：「『或和開府抹過，加三公、三少者有之。』又曰：『檢校開府以上，蔭子便得文官。文臣爲樞密直學士者，蔭子反得武官。如富鄭公家子弟有爲武官者是也。五代以武臣爲樞密使，武臣或不識字，故置樞密直學士，令文臣輔之，故奏子皆得武官，本朝因而不廢。文官自金紫轉特進開府，然後加三公、三少，如富、韓諸公是如此。本朝置三太、三少，而無司徒、司馬、司空之三公。然韓、杜諸公有兼司徒、司空，又有守司空者，皆不可曉。」神宗贈韓魏公尚書令，令後世不得更加侍中中書令，著爲定制，其禮極隆。本朝惟韓公爲然。饒録云：「蓋已前贈者皆是以中書令兼尚書令，神宗特贈尚書令者，其禮極重。」後來蔡京改官制，遂奏云：『昔太宗皇帝嘗爲尚書令，今後更不除尚書令。』殊不知爲尚書令者，乃唐太宗也。故唐不除尚書令，惟郭子儀功高特除，子儀堅不敢受，曰：『昔者太宗皇帝嘗爲此官，非人臣敢居。』朝廷遂加『尚父』之號。蔡京名爲紹述熙豐故事，却恣意紛更，不知訛舛，舉朝莫不笑之，而不敢指其非。又奏徽宗云：『嘗面奉神宗聖旨，令改造尚書省。』尚書省者，神宗所造，規模極雄偉，國朝以來，官府所未有。訖工，神宗幸之，見壯麗如此，出令云：『今後輒敢少有更易者，以違制論！』自後宰相居之，輒不利：王珪病死，章子厚、韓忠彦、蔡確皆相繼斥去。京惡之。是時蜀中有一士人姓家迎合其意，獻唐尚書省圖，云：『唐尚書省正廳在前，六曹諸司房在後，今皆反是；又土地堂在正廳之前，今却在後，所以宰相數不利。』京信其説，遂毁拆重造，比前苟簡逼仄之甚，無忌憚如此！」又曰：「本朝太宗嘗以中書令爲開封尹，由開封尹入禪大統，故後來不除中書令；尹開府者亦不敢正除，必加『權』字。蔡京改官制，遂除中書令，當除底不除，謂尚書令。不當除底却除；又，尹開封者更不帶『權』字。

其悖亂無知，皆此類也！又京以三公爲宰相，令人以『公相』呼己，而不得呼『相公』。後來秦檜亦如此，蓋倣此也。」或問：「僕射名義如何？」曰：「舊云，秦時置僕射，專主射，恐不然。禮云：『僕人師扶左，射人師扶右，即周官太僕之職。君薨以是舉。』僕射之名蓋起於此。以其朝夕親近人主，後世承誤，輒失其真，遂以爲宰相之號。如侍中、中書令、尚書令，亦是如此。侍中秦官，漢因之，多是侍衛人主，或録云：「或執唾壺虎子之屬，行幸則從，其初職甚微。」行則參錯於宦官之間。其初猶以儒者爲之，如武帝時孔安國爲侍中，嘗掌唾壺是也。以其日與人主相親，故浸以用事。尚書是掌羣臣書奏，如州郡開拆司，管進呈文字，凡四方章奏，皆由之以達。其初亦甚微，只如尚衣、尚食、尚輦、尚藥之類，亦緣居中用事，所以權日重。按：秦時少府遣吏四人，在殿中主發書，故謂之尚書。尚，猶主也。中書，因漢武帝游宴後庭，去外庭遠，始用宦者典事，謂之『中書謁者』；或録云：「故置中尚書，以宦者爲之。」置令、僕射，尤與人主親狎，故其權愈重。元帝時，弘恭爲令，石顯爲僕射，嘗權傾內外。按：蕭望之云：「中書政本，宜用士人。」蓋自武帝始用宦官出入奏事，非舊制也。及光武即位，政事不任三公，而盡歸臺閣，或録云：「臺即尚書，閣即禁中也。」三公皆擁虛器，凡天下事盡入於中書。或録作「中尚書」。嘗見後漢羣臣章奏首云：臣某『奏疏尚書』，猶今言『殿下』、『陛下』之類，雖是不敢指斥而言，亦足以見其居要地而秉重權矣。當時事無巨細，皆是尚書行下三公，或不經由三公，徑下九卿。或録云：「三公之權，反不如九卿，所以漢世宦者弄權用事。」故東漢時不惟尚書之權重，九卿之權亦重者，此也。按：光武不任三公，事歸臺閣者，蓋當時謂六尚書臺，猶今言尚書省也。曹操開魏王府，未敢即擬朝廷建官，或録云：「置中書。」但置秘書令，或録作「監」。簒漢之後，始改爲中書監。以其素承寵任，故荀勗自中書遷尚書監，人賀之，勗曰：『奪我鳳凰池，諸君何賀耶！』或録云：「『蓋尚書又不如中書之居中用事親密也。』問：『侍中是時爲何官？』曰：『黄門監，即今之門下省。左右散騎常侍，皆黄門監之屬也。』」西漢時中書之權重，東漢時尚書之權重，至此則中書之權復重，而尚書之權漸輕矣。」問：「『省』字何義？」曰：「省，即禁也。舊謂之『禁』，避漢元后父諱，遂改爲『省』。」僩用。或録少異。

古者人主左右攜提，執賤役，若虎賁綴衣之類，皆是士大夫，日相親密，所謂「侍御僕從，罔匪正人，以旦夕承弼厥辟；出入起居，罔有不欽；發號施令，罔有不臧」。不似而今大隔絶，人主極尊嚴，真如神明；人臣極卑屈，望拜庭下，不交一語而退。漢世禁中侍衛亦是士大夫，以孔安國大儒而執唾盂，雖儀盆亦是士人執之。宋文帝時，大臣劉湛入見，則與坐語，初間愛之，視日影之斜，惟恐其去；後來厭之，視日景之斜，惟恐其不去，後竟殺之！魏明帝初説：「大臣太重則國危，小臣太親則身蔽。」當時於大臣已爲之處置。後來左右小臣親密，至使中書令某人上床執手，强草遺詔，流弊便有此事。漢宣懲霍光之弊，事必躬親，又有宦者恭顯出來。光武懲王莽之弊，不任三公，事歸臺閣。尚書、御史大夫、謁者，謂之「三臺」。義剛。

昔周公立許多官制，都有統攝連屬。自秦漢而下，皆是因一事立一官，便無些統攝連屬了。燾。

尚書、尚衣、尚食，尚乃主守之意，秦語作平音。淳。

漢御史大夫，如本朝參知政事。義剛。

唐官皆家京師。賀孫。

唐之僕射，即今之特進。他只是恁轉將去。義剛。

唐之兵盡付與刺史、節度使。其他牙將之類，皆由刺史、節度使辟置，無如今許多官屬。廣。

唐之朝廷，有親衛，有勳衛，有翊衛。親衛，則以親王侯之子爲之；勳衛，則以功臣之子弟爲之；翊衛，則惟其所選。公謹。

或問東宫官屬。曰：「唐六典載東宫官制甚詳，如一小朝廷。置詹事以統衆務，則猶朝廷之尚書省也。置左右二春坊以領衆局，則猶中書、門下省也。左右春坊又皆設官，有各率其屬之意。崇文館猶朝廷之館閣，贊善大夫猶朝廷之諫議大夫。其官職一視朝廷而爲之降殺，此等制度猶好。今之東宫官屬極苟簡。左右春坊，舊制皆用賢德者爲之，今遂用武弁之小有才者，其次惟有講讀數員而已。如贊善大夫諸官，又但爲階官，非實有職業。神宗以唐六典改官制，乃有疏略處，如東宫官屬之不備是也。某舊嘗入一劄子，論東宫官制疏略，宜放舊損益之。不報。」又曰：「唐之官制，亦大率因隋之舊。府、衛，租、庸、調之法，皆是也。當時大亂殺傷之後，幾無人類，所以宇文泰與蘇綽能如此經營。三代而下，制度稍可觀者，唯宇文氏耳。蘇綽一代之奇才，今那得一人如此！」儒用。

唐六典，明皇時所撰，雖有是書，然其建官却不依此。其書却是齊整，然其説一切繁冗迂曲。神宗喜之，一一依此定官制。神宗本欲富强，其後因此皆迂曲緩弱了。左僕射行事，右丞相取旨，温公元祐間甚苦之，入文字要改祖宗官制，雖名不齊整，然其實徑直。紹興間以其不便，方改之，二相之權均矣。揚。

因論神宗官制，右相反重：「前漢官制雖亂道，却是實主事，神宗時反徇名亡實。漢初制中書，後武帝倦勤，遂置内中書，宦官爲之，石顯之類是也。温公亦私造得一制度：左相主禮、吏、户三部，右相主兵、刑、工三部。後有一人要令六部尚書得自執奏，亦不行。今左右相兼掌三省事。」揚。

「方今朝廷只消置一相，三參政兼六曹，如吏兼禮，户兼工，兵兼刑。樞密可罷，如此則事易達。又如宰相擇長官，長官却擇其寮。今銓曹注擬小官，繁據而又不能擇賢。每道只令監司差除，亦好。每道仍只用一監司。」人傑因舉陸宣公之言，以爲「豈有爲臺閣長官則不能擇一二屬吏，爲宰相則可擇千百具寮」！曰：「此説極是。當時如沈既濟，亦有此説之意。」人傑。

嘗與劉樞言：「某做時，且精選一箇吏部尚書，使得盡搜羅天下人才；諸部官長得自辟屬官，却要過中書、吏部尚書考察。朝官未闕人時，亦未得薦。俟次第闕人，却令侍從以下各舉一人二人。只舉一二人，彼亦不敢以大段非才者進。今常常薦人，一切都淡了。又併天下監司，一路只著一漕一憲，茶鹽將兼了。」因論尹穡不著胸中不好時，却尚解理會事。當時多併了官司，後來又復了。揚。

陳同父謂：「今要得國富兵强，須是分諸路爲六段，六曹尚書領之。諸州有事，祇經諸曹尚書奏裁取旨。又每一歲或二歲，使一巡歷，庶幾下情可達。」先生曰：「若廣中四川之類，使之巡歷，則其本曹亦有廢弛之患。」陳曰：「劇曹則所領者少，若路遠則兵、工部可爲也。」曰：「此亦是一説。」道夫。

古者王畿千里而已，然官屬已各令其長推擇。今天下之大，百官之衆，皆總於吏部。下至宰執幹辦使臣，特其家私僕爾，亦須吏部差注，所以只是衮衮地鶻突差將去，何暇論其人之材否！今朝廷舉事，三省下之六部，六部下之監寺，監寺却申上六部，六部又備申三省，三省又依所申行下。只祠祭差官，其人不過在朝職事官，其姓名亦豈難記！然省中必下之禮部，禮部行下太常，太常方擬定申部，部申省，省方從其所申差官，不知何用如此迂曲？只三省事亦然，尚書關中書取旨，中書送門下審覆，門下送尚書施行。又如既有六部，即無用九卿。周家只以六卿分職，漢人只以九卿釐庶務，事各歸一。本朝建官重三疊四，多少勞擾！此須大有爲後痛更革之。若但宰相有志，亦不能辦，必得剛健大有爲之君自要做時，方可。書曰：「亶聰明作元后，元后作民父母。」須是剛明智勇、出人意表之君，方能立天下之事。又如今諸路兵將官，有總管、路分、路鈐、都監、監押、正將、副將，都不曾管一事。廂軍既無用，又養禁軍；禁軍又分揀中、不揀中兩等，然亦無用，又別養大軍；今大軍亦漸如廂、禁軍矣！此是耗蠹多少！「通其變，使民不倦」，今變而不通，民皆倦了，故鼓舞不動。國初緣藩鎮彊，故收其兵權，置通判官，故已無前日可防之弊，却依舊守此法，可謂不知變也。只通判是要何用？繆者事事不管，只任知州自爲；彊者又必妄作以撓郡政，是何益哉！必大。

「自秦置守、尉、監，漢有郡守，刺史如今監司，專主按察。至漢末令刺史掌兵，遂侵郡守之權，兼治民事，而刺史之權獨重。後來或置或否。漢有十二州，百三郡，郡有太守，州有刺史。歷代添置州名愈多而郡愈少。又其後也，遂去郡而爲州，故刺史兼治軍民而守廢。至隋，又置郡守。後又廢守，置刺史，而刺史遂爲太守之職。某嘗説，不用許多監司。每路只置一人，復刺史之職，正其名曰按察使，令舉刺州縣官吏。其下却置判官數員以佐之，如轉運判官、刑獄判官、農田判官之類。農田專主婚、田，轉運專主財賦，刑獄專主盜賊，而刺史總之。稍重諸判官之權，資序視通判，而刺史視太守。判官有事欲奏聞，則刺史爲之發奏。刺史不肯發，則許判官自徑申御史臺、尚書省，以分刺史之權。蓋刺史之權獨專，則又不便。若其人昏濁，則害貽一路，百姓無出氣處，故又須略重判官之權。諸判官下却置數員屬官，如職幕官之類。如此，則重權歸一，太守自治州事，而刺史則舉刺一路，豈不簡徑省事，而無煩擾耗蠹之弊矣。」問：「今之主管，資格亦視通判？」曰：「然。但權輕不能有所爲，只得奉承運使而已。若分爲判官，俾得專達，則其權重，而監司亦不敢妄作矣。」僩。

姚崇擇十道使之説甚善。范富天章所條，亦只説到擇監司而已。今諸路監司猥衆，恰如無一般。不若每路只擇一賢監司，其餘悉可省罷。䕫。

監司，每路只須留一人。揀其無風力者，且與一郡而擇去之。必大。

銓擇之法，只好京官付之監司，選人付之郡守，各令他隨材擬職；州申監司，監司申吏部，長貳審察聞奏，下授其職。却令宰相擇監司，吏部擇郡守。如此，則朝廷亦可無事，又何患其不得人！道夫。

朝廷只當擇監司、太守，自餘職幕縣官，容他各辟所知，方可責成。天下須是放開做，使恢恢有餘地乃可。浩。

因論薦舉之弊，曰：「亦不難革。只是擇諸路監司，并得一好吏部尚書，揀薦得不是人材者退去，便須得人。今胡亂薦來，但不犯贓罪便得。若犯了贓，不過降得兩官，安得不胡薦！」𥳑。

監司薦人，後犯贓犯罪，須與鐫三五資：正郎則降爲員郎，員郎則降爲承議郎以下。若已爲侍從，或無職名可鐫，則鐫其俸，或一切不與奏薦。如此，則方始得它痛，恁地也須怕。今都不損它一毫！道夫。

只管説官冗，何不於任子上更減？今員外所得恩數，展至正郎，正郎恩數，迤邐展上。合奏京官者，且與選人，又何害？不肯索性理會一番，只是恐人怨謗。祖宗時亦幾次省削了，久而自定，何足恤耶！浩。

兵制、官制、田制，便考得三代、西漢分明，然與今日事勢名實皆用不得。如官制，不若且就今日之官罷其冗員，存其當存者，亦自善。必大。

某嘗謂，宰相是舜、禹、伊、周差遣。下此，亦須房、杜、姚、宋之徒，方能處置得天下事。後之當此任者，怪他不能當天下之事不得。是他人品只如此，力量有所不足，如何强得！振。

客有爲固始尉，言淮甸無備甚。先生曰：「大臣慮四方，若位居宰相，也須慮周於四方，始得。如今宰相思量得一邊，便全然掉却那一邊。如人爲一家之長，一家上下也須常常都計掛在自家心下，始得。」賀孫。

今日言事官欲論一事一人，皆先探上意如何，方進文字。振。

先生閱報狀，見臺中有論列章疏，歎曰：「『射人須射馬，擒賊須擒王』，如何却倒了！」道夫。

「古人云，左史書言，右史書動。今也恁地分不得，只合合而記之。」直卿曰：「所可分者，事而已。」曰：「也分不得。所言底，便行出此事來。」道夫。

國子司業學官尚可爲。天下人材所聚，庶幾有可講學成就者。然今日爲之，明日便當改作，使士人毋以利爲心。若君無尊德樂道之誠，必不能用。方。

治愈大則愈難爲，監司不如做郡，做郡不如做縣。蓋這裏有仁愛心，便隔這一重。要做件事，他不爲做，便無緣得及民。淳。

某嘗謂，今做監司，不如做州郡；做州郡，不如做一邑；事體却由自家。監司雖大於州，州雖大於邑，然都被下面做翻了，上面如何整頓！道夫。

爲守令，第一是民事爲重，其次則便是軍政，今人都不理會。道夫。

俞亨宗云：「某做知縣，只做得五分。」曰：「何不連那五分都做了？」自修。

襄陵許子禮作縣法，「開收人丁，推割産税」二句。方。

「開落丁口，推割産錢」，是治縣八字法。詞牒無情理者不必判。先減書鋪及勒供罪狀不得告訐之類。葉子昂催税，只約民間逐限納錢上州，縣不留錢。德明。

有一朋友作宰，通監司書，先説無限道理。陳公亮作帥，謂之曰：「若要理會職事，且不須此迂闊。」某以爲名言。人傑。

前輩説話可法。某嘗見吴公路云：「他作縣，不敢作旬假。一日假，則積下一日事，到底自家用做，轉添得繁劇，則多粗率不子細，豈不害事！」道夫。

謂李思永曰：「衡陽訟牒如何？」思永曰：「無根之訟甚多。」先生曰：「與他研窮道理，分別是非曲直，自然訟少。若厭其多，不與分別，愈見事多。」蓋卿。

問德粹：「婺源旱如何？」滕答云云。先生曰：「最有一件事，是今日大弊，旱則申雨，檢荒則云熟，火燒民家則減數奏。到處如此！」可學。

某人爲太守，當見客日分，先見過客，方接同官及寄居賓。人問其故。曰：「同官有稟議待商量區處，頗費時節。過客多是略見即行，若停軏在後，恐妨行色。」此事可法。賀孫。

朝廷設教官一件，大未是。後生爲教官，便做大了。只歷一兩任教官，便都不了世事。須是不拘科甲，到五十方可爲之；不然，亦須四十五。淳。

律：主簿管押一縣簿，凡事盡與之知；録事録一郡事，太守有事，許知録奏聞。謂之「知録」者，以官稍大，如今知縣之類。揚。

官無大小，凡事只是一箇公。若公時，做得來也精采。便若小官，人也望風畏服。若不公，便是宰相，做來做去，也只得箇没下梢。與立。

今之仕宦不能盡心盡職者，是無那「先其事而後其食」底心。端蒙。

嘗歎州縣官碌碌，民無所告訴。兼民情難知，耳目難得其人，看來如何明察，亦多有不知者。以此觀之，若是見得分明決斷時，豈可使有毫髮不盡！又歎云：「民情難知如此，只是將甚麽人爲耳目之寄！」賀孫。

如看道理，辨是非，又須是自高一著，方判決得别人説話。如堂上之人，方能看堂下之人。若身在堂下，如何看見子細！又如今兩人廝炒，自家要去決斷他，須是自家高得他。若與他相似，也斷他不得，況又不如他。李雖不與熟，嘗於其見先人時望見之，先人稱其人有才略。(曰)〔因〕〔一〕云：「今做官人，幾時箇箇是闒冗人？多是要立作向上。那箇不說道先著馭吏？少間無有不拱手聽命於吏者，這只是自家不見得道理，事來都區處不下。吏人弄得慣熟，却見得高於他，只得委任之。」又云：「如圍棊一般：兩人初著，那箇不要勝？誰肯去就死地自做活計？這只是見不高，無柰何。」賀孫。

胡致堂言：「(使)〔吏〕〔二〕人，不可使他知我有恤他之意。」此說極好。又曰：「此已是恤他不可恤。小處可恤，大處不可恤。」又曰：「三五十錢底可恤，若有人來理會，亦須治他。」節。

某與諸公說，下梢去仕宦，不可不知。須是有旁通歷，逐日公事，開項逐一記，了即勾之。未了，須理會教了，方不廢事。賀孫。

當官文書簿曆，須逐日結押，不可拖下。僩。

前輩檢驗皆有書，當官者不可不知。極多樣。僩。

因民户計較，沮撓社倉倉官，而知縣不恤，曰：「此事從來是官吏見這些米不歸於官

〔一〕據陳本改。

〔二〕據陳本改。

吏，所以皆欲沮壞其事。今若不存官倉，數年之間，立便敗壞。雖二十來年之功，俱爲無益。」賀孫。

「人居官要應副親戚，非理做事。只說道囑託所得貨賄，親戚受之。這是甚麼底事，敢胡亂做！」因說：「吴公路爲本路憲，崇安宰上世與之有契，在邑恣行，無所不至。有訴於吴，其罪甚衆。只謂其上世有恩於我，我今居官，終不成以法相繩，遂寬釋訟者遣之。斯人益肆其暴虐，邑民皆無所告訴。看來固當不忘上世之恩，若以私恩一向廢法，又如何當官！漢武帝不以隆慮公主之故而赦其子。昭平君雖其初以金錢豫贖其死罪，後竟付之法。云：『法令者，先帝之所造也。柰何以弟故廢先帝法，吾何面目入高廟乎！』東方朔上壽曰：『臣聞聖主爲政，賞不避仇讎，誅不擇骨肉。書曰：「不偏不黨，王道蕩蕩。」此二帝三王之所重也。陛下行之，天下幸甚！』夫『天討有罪』，是大小大事！豈可以私廢？」直卿云：「若是吴憲待崇安宰，雖當一付之法，還亦有少委曲否？」曰：「如恩舊在部屬，未欲一寘于法，亦須令尋醫去可也。」賀孫。

爲稅官，若是父兄宗族舟船過，只得稟白州府，請別委官檢稅，豈可直拔放去！所以祖宗立法，許相迴避。又曰：「臨事須是分毫莫放過。如某當官，或有一相識親戚之類，如此越用分明，不肯放過。」道夫。

或欲圖神綱厚賞者。曰：「譬如一盤珍饌，五人在坐，我愛喫，那四人亦都愛喫。我伸手去拏，那四人亦伸手去拏，未必果誰得之。能恁地思量，便自不去圖。古者權謀之士，雖千萬人所欲得底，他也有計術去必得。」淳。

過到溫陵回，以所聞岳侯對高廟「天下未太平」之問，云：「文臣不愛錢，武臣不惜命，天下當太平。」告之先生之前。只笑云：「後來武官也愛錢！」過。

朱子語類卷第一百一十三

朱子十

訓門人一

問："氣質弱者，如何涵養到剛勇？"曰："只是一箇勉强。然變化氣質最難。"以下訓德明。

"今學者皆是就册子上鑽，却不就本原處理會，只成講論文字，與自家身心都無干涉。須是將身心做根柢。"德明問："向承見教，須一面講究，一面涵養，如車兩輪，廢一不可。"曰："今只就文字理會，不知涵養，便是一輪轉，一輪不轉。"問："今只論涵養，却不講究，雖能閑邪存誠，懲忿窒慾，至處事差失，則柰何？"曰："未説到差處，且如所謂『居處恭，執事敬』，若不恭敬，便成放肆。如此類不難知，人却放肆不恭敬。如一箇大公至正之路甚分明，不肯行，却尋得一線路與自家私道合，便稱是道理。今人每每如此。"

問：「涵養於未發之初，令不善之端旋消，則易爲力；若發後，則難制。」曰：「聖賢之論，正要就發處制。惟子思説『喜怒哀樂未發謂之中』。孔孟教人，多從發處説。未發時固當涵養，不成發後便都不管！」德明云：「這處最難。」因舉橫渠「戰退」之説。曰：「此亦不難，只要明得一箇善惡。每日遇事，須是體驗。見得是善，從而保養取，自然不肯走在惡上去。」

次日又云：「雖是涵養於未發，源清則流清，然源清則未見得，被它流出來已是濁了。須是因流之濁以驗源之未清，就本原處理會。未有源之濁而流之能清者，亦未有流之濁而源清者，今人多是偏重了。只是涵養於未發，而已發之失乃不能制，是有得於靜而無得於動；只知制其已發，而未發時不能涵養，則是有得於動而無得於靜也。」

問：「看先生所解文字，畧通大義，只是意味不如此浹洽。」曰：「只要熟看。」又云：「且將正文熟誦，自然意義生。有所不解，因而記録，它日却有反復。」

德明問：「編喪、祭禮，當依先生指授，以儀禮爲經，戴記爲傳，周禮作旁證。」曰：「和通典也須看，就中却又議論更革處。」語畢，却云：「子晦正合且做切己工夫，只管就外邊文字上走，支離雜擾，不濟事。孔子曰：『操則存，舍則亡。』孟子曰：『學問之道無他，求其放心而已矣。』須如此做家計。程子曰：『心要在腔子裏，不可騖外。』此箇心，須是管著他子上理會，所以每每不相似。」又云：「正要克己上做工夫。」

不成事去。『行有餘力，則以學文。』『志於道，據於德，依於仁』，然後『游於藝』。今只就冊

有本末，須將操存工夫做本，然後逐段逐義去看，方有益，也須有倫序。只管支離雜看，都

正顏色，斯近信矣；出辭氣，斯遠鄙倍矣。籩豆之事，則有司存。』須有緩急先後之序，須

始得。且如曾子於禮上纖細無不理會過。及其語孟敬子，則曰：『動容貌，斯遠暴慢矣；

先生舉遺書云：「根本須先培壅然後可立趨向。」又云：「學者須敬守此心，不可急迫，當栽培深厚，涵泳於其間，然後可以自得。今且要收斂此心，常提撕省察。且如坐間說時事，逐人說幾件，若只管說，有甚是處！便截斷了，提撕此心，令在此。凡遇事應物皆然。」問：「當官事多，膠膠擾擾，柰何？」曰：「他自膠擾，我何與焉？濂溪云：『定之以中正仁義而主靜。』中與仁是發動處，正是當然定理處，義是截斷處，常要主靜。豈可只管放出不收斂！『截斷』二字最緊要。」

又云：「須培壅根本，令豐壯。以此去理會學，三代以下書，古今世變治亂存亡，皆當理會。今只看此數書，又半上落下。且如編禮書不能就，亦是此心不壯，須是培養令豐碩。呂子約『讀三代以下書』之說，亦有謂。大故有書要讀，有事要做。」

問：「五典之彝，四端之性，推尋根源，既知爲我所固有，日用之間，大倫大端，自是不

爽。少有差失，只是爲私欲所撓，其要在窒慾。」曰：「有一分私慾，便是有一分見不盡；見有未盡，便勝他私慾不過。若見得脱然透徹，私慾自不能留。大要須是知至，才知至，便到意誠、心正一向去。」又舉虎傷事。當時再三深思所見，及推太極動静、陰陽五行與夫仁義中正之所以主静者求教。曰：「據説，亦只是如此，思索亦只到此。然亦無可思索。此乃『雖欲從之，末由也已』處。只要時習，常讀書，常講貫，令常在目前，久久自然見得。」

問：「山居頗適，讀書罷，臨水登山，覺得甚樂。」曰：「只任閑散不可，須是讀書。」又言上古無閑民。其説甚多，不曾記録。大意似謂閑散是虚樂，不是實樂。

因説某人「開廣可喜，甚難得，只是讀書全未有是處。學者須是有業次。竊疑諸公亦未免如此」。德明與張顯父在坐，竦然聽教。先生言：「前輩諸賢，多只是略綽見得箇道理便休，少有苦心理會者。須是專心致意，一切從原頭理會過。且如讀堯舜典『曆象日月星辰』，『律、度、量、衡』，『五禮、五玉』之類，禹貢山川，洪範九疇，須一一理會令透。又如禮書冠、婚、喪、祭，王朝邦國許多制度，逐一講究。」因言：「趙丞相論廟制，不取荆公之説，編奏議時，已編作細注。不知荆公所論，深得三代之制。又不曾講究毁廟之禮，當是時除拆，已甚不應儀禮，可笑！子直一生工夫只是編奏議。今則諸人之學，又只是做奏議以下工夫。一種稍勝者，又只做得西漢以下工夫，無人就堯、舜、三代源頭處理會來。」

又與敬之説：「且如做舉業，亦須苦心理會文字，方可以決科。讀書若不苦心去求，不成業次，終不濟事。」

臨别，再言：「學者須是有業次，須專讀一書了，又讀一書。」德明起稟：「數日侍行，極蒙教誨。若得師友常提撕警省，自見有益。」曰：「如今日議論，某亦得温起一徧。」

問：「前承先生書云：『李先生云：「賴天之靈，常在目前。」如此，安得不進？蓋李先生爲默坐澄心之學，持守得固。後來南軒深以默坐澄心爲非。自此學者工夫愈見散漫，反不如默坐澄心之專。』」先生曰：「只爲李先生不出仕，做得此工夫。若是仕宦，須出來理會事。向見吴公濟爲此學，時方授徒，終日在裏默坐。諸生在外，都不成模樣，蓋一向如此不得。」問：「龜山之學云：『以身體之，以心驗之，從容自得於燕閑静一之中。』李先生學於龜山，其源流是如此。」曰：「龜山只是要閑散，然却讀書。尹和靖便不讀書。」

初七日稟辭，因求一言爲終身佩服，先生未答。且出，晚謁再請。先生曰：「早間所説用功事，細思之，只是昨日説『戒慎不睹，恐懼不聞』，是要切工夫。佛氏説得甚相似，然而不同。佛氏要空此心，道家要守此氣，皆是安排。子思之時，異端並起，所以作中庸發出此事；只是戒慎恐懼，便自然常存，不用安排。『戒慎恐懼』雖是四箇字，到用著時無他，只是緊鞭約令歸此窠臼來。」問：「佛氏似亦能慎獨。」曰：「他只在静處做得，與此不同。佛氏只是占便宜，討閑静處去。老莊只是占姦，要他自身平穩。」先生又自言：「二三年前，見得此事尚鶻突，爲他佛説得相似。近年來方見得分曉，只是『戒慎所不睹，恐懼所不聞』，如顔子約禮事是如此。佛氏却無此段工夫。」

先生極論戒慎恐懼，以爲學者切要工夫。因問：「遺書中『敬義夾持直上達天德』之語，亦是切要工夫？」曰：「不理會得時，凡讀書語言，各各在一處。到底只是一事。」又問：「『必有事焉而勿正』一段，亦是不安排，亦是戒慎恐懼則心自存之意？」曰：「此孟子言養氣之事。『必有事焉』，謂集義也。集義，則氣自長。亦難正他，亦難助他長。必有事而勿忘於集義，則積漸自長去。」

安卿問：「前日先生與廖子晦書云：『道不是有一箇物事閃閃爍爍在那裏。』固是如此。但所謂『操則存，舍則忘』，畢竟也須有箇物事。」曰：「操存只是教你收斂，教那心莫胡思亂想，幾曾捉定有一箇物事在裏！」又問：「『顧諟天之明命』，畢竟是箇甚麽？」曰：「只是説見得道理在面前，不被物事遮障了。『立則見其參於前，在輿則見其倚於衡』，皆是見得理如此，不成是有一塊物事光輝輝地在那裏。」義剛。

廖子晦得書來云：「有本原，有學問。」某初不曉得，後來看得他們都是把本原處是别有一塊物來模樣。聖人教人，只是致知、格物，不成真箇是有一箇物事，如一塊水銀樣，走來走去那裏。這便是禪家説「赤肉團上自有一箇無位真人」模樣。義剛。

以前看得心只是虛蕩蕩地，而今看得來，湛然虛明，萬理便在裏面。向前看得便似一張白紙，今看得，便見紙上都是字。廖子晦們便只見得是一張紙。義剛。

直卿言：「廖子晦作宰，不庭參，當時忤了上位，但此一節最可服。」先生曰：「庭參底固不是，然待上位來争，到底也不是。」義剛。

廖德明赴潮倅，來告别，臨行求一安樂法。曰：「聖門無此法。」

或問「誠敬」二字云云。先生曰：「也是如此。但不去做工夫，徒説得，不濟事。且如公一日間，曾有幾多時節去體察理會來？若不曾如此下工夫，只據册上寫底把來口頭説，雖説得是，何益！某常説與學者，此箇道理，須是用工夫自去體究。講論固不可闕，若只管講，不去體究，濟得甚事？蓋此義理儘廣大無窮盡，今日恁他説，亦未必是。又恐他只説到這裏，入深也更有在，若便領略將去，不過是皮膚而已；又不入思慮，則何緣會進？須是把來横看豎看，子細窮究。都理會不得底，固當去看；便是領略得去者，亦當如此看。看來看去，方有疑處也。此箇物事極密，毫釐間便相争，如何恁地疏略説得？若是那真箇下工夫到田地底人，説出來自别。漢卿所問雖若近似，也則看得淺。須是理會來，理會去，理會得意思到，似被膠漆粘住時，方是長進也。」因問：「『誠敬』二字如何看？」廣云：「先敬，然後誠。」曰：「且莫理會先後。敬是如何？誠是如何？」廣曰：「敬是把作工夫，誠則到自然處。」曰：「敬也有把捉時，也有自然時；誠也有勉爲誠時，亦有自然誠時。且説此二字義，敬只是箇收斂畏懼，不縱放；誠只是箇朴直慤實，不欺誑。初時須著如此不縱放，不欺誑；到得工夫到時，則自然不縱放，不欺誑矣。」以下訓廣。

廣云：「昨日聞先生教誨做工夫底道理。自看得來，所以無長進者，政緣不曾如此做工夫，故於看文字時不失之膚淺，則入於穿鑿。今若據先生之説，便如此著實下工夫去，則一日須有一日之功，一月須有一月之功，決不到虛度光陰矣。」先生曰：「昨日也偶然説到此。某將謂凡人讀書都是如此用功，後來看得却多不如此。蓋此箇道理問也問不盡，説也説不盡，頭緒儘多，須是自去看。看來看去，則自然一日深似一日，一日分曉似一日，一日簡易似一日，只是要熟。孟子曰：『仁，亦在乎熟之而已。』熟，則一喚在面前。不熟時，纔被人問著，便須旋去尋討，迨尋討得來時，意思已不如初矣。」

先生謂廣：「看文字傷太快，恐不子細。雖是理會得底，更須將來看。此不厭熟，熟後更看，方始滋味出。」因笑曰：「此是做『僞學』底工夫！」

先生諭廣曰：「今講學也須如此，更須於主一上做工夫。若無主一工夫，則所講底義理無安著處，都不是自家物事；若有主一工夫，則外面許多義理，方始爲我有，却是自家物事。工夫到時，才主一，便覺意思好，卓然精明；不然，便緩散消索了，没意思。」廣云：「到此侍教誨三月，雖昏愚，然亦自覺得與前日不同，方始有箇進修底田地，歸去當閉户自做工夫。」曰：「也不問在這裏不在這裏，也不説要如何頓段做工夫，只自脚下便做將去。固不免有散緩時，但才覺便收斂將來，漸漸做去。但得收斂時節多，散緩之時少，便是長進處。故孟子説：『學問之道無他，求其放心而已。』所謂『求放心』者，非是别去求箇心來存著，只才覺放，心便在此。孟子又曰：『雞犬放則知求之，心放則不知求。』某常謂，雞犬猶是外物，才放了，須去外面捉將來；若是自家心，便不用别求，才覺，便在這裏。雞犬放，猶有求不得時，自家心則無求不得之理。」因言：「横渠説做工夫處，更精切似二程。二程資稟高，潔浄，不大段用工夫。横渠資稟有偏駁夾雜處，他大段用工夫來。觀其言曰：『心清時少，亂時多。其清時，視明聽聰，四體不待羈束而自然恭謹；其亂時，反是。』説得來大段精切。」

先生又謂廣：「見得義理雖稍快，但言動之間，覺得輕率處多。『子曰：「仁者其言也訒。」』仁者之言，自不恁地容易。謝氏曰：『視聽言動不可易，易則多非禮。』須時時自省覺，自收斂，稍緩縱則失之矣。」翌日廣請曰：「先生昨日言廣言動間多輕率，無那『其言也訒』底意思，此深中廣之病。蓋舊年讀書，到適然有感發處，不過贊歎聖言之善耳，都不能玩以養心。自到師席之下，一日見先生泛説義理不是面前物，皆吾心固有者，如道家説存想法，所謂『鈆汞龍虎』之屬，皆人身内所有之物。又數日因廣誦義理又向外去，先生云：『前日説與公，道皆吾心固有，非在外之物。』廣不覺怵然有警於心！又一日侍坐，見先生説『如今學者大要在喚醒上』，自此方知得做工夫底道理。而今於静坐時，讀書玩味時，則此心常在；一與事接，則心便緩散了。所以輕率之病見於言動之間，有不能掩者。今得先生警誨，自此更當於此處加省察收攝之功。然侍教只數日在，更望先生痛加教飭。」先生良久舉伊川説曰：「『人心有主則實，無主則虚』。又一説却曰：『有主則虚，無主則實。』公且説看是如何？」廣云：「有主則實，謂人具此實然之理，故實；無主則實，謂人心無主，私欲爲主，故實。」先生曰：「心虚則理實，心實則理虚。『有主則實』，此『實』字是好，蓋指理而言也；『無主則實』，此『實』字是不好，蓋指私欲而言也。以理爲主，則此心虚明，一毫私意著不得。譬如一泓清水，有少許砂土便見。」

或問：「人之思慮，有邪有正。若是大段邪僻之思却容易制；惟是許多無頭面不緊要之思慮，不知何以制之？」曰：「此亦無他，只是覺得不當思慮底，便莫要思，便從脚下做將去。久久純熟，自然無此等思慮矣。譬如人坐不定者，兩脚常要行；但纔要行時，便自少覺莫要行。久久純熟，亦自然不要行而坐得定矣。前輩有欲澄治思慮者，於坐處置兩器，每起一善念，則投白豆一粒於器中；每起一惡念，則投黑豆一粒於器中。初時白豆少，黑豆多；後白豆多，黑豆少；後來遂不復有黑豆；最後則雖白豆亦無之矣。然此只是箇死法。若更加以讀書窮理底工夫，則去那般不正當底思慮，何難之有！又如人有喜做不要緊事，如寫字作詩之屬。初時念念要做，更遏捺不得。若能將聖賢言語來玩味，見得義理分曉，則漸漸覺得此重彼輕，久久不知不覺，自然剥落消殞去。何必横生一念，要得别尋一捷徑，盡去了意見，然後能如此？隔夕嘗有爲『去意見』之説者，此皆是不柰煩去修治他一箇身心了，作此見解。譬如人做官，則當至誠去做職業，却不柰煩去做，須要尋箇倖門去鑽，道鑽得這裹透時，便可以超躐將去。今欲去意見者，皆是這箇心。學者但當就意見上分真妄，存其真者，去其妄者而已。若不問真妄，盡欲除之，所以游游蕩蕩，虚度光陰，都無下工夫處。」因舉中庸曰：「『喜怒哀樂未發謂之中，發而皆中節謂之和。中也者，天下之大本；和也者，天下之達道。致中和，天地位焉，萬物育焉。』只如喜怒哀樂，皆人之所不能無者，如何要去得？只是要發而中節爾。所謂致中，如孟子之『求放心』與『存心養性』是也；所謂致和，如孟子論平旦之氣與充廣其仁義之心是也。今却不柰煩去做這樣工夫，只管要求捷徑去意見。只恐所謂去意見者，正未免爲意見也。聖人教人如一條大路，平平正正，自此直去，可以到聖賢地位。只是要人做得徹。做得徹時，也不大驚小怪，只是私意剥落净盡，純是天理融明爾。」又曰：「『興於詩，立於禮，成於樂。』聖人做出這一件物事來，使學者聞之，自然歡喜，情願上這一條路去。四方八面攛掇他去這路上行。」又曰：「所謂致中者，非但只是在中而已，纔有些子偏倚，便不可。須是常在那中心十字上立，方是致中。譬如射，雖射中紅心，然在紅心邊側，亦未當，須是正當紅心之中，乃爲中也。」廣云：「此非常存戒慎恐懼底工夫不可。」曰：「固是。只是箇戒慎恐懼，便是工夫。」廣云：「數日敬聽先生教誨做工夫處，左右前後，内外本末，無不周密，所謂盛水不漏。」曰：「『博我以文，約我以禮』，聖門教人，只此兩事，須是互相發明。約禮底工夫深，則博文底工夫愈明；博文底工夫至，則約禮底工夫愈密。」

廣請於先生，求「居敬窮理」四字。曰：「自向裏做工夫，何必此？」因言，昔羅隱從錢王巡錢塘城，見樓櫓之屬，陽爲不曉而問曰：「此何等物？」錢曰：「此爲樓櫓。」又問：「何用？」錢曰：「所以禦寇。」曰：「果能爾，則當移向内施之。」蓋風之以寇在内故也。

先生問廣：「到此幾日矣？」廣云：「八十五日。」曰：「來日得行否？」廣曰：「來早拜辭。」曰：「有疑更問。」廣云：「今亦未有疑。自此做工夫去，須有疑，却得拜書請問。」曰：「且自勉做工夫。學者最怕因循，莫説道一下便要做成。今日知得一事亦得，行得一事亦得，只不要間斷；積累之久，自解做得徹去。若有疑處，且須自去思量，不要倚靠人，道待去問他。若無人可問時，不成便休也！人若除得箇倚靠人底心，學也須會進。」

先生語漢卿：「有疑未決，可早較量。」答云：「眼前亦無所疑。且看做去有礙，方敢請問。」先生因云：「人說道頓段做工夫，亦難得頓段工夫。莫說道今日做未得，且待來日做。若做得一事，便是一事工夫；若理會得這些子，便有這些子工夫。若見處有積累，則見處自然貫通；若存養處有積累，則存養處自然透徹。」賀孫。

大雅謁先生於鉛山觀音寺，納贄拜謁。先生問所學，大雅因質所見。先生曰：「所謂事事物物各得其所，乃所謂時中之義。但所說大意却錯雜。據如此說，乃是欲求道於無形無象之中，近世學者大抵皆然。聖人語言甚實，且即吾身日用常行之間可見。惟能審求經義，將聖賢言語虛心以觀之，不必要著心去看他，久之道理自見，不必求之太高也。今如所論，却只於渺渺茫茫處想見一物懸空在，更無捉摸處，將來如何頓放，更没收殺。如此，則與身中日用自然判爲二物，何緣得有諸己？只看論語一書，何嘗有懸空說底話？只爲漢儒一向尋求訓詁，更不看聖賢意思，所以二程先生不得不發明道理，開示學者，使激昂向上，求聖人用心處，故放得稍高。不期今日學者乃捨近求遠，處下窺高，一向懸空說了，扛得兩脚都不著地！其爲害，反甚於向者之未知尋求道理，依舊在大路上行。今之學者却求捷徑，遂至鑽山入水。吾友要知，須是與他古本相似者，方是本分道理；若不與古本相似，盡是亂道。」以下訓大雅。

臨别請教，以爲服膺之計。曰：「老兄已自歷練，但目下且須省閑事，就簡約上做工夫。若舉業亦是本分事。且如前日令老兄作告子未嘗知義論，其説亦自好，但終是摶量，非實見得。如今人説人文字辭太多。不是辭多，自緣意少。若據某所見，『義内』即是『行有不慊於心則餒』，便自見得義在内。若徹頭徹尾一篇説得此理明，便是吾人日用事，豈特一篇時文而已！」

再見，因言：「去冬請違之後，因得一詩云：『三見先生道愈尊，言提切切始能安。如今決破本根説，不作從前料想看。有物有常須自盡，中倫中慮覺猶難。願言克己工夫熟，要得周旋事仰鑽。』」看畢，云：「甚好。」大雅云：「近却盡去得前病，又覺全然安了，忒煞無疑，恐難進步。且如南軒説『無適無莫』，『適是有所必，莫是無所主』，便見得不妥貼。程氏謂『無所往，無所不往，且要「義之與比」處重』，便安了。」曰：「此且做得一箇粗粗底基址在，尚可加工。但古人訓釋字義，無用『適』字爲『往』字者。此『適』字，當爲『吾誰適從』之『適』，音『的』，是端的之意。言無所定，亦無不定耳。張欽夫云：『「無適無莫」，釋氏謂有適、莫。』此亦可通。」問：「如何是粗粗底基址？」曰：「無所往，亦無所不往，亦無深害。但認得『義』字重，亦是。所謂粗者，如匠人出治材料，且成樸在，然後刻畫可加也。如云

『義』字，豈可便止？須要見之於事，那裏是義，那裏是不義。不可謂心安於此便是義。如宰我以食稻衣錦爲安，不成便是義！今所以要於聖賢語上精加考究，從而分别輕重，辨明是非，見得粲然有倫，是非不亂，方是所謂『文理密察』是也。自此應事接物，各當事幾，而不失之過，不失之不及，此皆精於義理之效也。」問：「此是『精義入神以致用』否？」曰：「所謂『精義入神』，不過要思索令精之又精，則見於日用自然合理。所謂『入神』，即此便是，非此外别有入神處也。如老兄詩云『中倫中慮』，只恁汎説何益？倫慮，只是箇倫理所在，要使言行有倫理爾。須是平時精考後躬行之，使凡一言一行皆出乎此理，則這邊自重。所謂『仰不愧，俯不怍』，浩然之氣亦從是生。若用工如此，方有進處。若如此進時，一齊俱進。聖賢見處，雖卒未可遽盡，然進進不已，自當隨力量有到處。若非就這上見得義理之正，則非特所學不可見於行，亦非此道之至。」因問：「『苟不至德，至道不凝焉。』離事物、舍躬行以爲道，則道自道，我自我，尚不能合一，安得有進？」曰：「然。」

再見，即問曰：「三年不相見，近日如何？」對云：「獨學悠悠，未見進處。」曰：「悠悠於學者最有病。某前此説話，亦覺悠悠，而學於某者皆不作切己工夫，故亦少見特然可恃者。且如孟子初語滕文公，只道『性善』。善學者只就這上便做工夫，自應有得。及後再見孟子，則不復更端矣。只説『世子疑吾言乎？夫道一而已矣』。顏淵曰：『舜何人也？

予何人也？有爲者亦若是。』以至『若藥不瞑眩，厥疾弗瘳』！其言激切如此，只是欲其著緊下工夫耳。又如語曹交一段，意亦同此。大抵爲學，須是自家發憤振作，鼓勇做去；直是要到一日須見一日之效，一月須見一月之效。諸公若要做，便從今日做去；不然，便截從今日斷，不要務爲説話，徒無益也。」大雅云：「從前但覺寸進，不見特然之效。」曰：「正爲此，便不曾離得舊窟，何緣變化得舊氣質？」

又曰：「學者做切己工夫，要得不差，先須辨義利所在。如思一事，非特財利、利欲，只每處求自家安利處便是，推此便不可入堯舜之道。切須勤勤提省，察之於纖微毫忽之間，不得放過。如此，便不會錯用工夫。」

問：「程先生云：『周羅事者，先有周羅之病在心；多疑者，先有疑病在心。』大雅則浩然無疑，但不免有周羅事之心。」曰：「此正是無切己工夫，故見他人事，須攬一分。若自己曾實做工夫，則如忍痛然。我自痛，且忍不暇，何暇管他人事？自己若把得重，則彼事自輕。」

因論古今聖賢千言萬語，不過只要睹是爾。曰：「睹是固好，然却只是結末一著，要得睹是，須去求其所以。」大雅曰：「不過致知窮理。」曰：「實做去，便見得所以處。」

再見，即曰：「吾輩此箇事，世俗理會不得。凡欲爲事，豈可信世俗之言爲去就！彼流俗何知？所以王介甫一切屏之。他做事雖是過，然吾輩自守所學，亦豈可爲流俗所梗？如今浙東學者多陸子静門人，類能卓然自立，相見之次，便毅然有不可犯之色。自家一輩朋友又覺不振，一似忘相似，彼則又似助長。」又曰：「大抵事只有一箇是非，是非既定，却揀一箇是處行將去。必欲回互得人人道好，豈有此理！然事之是非，久却自定。時下須是在我者無慊，仰不愧，俯不怍。别人道好道惡，管他！」

臨别請益。曰：「大要只在『求放心』。此心流亂，無所收拾，將甚處做管轄處？其他用工總閑慢，先須就自心上立得定。决定不雜，則自然光明四達，照用有餘，凡所謂是非美惡，亦不難辨矣。况天理人欲不兩立，須得全在天理上行，方見得人欲消盡。義之與利，不待分辨而明。至若所謂利者，凡有分毫求自利便處皆是，便與克去，不待顯著，方謂之利。此心須令純，純只在一處，不可令有外事參雜。遇事而發，合道理處，便與果决行去，勿顧慮。若臨事見義，方復遲疑，則又非也。仍須勤勤把將做事，不可俄頃放寬。日日時時如此，便須見驗。人之精神，習久自成。大凡人心若勤緊收拾，莫令放寬縱逐物，安有不得其正者！若真箇提得緊，雖半月見驗可也。」

再見，首見教云：「今日用功，且當以格物爲事。不曰『窮理』，却説『格物』者，要得就事物上看教道理分明。見得是處，便斷然行將去，不要遲疑。將此逐日做一段工夫，勿令作輟，夫是之謂『集義』。天下只要一箇是，若不研究得分曉，如何行得！書所謂『惟精惟一』，最要。是他上聖相傳來底，只是如此。」

問：「吾輩之貧者，令不學子弟經營，莫不妨否？」曰：「止經營衣食，亦無甚害。陸家亦作鋪買賣。」因指其門閾云：「但此等事，如在門限裏，一動著脚，便在此門限外矣。緣先以利存心，做時雖本爲衣食不足，後見利入稍優，便多方求餘，遂生萬般計較，做出礙理事來。須思量止爲衣食，爲仰事俯育耳。此計稍足，便須收斂，莫令出元所思處，則粗可救過。」因令看「利用安身，以崇德也」。大雅云：「『利者，義之和也。』順利此道，以安此身，則德亦從而進矣。」曰：「孔子遭許多困厄，身亦危矣，而德亦進，何也？」大雅云：「身安而後德進者，君子之常。孔子遭變，權之以宜，寧身不安，德則須進。」曰：「然。」答曰：「『然』，意似未盡。」劉仲升云：「横渠説：『「精義入神」，事豫吾内，求利吾外也；「利用安身」，素利吾外，致養吾内也。』」曰：「他説自分明。」

正叔有支蔓之病，先生每救其偏，正叔因習静坐。後復有請，謂因此遂有厭書册之意。先生曰：「豈可一向如此！只是令稍稍虚閑，依舊自要讀書。」文蔚。

朱子語類卷第一百一十四

朱子十一

訓門人二

先生問：「看甚文字？」曰：「看論語。」「看得論語如何？」曰：「自看論語後，覺得做工夫緊，不似每常悠悠。」曰：「做甚工夫？」曰：「只是存養。」曰：「自見住不得時，便是。某怕人説『我要做這箇事』。見飯便喫，見路便行，只管説『我要做這箇事』，何益！」文蔚

又言：「近來覺有一進處：畏不義，見不義事不敢做。」曰：「甚好。但亦要識得義與不義。若不曾覩當得是，顛前錯後，依舊是胡做。」又曰：「須看大學。聖賢所言，皆是自家元有此理，但人不肯著意看。若稍自著意，便自見得，却不是自家無此理，他鑿空撰來。」以下訓文蔚。

問：「私意竊發，隨即鉏治；雖去枝葉，本根仍在，感物又發，如何？」曰：「只得如此，

所以曾子『戰戰兢兢，如臨深淵，如履薄冰』！」

一日侍食，先生曰：「只易中『節飲食』三字，人不曾行得。」「子融、才卿是許多文字看過。今更巡一徧，所謂『温故』；再巡一徧，又須較見得分曉。如人有多田地，須自照管，曾耕得不曾耕得；若有荒廢處，須用耕墾。」子融曰：「每自思之：今亦不可謂不知，但知之未至；不可謂不誠，但其誠未至；不可謂不行，但行之未至。若得這三者皆至，便是了得此事。」曰：「須有一箇至底道理。」

因說僧家有規矩嚴整，士人却不循禮，曰：「他却是心有用處。今士人雖有好底，不肯爲非，亦是他資質偶然如此。要之，其心實無所用，每日閑慢時多。如欲理會道理，理會不得，便掉過三五日、半月日不當事，鑽不透便休了。既是來這一門，鑽不透，又須別尋一門。不從大處入，須從小處入；不從東邊入，便從西邊入；及其入得，却只是一般。今頭頭處處鑽不透，便休了。如此，則無說矣。有理會不得處，須是皇皇汲汲然，無有理會不得者。譬如人有大寶珠，失了，不著緊尋，如何會得！」

謂文蔚曰：「公却是見得一箇物事，只是不光彩。」一日，呈所送崇甫序。觀畢，曰：「前日說公不光彩，且如這般文字，亦不光彩。」

問：「『色容莊』最難。」曰：「心肅則容莊，非是外面做那莊出來。」陳才卿亦說「九容」。

次早，才卿以右手拽凉衫，左袖口偏於一邊。先生曰：「公昨夜説『手容恭』，今却如此！」才卿赧然，急叉手鞠躬，曰：「忘了。」先生曰：「爲己之學有忘耶？向徐節孝見胡安定，退，頭容少偏，安定忽厲聲云：『頭容直！』節孝自思：『不獨頭容要直，心亦要直。』自此便無邪心。學者須是如此始得。」友仁。

次日相見，先生偶脚氣發。因蘇宜久欲歸，先生蹙然曰：「觀某之疾如此，非久於世間者，只是一兩年間人。亦欲接引後輩一兩人，傳續此道；荷公們遠來，亦欲有所相補助。只是覺得如此苦口，都無一分相啓發處。不知如何，横説豎説，都説不入。如昨夜才卿問程先生如此謹嚴，何故諸門人皆不謹嚴？因隔夜説程門諸弟子及後來失節者。某答云：『是程先生自謹嚴，諸門人自不謹嚴，干程先生何事？』某所以發此者，正欲才卿深思而得，反之於身，如針之劄身，皇恐發憤，無地自存！思其所以然之故，却再問某。李先生資質如何，全不相干涉。非惟不知針之劄身，便是刀鋸在身，也不知痛了！每日讀書，心全不在上，只是要自説一段文義便了。如做一篇文義相似，心中全無所作爲。恰似一箇無圖之人，飽食終日，無所用心。若是心在上面底人，説得話來自别，自相凑合。敢説公們無一日心在上面。莫説一日，便十日心也不在！莫説十日，便是數月心也不在！莫説數月，便是整年心也不在！每日讀書，只是讀過了，便不知將此心去體會，所以説得來如此疏。」先生意甚不樂。僩。

陳才卿說詩。先生曰：「謂公不曉文義，則不得，只是不見那好處。正如公適間說窮理，也知事事物物皆具此理，隨事精察，便是窮理，只是不見所謂好處。所謂『民生日用而不知』，所謂『小曉得而大不曉得』，這箇便是大病！此句厲聲說。某也只說得到此，要公自去會得。」久之，又曰：「大凡事物須要說得有滋味，方見有功。而今隨文解義，誰人不解？須要見古人好處。如昔人賦梅云：『疏影横斜水清淺，暗香浮動月黄昏。』這十四箇字，誰人不曉得？然而前輩直恁地稱歎，說他形容得好，是如何？這箇便是難說，須要自得言外之意始得。須是看得那物事有精神，方好。若看得有精神，自是活動有意思，跳躑叫喚，自然不知手之舞，足之蹈。這箇有兩重：曉得文義是一重，識得意思好處是一重。若只是曉得外面一重，不識得他好底意思，此是一件大病。如公看文字，都是如此。且如公看詩，自宣王中興諸詩至此。至節南山。公於其他詩都說來，中間有一詩最好，如白駒是也，公却不曾說。這箇便見公不曾看得那物事出，謂之無眼目。若是具眼底人，此等詩如何肯放過！只是看得無意思，不見他好處，所以如此。」又曰：「須是踏翻了船，通身都在那水中，方看得出！」僩。建別録。文蔚録云：「文蔚一日說太極通書，不說格物、致知工夫，先生甚訝之。後數日，文蔚拈起中間三語。先生曰：『趯翻却船，通身下水裏去！』文蔚始有所悟。」今池録却將文蔚別話頭合作一段，記者誤矣。

袁州臨別請教。先生曰：「守約兄弟皆太拘謹，更少放寬。謹固好，然太拘則見道理不盡，處事亦往往急迫。道理不只在一邊，須是四方八面看，始盡。」訓閎祖。

先生謂方子曰：「邵武人箇箇急迫，此是氣稟如此。學者先須除去此病，方可進道。」「觀公資質自是寡過。然開闊中又須縝密，寬緩中又須謹敬。」訓方子。

又問：「如孟子言『勿忘，勿助長』，却簡易。而今要細碎做去，怕不能貫通？」曰：「孟子言『勿忘，勿助長』處，自是言養氣。試取孟子說處子細看，便見。大凡爲學，最切要處在吾身心，其次便是做事，此是的實緊切處。學者須是把聖人之言來窮究，見得身心要如此，做事要如此。天下自有一箇道理在，若大路然。聖人之言，便是一箇引路底。」

李公晦問「忠恕」。曰：「初讀書時，且從易處看。待得熟後，難者自易理會。如捉賊，先擒盡弱者，則賊魁自在這裏，不容脫也。且看論語前面所說分曉處。」蓋卿。

前日得公書，備悉雅意。聖賢見成事迹，一一可考而行。今日之來，若捨六經之外，求所謂玄妙之說，則無之。近世儒者不將聖賢言語爲切己之事，必於上面求新奇可喜之論，屈曲纏繞，詭秘變怪，不知聖賢之心本不如此。既以自欺，又轉相授受，復以欺人。某嘗謂，雖使聖人復生，亦只將六經、語、孟之所載者，循而行之，必不更有所作爲。伏羲再出，依前只畫八卦；文王再出，依前只衍六十四卦；禹再出，依前只是洪範九疇。此外更有甚詫異事？如今要緊，只是將口讀底便做身行底，説出底便是心存底。居父相聚幾一年，覺得渠只怕此事有難者，某終曉渠意不得。以下訓賀孫。

問在卿：「如何讀書？」賀孫云：「少失怙恃，凡百失教。既壯，所從師友，不過習爲科舉之文，然終不肯安心於彼，常欲讀聖賢之書。自初得先生所編論孟精義讀之，至今不敢忘。然中間未能有所決擇，故未有定見。」先生曰：「大凡人欲要去從師，然未及從師之時，也須先自著力做工夫。及六七分，到得聞緊切説話，易得長進。若是平時不曾用力，終是也難一頓下手。」

今須先正路頭，明辨爲己爲人之別，直見得透，却旋旋下工夫，則思慮自通，知識自明，踐履自正。積日累月，漸漸熟，漸漸自然。若見不透，路頭錯了，則讀書雖多，爲文日工，終做事不得。比見浙間朋友，或自謂能通左傳，或自謂能通史記；將孔子置在一壁，却將左氏司馬遷駁雜之文鑽研推尊，謂這箇是盛衰之由，這箇是成敗之端。反而思之，干你身己甚事？你身己有多多少少底事合當理會，有多多少少底病未曾去，却來説甚盛衰興亡治亂，這箇直是自欺！

仁父味道却是別，立得一箇志趨却正，下工夫却易。

先生因學者少寬舒意，曰：「公讀書恁地縝密，固是好。但恁地逼截成一團，此氣象最不好，這是偏處。如一項人恁地不子細，固是不成箇道理；若一向蹙密，下梢却展拓不去。明道一見顯道，曰：『此秀才展拓得開，下梢可望。』」又曰：「於辭氣間亦見得人氣象。如明道語言，固無甚激昂，看來便見寬舒意思。龜山，人只道恁地寬，看來不是寬，只是不解理會得，不能理會得。范純夫語解比諸公說理最平淺，但自有寬舒氣象，最好。」

問：「看大學，覺得未透，心也尚粗在。」曰：「這粗便是細，只是恁地看熟了，自通透。公往前在陳君舉處，如何看文字？」曰：「也只就事上理會，將古人所說來商量，須教可行。」曰：「怕恁地不得。古人見成法度不用於今，自是如今有用不得處。然不可將古人底析合來，就如今爲可用之計。如鄭康成所說井田，固是難得千里平地，如此方正，可疆理溝洫之類。但古人意思，必是如此方得，不應零零碎碎做得成。古人事事先去理會大處正處，到不得已處方有變通。今却先要去理會變通之說。」

問：「初學心下恐空閑未得。試驗之平日，常常看書，否則便思索義理，其他邪妄不見來；才心下稍空閑，便思量别所在去。這當柰何？」曰：「才要閑便不閑，才要靜便不靜，某向來正如此。可將明道答橫渠書看。」因舉其間「非外是內」之說。

問：「前日承教辨是非，只交遊中便有是有非，自家須分别得，且不須誦言。這莫是只説尋常泛交？若朋友，則有責善琢磨之義。」曰：「固是。若是等閑人，亦自不可説。只自家胸次，便要得是非分明，事事物物上，都有箇道理，都有是有非。所以『舜好問，而好察邇言』。雖淺近閑言語中，莫不有理，都要見得破。『隱惡而揚善』，自家這裏善惡便分明。然以聖明昭鑒，纔見人不好，便説出來，也不得。只是揚善，那惡底自有不得掩之理。纔説揚善，自家已自分明，這亦聖人與人爲善之意。」又云：「一件事走過眼前，匹似閑，也有箇道理，也有箇是非。緣天地之間，上蟠下際，都無別事，都只是這道理。」

如今理會道理，且要識得箇頭。若不識得箇頭，只恁地散散逐段説，不濟事。假饒句句説得，段段記得，有甚精微奧妙？都理會得，也都是閑話。若識得箇頭上有源，頭下有歸著，看聖賢書，便句句著實，句句爲自家身己設，如此方可以講學。要知這源頭是甚麽，只在身己上看。許多道理，盡是自家固有底。仁義禮智，「知皆擴而充之，若火之始然，泉之始達」。這箇是源頭，見得這箇了，方可講學，方可看聖賢説話。恰如人知得合當行，只假借聖賢言語作引路一般。不然，徒記得説得，都是外面閑話。聖賢急急教人，只在這些子。纔差過那邊去，便都無些子著身己，都是要將去附合人，都是爲別人，全不爲自家身己。纔就這邊來，便是自工夫。這正是爲己爲人處。公今且要理會志趣是要如何。若不見得自家身己道理分明，看聖賢言語，那裏去捉摸！又云：「如今見得這道理了，到得進處，有用力慤實緊密者，進得快；有用力慢底，便進得鈍。何況不見得這源頭道理，便緊密也徒然不濟事。何況慢慢地，便全然是空！如今拽轉亦快。如船遭逆風，吹向別處去，若得風翻轉，是這一載不問甚麽物色，一齊都拽轉；若不肯轉時，一齊都不轉。見說『毋不敬』，便定定著『毋不敬』始得；見說『思無邪』，便定定著『思無邪』始得。書上說『毋不敬』，自家口讀『毋不敬』，身心自恁地怠慢放肆；詩上說『思無邪』，自家口讀『思無邪』，心裏却胡思亂想：這不是讀書。口即是心，心即是口。又如說『足容重』，須著重，是天理合下付與自家，便當重；自家若不重，便自壞了天理。『手容恭』，須著恭，是天理合下付與自家，便當恭；自家若不恭，便自壞了天理。『目容端，口容止，聲容静，頭容直，氣容肅，立容德，色容莊』云云，把聖賢說話將來學，便是要補填得元初底教好。又如說『非禮勿視』，自是天理付與自家雙眼，不曾教自家視非禮；纔視非禮，便不是天理。『非禮勿聽』，自是天理付與自家雙耳，不曾教自家聽非禮；纔聽非禮，便不是天理。『非禮勿言』，自是天理付與自家一箇口，不曾教自家言非禮；纔言非禮，便不是天理。『非禮勿動』，自是天理付與自家一箇身心，不曾教自家動非禮；纔動非禮，便不是天理。」

賀孫請問，語聲末後低，先生不聞。因云：「公仙鄉人何故聲氣都恁地？說得箇起頭，後面懶將去。孔子曰：『聽其言也厲。』公只管恁地，下梢不好。見道理不分明，將漸入於幽暗，含含胡胡，不能到得正大光明之地。説話須是一字是一字，一句是一句，便要見得是非。」

先生謂賀孫：「也只是莫巧。公鄉間有時文之習，易得巧。」

問：「往前承誨，只就窮理説較多。此來如『尊德性、致廣大、極高明』上一截，數數蒙提警，此意是如何？」曰：「已前也説了，只是夾雜説。如大學中亦自説。但覺得近日諸公去理會窮理工夫多，又自漸漸不著身己。」

嘗見陸子静説：「且恁地依傍看。」思之，此語説得好。公看文字，亦且就分明注解依傍看教熟。待自家意思與他意思相似，自通透。也自有一般人敏捷，都要看過，都會通曉。若不恁地，只是且就曉得處依傍看。如公讀論語，還當文義曉得了未？若文義未曉得，又且去看某家如此説，某家如彼説，少間都攙得一場没理會。尹和靖只是依傍伊川許多説話，只是他也没變化，然是守得定。

辭先生，同黄敬之歸鄉赴舉。先生曰：「仙里士人在外，孰不經營僞牒？二公獨逕還鄉試，殊强人意。」

先生問：「赴試用甚文字？」賀孫以春秋對。曰：「春秋爲仙鄉陳、蔡諸公穿鑿得盡。諸經時文愈巧愈鑿，獨春秋爲尤甚，天下大抵皆爲公鄉里一變矣！」

先生問時舉：「觀書如何？」時舉自言：「常苦於粗率，無精密之功，不知病根何在？」曰：「不要討甚病根。但知道粗率，便是病在這上，便更加仔細便了。今學者亦多來求病根，某向他説，頭痛炙頭，脚痛炙脚。病在這上，只治這上便了，更別討甚病根也！」以下訓時舉。

又讀「回也三月不違仁」一段，曰：「工夫既能向裏，只要常提醒此心。心才在這裏，外面許多病痛，自然不見。」

問「管仲之器小哉」處，説及王伯之所以異。先生曰：「公看文字，好立議論。是先以己意看他，却不以聖賢言語來澆灌胸次中，這些子不好。自後只要白看，乃好。」

先生歷言諸生之病甚切。謂時舉：「看文字也却細膩親切，也却去身上做工夫。但只是不去正處看，却去偏傍處看。如與人説話相似，不向面前看他，却去背後尋索，以爲面前説話皆不足道，此亦不是些小病痛。想見日用工夫，也只去小處理會。此亦是立心不定故爾，切宜戒之！」

先生問云：「子善別後做甚工夫？」時舉云：「自去年書院看孟子至告子，歸後雖日在憂患中，然夜間亦須看一二章。至今春看了，却看中庸。見讀程易。此讀書工夫如此。若裏面工夫，尚多間斷，未接續成片段，將如之何？」先生曰：「書所以維持此心，若一時放下，則一時德性有懈。若能時時讀書，則此心庶可無間斷矣。」因問：「『日夜之所息』，舊兼止息之義，今只作生息之義，如何？」曰：「近看得只是此義。」時舉云：「凡物日夜固有生長，若良心既放而無操存之功，則安得自能生長？」曰：「放去未遠，故亦能生長。但夜間長得三四分，日間所爲又做了七八分，却摺轉來，都消磨了這些子意思，此所以終至於梏亡也！」

早拜朔，先生説：「諸友相聚已半年，光陰易過，其間看得文義分明者，所見亦未能超詣，不滿人意。兼是爲學須是己分上做工夫，有本領，方不作言語説。若無存養，儘説得明，自成兩片，亦不濟事，況未必説得明乎？要須發憤忘食，痛切去做身分上功夫，莫荏苒，歲月可惜也！」是日，問時舉：「看詩外，别看何書？」時舉答：「欲一面看近思録。」曰：「大凡爲學有兩樣：一者是自下面做上去，一者是自上面做下來。自下面做上者，便是就事上旋尋箇道理湊合將去，得到上面極處，亦只一理。自上面做下者，先見得箇大體，却自此而觀事物，見其莫不有箇當然之理，此所謂自大本而推之達道也。若會做工夫者，須從大本上理會將去，便好。昔明道在扶溝謂門人曰：『爾輩在此只是學某言語，盍若行之？』謝顯道請問焉，却云：『且静坐。』」時舉因云：「『雷在地中，復。先王以至日閉關，商旅不行，后不省方。』在學者分上説，便是要安静涵養這些子善端耳。」曰：「若著實做工夫，要知這説話也不用説。若會做工夫，便一字也來這裏使不著。此説，某不欲説與人，却恐學者聽去，便做虚空認了。且如程門中如游定夫，後來説底話，大段落空無理會處，未必不是在扶溝時只恁地聽了。」時舉因言平日學問次第云云。先生曰：「此心自不用大段拘束他，他既在這裏，又要向那裏討他？要知只是争箇醒與睡著耳。人若醒時，耳目聰明，應事接物，便自然無差錯處。若被私欲引去，便一似睡著相似，只更與他喚醒。才醒，又便無事矣。」時舉因云：「釋氏有『豁然頓悟』之説，不知使得否？不知倚靠得否？」曰：「某也曾見叢林中有言『頓悟』者，後來看這人也只尋常。如陸子静門人，初見他時，常云有所悟；後來所爲，却更顛倒錯亂。看來所謂『豁然頓悟』者，乃是當時略有所見，覺得果是净潔快活。然稍久，則却漸漸淡去了，何嘗倚靠得！」時舉云：「舊時也有這般狂底時節，以爲聖人便即日可到。到後來，果如先生所云，漸漸淡了。到今日，却只得逐旋挨去。然早上聞先生賜教云：『諸生工夫不甚超詣。』時舉退而思之。不知如何便得超詣？」曰：「只從大本上理會，亦是逐旋挨去，自會超詣。且如今學者考理，一如在淺水上撑船相似，但覺辛苦不能鄉前。須是從上面放得些水來添，便自然撑得動，不用費力，滔滔然去矣！今有學者在某門者，其於考理非不精當，説得來置水不漏，直是理會得好；然所爲却顛倒錯繆，全然與所知者相反！人只管道某不合引他，如今被他累却。不知渠實是理會得，某如何不與他説？他凡所説底話，今世俗人往往有全曉不得者。他之所説，非不精明；然所爲背馳者，只是不曾在源頭上用力故也。往往他一時明敏，隨處理會，便自曉得分明。然源頭上不曾用功，只是徒然耳。」時舉因云：「如此者，不是知上工夫欠，乃是行上全然欠耳。」曰：「也緣知得不實，故行得無力。」時舉云：「惟其不見於行，是以知不能實。時舉嘗謂，知與行互相發明之説，誠不可易之論。」先生又云：「此心虛明，萬理具足，外面理會得者，即裏面本來有底，只要自大本而推之達道耳。」先生又謂時舉曰：「朋友相處，要得更相規戒，有過則告。」時舉應喏。先生曰：「然小過只曉曉底説，又似没緊要相似。大底過失，又恐他已深痼，不容易説，要知只盡公之誠意耳。」又云：「本領上欠了工夫，外面都是閑。須知道大本若立，外面應事接物上道理，都是大本上發出。如人折這一枝花，只是這花根本上物事。」

問：「久侍師席，今將告違。氣質偏蔽，不能自知，尚望賜以一言，使終身知所佩服。」曰：「凡前此所講論者，不過如此，亦别無他説，但於大本上用力。凡讀書窮理，須要看得親切。某少年曾有一番專看親切處，其他器數都未暇考。此雖未爲是，却與今之學者汎然讀過者似亦不同。」

丙午四月五日見先生，坐定，問：「從何來？」某云：「自丹陽來。」問：「仙鄉莫有人講學？」某説：「鄉里多理會文辭之學。」問：「公如何用心？」某説：「收放心。慕顏子克己氣象。游判院教某常收放心，常察忘與助長。」曰：「固是。前輩煞曾講説，差之毫釐，繆以千里！今之學者理會經書，便流爲傳注；理會史學，便流爲功利；不然，即入佛老。最怕差錯。」問：「公留意此道幾年？何故向此？」某説：「先妣不幸，某憂痛無所措身。因讀西銘，見説『乾父坤母』，終篇皆見説得是，遂自此棄科舉。某十年願見先生，緣家事爲累。今家事盡付妻子，於世務絶無累，又無功名之念，正是侍教誨之時。」先生説：「公已得操心之要。」問：「公常讀何書？」答云：「看伊川易傳、語孟精義、程氏遺書、近思録。」先生説：「語孟精義皆諸先生講論，其間多異同，非一定文字，又在人如何看。公畢竟如何用心？」某説：「仰慕顏子，見其氣象極好，如『三月不違仁』，『得一善則拳拳服膺』，如克己之目。某即察私心，欲去盡，然而極難。頃刻不存，則忘；才著意，又助長，覺得甚難。」先生云：「且只得恁地。」先生問：「君十年用功，莫須有見處？」某謝：「資質愚鈍，未有見處，望先生教誨。」先生云：「也只是這道理，先輩都説了。」問：「仙鄉莫煞有人講學？」某説：「鄉里多從事文辭。」先生説：「早來説底，學經書者多流爲傳注，學史者多流爲功利，不則流入釋老。」某即説：「游判院説釋氏亦格物，亦有知識，但所見不精。」先生説：「近學佛者又生出許多知解，各立知見，又却都不如它佛元來説得直截。」問：「都不曾見誰？」

某說：「只見游判院。薛象先略曾見。」先生說：「聞說薛象先甚好，只是不相識，曾有何說？」某說：「薛大博教某『居仁由義』，『仁者人之安宅，義者人之正路』。」「別有何說？」某說：「薛大博論顏子克己之目，舉伊川四箴。」某又說：「薛大博說：『近多時不聞人說這話。』謂某學問實頭，但不須與人說。退之言不可公傳。道之在孟子，已私淑諸人。」先生云：「却不如此。孟子說『君子之教者五』，上四者皆親教誨之。如『私淑艾』，乃不曾親見，私傳此道自治，亦猶我教之一等。如私淑諸人，乃孟子說，我未得爲孔子徒也，但私傳孔子之道淑諸人。」又說與同座二客：「如竇君說話與公別，池録作「此公却別」。不用心於外。」晚見先生，同坐廖教授子晦敬之。先生說：「向來人見尹和靖云：『諸公理會得箇「學」字否？只是學做箇人。人也難做，如堯舜方是做得箇人。』」某說：「天地人謂之三極，人才有些物欲害處，便不與天地流通，如何得相似？誠爲難事。」先生曰：「是。」問：「鎮江耿守如何？」某說：「民間安土樂業。」云：「見說好，只是不相識。」先生說與廖子晦：「適間文卿說：『明道語學者：要鞭辟近裏，切問而近思，仁在其中矣。』」又曰：「『言忠信，行篤敬，雖蠻貊之邦行矣；言不忠信，行不篤敬，雖州里行乎哉？立則見其參於前也，在輿則見其倚於衡也，夫然後行。』只此是學。質美者明得盡，渣滓便渾然，却與天地同體；其次莊敬持養，及其至則一也。明得盡時，渣滓已自化了；莊敬持養，未能與己合。」以下訓從周。

先生問：「曾理會『敬』字否？」曰：「程先生說：『主一之謂敬，無適之謂一。』」曰：「畢竟如何見得這『敬』字？」曰：「端莊嚴肅，則敬便存。」曰：「須是將敬來做本領。涵養得貫通時，才『敬以直内』，便『義以方外』。義便有敬，敬便有義。如居仁便由義，由義便居仁。」某說：「敬莫只是涵養？義便分別是非。」曰：「不須恁地說。不敬時，便是不義。」

學者理會道理，當深沉潛思。又曰：「讀書如煉丹，初時烈火鍛煞，然後漸漸慢火養。又如煮物，初時烈火煮了，却須慢火養。讀書初勤敏著力，子細窮究，後來却須緩緩温尋，反復玩味，道理自出。又不得貪多欲速，直須要熟，工夫自熟中出。文卿病在貪多欲速。」

公看道理，失之太寬。譬如小物而用大籠罩，終有轉動。又如一物，上下四旁皆有所添引，如此則必不精矣。當如射者，專心致志，只看紅心。若看紅心，又覷四邊，必不能中。列子說一射者懸蝨於户，視之三年，大如車輪。想當時用心專一，不知有他。雖實無這事，要當如此，所見方精。

某說：「『克、伐、怨、欲』，此四事，自察得却絶少。昨日又思量『剛』字，先聖所取甚重，曰：『吾未見剛者。』某驗之於身，亦庶幾焉。且如有邪正二人，欲某曲言之，雖死不可。」先生曰：「不要恁地說。惟天性剛强之人，不爲物欲所屈。如『克、伐、怨、欲』，亦不要去尋求勝他。如此，則胸中隨從者多，反害事，只此便是『克、伐、怨、欲』。只是虚心看物，物來便知是與非，事事物物皆有箇透徹無隔礙，方是。才一事不透，便做病。且如公説不信陰陽家説，亦只孟浪不信。夜來説神仙事不能得了當，究竟知否？」某對：「未知的當。請問。」先生曰：「伊川曾説『地美，神靈安，子孫盛』。如『不爲』五者，今之陰陽家却不知。惟近世吕伯恭不信，然亦是横説。伊川言方爲至當。古人卜其宅兆，是有吉凶，方卜。譬如草木，理會根源，則知千條萬葉上各有箇道理。事事物物各有一綫相通，須是曉得。敬夫説無神仙，也不消得。便有，也有甚奇異！彼此無相干，又管他什麽？却須要理會是與非。且如説閑話多，亦是病；尋不是處去勝他，亦是病；便將來做『克、伐、怨、欲』看了，一切埽除。若此心湛然，常如明鏡，物來便見，方是。如公前日有些見處，只管守著歡喜則甚？如漢高祖得關中，若見寶貨婦女喜後便住，則敗事矣！又如既取得項羽，只管喜後，不去經畫天下，亦敗事。正如過渡，既已上岸，則當向前，不成只管讚嘆渡船之功！」

聖人言語，一重又一重，須入深處看。若只見皮膚，便有差錯。須深沉，方有得。夜來所説，是終身規模，不可便要使，便有安頓。

先生問：「如何理會致知格物？」從周曰：「涵養主一，使心地虛明，物來當自知未然之理。」曰：「恁地則兩截了。」

先生問竇云：「尋常看『敬』字如何？」曰：「心主於一而無有它適。」先生曰：「只是常要提撕，令胸次湛然分明。若只塊然獨坐，守著箇敬，却又昏了。須是常提撕，事至物來，便曉然判別得箇是非去。」寶云：「每常胸次湛然清明時，覺得可悦。」曰：「自是有可悦之理，只是敬好。『敬以直内』，便能『義以方外』。有箇敬，便有箇不敬，常如此戒懼。方不睹不聞，未有私欲之際，已是戒懼了；及至有少私意發動，又却慎獨，如此，即私意不能爲吾害矣。」德明。

寶問：「讀大學章句、或問，雖大義明白，然不似聽先生之教親切。」曰：「既曉得此意思，須持守相稱方有益，『誠敬』二字是涵養它底。」德明。

寶自言夢想顛倒。先生曰：「魂與魄交而成寐，心在其間，依舊能思慮，所以做成夢。」因自言：「數日病，只管夢解書。向在官所，只管夢爲人判狀。」寶曰：「此猶是日中做底事。」曰：「只日中做底事，亦不合形於夢。」德明。

朱子語類卷第一百一十五

朱子十二

訓門人三

問「曾點、漆雕開已見大意」。曰：「曾點、漆雕開是合下見得大了。然但見大意，未精密也。」因語人傑曰：「正淳之病，大概説得渾淪，都不曾嚼破殼子，所以多有纏縛，不索性，絲來綫去，更不直截，無那精密潔白底意思。若是實識得，便自一言兩語斷得分明。如今工夫，須是一刀兩段，所謂『一棒一條痕！一摑一掌血』！如此做頭底，方可無疑慮。如項羽救趙，既渡，『沈船破釜，持三日糧，示士卒必死，無還心』，故能破秦。若更瞻前顧後，便不可也。」因舉禪語云：「寸鐵可殺人。」「無殺人手段，則載一車鎗刀，逐件弄過，畢竟無益。」以下訓人傑。

屢與人傑説「慎思之」一句，言思之不慎，便有枉用工夫處。

先生問別後工夫。曰：「謹守教誨，不敢失墜。舊來於先生之説，猶不能無疑。自昨到五更後，乃知先生之道，斷然不可易。近看中庸，見得道理只從下面做起，愈見愈實。」先生曰：「道理只是如此，但今人須要説一般深妙，直以爲不可曉處方是道。展轉相承，只將一箇理會不得底物事，互相欺謾，如主管假會子相似。如二程説經義，直是平常，多與舊説相似，但意味不同。伊川曰：『予年十七八時，已曉文義，讀之愈久，但覺意味深長。』蓋只是這箇物事，愈説愈明，愈看愈精，非別有箇要妙不容言者也。近見湖南學者非復欽夫之舊。當來若到彼中，須與整理一番，恨不能遂此意耳！」

看人傑論語疑義，云：「正淳之病，多要與衆説相反。譬如一柄扇子，衆人説這一面，正淳便説那一面以詰之；及衆人説那一面，正淳却説這一面以詰之。舊見欽夫解論語，多有如此處。某嘗語之云，如此，是別爲一書，與論語相詰難也。」

先生問人傑：「學者多入於禪，何也？」人傑答以「彼蓋厭吾儒窮格工夫，所以要趨捷徑」。先生曰：「『操則存，舍則亡』，吾儒自有此等工夫，然未有不操而存者。今釋子謂我有箇道理，能不操而存，故學者靡然從之。蓋爲主一工夫，學者徒能言而不能行，所以不能當抵他釋氏之説也。」人傑因曰：「人傑之所見，却不徒言，乃真得所謂操而存者。」曰：「畢竟有欠闕。」人傑曰：「工夫欠闕則有之，然此心則未嘗不存也。」曰：「正淳只管來争，便是源頭有欠闕。」反覆教誨數十言。人傑曰：「荷先生教誨，然説人傑不著。」曰：「正淳自主張，以爲道理只如此。然以某觀之，有得者自然精明不昧。正淳更且静坐思之，能知所以欠闕，則斯有進矣。」因言：「程門諸公，如游、楊者，見道不甚分明，所以説著做工夫處，都不緊切。須是操存之際，常看得在這裏，則愈益精明矣。」次日見先生，曰：「昨日聞教誨，方知實有欠闕。」先生曰：「聖人之心，如一泓止水，遇應事時，但見箇影子，所以發必中節。若自心黑籠籠地，則應事安能中節！」

静時見此理，動時亦當見此理。若静時能見，動時却見不得，恰似不曾。

問：「索理未到精微處，如何？」曰：「平日思慮夾雜，不能虚明。用此昏底心，欲以觀天下之理，而斷天下之疑，豈能究其精微乎！」

人傑將行，請教。先生曰：「平日工夫，須是做到極時，四邊皆黑，無路可入，方是有長進處，大疑則可大進。若自覺有些長進，便道我已到了，是未足以爲大進也。顔子仰高鑽堅，瞻前忽後，及至『雖欲從之，末由也已』，直是無去處了；至此，可以語進矣。」

問：「每有喜好適意底事，便覺有自私之心。若欲見理，莫當便與克下，使其心無所喜好，雖適意亦視爲當然否？」曰：「此等事，見得道理分明，自然消磨了。似此迫切，却生病痛。」

「學問亦無箇一超直入之理，直是銖積寸累做將去。某是如此喫辛苦，從漸做來。若要得知，亦須是喫辛苦了做，不是可以坐談僥倖而得。」正淳曰：「連日侍先生，教自做工夫，至要約貫通處，似已詳盡。」先生曰：「只欠做。」𥱊。

道夫以疑目質之先生，其別有九：其一曰：「涵養、體認，致知、力行，雖云互相發明，然畢竟當於甚處著力？」曰：「四者據公看，如何先後？」曰：「據道夫看，學者當以致知爲先。」曰：「四者本不可先後，又不可無先後，須當以涵養爲先。若不涵養而專於致知，則是徒然思索；若專於涵養而不致知，却鶻突去了。以某觀之，四事只是三事，蓋體認便是致知也。」二曰：「居常持敬，於静時最好，及臨事則厭倦。或於臨事時著力，則覺紛擾。不然，則於正存敬時，忽忽爲思慮引去。是三者將何以勝之？」曰：「今人將敬來別做一事，所以有厭倦，爲思慮引去。敬只是自家一箇心常醒醒便是，不可將來別做一事。又豈可指擎跽曲拳，塊然在此而後爲敬！」又曰：「今人將敬、致知來做兩事。持敬時只塊然獨坐，更不去思量；却是今日持敬，明日去思量道理也！豈可如此？但一面自持敬，一面去思慮道理，二者本不相妨。」三曰：「人之心，或爲人激觸，或爲利欲所誘，初時克得下。不覺突起，更不可禁禦，雖痛遏之，卒不能勝；或勝之，而已形於辭色。此等爲害不淺。」曰：「只是養未熟爾。」四曰：「知言云：『天理人欲，同體而異用，同行而異情。』竊謂凡人之生，粹然天理之心，不與物爲對，是豈與人欲同體乎？」曰：「五峰『同體而異用』一句，説得不是，天理人欲如何同得？故張欽夫嶽麓書院記只使他『同行而異情』一句，却是他合下便見得如此。他蓋嘗曰『凡人之生，粹然天地之心，道義完具，無適無莫，不可以善惡辨，不可以是非分』，所以有『天理人欲，同體而異用』之語。只如『粹然天地之心』，即是至善，又如何不可分辨？天理便是性，人欲便不是性，自是他合下見得如此。當時無人與他理會，故恁錯了。」五曰：「遺書云：『今志於義理，而心不安樂者，何也？此則正是剩一箇助之長。雖則心「操之則存，舍之則亡」，然而持之太甚，便是「必有事焉」而正之也。亦須且恁地去。如此者，只是德孤。「德不孤，必有鄰。」到得盛後，自無窒礙，左右逢其原也。』此一段多所未解。」曰：「這箇也自分明。只有『且恁地去』此一句難曉。其意只是不可説道持之太甚，便放下了，亦須且恁持去。德孤，只是單丁有這些道理，所以不可靠，易爲外物侵奪。緣是處少，不是處多。若是處多，不是處少，便不爲外物侵奪。到德盛後，自然『左右逢其原』也。」六曰：「南軒答吴晦叔書云：『反復其道』，正言消長往來乃是道也。程子所謂『聖人未嘗復，故未嘗見其心』。蓋有往則有復。以天地言之，陽氣之生，所謂復也。固不可指此爲天地心，然於其復也，可見天地心焉，蓋所以復者是也。在人有失則有復。復，賢者之事也；於其復也，亦可見其心焉。竊謂聖人之心，天地之心也。天地之心可見，則聖人之心亦可見。況夫復之爲卦，一陽復於積陰之下，乃天地生物之心也。聖人雖無復，然是心之用因時而彰，故堯之不虐，舜之好生，禹之拯溺，湯之救民於水火，文王之視民如傷，是皆以天地之心爲心者也。故聖賢之所推尊，學者之所師慕，亦以其心顯白而無暗曖之患耳。而謂不可見，何哉？」曰：「不知程子當時說如何，欽夫却恁說。大抵易之言陰陽，有指君子小人而言，有指天理人欲而言，有指動静之機而言，初不可以一偏而論。如天下皆君子而無小人，皆天理而無人欲，其善無以加。有若動不可以無静，静不可以無動，蓋造化不能以獨成。或者見其相資而不可相無，遂以爲天下不可皆君子而無小人，不能皆天理而無人欲，此得其一偏之論。只如『有不善未嘗不知，知之未嘗復行』，此賢者之心因復而見者。若聖人則無此，故其心不可見。然亦有因其動而見其心者，正如公所謂堯之不虐，舜之好生，皆是因其動而見其心者。只當時欽夫之語亦未分明。」七曰：「李延平教學者於静坐時看喜怒哀樂未發之氣象爲如何。伊川謂『既思，即是已發』。道夫謂，李先生之言主於體認，程先生之言專在涵養，其大要實相爲表裏。然於此不能無疑。夫所謂體認者，若曰體之於心而識之，猶所謂默會也。信如斯言，則未發自是一心，體認又是一心，以此一心認彼一心，不亦膠擾而支離乎？李先生所言決不至是。」曰：「李先生所言自是他當時所見如此。」問：「二先生之說何從？」曰：「也且只得依程先生之説。」八問邵康節男子吟。曰：「康節詩乃是説先天圖中數之所從起處。『天根月窟』，指復姤二卦而言。」九問：「濂溪遺事載邵伯温記康節論天地萬物之理以及六合之外，而伊川稱歎。東見録云：『人多言天地外，不知天地如何説内外？外面畢竟是箇甚？若言著外，則須似有箇規模。』此説如何？」曰：「六合之外，莊周亦云『聖人存而不論』，以其難説故也。舊嘗見漁樵問對：『問：「天何依？」曰：「依乎地。」「地何附？」曰：「附乎天。」「天地何所依附？」曰：「自相依附。天依形，地附氣，其形也有涯，其氣也無涯。」』意者當時所言，不過如此。某嘗欲注此語於遺事之下，欽夫苦不許，細思無有出是説者。」因問：「向得此書，而或者以爲非康節所著。」先生曰：「其間儘有好處，非康節不能著也。」以下訓道夫。

請問爲學之要。曰：「公所條者便是。須於日用間下工，只恁説歸虚空，不濟事。温清定省，這四事亦須實行方得；只指摘一二事，亦豈能盡？若一言可盡，則聖人言語豈止一事？聖人言語明白，載之書者，不過孝弟忠信。其實精粗本末，祇是一理。聖人言『致知、格物』，亦豈特一二而已？如此則便是德孤。致，推致也；格，到也。亦須一一推到那裏方得。」又曰：「『爲人君，止於仁』，姑息也是仁，須當求其所以爲仁；『爲臣，止於敬』，擎跽曲拳也是敬，亦當求其所以爲敬。且如公自浦城來崇安，亦須徧歷崇安境界，方是到崇安。人皆有是良知，而前此未嘗知者，只爲不曾推去爾。愛親從兄，誰無是心？於此推去，則溫清定省之事，亦不過是愛。自其所知，推而至於無所不知，皆由人推耳。」子昂曰：「敢問推之之說？」曰：「且如孝，只是從愛上推去，凡所以愛父母者，無不盡其至。不然，則曾子問孝至末梢，却問：『子從父之令，可以爲孝乎？』蓋父母有過，己所合諍，諍之亦是愛之所推。不成道我愛父母，姑從其令。」

問：「向見先生教童蜚卿於心上著工夫。數日來專一靜坐，澄治此心。」曰：「若如此塊然都無所事，却如浮屠氏矣。所謂『存心』者，或讀書以求義理，或分別是非以求至當之歸。只那所求之心，便是已存之心，何俟塊然以處而後爲存耶！」

大率爲學雖是立志，然書亦不可不讀，須將經傳本文熟復。如仲思早來所說專一靜坐，如浮屠氏塊然獨處，更無酬酢，然後爲得；吾徒之學，正不如此。遇無事則靜坐，有書則讀書，以至接物處事，常教此心光喰喰地，便是存心。豈可凡百放下，衹是靜坐！向日蜚卿有書，亦說如此。某答之云：「見有事自那裏過，却不理會，却只要如此，如何是實下工夫！」

「大凡人須是存得此心。此心既存，則雖不讀書，亦有一箇長進處；纔一放蕩，則放下書册，便其中無一點學問氣象。舊來在某處朋友，及今見之，多茫然無進學底意思，皆恁放蕩了！」道夫曰：「心不存，雖讀萬卷，亦何所用？」曰：「若能讀書，就中却有商量。

只他連這箇也無，所以無進處。」道夫曰：「以此見得孟子『求放心』之説緊要。」曰：「如程子所説『敬』字，亦緊要也。」

問：「尋常操存處，覺纔著力，則愈紛擾，這莫是太把做事了？」曰：「自然是恁地。能不操而常存者，是到甚麽地位！孔子曰：『操則存，舍則亡。』操，則便在這裏；若著力去求，便蹉過了。今若説操存，已是剩一箇『存』字，亦不必深著力。這物事本自在，但自家略加提省，則便得。『必有事焉，而勿正，心勿忘，勿助長也。』」

問：「處鄉鄙宗族，見他有礙理不安處，且欲與之和同，則又不便；欲正己以遠之，又失之孤介而不合中道，如何？」曰：「這般處也是難，也只得無忿疾之心爾。」

先生一日謂蜚卿與道夫曰：「某老矣。公輩欲理會義理，好著緊用工，早商量得定！將來自求之，未必不得。然早商量得定，尤好。」

道夫辭拜還侍，先生曰：「更硬著脊梁骨！」

道夫問：「劉季文所言心病，道夫常恐其志不立，故心爲氣所動。不然，則志氣既立，思慮凝静，豈復有此？」曰：「此亦是不讀書，不窮理，故心無所用，遂生出這病。某昨日之言，不曾與説得盡。」道夫因言：「季文自昔見先生後，敦篤謹畏，雖居於市井，人罕有見之者。自言向者先生教讀語、孟，後來於此未有所見，深以自愧，故今者復來。」曰：「得他恁地也好。或然窮來窮去，久之自有所見，亦是一事。」又曰：「讀書須是專一，不可支蔓。且如讀孟子，其間引援詩、書處甚多。今雖欲檢本文，但也只須看此一段，便依舊自看本來章句，庶幾此心純一。」道夫曰：「此非特爲讀書之方，抑亦存心養性之要法也。」

問：「向者以書言仁，雖蒙賜書有進教之意，然仁道至大，而道夫所見，只以存心爲要，恐於此當更有恢廣功夫。」曰：「也且只得恁做去，久之自見。」頃之，復曰：「這工夫忙不得。只常將上來思量，自能有見。横渠云：『蓋欲學者存意之不忘，庶游心浸熟，有一日脱然如大寐之得醒耳。』」

先生問：「别看甚文字？」曰：「只看近思録。今日問箇，明日復將來温尋，子細熟看。」曰：「如適間所説『元亨利貞』，是一箇道理之大綱目，須當時復將來子細研究。如濂溪通書，只是反復説這一箇道理。蓋那裏雖千變萬化，千條萬緒，只是這一箇做將去。」

問：「敬而不能安樂者，何也？」曰：「只是未熟在。如飢而食，喫得多，則須飽矣。」

問：「道夫在門下雖數年，覺得病痛尚多。」曰：「自家病痛，他人如何知得盡？今但見得義理稍不安，便勇決改之而已。」久之，復曰：「看來用心專一，讀書子細，則自然會長進，病痛自然消除。」

於今爲學之道，更無他法，但能熟讀精思，久久自有見處。「尊所聞，行所知」，則久久自有至處。若海。蜀本作道夫録。

仲思言：「正大之體難存。」曰：「無許多事。古人已自説了，言語多則愈支離。如公昨來所問涵養、致知、力行三者，便是以涵養做頭，致知次之，力行次之。不涵養則無主宰。如做事須用人，纔放下或困睡，這事便無人做主，都由别人，不由自家。既涵養，又須致知；既致知，又須力行。若致知而不力行，與不知同。亦須一時並了，非謂今日涵養，明日致知，後日力行也。要當皆以敬爲本。敬却不是將來做一箇事。今人多先安一箇『敬』字在這裏，如何做得？敬只是提起這心，莫教放散；恁地，則心便自明。這裏便窮理、格物。見得當如此便是，不當如此便不是；既是了，便行將去。今且將大學來讀，便見爲學次第，初無許多屈曲。」又曰：「某於大學中所以力言小學者，以古人於小學中已自把捉成了，故於大學之道，無所不可。今人既無小學之功，却當以敬爲本。」驤。

爲學之道，在諸公自去著力。且如這裏有百千條路，都茅塞在裏，須自去揀一條大底行。如仲思昨所問數條，第一條涵養、致知、力行，這便是爲學之要。驤。

「讀書要須耐煩，努力翻了巢穴。譬如煎藥，初煎時，須猛著火；待滾了，却退著，以慢火養之。讀書亦須如此。」頃之，復謂驤曰：「觀令弟却自耐煩讀書。」驤。

「慤實有志而又才敏者，可與爲學。」道夫曰：「苟慤實有志，則剛健有力。如此，雖愚必明矣，何患不敏！」曰：「要之，也是恁地。但慤實有志者，於今實難得。」驤。

庚戌五月，初見先生於臨漳。問：「前此從誰學？」寓答：「自少只在鄉里從學。」先生曰：「此事本無嶢崎，只讀聖賢書，精心細求，當自得之。今人以爲此事如何秘密，不與人說，何用如此！」問看易。曰：「未好看，易自難看。易本因卜筮而設，推原陰陽消長之理，吉凶悔吝之道。先儒講解，失聖人意處多。待用心力去求，是費多少時光！不如且先讀論語。」又問讀詩。曰：「詩固可以興，然亦自難。先儒之說，亦多失之。某枉費許多年工夫，近來於詩、易略得聖人之意。今學者不如且看大學、語、孟、中庸四書，且就見成道理精心細求，自應有得。待讀此四書精透，然後去讀他經，却易爲力。」寓舉子宜宗兄云：「人最怕拘迫，易得小成。」且言「聖賢規模如此其大」。曰：「未好說聖賢。但隨人資質，亦多能成就。如伯夷高潔，不害爲聖人之清；若做不徹，亦不失爲謹厚之士，難爲徇虛名。」以下訓寓。

問：「初學精神易散，靜坐如何？」曰：「此亦好，但不專在靜處做工夫，動作亦當體驗。聖賢教人，豈專在打坐上？要是隨處著力，如讀書，如待人處事，若動若靜，若語若默，皆當存此。無事時，只合靜心息念。且未說做他事，只自家心如何令把捉不定？恣其散亂走作，何有於學？孟子謂『學問之道無他，求其放心而已矣』。不然，精神不收拾，則讀書無滋味，應事多齟齬，豈能求益乎！」

問：「有事時應事，無事時心如何？」曰：「無事時只得無事，有事時也如無事時模樣。只要此心常在，所謂『動亦定，靜亦定』也。」問：「程子言：『未有致知而不在敬者。』」曰：「心若走作不定，何緣見得道理？如理會這一件事未了，又要去理會那事，少間都成無理會。須是理會這事了，方好去理會那事，須是主一。」問：「思慮難一，如何？」曰：「徒然思慮，濟得甚事？某謂，若見得道理分曉，自無閑雜思慮。人所以思慮紛擾，只緣未見道理耳。『天下何思何慮』？是無閑思慮也。」問：「程子常教人靜坐，如何？」曰：「亦是他見人要多慮，且教人收拾此心耳。初學亦當如此。」

先生謂寓曰：「文字可汲汲看，悠悠不得。急看，方接得前面看了底；若放慢，則與前面意思不相接矣。莫學某看文字，看到六十一歲，方略見得道理恁地。賀孫録作「方略見得通透」。今老矣，看得，做甚使得？學某不濟事，公宜及早向前！」

問：「如古人詠歌舞蹈，到動盪血脈流通精神處，今既無之；專靠義理去研究，恐難得悦樂。不知如何？」曰：「只是看得未熟耳。若熟看，待浹洽，則悦矣。」先生因説寓：「讀書看義理，須是開豁胸次，令磊落明快，恁地憂愁作甚底？亦不可先責效。才責效，便見有憂愁底意思，只管如此，胸中結聚一餅子不散。須是胸中寬閑始得。而今且放置閑事，不要閑思量，只專心去玩味義理，便會心精，心精，便會熟。『涵養當用敬，進學則在致知。』無事時，且存養在這裏，提撕警覺，不要放肆。到那講習應接，便當思量義理，用義理做將去。無事時，便著存養收拾此心。」

問：「前夜先生所答一之動靜處，曾舉云：『譬如與兩人同事，須是相救始得。』寓看來，静却救得動，不知動如何救得静？」曰：「人須通達萬變，心常湛然在這裏。亦不是閉門静坐，塊然自守。事物來，也須去應。應了，依然是静。看事物來，應接去也不難，便是『安而後能慮』。動了静，静了動，動静相生，循環無端。如人之嘘吸，若只管嘘，氣絶了，又須吸；若只管吸，氣無去處，便不相接了。嘘之所以爲吸，吸之所以爲嘘。『尺蠖之屈，以求伸也；龍蛇之蟄，以存身也。』屈伸消長，闔闢往來，其機不曾停息。大處有大闔闢，小處有小闔闢；大處有大消長，小處有小消長。此理萬古不易。如目有瞬時，亦豈能常瞬？定又須開，不能常開。定又須瞬，瞬了又開，開了又瞬。至纖至微，無時不然。」又問：「此説相救，是就義理處説動静。不知就應事接物處説動静如何？」曰：「應事得力，則心地静；心地静，應事分外得力；便是動救静，静救動。其本只在湛然純一，素無私心始得。無私心，動静一齊當理，才有一毫之私，便都差了。」淳録云：「徐問：『前夜説動静功用相救。如静也静可救得動，動如何救得静？』曰：『須是明得這理，使無不盡，直到萬理明徹之後，此心湛然純一，便能如此。

不是閉門獨坐，塊然自守，事物來都不應。若事物來，亦須應；既應了，此心便又靜。心既靜，虛明洞徹，無一毫之累，便從這裏應將去，應得便徹，便不難，便是「安而後能慮」。事物之來，須去處置他。這一事合當恁地做，便截然斷定，便是「慮而後能得」。得是靜，慮是動。如「艮其止」，止是靜，所以止之便是動。如「君止於仁，臣止於敬」，仁敬是靜，所以思要止於仁敬，便是動。固是靜救動，動救靜；然其本又自此心湛然純一，素無私始得。心無私，動靜便一齊當理；心若自私，便都差了。動了又靜，靜了又動，動靜只管相生，如循環之無端。若要一於動靜，不得。如人之噓吸，若一向噓，氣必絕了，須又當吸；若一向吸，氣必滯了，須又當噓。噓之所以爲吸，吸之所以爲噓。「尺蠖之屈，以求伸也；龍蛇之蟄，以存身也；精義入神，以致用也；利用安身，以崇德也」。一屈一伸，一闔一闢，一消一息，一往一來，其機不曾停。大處有大闔闢、大消息，小處有小闔闢、小消息，此理更萬古而不息。如目豈能不瞬時？亦豈能常瞬？又須開。開了定，定了又瞬，瞬了又定，只管恁地去。消息闔闢之機，至纖至微，無物不有。』」

寓臨漳告歸，稟云：「先生所以指教，待歸子細講求。」曰：「那處不可用功？何待歸去用功？古人於患難尤見得著力處。今夜在此，便是用功處。」

居甫請歸作工夫，曰：「即此處便是工夫。」可學。

居甫問：「平日只是於大體處未正。」曰：「大體，只是合衆小理會成大體。今不窮理，如何便理會大體？」可學。

「居甫、敬之是一種病，都緣是弱。仁父亦如此，定之亦如此。只看他前日信中自說『臨事而懼』，不知孔子自說行三軍。自家平居無事，只管恁地懼箇甚麽？」賀孫說：「定之之意，是當先生前日在朝，恐要從頭拆洗，決裂做事，故説此。」曰：「固是。若論來如今事體，合從頭拆洗，合有決裂做處，自是定著如此。只是自家不曾當這地位，自是要做不得。若只管懼了，到合説處都莫説。」賀孫。

居父如僧家禮懺，今日禮多少拜，説懺甚罪過；明日又禮多少拜，又説懺甚罪過；日日只管説。如浙中朋友，只管説某今日又如此，明日又説如此。若是見得不是，便須掀翻做教是當。若只管恁地徒説，何益！如宿這客店，不穩便，明日須進前去好處宿。若又只在這裏住，又説不好，豈不可笑！賀孫。

洪慶將歸，先生召入與語。出前卷子，云：「曰議論也平正。兩日來反覆爲看所説者，非不是；但其中言語多似不自胸中流出，原其病只是淺耳，故覺見枯燥，不甚條達。合下原頭欠少工夫。今先須養其源，始得。此去且存養，要這箇道理分明常在這裏，久自有覺；覺後，自是此物洞然通貫圓轉。」乃舉孟子「求放心」、「操則存」兩節，及明道語録中「聖賢教人千言萬語，下學上達」一條云：「自古聖賢教人，也只就這理上用功。所謂放心者，不是走作向別處去。蓋一瞬目間便不見，纔覺得便又在面前，不是苦難收拾。公且自去提撕，便見得。」又曰：「如今要下工夫，且須端莊存養，獨觀昭曠之原，不須枉費工夫，鑽紙上語。待存養得此中昭明洞達，自覺無許多窒礙。恁時方取文字來看，則自然有意味，道理自然透徹，遇事時自然迎刃而解，皆無許多病痛。此等語，不欲對諸人説，恐他不肯去看文字，又不實了。且教他看文字，撞來撞去，將來自有撞著處。公既年高，又做這般工夫不得，若不就此上面著緊用工，恐歲月悠悠，竟無所得。」又曰：「近來學者，如漳泉人物，於道理上發得都淺，都是作文時，文采發越粲然可觀；謂堯卿至之。浙間士夫又却好就道理上壁角頭著工夫，如某人輩，子善叔恭。恐也是風聲氣習如此。」又云：「今之學者有三樣人才：一則資質渾厚，却於道理上不甚透徹；一則儘理會得道理，又生得直是薄；一則資質雖厚，却飄然説得道理儘多，又似承當不起。要箇恰好底，難得。此間却有一兩箇朋友理會得好。如公資質如此，何不可爲？只爲源頭處用工較少，而今須喫緊著意做取。尹和靖在程門直是十分鈍底，被他只就一箇『敬』字上做工夫，終被他做得成。」因説及陳後之、陳安卿二人，爲學頗得蹊徑次第。又曰：「顏子與聖人不爭多，便是聖人地位。但顏子是水初平，風浪初静時；聖人則是水已平，風恬浪静時。」又曰：「爲學之道，須先存得這箇道理，方可講究。若居處必恭，執事必敬，與人必忠。要如顏子，直須就視聽言動上警戒到復禮處。仲弓『出門如見大賓，使民如承大祭』，是無時而不主敬。如今亦不須較量顏子、仲弓如何會如此？只將他那事，就自家切己處便做他底工夫，然後有益。」又曰：「爲學之道，如人耕種一般，先須辦了一片地在這裏了，方可在上耕種；今却就别人地上鋪排許多種作底物色，這田地元不是我底。又如人作商，亦須先安排許多財本，方可運動；若財本不贍，則運動未得。到論道處，如説水，只説是冷，不能以『不熱』字説得；如説湯，只説是熱，不能以『不冷』字説得。又如飲食，喫著酸底，便知是酸底；喫著鹹底，便知是鹹底，始得。」語多不能盡記，姑述其大要者如此。訓洪慶。恪録云：「石子餘將告歸，先生將子餘問目出，曰：『兩日反覆與公看，見得公所説非是不是，其病痛處只是淺耳。淺，故覺得枯燥，不恁條達，只源頭處元不曾用工夫來。今須是整肅主一，存養得這箇道理分明，常在這裏。持之已久，自然有得，看文字自然通徹，遇事自然圓轉，不見費力。』乃舉孟子『學問之道無它，求其放心而已矣』，『操則存，舍則亡，出入無時，莫知其鄉』二節，及明道語録『聖賢千言萬語，只是欲人將已放之心約之使反復入身來，下學而上達』，云：『自古賢聖教人，只是就這箇道理上用功。放心，不是走作別處去。一霎眼間即便不見，才覺便又在面前，不是難收拾。公自去提撕，便見得。今要下工夫，且獨觀昭曠之原，不須枉用工夫，鑽紙上語。存得此中昭明條暢，自覺無許多窒礙，方取文字來看，便見有味。道理通透，遇事則迎刃而解，無許多病痛。然此等語，不欲對諸公説。且教他自用工夫，撞來撞去，自然撞著。公既年高，若不如此下工夫，恐悠悠歲月，竟無所得。』又云：『某少時爲學，十六歲便好理學，十七歲便有如今學者見識。後得謝顯道論語，甚喜，乃熟讀。先將朱筆抹出語意好處；又熟讀得趣，覺見朱抹處太煩，再用墨抹出；又熟讀得趣，別用青筆抹出；又熟讀得其要領，乃用黄筆抹出。至此，自見所得處甚約，只是一兩句上。却日夜就此一兩句上用意玩味，胸中自是洒落。』」

先生謂徐容父曰：「爲學，須是裂破藩籬，痛底做去，所謂『一杖一條痕！一摑一掌血』！使之歷歷落落，分明開去，莫要含糊。」道夫。訓容父。

問學問之端緒。曰：「且讀書依本分做去。」以下訓節。

問：「何以驗得性中有仁義禮智信？」先生怒曰：「觀公狀貌不離乎嬰孩，高談每及於性命！」與衆人曰：「他只管來這裏摸這性，性若是去捕捉他，則愈遠。理本實有條理。五常之體，不可得而測度，其用則爲五教，孝於親，忠於君。」又曰：「必有本，如惻隱之類，知其自仁中發；事得其宜，知其自義中出；恭敬，知其自禮中出；是是非非，知其自智中出；信者，實有此四者。眼前無非性，且於分明處作工夫。」又曰：「體不可得而見，且於用上著工夫，則體在其中。」次夜曰：「吉甫昨晚問要見性中有仁義禮智。無故不解發惻隱之類出來，有仁義禮智，故有惻隱之類。」

問：「事有合理而有意爲之，如何？」曰：「事雖義而心則私。如路，好人行之亦是路，賊行之亦是路。合如此者是天理，起計較便不是。」

「只是揮扇底，只是不得背著他。」節問曰：「只順他？」曰：「只是循理。」

問：「應事心便去了。」曰：「心在此應事，不可謂之出在外。」

問：「欲求大本以總括天下萬事。」曰：「江西便有這箇議論。須是窮得理多，然後有貫通處。今理會得一分，便得一分受用；理會得二分，便得二分受用。若『一以貫之』，儘未在。陸子静要盡掃去，從簡易。某嘗說，且如做飯，也須趁柴理會米，無道理合下便要簡易。」

以某觀之，做箇聖賢，千難萬難。如釋氏則今夜痛説一頓，有利根者當下便悟，只是箇無星之稱耳！

將與人看不得。公要討箇無聲無臭底道，雖視之不見，聽之不聞，然却開眼便看見，開口便説著。雖「無極而太極」，然只是眼前道理。若有箇高妙底道理而聖人隱之，便是聖人大無狀！不忠不信，聖人首先犯著！

問：「節嘗見張無垢解『雍徹』一章，言夫子氣象雍容。節又見明道先生爲人亦和。節自後處事亦習寬緩，然却至於廢事。」曰：「曾子剛毅，立得牆壁在，而後可傳之子思、孟子。伊川、橫渠甚嚴，游楊之門倒塌了。若天資大段高，則學明道；若不及明道，則且學伊川、橫渠。」

問：「篤行允蹈，皆是作爲。畢竟道自道，人自人，不能爲一。」曰：「爲一，則聖人矣，『不勉而中，不思而得，從容中道』。」又問：「顔子『不遠復』，『擇乎中庸』，顔子亦未到此地。」曰：「固是。只爲後人把做易了，後遂流爲異端。」

問：「事事當理則必不能容，能容則必不能事事當理。」曰：「容只是寬平不狹。如這箇人當殺則殺之，是理合當殺，非是自家不容他。」

不曾説教胡亂思，説「慎思」。

問：「節昔以觀書爲致知之方，今又見得是養心之法。」曰：「較寬，不急迫。」又曰：「一舉兩得，這邊又存得心，這邊理又到。」節復問：「心在文字，則非僻之心自入不得？」先生應。

問：「觀書或曉其意，而不曉字義。如『從容』字，或曰『横出爲從，寬容爲容』，如何？」曰：「這箇見不得。莫要管他横出、包容，只理會言意。」

節初到一二日，問「君子義以爲質」一章。曰：「不思量後，只管去問人，有甚了期？向來某人自欽夫處來，録得一册，將來看。問他時，他説道那時陳君舉將伊川易傳在看，檢兩版又問一段，檢兩版又問一段。欽夫他又率略，只管爲他説。據某看來，自當不答。大抵問人，必説道古人之説如此，某看來是如此，未知是與不是。不然，便説道據某看來不如此，古人又如此説，是如何？不去思量，只管問人，恰如到人家見著椅子，去問他道：『你安頓這椅子是如何？』」

問：「精神收斂便昏，是如何？」曰：「也不妨。」又曰：「昏，畢竟是慢。如臨君父、淵崖，必不如此。」又曰：「若倦，且瞌睡些時，無害。」問：「非是讀書過當倦後如此。是纔收斂來，稍久便困。」曰：「便是精神短後如此。」

朱子語類卷第一百一十六

朱子十三

訓門人四

問：「平時處事，當未接時，見得道理甚分明；及做著，又便錯了。不知如何恁地？」曰：「這是難事。但須是知得病痛處，便去著力。若是易爲，則天下有無數聖賢了！」以下訓義剛。

問：「打坐也是工夫否？」曰：「也有不要打坐底，如果若之屬，他最説打坐不是。」又問：「而今學者去打坐後，坐得瞌睡時，心下也大故定。」曰：「瞌睡時，却不好。」

問：「氣質昏蒙，作事多悔：有當下便悔時，有過後思量得不是方悔時，或經久所爲因事機觸得悔時。方悔之際，惘然自失，此身若無所容！有時恚恨至於成疾。不知何由可以免此？」曰：「既知悔時，第二次莫恁地便了，不消得常常地放在心下。那『未見能見其過而内自訟』底，便是不悔底。今若信意做去後，蕩然不知悔，固不得；若既知悔，後次改便了，何必常常恁地悔！」淳録云：「既知悔，便住了，莫更如此做。只管悔之又悔作甚！」

世間只是這箇道理，譬如晝日當空，一念之間合著這道理，則皎然明白，更無纖毫窒礙，故曰「天命之謂性」。不只是這處有，處處皆有。只是尋時先從自家身上尋起，所以説「性者，道之形體也」，此一句最好。蓋是天下道理尋討將去，那裏不可體驗？只是就自家身上體驗，一性之内，便是道之全體。千人萬人，一切萬物，無不是這道理。不特自家有，它也有；不特甲有，乙也有。天下事都恁地。

書有合講處，有不必講處。如主一處，定是如此了，不用講。只是便去下工夫，不要放肆，不要戲慢，整齊嚴肅，便是主一，便是敬。聖賢説話，多方百面，須是如此説。但是我恁地説他箇無形無狀，去何處證驗？只去切己理會，此等事久自會得。

問：説「漆雕開章」云云，先生不應。又説「與點章」云云，先生又不應。久之，却云：「公那江西人，只管要理會那漆雕開與曾點，而今且莫要理會。所謂道者，只是君之仁，臣之敬，父之慈，子之孝，便是。而今只去理會『言忠信，行篤敬』；『博學而篤志，切問而近思，仁在其中矣』，須是步步理會。『坐如尸』，便須要常常如尸；『立如齋』，便須要常常如齋。而今却只管去理會那流行底，不知是箇甚麼物事？又不是打破一桶水，隨科隨坎皆是。」

義剛啓曰：「向時請問平生多悔之病，蒙賜教，謂第二番莫爲便了，也不必長長存在胸中。義剛固非欲悔，但作一事時，千思萬量，若思量不透處，又與朋友相度。合下做時，自謂做得圓密了；及事纔過，又便猛省著，有欠缺處。纔如此思著，則便被氣動了志，便是三兩日精神不定。不知此病生於何處？」曰：「便是難！便是難！不能得到恰好處。顏子『仰之彌高，鑽之彌堅，瞻之在前，忽焉在後』，便是如此，便是不能得見這箇物事定帖。這也無著力處。聖人教人，但不過是『博文約禮』。須是平時只管去講明，講明得熟時後，却解漸漸不做差了。」

又問：「格物工夫，至爲浩大。如義剛氣昏，也不解泛然格得。欲且將書細讀，就上面研究義理，如何？」曰：「書上也便有面前道理在。」義剛又言：「古人爲學，皆是自小得人教之有方，所以長大來易入於道。義剛目前只是習作舉業，好書皆不曾講究。而今驟收其放心，覺用力倍難。今欲將小學等書理會，從洒掃應對進退，禮樂書數射御，從頭再理會起，不知如何？」曰：「也只是事事致謹，常常持養，莫教放慢了，便是。若是自家有箇操柄時，便自不解到得十分走作了。」

義剛啓曰：「半年得侍洒掃，曲蒙提誨，自此得免小人之歸。但氣質昏蒙，自覺易爲流俗所遷。今此之歸，且欲閉門不出，刻意讀書，皆未知所向，欲乞指示。」先生曰：「只杜門便是所向，别也無所向。只是就書上子細玩味，考究義理，便是。」義剛之初拜先生也，具述平日之非與所以遠來之意，力求陶鑄及所以爲學之序。先生曰：「人不自訟，則没奈何他。今公既自知其過，則講書窮理，便是爲學，也無他陶鑄處。」問：「讀書以何者爲先？」曰：「且將論語、大學共看。」至是，又請曰：「大學已看了，先生解得分明，也無甚疑。論語已看九篇。今欲看畢此書，更看孟子，如何？」曰：「好。孟子也分明，甚易看。」「侍教半年，仰蒙提誨。自正月間看論語，覺得略得入頭處。先生所以教人，只要逐章逐句理會，不要揀擇，敬遵明訓。但此番歸去，恐未便得再到侍下。如語孟中設有大疑，則無可問處。今欲於此數月揀大頭段來請教，不知可否？」曰：「好。」

先生問夑淵：「平日如何做工夫？看甚文字？」曰：「舊治春秋並史書。」曰：「春秋如何看？」曰：「只用劉氏説看。」曰：「公數千里來見某，其志欲如何？」曰：「既拜先生，只從先生之教。」曰：「春秋是學者末後事，惟是理明義精，方見得。春秋是言天下之事。今不去理會身己上事，却去理會天下之事，到理會得天下事，於身己上却不曾處置得。所以學者讀書，先要理會自己本分上事。」又言：「劉道修向時章疏中説『道學』字，用錯了。」

先生因論：「德修向時之事，不合將許多條法與壽皇看，暴露了，被小人知之，却做了脚手。某以爲，大率若小人勢弱時節，只用那虚聲，便可恐得他去；若小人勢盛時節，便不可如此暴露，被他先做脚手。雖然，德修亦自好，當時朝廷大故震動！」訓淵。

晏亞夫將上趙子直、黄文叔二書呈先生。先生曰：「公有志於當世，亦自好。但若要從自家身上做將來，須是捨其所已學，從其所未學。」恪。

先生語晏亞夫云：「亞夫歸去，且須杜門安坐數年，虚心玩味他義理，教專與自家心契合。若恁底時，病痛自去，義理自明。大抵静，方可看義理。」佐。

「須是静，方可爲學。」謂亞夫曰：「公既歸，可且杜門潛心數年。」方子。蓋卿録云：「亞夫稟辭，先生勉之曰：『歸後且杜門潛心二三年，仍須虚心以讀書。』」

甲寅八月三日，蓋卿以書見先生於長沙郡齋，請隨諸生遇晚聽講，是晚請教者七十餘人。或問：「向蒙見教，讀書須要涵泳，須要浹洽。因看孟子千言萬語，只是論心。七篇之書如此看，是涵泳工夫否？」曰：「某爲見此中人讀書大段鹵莽，所以説讀書須當涵泳，只要子細尋繹，令胸中有所得爾。如吾友所説，又襯貼一件意思，硬要差排，看書豈是如此？」又一士友曰：「先生『涵泳』之説，乃杜元凱『優而柔之』之意。」曰：「固是如此，亦不用如此解説。所謂涵泳者，只是子細讀書之異名也。大率與人説話便是難。某只説一箇『涵泳』，一人硬來差排，一人硬來解説。此是隨語生解，支離延蔓，閑説閑講，少間展轉，只是添得多，説得遠。如此講書，如此聽人説話，全不是自做工夫，全無巴鼻。可知是使人説學是空談。此中人所問，大率如此：好理會處不理會，不當理會處却支離去説，説得全無意思。」以下訓蓋卿。

蓋卿因言：「致知、格物工夫既到，然後應事接物，始得其宜。若工夫未到，雖於應事接物之際，未盡合宜，亦只得隨時爲應事接物之計也。」曰：「固是如此。若學力未到時，不成不去應事接物！且如某在長沙時，處之固有一箇道理；今在路途，道理又別。人若學力未到，其於應事接物之間，且隨吾學力所至而處之。善乎明道之言曰：『學者全體此心。學雖未盡，若事物之來，不可不應；但隨分限應之，雖不中不遠矣。』」

蓋卿禀辭，且乞贈言。先生曰：「逐日所相與言者，宜著工夫，不用重説。」曰：「尚得爲遠謁函丈之計。」曰：「人事不可預期。歸日，宜一面著實做工夫。」

初見，先生云：「某自到此，與朋友亦無可説，古人學問只是爲己而已。聖賢教人，具有倫理。學問是人合理會底事。學者須是切己，方有所得。今人知爲學者，聽人説一席好話，亦解開悟；到切己工夫，却全不曾做，所以悠悠歲月，無可理會。若使切己下工，聖賢言語雖散在諸書，自有箇通貫道理。須實有見處，自然休歇不得。如人趁養家一般，一日不去趁，便受飢餓。今人事無小大，皆潦草過了。只如讀書一事，頭邊看得兩段，便揭過後面，或看得一二段，或看得三五行，殊不曾子細理會，如何會有益！」或問：「人講學不明，用處全差了。」曰：「不待酬酢應變時。若學不切己，自家一箇渾身自無處著，雖三魂七魄，亦不知下落，何待用時方差？」坐間有言及傅子囦者。曰：「人雖見得他偏，見得他不是，此邊却未有肯著力做自家工夫，如何不爲他所謾？近世人大被人謾，可笑！見人胡亂一言一動，便被降下了。只緣自無工夫，所以如此。便又有不讀書之説，可以誘人，宜乎陷溺者多。」先生又云：「彼一般説話，雖是説禪，却能鞭逼得人緊。後生於此邊既無所得，一溺其説，便把做件事做，如何可回！終竟他底不是，愈傳愈壞了人。」或又云：「近世學者多躐等。」亦曰：「更有不及等人。」以下訓謙。

問謙：「曾與戴肖望相處，如何？」曰：「亦只商量得舉子程文。」曰：「此是一厄。人過了此一厄，當理會學問。今人過了此一厄，又去理會應用之文，作古文，作詩篇，亦是一厄。須是打得破，方得。」

問：「爲學工夫，以何爲先？」曰：「亦不過如前所説，專在人自立志。既知這道理，辦得堅固心，一味向前，何患不進！只患立志不堅，只恁聽人言語，看人文字，終是無得於己。」或云：「須是做工夫，方覺言語有益。」曰：「別人言語，亦當子細窮究。孟子説：『我知言；我善養吾浩然之氣。』知言便是窮究別人言語。他自邪説，何與我事？被他謾過，理會不得，便有陷溺。所謂『生於其心，害於其政；作於其政，害於其事』，蓋謂此也。」

德之看文字尖新，如見得一路光明，便射從此一路去。然爲學讀書，寧詳毋略，寧近毋遠，寧下毋高，寧拙毋巧。若一向罩過，不加子細，便看書也不分曉。然人資質亦不同，有愛趨高者，亦有好務詳者。雖皆有得，然詳者終是看得溥博浹洽。又言：「大學等書，向來人只說某說得詳，如何不略說，使人自致思？此事大不然。人之爲學，只是爭箇肯不肯耳。他若無得，不肯向這邊，略亦不解致思；他若肯向此一邊，自然有味，愈詳愈有意味。」

「生知之聖，不待學而自至。若非生知，須要學問。學問之先，止是致知。所知果致，自然透徹，不患不進。」謙請云：「知得，須要踐履。」曰：「不真知得，如何踐履得！若是真知，自住不得。不可似他們只把來說過了。」又問：「今之言學者滿天下，家誦中庸、大學、語、孟之書，人習中庸、大學、語、孟之說。究觀其實，不惟應事接物與所學不相似；而其爲人舉足動步，全不類學者所爲。或做作些小氣象，或專治一等議論，專一欺人。此豈其學使然歟？抑踐履不至歟？抑所學之非歟？」曰：「此何足以言學？某與人說學問，止是說得大概，要人自去下工。譬如寶藏一般，其中至寶之物，何所不有？某止能指與人說，此處有寶。若不下工夫自去討，終是不濟事。今人爲學，多是爲名，不肯切己。某甚不滿於長沙士友。胡季隨特地來一見，却只要相閃，不知何故。南軒許久與諸公商量，到如今只如此，是不切己之過。」

廖兄請曰：「某遠來求教，獲聽先生雅言至論，退而涵泳，發省甚多。旅中只看得先生大學章句、或問一過，所以誨人者至矣。爲學入德之方，無以加此，敢不加心！明日欲別誨席，更乞一言之賜。」曰：「他無說，只是自下工夫，便有益。此事元不用許多安排等待，所謂『造次顛沛必於是』也，人只怕有悠悠之患。」廖復對曰：「學者之病，多在悠悠，極荷提策。」曰：「見得分曉，便當下工夫。時難得而易失，不可只恁地過了。」蓋卿。

先生問：「前此得書，甚要講學，今有可說否？」自修云：「適值先生去國匆匆，不及欵承教誨。」曰：「自家莫匆匆便了。」訓自修。

問平日工夫，泳對：「理會時文。」先生曰：「時文中亦自有工夫。」請讀何書。曰：「看大學。」以下訓泳。

說大學首章不當意。先生說：「公讀書如騎馬，不會鞭策得馬行；撑船，不會使得船動。」

「讀大學，必次論、孟及中庸，兼看近思録。」先生曰：「書讀到無可看處，恰好看。」

先生與泳說：「看文字罷，常且静坐。」

問：「而今看道理不出，只是心不虛靜否？」曰：「也是不曾去看。會看底，就看處自虛靜，這箇互相發。」以下訓夔孫。

先生謂夔孫云：「公既久在此，可將一件文字與衆人共理會，立箇程限，使敏者不得而先，鈍者不得而後。且如這一件事，或是甲思量不得，乙或思量得，這便是朋友切磋之義。」夔孫請所看底文字。曰：「且將西銘看。」及看畢，夔孫依先生解説過。先生曰：「而今解得分曉了，便易看，當初直是難説。」夔孫請再看底文字。索近思録披數板，云：「也揀不得，便漏了他底也不得。」遂云：「『無極而太極』，而今人都想像有箇光明閃爍底物事在那裏。那不知本是説無這物事，只是有箇理，解如此動静而已。及至一動一静，便是陰陽。一動一静，循環無端。『太極動而生陽』，亦只是從動處説起。其實，動之前又有静，静之前又有動。推而上之，其始無端；推而下之，以至未來之際，其卒無終。自有天地，便只是這物事在這裏流轉，一日便有一日之運，一月便有一月之運，一歲便有一歲之運。都只是這箇物事滚，滚將去，如水車相似：一箇起，一箇倒，一箇上，一箇下。其動也，便是中，是仁；其静也，便是正，是義。不動則静，不静則動；如人不語則默，不默則語，中間更無空處。又如善惡：不是善，便是惡；不是惡，便是善。『聖人定之以中正仁義』，便是主張這箇物事。蓋聖人之動，便是元亨；其静，便是利貞，都不是閑底動静。所以繼天地之志，述天地之事，便是如此。如知得恁地便生，知得恁地便死，知得恁地便消，知得恁地便長，此皆是繼天地之志。隨他恁地進退消息盈虛，與時偕行，小而言之，飢食渴飲，出作入息；大而言之，君臣便有義，父子便有仁，此都是述天地之事。只是這箇道理，所以君子修之便吉，小人悖之便凶。這物事機關（二）〔一〕〔一〕下撥轉，便攔他不住，如水車相似，才踏發這機，更住不得。所以聖賢『兢兢業業，一日二日萬幾』，戰戰兢兢，至死而後知免。大化恁地流行，只得隨他恁地；故曰：『存心養性，所以事天也；夭壽不貳，修身以俟之，所以立命也。』這與西銘都相貫穿，只是一箇物事。如云：『五行，一陰陽也；陰陽，一太極也；太極，本無極也。五行之生也，各一其性。無極之真，二五之精，妙合而凝，乾道成男，坤道成女。二氣交感，化生萬物，萬物生生，而變化無窮焉。』便只是『天地之塞吾其體，天地之帥吾其性』，只是說得有詳略緩急耳。而今萬物到秋冬時各自斂藏，便恁枯瘁；忽然一下春來，各自發生條暢，這只是一氣，一箇消，一箇息。那箇滿山青黃碧綠，無非天地之化流行發見。而今自家吃他，著他，受用他，起居食息都在這裏，離他不得。所以仁者見之便謂之仁，智者見之便謂之智，無非是此箇物事。『繼之者善』，便似日日裝添

〔一〕據陳本改。

模樣；『成之者性』，便恰似造化都無可做了，與造化都不相關相似。到得『成之者性』，就那上流行出來，又依前是『繼之者善』。譬如穀，既有箇穀子，裏面便有米，米又會生出來。如果子皮裹便有核，核裹便有仁，那仁又會發出來。人物莫不如此。如人方其在胞胎中，受那父母之氣，則是『繼之者善』。及其生出來，便自成一箇性了，便自會長去，這後又是『繼之者善』，只管如此。仁者謂之仁，便是見那發生處；智者謂之智，便是見那收斂處。『百姓日用而不知』，便是不知所謂發生，亦不知所謂收斂，醉生夢死而已。周先生太極通書，便只是滚這幾句。易之爲義，也只是如此。只是陰陽交錯，千變萬化，皆從此出，故曰『易有太極』。這一箇便生兩箇，兩箇便生四箇，四箇便生八箇，八箇便生十六箇，十六箇便生三十二箇，三十二箇便生六十四箇。故『八卦定吉凶，吉凶生大業』。聖人所以説出時，只是使人不迷於利害之途耳。」少頃，又舉「誠幾德」一章，説云：「『誠無爲』，只是自然有實理恁地，不是人做底，都不曾犯手勢。『幾善惡』，便是心之所發處有箇善有箇惡了。『德』便只是善底，爲聖爲賢，只是這材料做。」又舉第三「大本達道章」説云：「未發時便是那静，已發時便是那動。方其静時，便是有箇體在裏了，如這桌子未用時，已有這桌子在了。及其已發，便有許多用。一起一倒，無有窮盡。若静而不失其體，便是天下之大本立焉；動而不失其用，便是天下之達道行焉。若其静而或失其體，則天下之大本便昏了；動理，孔子只說『一陰一陽之謂道，繼之者善，成之者性』，都不會分別出性是如何。孟子乃分別出，說是有此四者，然又只是以理言。到周先生說方始盡，方始見得人必有是四者，這四者亦有所附著。」先生曰：「孔子說得細膩，說不曾了。孟子說得粗，疏略，只是說『成之者性』，不曾從原頭推說來。然其界分，自孟子方說得分曉。」陳仲蔚因問：「龜山說：『知其理一，所以爲仁；知其分殊，所以爲義。』仁便是體，義便是用否？」曰：「仁只是流出來底，義是合當做底。如水，流動處是仁；流爲江河，匯爲池沼，便是義。如惻隱之心便是仁；愛父母，愛兄弟，愛鄉黨，愛朋友故舊，有許多等差，便是義。且如敬，只是一箇敬；到敬君，敬長，敬賢，便有許多般樣。禮也是如此。如天子七廟，諸侯五廟，這箇便是禮；其或七或五之不同，便是義。禮是理之節文，義便是事之所宜處。呂與叔說『天命之謂性』云：『自斬而緦，喪服異等，而九族之情無所憾；自王公至皁隸，儀章異制，而上下之分莫敢爭，自是天性合如此。』且如一堂有十房父子，到得父各慈其子，子各孝其父，而人不嫌者，自是合如此也。其慈，其孝，這便是仁；各親其親，各子其子，這便是義。這箇物事分不得，流出來便是仁；仁打一動，義禮智便隨在這裏了。不是要仁使時，義却留在後面，少間放出來。其實只是一箇道理，論著界分，便有許多分別。且如心性情虛明應物，知得這事合恁地，那事合恁地，這便是心；當這事感則這理應，當那事感則那理應，這便是性；出頭露面來底便是情，其實只是一箇物事。而今這裏略略動，這三箇便都在，子細看來，亦好則劇。」又舉邵子「性者道之形體」處，曰：「道雖無所不在，然如何地去尋討他？只是回頭來看，都在自家性分之内。自家有這仁義禮智，便知得他也有仁義禮智，千人萬人，一切萬物，無不是這道理。推而廣之，亦無不是這道理。他説『道之形體』，便是説得好。」

林子武初到時，先生問義剛云：「在何處安下？」曰：「未曾移入堂長房。」曰：「它便是有思量底。蘇子容押花字常要在下面，後有一人官在其上，却挨得他花字向上面去；他遂終身悔其初無思量，不合押花字在下。」及包顯道等來，遂命子武作堂長，後竟不改。義剛。

問：「承先生賜教讀書之法，如今看來，聖賢言行，本無相違。其間所以有可疑者，只是不逐處研究得通透，所以見得牴牾。若真箇逐處逐節逐段見得精切，少間却自到貫通地位。」曰：「固是。如今若苟簡看過，只一處，便自未曾理會得了，却要別生疑義，徒勞無益。」訓木之。

慶元丁巳三月，見先生於考亭。先生曰：「甚荷遠來，然而不是時節。公初從何人講學？」曰：「少時從劉衡州問學。」曰：「見衡州如何？」曰：「衡州開明大體，使人知所向慕。」曰：「如何做工夫？」曰：「却是無下手處。」曰：「向來亦見廬陵諸公有問目之類，大綱竟緩，不是斬釘截鐵，真箇可疑可問，彼此只做一場話説休了。若如此悠悠，恐虚過歲月。某已前與朋友往來，亦是如此。後來欽夫説道：『凡肯向此者，吾二人只如此放過了，不特使人汎然來行一遭，便道我曾從某人處講論，一向胡説，反爲人取笑，亦是壞了多少好氣質底。若只悠悠地去，可惜。今後須是截下，看晚年要成就得一二人，不妨是吾輩事業。』自後相過者，這裏直是不放過也。」祖道又曰：「頃年亦嘗見陸象山。」先生笑曰：「這却好商量。公且道象山如何？」曰：「象山之學，祖道曉不得，更是不敢學。」曰：「如何不敢學？」曰：「象山與祖道言：『目能視，耳能聽，鼻能知香臭，口能知味，心能思，手足能運動，如何更要甚存誠持敬，硬要將一物去治一物？須要如此做甚？詠歸舞雩，自是吾子家風。』祖道曰：『是則是有此理，恐非初學者所到地位。』象山曰：『吾子有之，而必欲外鑠以爲本，可惜也！』祖道曰：『此恐只是先生見處。今使祖道便要如此，恐成猖狂妄行，蹈乎大方者矣！』象山曰：『纏繞舊習，如落陷穽，卒除不得！』」先生曰：「陸子静所學，分明是禪。」又曰：「江西人大抵秀而能文，若得人點化，是多少明快！蓋有不得不任其責者。然今黨事方起，能無所畏乎！忽然被他來理會，礙公進取時如何？」曰：「此是自家身己上，進取何足議？」曰：「可便還入精舍。」以下訓祖道。

先生謂祖道曰：「讀書，且去鑽研求索。及反覆認得時，且蒙頭去做，久久須有功效。吾友看文字忒快了，却不沉潛，見得他子細意思。莫要一領他大意，便去摶摸，此最害事！且熟讀，就他注解爲他説一番。説得行時，却又爲他精思，久久自落窠臼。略知瞥見，便立見解，終不是實。恐他時無把捉，虚費心力。」

問進德之方。曰：「大率要修身窮理。若修身上未有工夫，亦無窮理處。」問：「修身如何？」曰：「且先收放心。如心不在，無下手處。要去體察你平昔用心，是爲己爲人？若讀書計較利禄，便是爲人。」

「資禀純厚者，須要就上面做工夫。」問：「如何？」曰：「人生與天地一般，無些欠缺處。且去子細看秉彝常性是如何，將孟子言性善處看是如何善，須精細看來。」

一日拜别，先生曰：「歸去各做工夫，他時相見，却好商量也。某所解語孟和訓詁注在下面，要人精粗本末，字字爲咀嚼過。此書，某自三十歲便下工夫，到而今改猶未了，不是草草看者，且歸子細。」

曾兄問：「讀大學，已知綱目次第了。然大要用工夫，恐在『敬』之一字。前見伊川説『敬以直内，義以方外』處。」先生曰：「能『敬以直内』矣，亦須『義以方外』。能知得是非，始格得物。不以義方外，則是非好惡不能分別，物亦不可格。」又問：「恐敬立則義在其中，伊川所謂『弸諸中，彪諸外』是也。」曰：「雖敬立而義在，也須認得實，方見得。今有人雖胸中知得分明，說出來亦是見得千了百當，及應物之時，顛倒錯謬，全是私意，亦不知。聖人所謂敬義處，全是天理，安得有私意？今釋老能立箇門户恁地，亦是它從旁窺得近似。他所謂敬時，亦却是能敬，更有箇『笠影』之喻。」

某嘗喜那鈍底人，他若是做得工夫透徹時，極好；却煩惱那敏底，只是略綽看過，不曾深去思量。當下說，也理會得，只是無滋味，工夫不耐久。如莊仲便是如此。某嘗煩惱這樣底，少間不濟事。敏底人，又却要做那鈍底工夫，方得。以下訓僩。

問：「尋常遇事時，也知此爲天理，彼爲人欲。及到做時，乃爲人欲引去，事已却悔，如何？」曰：「此便是無克己工夫。這樣處，極要與他埽除打疊，方得。如一條大路，又有一條小路。明知合行大路，然小路面前有箇物引著，自家不知不覺行從小路去；及至前面荆棘蕪穢，又却生悔。此便是天理人欲交戰之機。須是遇事之時，便與克下，不得苟且放過。此須明理以先之，勇猛以行之。若是上智聖人底資質，不用著力，自然存天理而行，不流於人欲。若賢人資質次於聖人者，到遇事時固不會錯，只是先也用分別教是而後行之。若是中人之資質，須大段著力，無一時一刻不照管克治，始得。曾子曰：『仁以爲己任，不亦重乎！死而後已，不亦遠乎！』又曰：『戰戰兢兢，如臨深淵，如履薄冰。而今而後，吾知免夫，小子！』直是恁地用功，方得。」

問每日做工夫處。曰：「每日做工夫，只是常常唤醒，如程子所謂『主一之謂敬』，謝氏所謂『常惺惺法』是也。然這裏便有致知底工夫。程子曰：『涵養須用敬，進學則在致知。』須居敬以窮理。若不能敬，則講學又無安頓處。」

問：「『色容莊』，持久甚難。」曰：「非用功於外也，心肅而容莊。」問：「若非聖人説下許多道理，則此身四支耳目更無安頓處。」曰：「然。古人固嘗言之：『非禮則耳目手足無所措。』」

道理極是細膩。公們心都粗大，入那細底不得。

公而今只是説他人短長，都不自反己看。如公適間説學者來此不講誦，蚤來莫去，是理會甚事？自初來至去，是有何所得？聽得某説話，有何警發？每日靠甚麽做本？從那裏做去？公却會説得箇頭勢如此大。及至末梢，又却只是檢點他人某事某事，元未有緊要，那人亦如何服公説？且去理會自己身心，煞有事在！

今公掀然有飛揚之心，以爲治國平天下如指諸掌。不知自家一箇身心都安頓未有下落，如何説功名事業？怎生治人？古時英雄豪傑不如此。張子房，不問著他不説。諸葛孔明甚麽樣端嚴！公浙中一般學，是學爲英雄之學，務爲跅弛豪縱，全不點檢身心。某這裏須是事事從心上理會起，舉止動步，事事有箇道理。一毫不然，便是欠闕了他道理。固是天下事無不當理會，只是有先後緩急之序；須先立其本，方以次推及其餘。今公們學都倒了，緩其所急，先其所後，少間使得這身心飛揚悠遠，全無收拾處。而今人不知學底，他心雖放，然猶放得近。今公雖曰知爲學，然却放得遠；少間會失心去，不可不覺！

讀書之法，既先識得他外面一箇皮殼了，又須識得他裏面骨髓方好。如公看詩，只是識得箇模像如此，他裏面好處，全不見得。自家此心都不曾與他相黏，所以眊燥，無汁漿。如人開溝而無水，如此讀得何益！未論讀古人書，且如一近世名公詩，也須知得他好處在那裏。如何知得他好處？亦須吟哦諷詠而後得之。今人都不曾識：好處也不識，不好處也不識；不好處以爲好者有之矣，好者亦未必以爲好也。其有知得某人詩好、某人詩不好者，亦只是見已前人如此說，便承虛接響說取去。如矮子看戲相似，見人道好，他也道好。及至問著他那裏是好處？元不曾識。舉世皆然，只是不曾讀。熟讀後自然見得。「人而不爲周南、召南，其猶正牆面而立也與！」今公讀二南了，還能不正牆面而立否？意思都不曾相黏，濟得甚事！前日所舉韓退之、蘇明允二公論作文處，他都是下這般工夫，實見得那好處，方做出這般文章。他都是將三代以前文字熟讀後，故能如此。如向者吕子約書來，説近來看詩甚有味，録得一册來，盡是寫他讀詩有得處。及觀之，盡是説詩序！如關雎只是説一箇「后妃之德也」，葛覃只是説得箇「后妃之本」與「化天下以婦道也」。自「關關雎鳩」、「葛之覃兮」已下，更不説著。如此讀詩，是讀箇甚麽？吕伯恭大事紀亦是如此，盡是編排詩序、書序在上面。他們讀書，盡是如此草草。以言事，則不實；以立辭，則害意。

問：「『鳶飛魚躍』，南軒云：『「鳶飛魚躍」，天地之中庸也。』」曰：「只看公如此説，便是不曾理會得了。莫依傍他底説，只問取自家是真實見得不曾？自家信，是信得箇甚麽？這箇道理，精粗小大，上下四方，一齊要著到，四邊合圍起理會，莫令有些子走透。少間方從一邊理會得，些小有箇見處，有箇入頭處。若只靠一邊去理會，少間便偏枯了，尋捉那物事不得。若是如此悠悠，只從一路去攻擊他，而又不曾著力，何益於事！」李敬子曰：「覺得已前都是如此悠悠過了！」曰：「既知得悠悠，何不便莫要悠悠？便是覺意思都不曾痛切。每日看文字，只是輕輕地拂過，寸進尺退，都不曾依傍築磕著那物事來。此間説時，旋扭捏湊合，説得些小，才過了，又便忘了。或他日被人問起，又遂旋扭捏説得些小，過了又忘記了。如此濟得甚事！早間説如負痛相似。」因言：「持敬，如書所云『若有疾』，如此方謂之持敬。如人負一箇大痛，念念在此，日夜求所以去之之術。理會這一件物，須是徹頭徹尾，全文記得，始是如此，末是如此，中間是如此；如此謂之是，如此謂之非。須是理會教透徹，無些子疑滯，方得。若只是如此輕輕拂過，是濟甚事！如兩軍廝殺，兩邊擂起鼓了，只得拌命進前，有死無二，方有箇生路，更不容放慢。若纔攻慢，便被他殺了！」

友仁初參拜畢，出疑問一册，皆大學、語、孟、中庸平日所疑者。先生略顧之，謂友仁曰：「公今須是逐一些子細理會，始得，不可如此鹵莽。公之意，自道此是不曉者，故問。然其他不問者，恐亦未必是。豈能便與聖賢之意合？須是理會得底也來整理過，方可。」以下訓友仁。

問「邦畿千里，惟民所止」。曰：「此是大率言物各有所止之處。且如公，其心雖止得是，其迹則未在。心迹須令爲一，方可。豈有學聖人之道，服非法之服，享非禮之祀者！程先生謂『文中子言心迹之判，便是亂説』者，此也。」友仁曰：「舍此則無資身之策。」曰：「『君子謀道不謀食』，豈有爲人而憂此者！」

先生曰：「公向道甚切，也曾學禪來。」曰：「非惟學禪，如老莊及釋氏教典，亦曾涉獵。自説法華經至要處乃在『是法非思量分別之所能解』一句。」先生曰：「我這裏正要思量分別。能思量分別，方有豁然貫通之理。如公之學也不易。」因以手指書院曰：「如此屋相似，只中間潔浄，四邊也未在。未能博學，便要約禮。窮理處不曾用工，守約處豈免有差！若差之毫忽，便有不可勝言之弊。」又顧同舍曰：「德元却於此理見得彷彿，惜乎不曾多讀得書。」却謂友仁曰：「更須痛下工夫讀書始得。公今所看大學或問格物致知傳，程子所説許多説話，都一一記得，方有可思索玩味。」

張問：「先生論語或問甚好，何故不肯刊行？」曰：「便是不必如此。文字儘多，學者愈不將做事了，只看得集注儘得。公還盡記得集注説話否？非唯集注，恐正文亦記不全，此皆是不曾仔細用工夫。且如邵康節始學於百原，堅苦刻厲，冬不爐，夏不扇，夜不就席者有年，公們曾如此否？論語且莫説別處，只如説仁處，這裏是如此説，那裏是如此説，還會合得否？」友仁曰：「先生有一處解『仁』字甚曉然，言：『仁者，人心之全德，必欲以身體而力行之，可謂「重」矣！一息尚存，此志不容少懈，可謂「遠」矣！』」先生不應。次日，却問：「公昨夜所舉解仁説在何處？」曰：「在曾子言『仁以爲己任』章。」先生曰：「德元看文字，却能記其緊要處。有萬千人看文字者，却不能於緊要處理會，只於瑣細處用工。前日他問中庸或問：『不一其內，無以制其外；不齊其外，無以養其中；靜而不存，無以立其本；動而不察，無以勝其私。』此皆是切要處。學者若能於切要處做工夫，又於細微處不遺闕了，久之自然有得。」

拜辭，先生曰：「公識性明，精力短，每日文字不可多看。又，記性鈍，但用工不輟，自有長進矣。」

因誨郭兄云：「讀書者當將此身葬在此書中，行住坐臥，念念在此，誓以必曉徹爲期。看外面有甚事，我也不管，只恁一心在書上，方謂之善讀書。若但欲來人面前說得去，不求自熟，如此濟得甚事！須是著起精神，字字與他看過。不惟念得正文注字，要自家暗地以俗語解得，方是。如今自家精神都不曾與書相入，念本文注字猶記不得，如何曉得！」卓。僩同。

「讀書，須立下硬寨，定要通得這一書，方看第二書。若此書既曉未得，我寧死也不看那箇！如此立志，方成工夫。」郭德元言：「記書不得。」曰：「公不可欲速，且讀一小段。若今日讀不得，明日又讀；明日讀不得，後日又讀，須被自家讀得。若只記得字義訓釋，或其中有一兩字漏落，便是那腔子不曾填得滿，如一箇物事欠了尖角處相似。少間自家做出文字，便也有所欠缺，不成文理。嘗見蕃人及武臣文字，常不成文理，便是如此。他心中也知得要如此說，只是字義有所欠缺，下得不是。這箇便是『不得於言，勿求於心』之患。是他心有所蔽，故如此。司馬遷史記用字也有下得不是處。賈誼亦然，如治安策說教太子處云：『太子少長知妃色，則入于學。』這下面承接，便用解説此義；忽然掉了，却説上學去云：『學者所學之官也。』又説『帝入東學，上親而貴仁』一段了，却方説上太子事，云『及太子既冠成人，免於保傅之嚴』云云，都不成文義，更無段落。他只是乘才快，胡亂寫去，這般文字也不可學。董仲舒文字却平正，只是又困。董仲舒、（康）〔匡〕衡〔一〕、劉向諸人文字，皆善弱無氣燄。司馬遷、賈生文字雄豪可愛，只是逞快，下字時有不穩處，段落不分明。（康）〔匡〕衡文字却細密，他看得經書極子細，能向裏做工夫，只是做人不好，無氣節。仲舒讀書不如衡子細，疏略甚多，然其人純正開闊，衡不及也。」又曰：「荀子云：『誦數以貫之，思索以通之。』誦數，即今人讀書記徧數也，古人讀書亦如此。只是荀卿做得那文字不帖律處也多。」僩。

郭德元告行，先生曰：「人若於日間閑言語省得一兩句，閑人客省見得一兩人，也濟事。若渾身都在鬧場中，如何讀得書！人若逐日無事，有見成飯喫，用半日靜坐，半日讀書，如此一二年，何患不進！」僩。

〔一〕據院本改。下同。

朱子語類卷第一百一十七

朱子十四

訓門人五

黄直卿會看文字，只是氣象少，間或又有看得不好處。文蔚。

因説正思小學字訓，直卿云：「此等文字亦難做，如『中』，只説得無倚之中，不曾説得無過不及之中。」曰：「便是此等文字難做，如『仁』，只説得偏言之仁，不曾説得包四者之仁。」至。若海録云：「一部大爾雅。」

先生聞程正思死，哭之哀。賀孫。

有程正思一學生來謁，坐定，蹙額云：「正思可惜！有骨肋，有志操。若看道理，也粗些子在。」自修。

問功夫節目次第。曰：「尋常與學者説做工夫甚遲鈍，但積累得多，自有貫通處。且如論孟，須從頭看，以正文爲正，却看諸家説狀得正文之意如何。且自平易處作工夫，觸類有得，則於難處自見得意思。如『養氣』之説，豈可驟然理會？候玩味得七篇了，漸覺得意思。如一件木頭，須先剗削平易處，至難處，一削可除也。今不先治平易處，而徒用力於其所難，所以未有得而先自困也。」以下訓謨。

問：「謨於鄉曲，自覺委靡隨順處多，恐不免有同流合汙之失。」曰：「『孔子於鄉黨，恂恂如也，似不能言者。』處鄉曲，固要人情周盡；但須分別是非，不要一面隨順，失了自家。天下事，只有一箇是，一箇非；是底便是，非底便非。」問：「是非自有公論？」曰：「如此説，便不是了。是非只是是非，如何是非之外，更有一箇公論？才説有箇公論，便又有箇私論也！此却不可不察。」

「謨於私欲，未能無之。但此意萌動時，却知用力克除，覺方寸累省，頗勝前日，更當如何？」曰：「此只是强自降伏，若未得天理純熟，一旦失覺察，病痛出來，不可不知也。」問：「五峰所謂『天理人欲同行異情』，莫須這裏要分别否？」曰：「『同行異情』，只如飢食渴飲等事，在聖賢無非天理，在小人無非私欲，所謂『同行異情』者如此。此事若不曾尋著本領，只是説得他名義而已。説得名義儘分曉，畢竟無與我事。須就自家身上實見得私欲萌動時如何，天理發見時如何，其間正有好用工夫處。蓋天理在人，亘萬古而不泯；任其如何蔽錮，而天理常自若，無時不自私意中發出，但人不自覺。正如明珠大貝，混雜沙礫中，零零星星逐時出來。但只於這箇道理發見處，當下認取，簇合零星，漸成片段。到得自家好底意思日長月益，則天理自然純固；向之所謂私欲者，自然消靡退散，久之不復萌動矣。若專務克治私欲，而不能充長善端，則吾心所謂私欲者日相鬬敵，縱一時按伏得下，又當復作矣。初不道隔去私意後，別尋一箇道理主執而行；才如此，又只是自家私意。只如一件事，見得如此爲是，如此爲非，便從是處行將去，不可只恁休。誤了一事，必須知悔，只這知悔處便是天理。孟子説『牛山之木』，既曰『若此其濯濯也』，又曰『萌蘖生焉』；既曰『旦晝梏亡』，又曰『夜氣所存』。如説『求放心』，心既放了，如何又求得？只爲這些道理根於一性者，渾然至善，故發於日用者，多是善底。道理只要人自識得，雖至惡人，亦只患他頑然不知省悟；若心裏稍知不穩，便從這裏改過，亦豈不可做好人？孟子曰：『人之所以異於禽獸者幾希！庶民去之，君子存之。』去，只是去著這些子；存，只是存著這些子，學者所當深察也。」謨再三稱贊。先生曰：「未可如此便做領略過去。有些説話，且留在胸次烹治煅煉，教這道理成熟。若只一時以爲説得明白，便道是了，又恐只做一場話説。」

寒泉之別，請所以教。曰：「議論只是如此，但須務實。」請益。曰：「須是下真實工夫。」未幾，復以書來，曰：「臨別所説務實一事，途中曾致思否？今日學者不能進步，病痛全在此處，不可不知也！」

既受詩傳，併力抄録，頗疏侍教。先生曰：「朋友來此，多被册子困倒，反不曾做得工夫。何不且過此説話？彼皆紙上語爾。有所面言，資益爲多。」又問：「與周茂元同邸，所論何事？」曰：「周宰云：『先生著書立言，義理精密。既得之，熟讀深思，從此力行，不解有差。』」曰：「周宰才質甚敏，只有些粗疏，不肯去細密處求，説此便可見。載之簡牘，縱説得甚分明，那似當面議論，一言半句，便有通達處？所謂『共君一夜話，勝讀十年書』。若説到透徹處，何止十年之功也！」

問：「未知學問，知有人欲，不知有天理；既知學問，則克己工夫有著力處。然應事接物之際，苟失存主，則心不在焉；及既知覺，已爲間斷。故因天理發見而收合善端，便成片段。雖承見教如此，而工夫最難。」曰：「此亦學者常理，雖顔子亦不能無間斷。正要常常點檢，力加持守，使動静如一，則工夫自然接續。」問：「中庸或問所謂『誠者物之終始』，以理之實而言也；『不誠無物』，以此心不實而言也。謂此心不存，則見於行事雖不悖理，亦爲不實，正謂此歟？」曰：「大學所謂『知至、意誠』者，必須知至，然後能誠其意也。今之學者只説操存，而不知講明義理，則此心憒憒，何事於操存也！某嘗謂『誠意』一節，正是聖、凡分別關隘去處。若能誠意，則是透得此關後，滔滔然自在，去爲君子；不然，則崎嶇反側，不免爲小人之歸也。」「致知所以先於誠意者，如何？」曰：「致知者，須是知得盡，尤要親切。尋常只將『知至』之『至』作『盡』字説，近來看得合是作『切至』之『至』。知之者切，然後貫通得誠意底意思，如程先生所謂『真知』者是也。」

舜弼以書來問仁，及以仁義禮智與性分形而上下。先生答書略曰：「所謂仁之德，即程子『穀種』之説，愛之理也。愛乃仁之已發，仁乃愛之未發。若於此認得，方可説與天地萬物同體。不然，恐無交涉。仁義禮智，性之大目，皆形而上者，不可分爲二也。」因云：「舜弼爲學，自來不切己體認，却只是尋得三兩字來撑拄，亦只説得箇皮殼子。」㽦。

日同舜弼遊屏山歸，因説山園甚佳。曰：「園雖佳，而人之志則荒矣！」方子。

問：「尋常於存養時，若擡起心，則急迫而難久；才放下，則又散緩而不收，不知如何用工方可？」曰：「只是君元不曾放得下也。」以下訓柄。

問：「凡人之心，不存則亡，而無不存不亡之時，故一息之頃不加提省之力，則淪於亡而不自覺。天下之事，不是則非，而無不是不非之處，故一事之微，不加精察之功，則陷於惡而不自知。柄近見如此，不知如何？」曰：「道理固是如此，然初學後亦未能便如此也。」

魏元壽問大學。先生因云：「今學者不會看文章，多是先立私意，自主張己說；只借聖人言語做起頭，便自把己意接説將去。病痛專在這上，不可不戒。」又云：「近有一學者來，欲説『皇極』。某令他説看，都不相近，只做一箇『大中』字説了，便更無可説處。不知自孔孟以後千數百年間，讀書底更不仔細把聖人言語略思量看是如何。且人一日間，此心是起多少私意，起多少計較，都不會略略回心轉意去看，把聖賢思量，不知是在天地間做甚麼也！」時舉。訓椿。

「學者精神短底，看義理只到得半途，便以爲前面没了。」必大曰：「若工夫不已，亦須有向進。」曰：「須知得前面有，方肯做工夫。今之學者，大概有二病：一以爲古聖賢亦只此是了，故不肯做工夫；一則自謂做聖賢事不得，不肯做工夫。」以下訓必大。

拜違，先生曰：「所當講者，亦略備矣。更宜愛惜光陰，以副願望。」又曰：「別後正好自做工夫，趲積下。一旦相見，庶可舉出商量，勝如旋來理會。」

必大初見，曰：「必大日來讀大學之書，見得與己分上益親切，字字句句皆己合做底事。但雖見得道理合如此，然反而㮚括其念慮踐履之間，却有未能如此者。蓋緣向來自待，未免有失之姑息處。始謂氣習物欲之蔽，不能頓革，當以漸銷鑠之而已。不知病根未盡除，則爲善去惡之際固已爲之繫累，不能勇決。操存少懈，則其隱伏於中者往往紛起，而不自覺其動於惡者，固多有之。今須是將此等意思便與一刀兩斷，勿復凝滯。於道理合如此處便擔當著做，不得遲疑，庶可補既往之過，致日新之功。如何？」曰：「要得如此。」必大又曰：「向因子夏『大德』、『小德』之説，遂只知於事之大者致察，而於小者苟且放過。德之不修，實此爲病。張子曰：『纖惡必除，善斯成性矣。察惡未盡，雖善必粗矣。』學者須是毫髮不得放過，德乃可進。」曰：「若能如此，善莫大焉。以小惡爲無傷，是誠不可。」

某一生與人説話多矣。會看文字，曉解明快者，却是吴伯豐。方望此人有所成就，忽去年報其死，可惜！可惜！若稍假之年，其進未可量也。伯豐有才氣，爲學精苦，守官治事皆有方法。僩。

「吴伯豐好箇人，近日死了，可惜！頗留意，也展托得開。江西如萬正淳亦純實，只是昏鈍，與他説，都會不得。」因問：「『展托得開』，向來明道有此語，莫是擴充得去否？」曰：「適説吴伯豐，只是據他才也展托得行。渠與沈是親，近日力要收拾，它更不爲屈，可取。」德明。

問：「嘗讀何書？」曰：「讀語孟。」曰：「如今看一件書，須是著力至誠去看一番，將聖賢説底一句一字都理會過。直要見聖賢語脈所在，這一句一字是如何道理，及看聖賢因何如此説。直是用力與他理會，如做冤讐相似，理會教分曉，然後將來玩味，方盡見得意思出來。若是泛濫看過，今次又見是好，明次又見是好，終是無功夫，不得力。」以下訓僴。

議論中譬如常有一條綫子纏縛，所以不索性，無那精密潔白底意思。若是實見得，便自一言半句，斷得分明。

先生問僴與伯豐、正淳：「此去做甚工夫？」伯豐曰：「政欲請教，先易後詩，可否？」曰：「既嘗讀詩，不若先詩後易。」僴曰：「亦欲看詩。」曰：「觀詩之法，且虚心熟讀尋繹之，不要被舊説粘定，看得不活。伊川解詩，亦説得義理多了。詩本只是恁他説話，一章言了，次章又從而歎詠之，雖别無義，而意味深長。不可於名物上尋義理。後人往往見其言只如此平淡，只管添上義理，却窒塞了他。如一源清水，只管將物事堆積在上，便壅隘了。某觀諸儒之説，唯上蔡云『詩在識六義體面，却諷味以得之』，深得詩之綱領，他人所不及。所謂『以意逆志』者，逆，如迎待之意。若未得其志，只得待之，如『需于酒食』之義。後人讀詩，便要去捉將志來，以至束縛之。吕氏詩記有一條收數説者，却不定。云，此説非詩本意，然自有箇安頓用得他處，今一概存之。正如一多可的人，來底都是，如所謂『要識人情之正』。夫『詩可以觀』者，正謂其間有得有失，有黑有白，若都是正，却無可觀。今不若且置小序于後，熟讀正文。如收得一詩，其間説香，説白，説寒時開，雖無題目，其爲梅花詩必矣。每日看一經外，大學、論語、孟子、中庸四書，自依次序循環看。然史亦不可不看。若只看通鑑，通鑑都是連長記去，一事只一處説，别無互見；又散在編年，雖是大事，其初却小，後來漸漸做得大。故人初看時不曾著精神，只管看向後去，却記不得，不若先草草看正史一過。正史各有傳，可見始末，又有他傳可互玫，所以易記。每看一代正史訖，却去看通鑑。亦須作綱目，隨其大事劄記某年有某事之類，準春秋經文書之。温公亦有本朝大事記，附稽古録後。」

先生問營及二友：「俱嘗看易傳，看得如何是好？何處是緊要？看得愛也不愛？愛者是愛他甚處？」營等各對訖。先生曰：「如此，只是鶻盧提看，元不曾實得其味。此書自是難看，須經歷世故多，識盡人情物理，方看得入。蓋此書平淡，所説之事，皆是見今所未嘗有者。如言事君及處事變患難處，皆未嘗當著，可知讀時無味。蓋他説得闊遠，未有底事，預包在此。學者須先讀詩書他經，有箇見處，及曾經歷過此等事，方可以讀之，得其無味之味，此初學者所以未可便看。某屢問讀易傳人，往往皆無所得，可見此書難讀。如論語所載，皆是事親、取友、居鄉黨，目下便用得者，所言皆對著學者即今實事。孟子每章先言大旨了，又自下注脚。大學則前面三句總盡致知、格物而下一段綱目；『欲明明德』以下一段，又總括了傳中許多事；一如鎖子骨，才提起，便總統得來。所以教學者且看二三書。若易傳，則卒乍裏面無提起處。蓋其間義理闊多，伊川所自發，與經文又似隔一重皮膜，所以看者無箇貫穿處。蓋自孔子所傳時，解『元亨利貞』已與文王之詞不同，伊川之説又與經文不相著。讀者須是文王自作文王意思看，孔子自作孔子意思看，伊川自作伊川意思看。況易中所言事物，已是譬喻，不是實指此物而言，固自難曉。伊川又別發明出義理來。今須先得經文本意了，則看程傳，便不至如門扇無臼，轉動不得。亦是一箇大底胸次，識得世事多者，方看得出。大抵程傳所以好者，其言平正，直是精密，無少過處，不比他處有抑揚，讀者易發越。如上蔡論語，義理雖未盡，然人多喜看，正以其説有過處，啓發得人，看者易入。若程傳，則不見其抑揚，略不驚人，非深於義理者未易看也。」人傑録略，見易類。

淳冬至以書及自警詩爲贄見。翌日入郡齋，問功夫大要。曰：「學固在乎讀書，而亦不專在乎讀書。公詩甚好，可見亦曾用工夫。然以何爲要？有要則三十五章可以一貫。若皆以爲要，又成許多頭緒，便如東西南北禦寇一般。」曰：「晚生妄意未知折衷，惟先生教之。」先生問：「平日如何用工夫？」曰：「只就己上用工夫。」「己上如何用工夫？」曰：「只日用間察其天理、人欲之辨。」「如何察之？」曰：「只就秉彝良心處察之。」曰：「心豈直是發？莫非心也。今這裏説話也是心，對坐也是心，動作也是心。何者不是心？然則緊要著力在何處？」扣之再三，淳思未答。先生縷縷言曰：「凡看道理，須要窮箇根源來處。如爲人父，如何便止於慈？爲人子，如何便止於孝？爲人君，爲人臣，如何便止於仁，止於敬？如論孝，須窮箇孝根原來處；論慈，須窮箇慈根原來處。仁敬亦然。凡道理皆從根原處來窮究，方見得確定，不可只道我操修踐履便了。多見士人有謹守資質好者，此固是好。及到講論義理，便偏執己見，自立一般門户，移轉不得，又大可慮。道理要見得真，須是表裏首末極其透徹，無有不盡；真見得是如此，決然不可移易，始得。不可只窺見一班〔一〕半點，便以爲是。如爲人父，須真知是決然止於慈而不可易；爲人子，須真知是決然止於孝而不可易。善，須真見得是善，方始決然必做；惡，須真見得是惡，方始決然必不做。如看不好底文字，固是不好，須自家真見得是不好；好底文字固是好，須自家真見得是好。聖賢言語，須是真看得十分透徹，如從他肚裏穿過，一字或輕或重移易不得，始是。看理徹，則我與理一。然一下未能徹，須是浹洽始得。這道理甚活，其體渾然，而其中粲然。上下數千年，真是昭昭在天地間，前聖後聖相傳，所以斷然而不疑。夫子之所教者，教乎此也；顔子之所樂者，樂乎此也。圓轉處儘圓轉，直截處儘直截。先知所以

〔一〕「班」似當作「斑」。

覺後知，先覺所以覺後覺。」問：「顏子之樂，只是天地間至富至貴底道理樂去。樂可求之否？」曰：「非也。此一下未可便知，須是窮究萬理，要令極徹。」已而曰：「程子謂：『將這身來放在萬物中一例看，大小大快活！』又謂：『人於天地間並無窒礙處，大小大快活！』此便是顏子樂處。這道理在天地間，須是真窮到底，至纖至悉，十分透徹，無有不盡；則與萬物爲一，無所窒礙，胸中泰然，豈有不樂！」以下訓淳。饒録作五段。

問：「日用間今且如何用工夫？」曰：「大綱只是恁地。窮究根原來處，直要透徹。又且須『敬以直内，義以方外』，此二句爲要。」

「『擇善而固執之』，如致知、格物，便是擇善；誠意、正心、修身，便是固執，只此二事而已。」淳舉南軒謂：「知與行互相發。」曰：「知與行須是齊頭做，方能互相發。程子曰『涵養須用敬，進學則在致知』，下『須』字『在』字，便是皆要齊頭著力，不可道知得了方始行。有一般人儘聰明，知得而行不及，是資質弱；又有一般人儘行得而知不得。」因問：「淳資質懦弱，行意常緩於知，克己不嚴，進道不勇，不審何以能嚴能勇？」曰：「大綱亦只是適間所説。於那根原來處真能透徹，這箇自都了。」

問：「静坐觀書，則義理浹洽；到幹事後，看義理又生，如何？」曰：「只是未熟。」

問：「看道理，須尋根原來處，只是就性上看否？」曰：「如何？」曰：「天命之性，萬理完具；總其大目，則仁義禮智，其中遂分别成許多萬善。大綱只如此，然就其中須件件要徹。」曰：「固是如此，又須看性所因是如何？」曰：「當初天地間元有這箇渾然道理，人生稟得便是性。」曰：「性只是理，萬理之總名。此理亦只是天地間公共之理，稟得來便爲我所有。天之所命，如朝廷指揮差除人去做官；性如官職，官便有職事。」

天下萬事都是合做底，而今也不能殺定合做甚底事。聖賢教人，也不曾殺定教人如何做。只自家日用間，看甚事來便做工夫。今日一樣事來，明日又一樣事來，預定不得。若指定是事親，而又有事長；指定是事長，而又有事君。只日用間看有甚事來，便做工夫。

這道理不是如堆金積寶在這裏，便把分付與人去，亦只是説一箇路頭，教人自去討。討得便是自底，討不得也無奈何。須是自著力，著些精彩去做，容易不得。

譬如十里地頭，自家行到五里，見人説十里地頭事，便把爲是，更不進去。那人説固不我欺，然自家不親到那裏，不見得真，終是信不過。

須是理會得七八分功夫了，被人決一決，便有益；説十分話，便領得。若不曾做工夫，雖説十分話，亦了不得。

若道生做一世人，不可汎汎隨流，須當了得人道，便有可望。若道不如且過了一生，更不在説。須思量到如何便超凡而達聖，今日爲鄉人，明日爲聖賢，如何會到此，便一聳拔！聳身著力言。如此，方有長進。若理會得也好，理會不得也好，便悠悠了！

讀書理會一件了，又一件。不止是讀書，如遇一件事，且就這事上思量合當如何做，處得來當，方理會别一件。書不可只就皮膚上看，事亦不可只就皮膚上理會。天下無書不是合讀底，無事不是合做底。若一箇書不讀，這裏便缺此一書之理；一件事不做，這裏便缺此一事之理。大而天地陰陽，細而昆蟲草木，皆當理會。一物不理會，這裏便缺此一物之理。

天下無不可説底道理。如爲人謀而忠，朋友交而信，傳而習，亦都是眼前底事，皆可説。只有一箇熟處説不得。除了熟之外，無不可説者。未熟時，頓放這裏又不穩帖，拈放那邊又不是。然終不成住了，也須從這裏更著力始得。到那熟處，頓放這邊也是，頓放那邊也是，七顛八倒無不是，所謂「居之安，則資之深，資之深，則左右逢其原」。譬如梨柹，生時酸澀喫不得，到熟後，自是一般甘美。相去大遠，只在熟與不熟之間。寓録同。

謂淳曰：「大學已是讀過書，宜朝夕常常温誦勿忘。」

講究義理，不下得工夫也不得；如舉業不下得功夫，也不解精。老蘇年已壯方學文，煞用力，到所謂「若人之言固當然者」，這處便是悟。做文章合當如此，亦只是熟，便如此。

恰如自家們講究義理到熟處，悟得爲人父，確然是止於慈；爲人子，確然是止於孝。老蘇文豪傑，只是熟。子由取他便遠。

問：「看文字只就本句，固是見得古人本意。然不推廣之，則用處又易得不相浹，如何？」曰：「須是本句透熟，方可推。若本句不透熟，不惟推便錯，於未推時已錯了！」

學，則處事都是理；不學，則看理便不恁地周匝，不恁地廣大，不恁地細密。然理亦不是外面硬生道理，只是自家固有之理。「堯舜性之」，此理元無失；「湯武反之」，已有些子失，但復其舊底，學只是復其舊底而已。蓋向也交割得來，今却失了，可不汲汲自修而反之乎！此其所以爲急。不學，則只是硬隄防，處事不見理，一向任私意；平時却也勉强去得，到臨事變，便亂了。

問：「持敬致知，互相發明否？」曰：「古人如此說，必須是如此。更問他發明與不發明要如何？古人言語寫在册子上，不解錯了。只如此做工夫，便見得滋味。不做持敬，只說持敬作甚？不做致知，只說致知作甚？譬如他人做得飯熟，盛在椀裏，自是好喫，不解毒人，是定。自家但喫將去，便知滋味，何用問人？不成自家這一邊做得些小持敬工夫，計會那一邊致知發明與未發明；那一邊做得些小致知工夫，又來計會這一邊持敬發明與未發明。如此，有甚了期？」季文問：「持敬、致知，莫是並行而不相礙否？」曰：

「也不須如此，都要做將去。」

看道理須要就那大處看，便前面開闊。不要就壁角裏，地步窄，一步便觸，無處去了。而今且要看天理人欲，義利公私，分別得明，將自家日用底與他勘驗，須漸漸有見處，前頭漸漸開闊。那箇大壇場，不去上面做，不去上面行，只管在壁角裏，縱理會得一句，只是一句透，道理小了。如破斧詩，須看那「周公東征，四國是皇」，見得周公用心始得。

諸友問疾，請退。先生曰：「堯卿、安卿且坐。相別十年，有甚大頭項工夫，大頭項疑難，可商量處？」淳曰：「數年來見得日用間大事小事分明，件件都是天理流行，無一事不是合做底，更不容挨推閃避。撞著這事，以理斷定，便小心盡力做到尾去。兩三番後，此心磨刮出來，便漸漸堅定。雖有大底，不見其爲大；難底，不見其爲難；至磽确至勞苦處，不見其爲磽确勞苦；横逆境界，不見其有憾恨底意；可愛羨難割捨底，不見其有粘滯底意。見面前只是理，覺如水到船浮，不至有甚慳澀；而夫子與點之意，顏子樂底意，漆雕開信底意，中庸鳶飛魚躍底意，周子洒落及程子活潑潑底意，覺見都在面前，真箇是如此！而『禮儀三百，威儀三千』，亦無一節文非天理流行。易三百八十四爻時義，便正是就日用上剖析箇天理流行底條目。前聖後哲，都是一揆。而其所以爲此理之大處，却只在人倫；而身上工夫切要處，却只在主敬。敬則此心常惺惺，大綱卓然不昧，天理無時而不流行。而所以爲主敬工夫，直時不可少時放斷。心常敬，則常仁。」先生曰：「恁地汎說也容易。」久之，曰：「只恐勞心落在無涯可測之處。」因問：「向來所呈與點說一段如何？」曰：「某平生便是不愛人說此話。論語一部自『學而時習之』至『堯曰』，都是做工夫處。不成只說了『與點』，便將許多都掉了。聖賢說事親便要如此，事君便要如此，事長便要如此，言便要如此，行便要如此，都是好用工夫處。通貫浹洽，自然見得在面前。若都掉了，只管說『與點』，正如喫饅頭，只撮箇尖處，不喫下面餡子，許多滋味都不見。向來此等無人曉得，說出來也好。今說得多了，都是好笑，不成模樣！近來覺見說這樣話，都是閑說，不是真積實見。昨廖子晦亦說『與點』及鬼神，反覆問難，轉見支離没合殺了。聖賢教人，無非下學工夫。一貫之旨，如何不便說與曾子，直待他事事都曉得，方說與他？子貢是多少聰明！到後來方與說：『女以予爲多學而識之者與？』曰：『然，非與？』曰：『非也，予一以貫之。』此意是如何？萬理雖只是一理，學者且要去萬理中千頭百緒都理會，四面湊合來，自見得是一理。不去理會那萬理，只管去理會那一理，說『與點』，顏子之樂如何。程先生語録事事都說，只有一兩處說此，何故說得恁地少？而今學者何故說得恁地多？只是空想象。程先生曰：『學者識得仁體，實有諸己，只要義理栽培。』恐人不曉栽培，更說『如求經義，皆栽培之意』。呂晉伯問伊川：『語孟，且將緊要處理會如何？』伊川曰：『固是好。若有所得，終不浹洽。』後來晉伯終身坐此病，說得孤單，入禪學去。聖賢立言垂教，無非著實。如『博我以文，約我以禮』；如『尊德性而道問學，致廣大而盡精微，極高明而道中庸，温故而知新，敦厚以崇禮』；如『博學之，審問之，慎思之，明辨之，篤行之』；如『君子食無求飽，居無求安，敏於事而慎於言，就有道而正焉』等類，皆一意也。不大抵看道理，要得寬平廣博，平心去理會。若實見得，只說一兩段，亦見得許多道理。不要將一箇大底言語都來罩了，其間自有輕重不去照管，說大底說得太大，說小底又說得都無巴鼻。如昨日說破斧詩，恐平日恁地枉用心處多。」淳曰：「昨聞先生教誨，其他似此樣處，無所疑矣。」曰：「學問不比做文字，不好便改了。此却是分別善惡邪正，須要十分是當，方與聖賢契合。如破斧詩，恁地說也不錯，只是不好。說得一角，不落正腔窠，喎斜了。若恁地看道理淺了，不濟事。恰似撑船放淺處，不向深流，運動不得，須是運動游泳於其中。」淳又曰：「聖人千言萬語，都是日用間本分合做底工夫。只是立談之頃，要見總會處，未易以一言決。」曰：「不要說總會。如『博我以文，約我以禮』，博文便是要一一去用工，何曾說總會處？又如『深造之以道，欲其自得之也』，深造以道，便是要一一用工；到自得，方是總會處。如顏子『克己復禮』，亦須是『非禮勿視，非禮勿聽，非禮勿言，非禮勿動』，不成只守箇克己復禮，將下面許多都除了！如公說易，只大綱說箇三百八十四爻皆天理流行。若如此，一部周易只一句便了；聖人何故作許多十翼，從頭説『大哉乾元』云云，『至哉坤元』云云？聖賢之學，非老氏之比。老氏説『通於一，萬事畢』，其他都不説。少間又和那一都要無了，方好。學者固是要見總會處。而今只管説箇總會處，如『與點』之類，只恐孤單没合殺，下梢流入釋老去，如何會有『詠而歸』底意思！」義剛同。

晚再入卧内，淳稟曰：「適間蒙先生痛切之誨，退而思之，大要『下學而上達』。『下學而上達』，固相對是兩事，然下學却當大段多著工夫。」曰：「聖賢教人，多説下學事，少説上達事。説下學工夫要多也好，但只理會下學，又局促了。須事事理會過，將來也要知箇貫通處。不要理會下學，只理會上達，即都無事可做，恐孤單枯燥。程先生曰：『但是自然，更無玩索。』既是自然，便都無可理會了。譬如耕田，須是下了種子，便去耘鋤灌溉，然後到那熟處。而今只想象那熟處，却不曾下得種子，如何會熟？如『一以貫之』，是聖人論到極處了。而今只去想象那一，不去理會那貫，譬如討一條錢索在此，都無錢可穿。」又問：「爲學工夫，大概在身則有箇心，心之體爲性，心之用爲情；外則目視耳聽，手持足履，在事則自事親事長以至於待人接物，洒埽應對，飲食寢處，件件都是合做工夫處。聖賢千言萬語，便只是其中細碎條目。」曰：「講論時是如此講論，做工夫時須是著實去做。道理聖人都説盡了。論語中有許多，詩書中有許多，須是一一與理會過方得。程先生謂『或讀書講明道義，或論古今人物而别其是非，或應接事物而處其當否』，如何而爲孝，如何而爲忠，以至天地之所以高厚，一物之所以然，都逐一理會，不只是箇一便都了。」胡叔器因問：「下學莫只是就切近處求否？」曰：「也不須恁地揀，事到面前，便與他理會。且如讀書：讀第一章，便與他理會第一章；讀第二章，便與他理會第二章。今日撞著這事，便與他理會這事；明日撞著那事，便理會那事。萬事只是一理，不成只揀大底要底理會，其他都不管。譬如海水，一灣一曲，一洲一渚，無非海水。不成道大底是海水，小底不是。程先生曰：『窮理者，非謂必盡窮天下之理，又非謂止窮得一理便到。但積累多後，自當脱然有悟處。』又曰：『自一身之中以至萬物之理，理會得多，自當豁然有箇覺處。』今人務博者，却要盡窮天下之理；務約者又謂反身而誠，則天下之物無不在我，此皆不是。且如一百件事，理會得五六十件了，這三四十件雖未理會，也大概可曉了。某在漳州有訟田者，契數十本，自崇寧起來，事甚難考。其人將正契藏了，更不可理會。某但索四畔衆契比驗，四至昭然。及驗前後所斷，情僞更不能逃。」又説：「嘗有一官人斷争田事，被某掇了案，其官人却來那穿欵處考出。窮理亦只是如此。」義剛同。

先生召諸友至卧内，曰：「安卿更有甚説話？」淳曰：「兩日思量爲學道理：日用間做工夫，所以要步步縝密者，蓋緣天理流行乎日用之間，千條萬緒，無所不在，故不容有所欠缺。若工夫有所欠缺，便於天理不湊得著。」曰：「也是如此。理只在事物之中。做功夫須是密，然亦須是那疏處斂向密，又就那密處展放開。若只拘要那縝密處，又却局促了。」問：「放開底樣子如何？」曰：「亦只是見得天理是如此，人欲是如此，便做將去。」「李丈說：『廖倅惠書有云：「無時不戒慎恐懼，則天理無時而不流行；有時而不戒慎恐懼，則天理有時而不流行。」』此語如何？」曰：「不如此，也不得。然也不須得將戒慎恐懼說得太重，也不是恁地驚恐。只是常常提撕，認得這物事，常常存得不失。今人只見他說得此四箇字重，便作臨事驚恐看了。『如臨深淵，如履薄冰』，曾子亦只是順這道理，常常恁地把捉去。義剛録作：「恁地兢謹把捉去，不成便恁地驚恐。學問只是要此心常存。」若不用戒慎恐懼，而此理常流通者，惟天地與聖人耳。聖人『不勉而中，不思而得，從容中道』，亦只是此心常存，理常明，故能如此。賢人所以異於聖人，衆人所以異於賢人，亦只爭這些子境界，存與不存而已。常謂人無有極則處，便是堯、舜、周、孔，不成說我是從容中道，不要去戒慎恐懼！他那工夫，亦自未嘗得息。義剛録此下云：「良久，復問安卿：『適來所說天理、人欲，正謂如何？』對曰：『天下事事物物，無非是天理流行。』曰：『如公所說，只是想像箇天理流行，却無下面許多工夫。』」子思說『尊德性』，又却說『道問學』；『致廣大』，又却說『盡精微』；『極高明』，又却說『道中庸』；『温故』，又却說『知新』；『敦厚』，又却說『崇禮』，這五句是爲學用功精粗，全體說盡了。如今所說，却只偏在『尊德性』上去，揀那便宜多底占了，無『道問學』底許多工夫。義剛錄作：「無緊要看了。」恐只是占便宜自了之學，出門動步便有礙，做一事不得。今人之患，在於徒務末而不究其本。然只去理會那本，而不理會那末，義剛作「颺下了那末」。亦不得。時變日新而無窮，安知他日之事，非吾輩之責乎？若是少間事勢之來，當應也只得應。若只是自了，便待工夫做得二十分到，終不足以應變。到那時，却怕人說道不能應變，也牽强去應，應得便只成杜撰，便只是人欲，又有誤認人欲作天理處。若應變不合義理，則平日許多工夫，依舊都是錯了。吾友僻在遠方，無師友講明，又不接四方賢士，又不知遠方事情，又不知古今人事之變，這一邊易得暗昧了。一日之間，事變無窮，小而一身有許多事，一家又有許多事，大而一國，又大而天下，事業恁地多，都要人與他做。不是人做，却教誰做？不成我只管得自家！若將此樣學問去應變，如何通得許多事情，做出許多事業？學者須是立定此心，汎觀天下之事，精粗巨細，無不周徧。下梢打成一塊，亦是一箇物事，方可見於用。不是揀那精底放在一邊，粗底放在一邊。嘗見胡文定答曾吉甫書有『人只要存天理，去人欲』之論，後面一向稱贊，都不與之分析，此便是前輩不會爲人處。此處正好捉定與他剖判始得。所謂『天理人欲』，只是一箇大綱如此，下面煞有條目。須是就事物上辨别那箇是天理，那箇是人欲；不可恁地空說，將大綱來罩却，籠統無界分。恐一向暗昧，更動不得。如做器具，固是教人要做得好，不成要做得不好！好底是天理，不好底是人欲。然須是較量所以好處，如何樣做方好，始得。義剛録云：「然亦大概是如此。如做這湯瓶，須知是如何地是好，如何地是不好。而今只儱侗説道好，及我問你好處是如何時，你却又不曉，如何恁地得！」今且將平日看甚書中，見得古人做甚事，那處是，那處不是，那處可疑，那處不可疑，自見得又看是如何。於平日做底事，甚麽處是，舉數段來，便見得所以爲天理，所以爲人欲。」淳因舉向年居喪，喪事重難，自始至終，皆自擔當，全無分文責備舍弟之意。曰：「此也是合做底。」淳曰：「到臨葬時，同居尊長皆以年月不利爲説，淳皆無所徇。但治壙事辦，則卜一日爲之。」曰：「此樣天理，又是硬了。」李丈曰：「亦是尊長説得下。」曰：「幸而無齟齬耳。若有不能相從，則少加委曲，亦無妨。」淳曰：「大祥次日，族中尊長爲酒食之會，淳走避之。後來聞尊長鎮日相尋，又令人皇恐！如何？」曰：「不喫也好，然此亦無緊要。禮：『君賜之食，則食之；父之友食之，則食之，不避粱肉。』某始嘗疑此。後思之，只是當時一食，後依舊不食爾。父之友既可如此，則尊長之命，一食亦無妨。若有酒醴，則辭。」義剛同。

是夜再召淳與李丈入卧内，曰：「公歸期不久，更有何較量？」淳讀與點説。曰：「大概都是，亦有小小一兩處病。」又讀廖倅書所難與點説。先生曰：「有得有失。」又讀淳所回廖倅書。先生曰：「天下萬物當然之則，便是理；所以然底，便是原頭處。今所説，固是如此。但聖人平日也不曾先説箇天理在那裏，方教人做去湊。只是説眼前事，教人平平恁地做工夫去，自然到那有見處。」淳曰：「因做工夫後，見得天理也無妨。只是未做工夫，不要先去討見天理否？」曰：「畢竟先討見天理，立定在那裏，則心意便都在上面行，易得將下面許多工夫放緩了。孔門惟顔子、曾子、漆雕開、曾點見得這箇道理分明。顔子固是天資高，初間『仰之彌高，鑽之彌堅』，亦自討頭不著。從『博文約禮』做來，『欲罷不能，竭吾才』，方見得『如有所立卓爾』，向來髣髴底，到此都合聚了。曾子初亦無討頭處，只管從下面捱來捱去，捱到十分處，方悟得一貫。漆雕開曰：『吾斯之未能信。』斯是何物？便是他見得箇物事。曾點不知是如何，合下便被他綽見得這箇物事。『曾點、漆雕開已見大意』，方是程先生恁地説。漆雕開較静，曾點較明爽，亦未見得他無下學工夫，亦未見得他合殺是如何。只被孟子唤做狂，及觀檀弓所載，則下梢只如此而已。曾子父子之學自相反，一是從下做到，一是從上見得。子貢亦做得七八分工夫，聖人也要唤醒他，唤不上。聖人不是不説這道理，也不是便説這道理，只是説之有時，教人有序。子晦之説無頭。如吾友所説從原頭來，又却要先見箇天理在前面，方去做，此正是病處。子晦疑得也是，只説不出。吾友合下來説話，便有此病；是先見『有所立卓爾』，然後『博文約禮』也。若把這天理不放下相似，把一箇空底物，放這邊也無頓處，放那邊也無頓處；放這邊也恐攧破，放那邊也恐攧破。這天理説得蕩漾，似一塊水銀，滚來滚去，捉那不著。又如水不沿流泝源，合下便要尋其源，鑿來鑿去，終是鑿不得。下學上達，自有次第。於下學中又有次第：致知又有多少次第，力行又有多少次第。」淳曰：「下學中，如致知時，亦有理會那上達底意思否？」曰：「非也。致知，今且就這事上，理會箇合做底是如何？少間，又就這事上思量合做底，因甚是恁地？便見得這事道理合恁地。又思量因甚道理合恁地？便見得這事道理原頭處。逐事都如此理會，便件件知得箇原頭處。」淳曰：「件件都知得箇原頭處，湊合來，便成一箇物事否？」曰：「不怕不成一箇物事。只管逐件恁地去，千件成千箇物事，萬件成萬箇物事，將間自然撞著成一箇物事，方如水到船浮。而今且去放下此心，平平恁地做；把文字來平看，不要得高。第一番，且平看那一重文義是如何？第二番，又揭起第一重，看那第二重是如何？第三番，又揭起第二重，看那第三重是如何？看來看去，二十番三十番，便自見得道理有穩處。不可才看一段，便就這一段上要思量到極，要尋見原頭處。如『天命之謂性』，初且恁地平看過去，便看下面『率性之謂道』；若只反倒這『天命之謂性』一句，便無工夫看『率性之謂道』了。『喜怒哀樂未發之謂中』，亦且平看過去，便看『發而皆中節謂之和』；若只反倒這未發之中，便又無工夫看中節之和了。」又曰：「聖人教人，只是一法，教萬民及公卿大夫士之子皆如此。如『父子有親，君臣有義」，初只是有兩句。後來又就『父子有親』裏面推說許多，『君臣有義』裏面推說許多。而今見得有親有義合恁地，又見得因甚有親，因甚有義，道理所以合恁地。節節推上去，便自見原頭處。只管恁地做工夫去，做得合殺，便有采。」又曰：「聖人教人，只是說下面一截，少間到那田地又挨上些子，不曾直說到上面。『子以四教：文、行、忠、信。』又曰：『博學而篤志，切問而近思，仁在其中矣。』做得許多，仁自在其中。『志於道，據於德，依於仁』，又且『游於藝』，不成只一句便了。若只一句便了，何更用許多說話？如『詩三百，一言以蔽之曰：「思無邪。」』聖人何故不只存這一句，餘都删了？何故編成三百篇，方說『思無邪』？看三百篇中那箇事不說出來？」又曰：「莊周、列禦寇亦似曾點底意思。他也不是專學老子，吾儒書他都看來，不知如何被他綽見這箇物事，便放浪去了。今禪學也是恁地。」又曰：「『二三子以我爲隱乎？吾無隱乎爾。吾無行而不與二三子者，是丘也。』向見衆人說得玄妙，程先生說得絮。黄作「切怛」。後來子細看，方見得衆人說，都似禪了，不似程先生說得穩。」義剛同。

問：「前夜承教誨，不可先討見天理，私心更有少疑，蓋一事各有一箇當然之理，真見得此理，則做此事便確定；不然，則此心末梢又會變了。不審如何？」曰：「這自是一事之理。前夜所說，只是不合要先見一箇渾淪大底物攤在這裏，方就這裏放出去做那萬事；

不是於事都不顧理，一向冥行而已。事親中自有箇事親底道理，事長中自有箇事長底道理；這事自有這箇道理，那事自有那箇道理。各理會得透，則萬事各成萬箇道理；四面湊合來，便只是一箇渾淪道理。而今只先去理會那一，不去理會那貫，將尾作頭，將頭作尾，没理會了。曾子平日工夫，只先就貫上事事做去到極處，夫子方唤醒他説，我這道理，只用一箇去貫了，曾子便理會得。不是只要抱一箇渾淪底物事，教他自流出去。」義剛同。

淳有問目段子，先生讀畢，曰：「大概説得也好，只是一樣意思。」義剛録云：「先生曰：『末梢自反之説，説「大而化之」做甚麽？何故恁地儱侗！』」又曰：「公説道理，只要撮那頭一段尖底，末梢便要到那『大而化之』極處，中間許多都把做渣滓，不要理會。相似把箇利刃截斷，中間都不用了，這箇便是大病。曾點、漆雕開不曾見他做工夫處，不知當時如何被他逴見這道理。然就二人之中，開却是要做工夫。『吾斯之未能信』，斯，便是見處；未能信，便是下工夫處。曾點有時是他做工夫，但見得未定。或是他天資高後，被他瞥見得這箇物事，亦不可知。雖是恁地，也須低著頭，隨衆從『博學、審問、慎思、明辨、篤行』底做工夫，襯貼起來方實，證驗出來方穩，不是懸空見得便了。博學、審問五者工夫，終始離他不得。只是見得後，做得不費力也。如曾子平日用工極是子細，每日三省，只是忠信傳習底事，何曾説著『一貫』？曾子問一篇都是問喪、祭變禮微細處。想經禮聖人平日已説底，都一一理會了，只是變禮未説，也須逐一問過。『一貫』之説，夫子只是謾提醒他。縱未便曉得，且放緩亦未緊要，待別日更一提之。只是曾子當下便曉得，何曾只管與他説！如論語中百句，未有數句説此。孟子自得之説，亦只是説一番，何曾全篇如此説！今却是懸虛説一箇物事，不能得了，只要那一去貫，不要從貫去到那一；如不理會散錢，只管要去討索來穿。如此，則中庸只消『天命之謂「性」』一句，及『無聲無臭至矣』一句便了。中間許多『達孝』、『達德』、『九經』之類，皆是粗迹，都掉却，不能耐煩去理會了。如『禮儀三百，威儀三千』，只將一箇道理都包了，更不用理會中間許多節目。今須是從頭平心讀那書，許多訓詁名物度數，一一去理會。如禮儀，須自一二三四數至於三百；威儀，須自一百二百三百數至三千，逐一理會過，都恁地通透，始得。若是只恁懸虛不已，恰似村道説無宗旨底禪樣，瀾翻地説去也得，將來也解做頌，燒時也有舍利，只是不濟得事！」又曰：「一底與貫底，都只是一箇道理。如將一貫已穿底錢與人，及將一貫散錢與人，只是一般，都用得，不成道那散底不是錢！」義剛同。泳録云：「如用一條錢貫一齊穿了。」

問氣弱膽小之病。曰：「公只去做功夫，到理明而氣自强，而膽自大矣。」

問：「事各有理，而理各有至當十分處。今看得七八分，只做到七八分處，上面欠了分數。莫是窮來窮去，做來做去，久而且熟，自能長進到十分否？」曰：「雖未能從容，只是熟後便自會從容。」再三詠一「熟」字。

諸友入侍，坐定，先生目淳申前説，曰：「若把這些子道理只管守定在這裏，則相似山林苦行一般，便都無事可做了，所謂『潛心大業』者何有哉？」淳曰：「已知病痛，大段欠了下學工夫。」曰：「近日陸子靜門人寄得數篇詩來，只將顔淵、曾點數件事重疊説，其他詩書禮樂都不説。如吾友下學，也只是揀那尖利底説，粗鈍底都掉了。今日下學，明日便要上達！如孟子，從梁惠王以下都不讀，只揀告子、盡心來説，只消此兩篇，其他五篇都删了。緊要便讀，閑慢底便不讀；精底便理會，粗底便不理會。書自是要讀，恁地揀擇不得。如論語二十篇，只揀那曾點底意思來涵泳，都要蓋了。單單説箇『風乎舞雩，詠而歸』，只做箇四時景致，論語何用説許多事！前日江西朋友來問，要尋箇樂處。某説：『只是自去尋，尋到那極苦澀處，便是好消息。人須是尋到那意思不好處，這便是樂底意思來，却無不做工夫自然樂底道理。』而今做工夫，只是平常恁地去理會，不要把做差異看了。粗底做粗底理會，細底做細底理會，不消得揀擇。論語、孟子恁地揀擇了，史書及世間粗底書，如何地看得！」義剛同。

諸友揖退，先生留淳獨語，曰：「何故無所問難？」淳曰：「數日承先生教誨，已領大意，但當歸去作工夫。」曰：「此别定不再相見。」淳問曰：「己分上事已理會，但應變處更望提誨。」曰：「今且當理會常，未要理會變。常底許多道理未能理會得盡，如何便要理會變！聖賢説話，許多道理平鋪在那裏，且要闊著心胸平去看，通透後自能應變。不是硬捉定一物，便要討常，便要討變。今也須如僧家行脚，接四方之賢士，察四方之事情，覽山川之形勢，觀古今興亡治亂得失之迹，這道理方見得周徧。『士而懷居，不足以爲士矣！』不是塊然守定這物事在一室，關門獨坐便了，便可以爲聖賢。自古無不曉事情底聖賢，亦無不通變底聖賢，亦無關門獨坐底聖賢。聖賢無所不通，無所不能，那箇事理會不得？如中庸『天下國家有九經』，便要理會許多物事。如武王訪箕子陳洪範，自身之視、聽、言、貌、思，極至於天人之際，以人事則有八政，以天時則有五紀，稽之於卜筮，驗之於庶徵，無所不備。如周禮一部書，載周公許多經國制度，那裏便有國家當自家做？只是古聖賢許多規模，大體也要識。蓋這道理無所不該，無所不在。且如禮樂射御書數，許多周旋升降文章品節之繁，豈有妙道精義在？只是也要理會。理會得熟時，道理便在上面。又如律曆、刑法、天文、地理、軍旅、官職之類，都要理會。雖未能洞究其精微，然也要識箇規模大概，道理方浹洽通透。若只守箇些子，捉定在那裏，把許多都做閑事，便都無事了。如此，只理會得門内事，門外事便了不得。所以聖人教人要博學！二字力説。須是『博學之，審問之，慎思之，明辨之，篤行之』。『子曰：「我非生而知之者，好古敏以求之者也。」』『文武之道，布在方册』；『在人，賢者識其大者，不賢者識其小者。夫子焉不學？而亦何常師之有』！聖人雖是生知，然也事事理會過，無一之不講。這道理不是只就一件事上理會見得便了。學時無所不學；理會時，却是逐件上理會去。凡事雖未理會得詳密，亦有箇大要處；縱詳密處未曉得，而大要處已被自家見了。今公只就一綫上窺見天理，便説天理只恁地樣子，便要去通那萬事，不知如何得？萃百物，然後觀化工之神；聚衆材，然後知作室之用。於一事一義上，欲窺聖人之用心，非上智不能也。須撒開心胸去理會。天理大，所包得亦大。且如五常之教，自家而言，只有箇父子夫婦兄弟；才出外，便有朋友，朋友之中，事已煞多；及身有一官，君臣之分便定，這裏面又煞多事，事事都合講過。他人未做工夫底，亦不敢向他説。如吾友於己分上已自見得，若不説與公，又可惜了！他人於己分上不曾見得，泛而觀萬事，固是不得。而今已有箇本領，却只捉定這些子便了，也不得。如今只道是持敬，收拾身心，日用要合道理無差失，此固是好。然出而應天下事，應這事得時，應那事又不得。學之大本，中庸、大學已説盡了。大學首便説『格物致知』。爲甚要格物致知？便是要無所不格，無所不知。物格知至，方能意誠、心正、身修，推而至於家齊、國治、天下平，自然滔滔去，都無障礙。」義剛同。

淳禀曰：「伏承教誨，深覺大欠下學工夫。恐遐陬僻郡，孤陋寡聞，易致差迷，無從就正。望賜下學説一段，以爲朝夕取準。」曰：「而今也不要先討差處，待到那差地頭，便旋旋理會。下學只是放闊去做，局促在那一隅，便窄狹了。須出四方游學一遭，這朋友處相聚三兩月日，看如何；又那朋友處相聚三兩月日，看如何。」胡叔器曰：「游學四方固好，恐又隨人轉了。」曰：「要我作甚？義剛録云：「胡叔器曰：『恐又被不好底人壞了。』先生曰：『我須是先知得他是甚麼樣人，及見後與他相處，數日便見。若是不合，便去。』」不合便去。若恁地隨人轉，又不如只在屋裏孤陋寡聞。」義剛同。

先生問淳曰：「安卿須是『友天下之善士爲未足，又尚論古之人』。須是開闊，方始展拓。若只如此，恐也不解十分。」

先生餞席，酒五行，中筵，親酌一杯勸李丈云：「相聚不過如此，退去反而求之。」次一杯與淳，曰：「安卿更須出來行一遭。村裏坐，不覺壞了人。昔陳了翁説，一人棊甚高，或邀之入京參國手。日久在側，並無所教，但使之隨行攜棊局而已。或人詰其故，國手曰：『彼棊已精，其高著已盡識之矣。但低著未曾識，教之隨行，亦要都經歷一過。』」

臨行拜别，先生曰：「安卿今年已許人書會，冬間更須出行一遭。」李丈稟曰：「書解乞且放緩，願早成禮書，以幸萬世。」曰：「書解甚易，只等蔡三哥來便了。禮書大段未也。」

安卿問：「先生前日與廖子晦書云『道不是有箇物事閃閃爍爍在那裏』，固是如此。

但所謂『操則存，舍則亡』，畢竟也須是有箇物事。」曰：「操存只是教你收斂，教你心莫胡思亂量，幾曾捉定有箇物事在那裏！」又問：「『顧諟天之明命』，畢竟是箇甚麽？」曰：「此只是説要得道理在面前，不被物事遮障了。『立則見其參於前，在輿則見其倚於衡』，皆只是見得理如此，不成别有箇物事光爍在那裏！」

漳州陳淳會問，方有可答，方是疑。賀孫。

賀孫問：「安卿近得書否？」曰：「緣王子合與他答問，諱他寫將來，以此漳州朋友都無問難來。」因説：「子合無長進，在學中將實録課諸生，全不識輕重先後。許多學者，近來覺得都不濟事。」賀孫云：「也是世衰道微，人不能自立，纔做官便顛沛。」曰：「如做官，科舉，皆害事。」或曰：「若在此説得甚好，做却如此！」曰：「只緣無人説得好。説得好，乃是知得到；若知得到，雖摩頂至足，也只是變他不得。」因言：「器之昨寫來問幾條，已答去。今再説來，亦未分曉。公之爲仁，公不可與仁比並看。公只是無私，纔無私，這仁便流行。程先生云『唯公爲近之』，却不是近似之『近』。纔公，仁便在此，故云近。猶云『知所先後，則近道矣』，不是道在先後上，只知先後，便近於道。如去其壅塞，則水自流通。水之流通，却不是去壅塞底物事做出來。水自是元有，只被塞了，纔除了塞便流。仁自是元有，只被私意隔了，纔克去己私，做底便是仁。」賀孫云：「公是仁之體，仁是理。」曰：「不用恁地說，徒然不分曉。只要是無私，無私則理無或蔽。今人喜也是私喜，怒也是私怒，哀也是私哀，懼也是私懼，愛也是私愛，惡也是私惡，欲也是私欲。苟能克去己私，擴然大公，則喜是公喜，怒是公怒，哀、懼、愛、惡、欲，莫非公矣。此處煞係利害。顏子所授於夫子，只是『克己復禮爲仁』。讀書最忌以己見去說，但欲合己見，不知非本來旨意。須是且就他頭說，說教分明；有不通處，却以己意較量。」賀孫。

朱子語類卷第一百一十八

朱子十五

訓門人六

先生問伯羽："如何用功？"曰："且學静坐，痛抑思慮。"曰："痛抑也不得，只是放退可也。若全閉眼而坐，却有思慮矣。"又言："也不可全無思慮，無邪思耳。"以下訓伯羽。

學者博學、審問、慎思、明辨等，多有事在。然初學且須先打疊去雜思慮，作得基址，方可下手。如起屋須有基址，許多梁柱方有頓處。

觀書須寬心平易看，先見得大綱道理了，然後詳究節目。公今如人入大屋，方在一重門外，裏面更有數重門未入未見，便要説他房裏事，如何得！

公大抵容貌語言皆急迫，須打疊了，令心下快活。如一把棼絲，見自棼而未定，才急下手去拏，愈亂。

人須打疊了心下閑思雜慮。如心中紛擾，雖求得道理，也没頓處。須打疊了後，得一件方是一件，兩件方是兩件。

公看文字子細，却是急性，太忙迫，都亂了。又是硬鑽鑿求道理，不能平心易氣看。且用認得定，用玩味寬看。

問：「讀書莫有次序否？余正叔云，不可讀，讀則蹉過了。」曰：「論語章短者誠不可讀，讀則易蹉過後章去。若孟子、詩、書等，非讀不可。蓋它首尾自相應，全籍讀，方見。」

問：「伯羽嘗覺固易蹉了。專看，則又易入於硬鑽之弊，如何？」曰：「是不可鑽。書不可進前一步看，只有退看。譬如以眼看物，欲得其大體邪正曲直，須是遠看方定，若近看愈狹了，不看見。」「凡人謂以多事廢讀書，或曰氣質不如人者，皆是不責志而已！若有志時，那問他事多？那問他氣質不美？」曰：「事多、質不美者，此言雖若未是太過，然即此可見其無志，甘於自暴自棄，過孰大焉！真箇做工夫人，便自不説此話。」

蜚卿問：「致知後，須持養，方力行？」曰：「如是，則今日致知，明日持養，後日力行！只持養便是行。正心、誠意豈不是行？但行有遠近，治國、平天下則行之遠耳。」可學。

蜚卿問：「不知某之主一如何？」曰：「凡人須自知，如己喫飯，豈可問他人飢飽！」又問：「或於無事時，更有思量否？」曰：「無事時只是無事，更思箇甚？然人無事時少，有事時多，才思便是有事。」蜚卿曰：「静時多爲思慮紛擾。」曰：「此只爲不主一，人心皆有此病。不如且將讀書程課繫縛此心，逐旋行去，到節目處自見功效淺深。大凡理只在人心中，不在外面。只爲人役役於不可必之利名，故本原固有者，日加昏蔽，豈不可惜！」道夫。

蜚卿欲類仁説看。曰：「不必録。只識得一處，他處自然如破竹矣。」道夫。

先生謂蜚卿：「看公所疑，是看論語未子細。這讀書，是要得義理通，不是要做趕課程模樣。若一項未通，且就上思索教通透，方得。初間疑處，只管看來，自會通解。若便寫在策上，心下便放却，於心下便無所得。某若有未通解處，自放心不得，朝朝日日，只覺有一事在這裏。」賀孫。

蜚卿以書謁先生，有棄科舉之説。先生曰：「今之士大夫應舉干禄，以爲仰事俯育之計，亦不能免。公生事如何？」曰：「粗可伏臘。」曰：「更須自酌量。」道夫。

蜚卿曰：「某欲謀於先生，屏棄科舉，望斷以一言。」曰：「此事在公自看如何，須是度自家可以仰事俯育。作文字，比之他人有可得之理否，亦須自思之。如人飢飽寒煖，須自知之，他人如何説得！」道夫。

蜚卿云：「某正爲心不定，不事科舉。」曰：「放得下否？」曰：「欲放下。」曰：「才説『欲』字，便不得，須除去『欲』字。若要理會道理，忙又不得，亦不得懶。」驤。

「看今世學者病痛，皆在志不立。嘗見學者不遠千里來此講學，將謂真以此爲事。後來觀之，往往只要做二三分人，識些道理便是。不是看他不破，不曾以此語之。夫人與天地並立爲三，自家當思量，天如此高，地如此厚，自家一箇七尺血氣之軀，如何會並立爲三？只爲自家此性元善，同是一處出來。一出一入，若有若亡，元來固有之性不曾見得，則雖其人衣冠，其實與庶物不争多。伊川曰：『學者爲氣所勝，習所奪，只可責志。』顔淵曰：『仰之彌高，鑽之彌堅，瞻之在前，忽焉在後！既竭吾才，如有所立卓爾。』在顔子分明見此物，須要做得。如人在戰陣，雷鼓一鳴，不殺賊，則爲賊所殺，又安得不向前！又如學者應舉覔官，從早起來，念念在此，終被他做得。但移此心向學，何所不至？孔子曰『吾十有五而志於學』至『三十而立』以上，節節推去。五峰曰『爲學在立志，立志在居敬』，此言甚佳。夫一陰一陽相對。志纔立，則已在陽處立；雖時失脚入陰，然一覺悟，則又在於陽。今之學者皆曰：『它是堯舜，我是衆人，何以爲堯舜？』爲是言者，曾不如佛家善財童子曰：『我已發菩提心，行何行而作佛？』渠却辦作佛，自家却不辦作堯舜。」某因問：「立志固是，然志何以立？」曰：「自端本立。以身而參天地，以匹夫而安天下，實有此理。」方伯謨問：「使齊王用孟子，還可以安天下否？」曰：「孟子分明往見齊王，以道可行。只是他計些小利害，愛些小便宜，一齊昏了。自家只立得大者定，其他物欲一齊走退。」又舉中庸一段：「曰『德性』，曰『高明』，曰『廣大』，皆是元來底；『問學』、『中庸』、『精微』，所以接續此也。」某問：「孔門弟子問仁、問智，皆從一事上做去。」曰：「只爲他志已立，故求所以趨向之路。然孔門學者亦有志不立底，如宰予、冉求是也。顔子固不待説，如『子路有聞，未之能行，惟恐有聞』，豈不是有志？至如漆雕開、曾點皆有志。孔子在陳，思魯之狂士。狂士何足思？蓋取其有志。得聖人而師之，皆足爲君子。」以下訓可學。璘録云：「□〔一〕録異。」見後訓璘。

先生問：「昨日與吾友説立志一段，退後思得如何？」某曰：「因先生之言，子細思之，皆是實理。如平日見害人之事不爲，見非義之財不取，皆是自然如此。」曰：「既自然如此，因何做堯舜不得？」某謂：「盡其心，則知其性。」曰：「此不是答策題，須是實見得。『徐行後長者謂之弟』，須見得如何弟，是作得堯舜。」因語：「『執德不弘，信道不篤，焉能爲有？焉能爲亡？』所謂天理人欲也。更將孟子答滕文公、曹交問孟子章熟讀。纔見得此，甚省力。」

問：「作事多始鋭而終輟，莫是只爲血氣使？」曰：「雖説要義理之氣，然血氣亦不可

〔一〕「云□」，陳本作「聞同」，呂本、院本作「云同」。

無。孟子『氣，體之充』，但要以義理爲主耳。」

問：「講學須當志其遠者、大者？」曰：「固是。然細微處亦須研窮。若細微處不研窮，所謂遠者、大者，只是揣作一頭詭怪之語，果何益？須是知其大小，測其淺深，又別其輕重。」因問：「平時讀書，因見先生說，乃知只得一模樣耳。」曰：「模樣亦未易得，恐只是識文句。」

問：「反其性如何？」曰：「只吾友會道箇反時，此便是天性；只就此充之，別無道理。滕文公纔問孟子，孟子便『道性善』。自今觀之，豈不躐等？不知此乃是自家屋裏物，有甚過當！既立得性了，則每事點檢，視事之來，是者從之，非者違之。此下文甚長，且於根本上用工夫。既尚留此，便宜審觀自見。」

再見，請教。因問：「平日讀書時似亦有所見，既釋書則別是一般。又，每苦思慮紛擾，雖持敬亦未免弛慢，不知病根安在？」曰：「此乃不求之於身，而專求之於書，固應如此。古人曰：『爲仁由己，而由人乎哉！』凡吾身日用之間，無非道，書則所以接湊此心耳。故必先求之於身，而後求之於書，則讀書方有味。」又曰：「持敬而未免弛慢，是未嘗敬也，須是無間斷乃可。至如言思慮多，須是合思即思，不合思者不必思，則必不擾亂。」又問：「凡求之於心，須是主一？爲或於事事求之？」曰：「凡事無非用心處，只如於孝則求其如何是孝，於弟則求其如何是弟。大抵見善則遷，有過則改。聖人千言萬語，不出此一轍。須積習時久，游泳浸漬，如飲醇酒，其味愈長，始見其真是真非。若似是而非，似有而實未嘗有，終自恍惚，然此最學者之大病。」又問：「讀書宜以何爲法？」曰：「須少看。凡讀書須子細研窮講究，不可放過。假如有五項議論，開策時須逐一爲別白，求一定說。若他日再看，又須從頭檢閱，而後知前日之讀書草略甚矣。近日學者讀書，六經皆云通；及問之，則往往失對，只是當初讀時綽過了。孟子曰『仁在乎熟』，吾友更詳思之。大抵古人讀書，與今人異。如孔門學者於聖人，纔問仁、問知，終身事業已在此。今人讀書，仁義禮智總識，而却無落泊處，此不熟之故也。昔五峰於京師問龜山讀書法，龜山云：『先讀論語。』五峰問：『論語二十篇，以何爲緊要？』龜山曰：『事事緊要。』看此可見。」

問：「可學稟性太急，數年來力於懲忿上做工夫，似減得分數。然遇事不知不覺忿暴，何從而去此病？」曰：「亦在乎熟耳。如小兒讀書徧數多，自記得，此熟之驗也。大抵稟賦得深，多少年月，一旦如何便盡打疊得！須是日夜懲戒之以至於熟，久當自去。」

一日晚，同王春、先生親戚。魏才仲請見。問：「吾友年幾何？」對云：「三十七。」曰：「已自過時。若於此因循，便因循了。昔人讀書，二十四五時須已立得一門庭。」某因說：「平日亦有志於學。只是爲貧奔走，雖勤讀書，全無趨向。」曰：「讀書須窮研道理。吾友日看論孟否？」對以常看。曰：「如何看？」曰：「日間只是看精義。」曰：「看精義，有利有害。若能因諸家之説以考聖人之意而得於吾心，則精義有益。若只鶻突綽過，如風過耳，雖百看何補！善看論孟者，只一部論孟自亦可，何必精義？」因舉「學而時習之」問曰：「吾友何説？」某依常解云云。先生曰：「聖人下五箇字，無一字虛。學然後時習之，不學則何習之有？所謂學者，不必前言往行，凡事上皆是學，如箇人好，學其爲人；箇事好，學其爲事。習之者，習其所學也。習之而熟，能無悦乎？近日學者多學而不習。」某又問：「『學而不思則罔』，亦是此意？」曰：「且就本文理會。牽傍會合，最學者之病。」又問：「『有朋自遠方來』，何故樂？」對以得朋友而講習，故樂。曰：「若是已得於己，何更待朋友？」再三請益。曰：「且自思之。」

語次，因道：「某平日讀箇不識塗徑，枉費心力。適得先生開喻，方知趨向。自此期早夜孜孜，無負教誨。」曰：「吾友既如此説，須與人作樣子。第一，下工夫莫草略。研究一章義理已得，方别看一章。近日學者多緣草略過了，故下梢頭儹無去處，一齊棄了。大凡看書粗，則心粗；看書細，則心細。若研窮不熟，得些義理，以爲是亦得，以爲非亦得。須是見得『差之毫釐，繆以千里』方可。」

問：「昨日先生所問，退而以滕文公數章熟讀。只如昨日所説四端，此便是真心，便是性善。今只是於天理人欲上判了，去得人欲，天理自明。自家家裹事，豈有不向前？」先生曰：「然。未要論到人欲，人欲亦難去。只且自體認這箇理，如何的見是性善？堯舜是可爲？如何是仁？如何是義？若於此有見，要已自已不得。孟子曰：『求則得之，舍則失之。』今學者求不見得，舍不見失，只是悠悠，今日待明日，明日又待後日。」語未畢，伯謨至。先生云：「適來所言，子上却有許多說話，德粹無說，然皆是不勉力作工夫。謝上蔡於明道前舉史書成文，明道曰：『賢却會記得，可謂玩物喪志！』上蔡發汗。須是如此感動，方可。今只且於舊事如此過，豈是感發？須是不安，方是，所謂『不能以一朝居』。」

問德粹：「數日作何工夫？」曰：「讀告子。」曰：「見得如何？」曰：「固是要見，亦當於事上見之。」曰：「行事上固要見，無事時亦合理會。如看古人書，或静坐，皆可以見。」又問某：「見得如何？」曰：「只是『操捨』二字分判。」曰：「操捨固是，亦須先見其本。不然，方操而則存時，已捨而則亡矣。」又問：「前說『有朋自遠方來』，看見如何？」曰：「前日說不是。『有朋自遠方來』，乃是善可以及人；善可以及人，則合彼己爲一，豈不樂？」先生曰：「此是可以及人？爲或已及人？」曰：「惟其可以及人，所以能及人。」先生曰：「樂是可以及人而樂？是已及人而樂？」曰：「已及人而樂。」先生曰：「然。伊川說已盡，後來諸公多變其說，云朋友講習。我若未有所得，誰肯自遠方來？要之，此道天下公共，既已得於己，必須及於人。『不知而不慍』，非君子成德不能。慍，非怒之謂。自君子以降，人不知己，亦不能無芥蔕於胸中。」

先生問：「近日所見如何？」某對：「間斷處頗知提撕。」曰：「更宜加意。」

先生問：「近日如何？」曰：「頗覺心定。」「如何心定？」曰：「每常遇無事，却散漫；遇有事，則旋求此心。今却稍勝前。」曰：「讀甚書？」曰：「讀告子，昨讀至『夜氣』之說，因覺病痛全在此心上。」曰：「亦未說至此，須是見得有踊躍之意，方可。」是日德粹又語小學。先生曰：「德粹畢竟昏弱。子上尚雜，更宜加意。」

問：「人有剛果過於中，如何？」曰：「只爲見彼善於此，剛果勝柔，故一（曰）〔向〕〔一〕剛。周子曰：『剛善爲義，爲直，爲斷，爲嚴毅，爲幹固；惡爲猛，爲隘，爲强梁。』須如此別，方可。」璘録云：「問：『孫吉甫說，性剛未免有失，如何？』先生舉通書云：『剛善、剛惡。』『固是剛比之暗弱之人爲勝，然只是彼善於此而已。畢竟未是。』」問：「何以制之使歸於善？」曰：「須於中求之。」問：「昨日承先生教誨矯激事，歸而思之，務爲長厚固不可。然程氏教人却云，當學顏子之渾厚。看近

〔一〕據陳本改。

日之弊，莫只是真僞不同？」曰：「然。顔子却是渾厚，今人却是聶夾，大不同。且如當官，必審是非，明去就。今做事至於危處，却避禍，曰『吾爲渾厚』，可乎？且如後漢諸賢與宦官爲敵，既爲冀州刺史，宦官親戚在部内爲害，安得不去之！安得謂之矯激！須是不做它官。故古人辭尊而居卑，辭富而居貧，居卑則不與權豪相抗，亦無甚職事。」符舜功云：「如陳寔弔宦官之喪，是大要渾厚。」曰：「然。」某問：「如范滂之徒，太甚。」曰：「只是行其職。大抵義理所在，當爲則爲，無渾厚，無矯激，如此方可。」某又問：「李膺赦後殺人，莫不順天理？」曰：「然。士不幸遇亂世，不必仕。如趙臺卿乃於杜子賓夾壁中坐過數年，又如蔡邕，更無整身處。」

問：「吾友昔從曾大卿游，於其議論云何？」曰：「曾先生静默少言，有一二言不及其躬行者。」曰：「曾卿齊家正身，不欺暗室，真難及！」

鄭子上因赴省經過，問左傳數事。先生曰：「數年不見公，將謂有異問相發明，却問這般不緊要者，何益？人若能於大學、語、孟、中庸四書窮究得通透，則經傳中折莫甚大事，以其理推之，無有不曉者，况此末事！今若此，可謂是『颺了甜桃樹，沿山摘醋梨』也！」友仁。

璘注鄂渚教官闕。先生曰：「某嘗勸人，不如做縣丞，隨事猶可以及物。做教官没意思，説義理人不信，又須隨分做課試，方是鬧熱。」以下訓璘。

問：「做何工夫？」璘對以未曾。曰：「若是做得工夫，有疑可問，便好商量。若未做工夫，只説得一箇爲學大端，他日又如何得商量？嘗見一般朋友，見事便奮發要議論，胡亂將經書及古人作議論，看來是没意思。又有一般全不做功夫底，更没下手商量處。又不如彼胡亂做工夫，有可商議得。且如論古人，便是論錯了，亦是曾考論古人事迹一過。又他日與説得是，將從前錯底改起，便有用。」

問爲學大端。曰：「且如士人應舉，是要做官，故其功夫勇猛，念念不忘，竟能有成。若爲學，須立箇標準：我要如何爲學？此志念念不忘，功夫自進。蓋人以眇然之身，與天地並立而爲三，常思我以血氣之身，如何配得天地。且天地之所以與我者，色色周備，人自污壞了！」因舉「萬物皆備於我，反身而誠，樂莫大焉」一章。「今之爲學，須是求復其初，求全天之所以與我者，始得。若要全天之所以與我者，便須以聖賢爲標準，直做到聖賢地位，方是全得本來之物而不失。如此，則功夫自然勇猛。臨事觀書常有此意，自然接續。若無求復其初之志，無必爲聖賢之心，只見因循荒廢了。」因舉「孟子道性善，言必稱堯舜」一章，云：「『道性善』，是説天之所以與我者，便以堯舜爲樣子。説人性善，皆可以爲堯舜，便是立箇標準了。下文引成覸、顔淵、公明儀之言，以明聖賢之可以必爲。末後

『若藥不瞑眩，厥疾不瘳』，最説得好。人要爲聖賢，須是猛起服瞑眩之藥相似，教他麻了一上了，及其定疊，病自退了。」又舉顏子「仰之彌高」一段。又説：「人之爲學，正如説恢復相似：且如東南亦自有許多財賦，許多兵甲，儘自好了，如何必要恢復？只爲祖宗元有之物，須當復得；若不復得，終是不了。今人爲學，彼善於此，隨分做箇好人，亦自足矣，何須必要做聖賢？只爲天之所以與我者，不可不復得；若不復得，終是不了，所以須要講論。學以聖賢爲準，故問學須要復性命之本然，求造聖賢之極，方是學問。可學録云：「如尋常人説，且作三五分人，有甚不可？何必須早夜孳孳？只爲自家元有一箇性，甚是善，須是還其元物。不還元物，畢竟欠闕。此一事，乃聖人相傳，立定一鐵樁，移動不得。」然此是大端如此。其間讀書，考古驗今，工夫皆不可廢。」因舉「尊德性而道問學」一章。又云：「有一般人，只説天之所以與我者，都是光明純粹好物；其後之所以不好者，人爲有以害之。吾之爲學，只是去其所以害此者而已。害此者盡去，則工夫便了。故其弊至於廢學不讀書，臨事大綱雖好，而所見道理便有偏處。爲學既知大端是欲復天之所與而必爲聖賢，便以『父子有親，君臣有義，夫婦有別，長幼有序，朋友有信』，此五者爲五箇大樁相似，念念理會，便有工夫可做。所以大學『在止於至善』，只云：『爲人君，止於仁；爲人臣，止於敬；爲人子，止於孝；爲人父，止於慈；與國人交，止於信。』」

「從前朋友來此，某將謂不遠千里而來，須知箇趣向了，只是隨分爲他說箇爲學大概去，看來都不得力，此某之罪。今日思之：學者須以立志爲本。如昨日所說爲學大端，在於求復性命之本然，求造聖賢之極致，須是便立志如此，便做去始得。若曰我之志只是要做箇好人，識些道理便休，宜乎工夫不進，日夕漸漸消靡。今須思量天之所以與我者，必須是光明正大，必不應只如此而止，就自家性分上儘做得去，不到聖賢地位不休。如此立志，自是歇不住，自是儘有工夫可做。如顏子之『欲罷不能』，如小人之『孳孳爲利』，念念自不忘。若不立志，終不得力。」因舉程子云：「學者爲氣所勝，習所奪，只可責志。」又舉云：「『立志以定其本，居敬以持其志』，此是五峰議論好處。」又舉「士尚志。何謂尚志？曰：『仁義而已矣』」。又舉「舜爲法於天下，可傳於後世，我猶未免爲鄉人也，是則可憂也。憂之如何？如舜而已矣」。又舉「三軍可奪帥，匹夫不可奪志也」。「如孔門亦有不能立志者，如冉求『非不說子之道，力不足也』是也。所以其後志於聚斂，無足怪」。

又曰：「要知天之與我者，只如孟子說：『無惻隱之心，非人也；無羞惡之心，非人也；無是非之心，非人也；無辭遜之心，非人也。』今人非無惻隱、羞惡、是非、辭遜發見處，只是不省察了。若於日用間試省察此四端者，分明迸躦出來，就此便操存涵養將去，便是下手處。只爲從前不省察了，此端才見，又被物欲汩了。所以秉彝不可磨滅處雖在，而終不能光明正大，如其本然。」

試思人以眇然之身，可以贊天地之化育；以常人而可以爲聖賢；以四端之微，而充之可以保四海，是如何而致？若分明見此，志自立，工夫自住不得。

「昨日所説爲學大端在於立志必爲聖賢，曾看得『人皆可以爲堯舜』道理分明否？又見得我可以爲堯舜而不爲，其患安在？固是孟子説『性善』、『徐行後長』之類。然今人四端非不時時發見，非不能徐行，何故不能爲堯舜？且子細看。若見得此分明，其志自立，其工夫自不可已。」因舉「執德不弘，信道不篤，焉能爲有！焉能爲亡」！謂：「不弘不篤，不當得一箇人數，無能爲輕重。」

須常常自問：人人之性善，而己之性却不見其善；「人皆可以爲堯舜」，而己之身即未見其所以爲堯舜者，何故？常常自問，知所愧恥，則勇厲奮發，而志立矣。更將孟子告子篇反復讀之，「指不若人」之類數段，可以助人興發必爲之志。

問所觀書。璘以讀告子篇對。曰：「古人『興於詩』，『詩可以興』。又曰：『雖無文王，猶興。』人須要奮發興起必爲之心，爲學方有端緒。古人以詩吟詠起發善心，今既不能曉古詩，某以爲告子篇諸段，讀之可以興發人善心者，故勸人讀之。且如『義理之悦我心，猶芻豢之悦我口』，讀此句，須知義理可以悦我心否？果如芻豢悦口否？方是得。」璘謂：

「理義悦心，亦是臨事見得此事合理義，自然悦懌。」曰：「今則終日無事，不成便廢了理義，便無悦處！如讀古人書，見其事合理義。思量古人行事，與吾今所思慮欲爲之事，才見得合理義，則自悦；才見不合理義，自有羞愧憤悶之心。不須一一臨事時看。」

問璘：「昨日卧雲菴中何所爲？」璘曰：「歸時日已暮，不曾觀書，静坐而已。」先生舉横渠「六有」説：「『言有法，動有教，晝有爲，宵有得，息有養，瞬有存』，以爲雖静坐，亦有所存主始得。不然，兀兀而已。」可學録云：「先生問德粹：『夜間在菴中作何工夫？』德粹云云。先生曰：『横渠云：「言有教，動有法，晝有爲，宵有得，息有養，瞬有存。」此語極好。君子「終日乾乾」，不可食息閑，亦不必終日讀書，或静坐存養，亦是。天地之生物以四時運動。春生夏長，固是不息；及至秋冬凋落，亦只是藏於其中，故明年復生。若使至秋冬已絶，則來春無緣復有生意。學者常喚令此心不死，則日有進。』」

德粹問：「在四明守官，要顧義理。纔到利害重處，則顧忌，只是拌一去，如何？」先生曰：「無他，只是志不立，却隨利害走了。」可學。

問德粹：「此心動時應物，不動時如何？」曰：「只是散漫。」曰：「便是錯了。自家一箇心却令成兩端！須是檢點他。」可學。

「人在官，固當理會官事。然做得官好，只是使人道是一好官人。須講學立大本，則有源流。若只要人道是好官人，今日做得一件，明日又做一件，却窮了。」德粹云：「初到明州，問爲學於沈叔晦。叔晦曰：『若要讀書，且於婺源山中坐；既在四明，且理會官事。』」先生曰：「縣尉既做了四年，滕德粹元不曾理會。」可學。

誨力行云：「若有人云孔孟天資不可及，便知此人自暴自棄，萬劫千生無緣見道！所謂『九萬里則風斯下』。」以下訓力行。

「講學切忌研究一事未得，又且放過別求一事。如此，則有甚了期？須是逐件打結，久久通貫。」力行退讀先生「格物」之說，見李先生所以教先生有此意。

力行連日荷教。府判張（文）〔丈〕〔一〕退謂力行曰：「士佺到此餘五十日，備見先生接待學者多矣，不過誘之掖之，未見如待吾友著氣用力，痛下鉗鎚如此。以九分欲打煉成器，不得不知此意。」

問：「事有最難底奈何？」曰：「亦有數等，或是外面阻遏做不得，或是裏面紛亂處不去，亦有一種紛拏時，及纖毫委曲微細處難處，全只在人自去理會。大概只是要見得道理分明，逐事上自有一箇道理。易曰：『探賾索隱。』賾處不是奧，是紛亂時；隱是隱奥也，全在探索上。紛亂是他自紛亂，我若有一定之見，安能紛亂得我！大凡一等事固不可避，

〔一〕據陳本改。

避事不是工夫。又有一等人情底事，得遣退時且遣退，無時是了，不要摟攬。凡可以省得底事，省亦不妨，應接亦只是不奈何。有合當住不得底事，此却要思量處置，裏面都自有箇理。」或謂：「人心紛擾時難把捉。」曰：「真箇是難把持。不能得久，又被事物及閑思慮引將去。孟子『牛山之木』一章，最要看『操之則存，舍之則亡』。」或又謂：「把持不能久，勝物欲不去。」曰：「這箇不干別人事。雖是難，亦是自著力把持，常惺惺，不要放倒。覺得物欲來，便著緊不要隨他去。這箇須是自家理會。若說把持不得，勝他不去，是自壞了，更說甚『爲仁由己，而由人乎哉』！」又曰：「把心不定，喜怒憂懼四者皆足以動心。」因問：「憂患恐懼，恐四字似一般？」曰：「不同。恐懼是目下逼來得緊底，使人恐懼失措；憂患是思慮，預防那將來有大禍福利害底事。此不同。」又問：「忿懥好樂，乃在我之事，可以勉强不做。如憂患恐懼，乃是外面來底，不由自家。」曰：「都不得。便是外面來底，須是自家有箇道理措置得下。恐懼憂患，只是徒然。事來亦合當思慮不妨，但只管累其本心，也不濟得事。孔子畏匡人，文王囚羑里，死生在前了，聖人元不動心，處之恬然。只看此，便是要見得道理分明，自然無此患。所以聖人教人致知、格物，考究一箇道理。自此以上，誠意、正心皆相連上去也。」以下訓明作。

凡日用工夫，須是自做喫緊把捉。見得不是處，便不要做，勿徇他去。所說事有善者可從，又有不善者間之，依舊從不善處去；所思量事忽爲別思量勾引將去，皆是自家不曾把捉得住，不干別人事。須是自把持，不被他引去方是。顏子問仁，孔子答許多話，其末却云：「爲仁由己，而由人乎哉！」看來不消此二句亦得。然許多話，不是自己著力做，又如何得？明知不善又去做，看來只是知得不親切。若真箇知得，定不肯做。正如人説飲食過度傷生，此固衆所共知，然不是真知。偶一日飲食過度爲害，則明日決不分外飲食；此真知其傷，遂不復再爲也。把捉之説，固是自用著力，然又以枯槁無滋味，卒急不易著力。須平日多讀書，講明道理，以涵養灌培，使此心常與理相入，久後自熟，方見得力處。且如讀書，便今日看得一二段，來日看三五段，殊未有緊要。須是磨以歲月，讀得多，自然有用處。且約而言之：論孟固當讀，六經亦當讀，史書又不可不讀。講究得多，便自然熟。但始初須大段著力窮究，理會教道理通徹。不過一二番稍難，向後也只是以此理推去，更不艱辛，可以觸類而長。正如入仕之初看公案，初看時自是未相諳，較難理會。須著些心力，如法考究。若如此看得三五項了，自然便熟；向後看時，更不似初間難，亦可類推也。又如人要知得輕重，須用稱方得。有拈弄得熟底，只把在手上，便知是若干斤兩，更不用稱。此無他，只是熟。今日也拈弄，明日也拈弄，久久自熟。也如百工技藝做得精者，亦是熟後便精。孟子曰：「夫仁，亦在乎熟之而已。」所以貴乎熟者，只是要得此心與義理相親。苟義理與自家相近，則非理之事，自然相遠。思慮多走作，亦只是不熟，熟後自無。又如説做事偶合於理則心安，或差時則餒，此固是可見得本然之理，所以差時便覺不安。然又有做得不是處，不知覺悟。須是常惺惺省察，不要放過。據某看，學問之道，只是眼前日用底便是，初無深遠玄妙。

「大凡學問不可只理會一端。聖賢千言萬語，看得雖似紛擾，然却都是這一箇道理。而今只就緊要處做固好，然別箇也須一一理會，湊得這一箇道理都一般，方得。天下事硬就一箇做，終是做不成。如莊子説：『風之積也不厚，則其負大翼也無力。』須是理會得多，方始襯簟得起。且如『籩豆之事則有司存』，非是説籩豆之事置之度外，不用理會。『動容貌』三句，亦只是三句是自家緊要合做底，籩豆是付與有司做底，其事爲輕。而今只理會三句，籩豆之事都不理會，萬一被有司喚籩做豆，若不曾曉得，便被他瞞。又如田子方説『君明樂官，不明樂音』，他説得不是。若不明得音，如何明得官？次第被他易宮爲商，也得！所以中庸先説箇『博學之』，孟子曰：『博學而詳説之。』且看孔子雖曰生知，事事去問人，若問禮、問喪於老聃之類甚多。只如官名不曉得，莫也無害，聖人亦汲汲去問郯子。蓋是我不識底，須是去問人，始得。」因説：「南軒洙泗言仁，編得亦未是。聖人説仁處固是仁，然不説處不成非仁！天下只有箇道理，聖人説許多説話，都要理會。豈可只去理會説仁處，不説仁處便掉了不管！子思做中庸，大段周密不易，他思量如是。『德性』五句，須是許多句方該得盡，然第一句爲主。『致廣大、極高明、温故、敦厚』，此上一截是『尊德性』事；如『道中庸、盡精微、知新、崇禮』，此下一截是『道問學』事。都要得纖悉具備，無細不盡，如何只理會一件？」或問知新之理。曰：「新是故中之事，故是舊時底，温起來以『尊德性』；然後就裏面討得新意，乃爲『道問學』。」

一日因論讀大學，答以每爲念慮攪擾，頗妨工夫。曰：「只是不敬。敬是常惺惺底法，以敬爲主，則百事皆從此做去。今人都不理會我底，自不知心所在，都要理會他事，又要齊家、治國、平天下。心者，身之主也。撐船須用篙，吃飯須用匙。不理會心，是不用篙，不使匙之謂也。攝心只是敬。才敬，看做甚麽事，登山亦只這箇心，入水亦只這箇心。」訓懋。

與立同問：「常苦志氣怯弱，恐懼太過，心下常若有事，少悦豫底意思，不知此病痛是如何？」曰：「試思自家是有事？是無事？」曰：「本無事，自覺得如此。」曰：「若是無事，便是無事，又恐懼箇甚？只是見理不徹後如此。若見得理徹，自然心下無事。然此亦是心病。」因舉遺書捉(處)〔虎〕〔一〕及滿室置尖物事。又曰：「且如今人害潔净病，那裏有潔净病？只是疑病，疑後便如此。不知在君父之前，還如此得否？」𠐍又因論氣質各有病痛不同。曰：「纔明理後，氣質自然變化，病痛都自不見了。」以下訓與立、𠐍。

先生誨與立等曰：「爲學之道無他，只是要理會得目前許多道理。世間事無大無小，皆有道理。如中庸所謂『率性之謂道』，也只是這箇道理；『道不可須臾離』，也只是這箇道理。見得是自家合當做底便做將去，不當做底斷不可做，只是如此。」又曰：「爲學無許多事，只是要持守心身，研究道理，分别得是非善惡，直是『如好好色，如惡惡臭』。到這裏方是踏著實地，自住不得。」又曰：「經書中所言只是這一箇道理，都重三疊四説在裏，只是許多頭面出來。如語孟所載也只是這許多話。一箇聖賢出來説一番了，一箇聖賢又出來從頭説一番。如書中堯之所説，也只是這箇；舜之所説，也只是這箇；以至於禹、湯、文、武所説，也只是這箇。又如詩中周公所贊頌文武之盛德，亦只是這箇；便若桀紂之所以危亡，亦只是反了這箇道理。若使别撰得出來，古人須自撰了。惟其撰不得，所以只共這箇道理。」又曰：「讀書須是件件讀，理會了一件，方可换一件。這一件理會得通徹是當

〔一〕據陳本改。

了，則終身更不用再理會，後來只須把出來温尋涵泳便了。若不與逐件理會，則雖讀到老，依舊是生底，又却如不曾讀一般，濟甚事！如喫飯，不成一日都要喫得盡！須與分做三頓喫，只恁地頓頓喫去，知一生喫了多少飯！讀書亦如此。」蠍因說：「學者先立心志爲難。」曰：「也無許多事，只是一箇敬。徹上徹下，只是這箇道理。到得剛健，便自然勝得許多物欲之私。」温公謂：「人以爲如制悍馬，如幹〔一〕盤石之難也。静而思之，在我而已。如轉户樞，何難之有？」

蠍問：「『思無邪』，固要得如此，不知如何能得如此？」曰：「但邪者自莫思，便了。」又問：「且如持敬，豈不欲純一於敬？然自有不敬之念固欲與已相反，愈制則愈甚。或謂只自持敬，雖念慮妄發，莫管他，久將自定，還如此得否？」曰：「要之，邪正本不對立，但恐自家胸中無箇主。若有主，且自不能入。」又問：「不敬之念非出於本心。如忿慾之萌，學者固當自克，雖聖賢亦無如之何。至於思慮妄發，欲制之而不能。」曰：「才覺恁地，自家便挈起了，但莫先去防他。然此只是自家見理不透，做主不定，所以如此。大學曰：『物格而後知至，知至而後意誠。』纔意誠，則自然無此病。」

〔一〕「幹」，似當作「斡」。

拜先生訖，坐定。先生云：「文振近看得文字較細，須用常提掇起得惺惺，不要昏晦。若昏晦，則不敬莫大焉。才昏晦時，少間一事來，一齊被私意牽將去，做主不得。須用認取那箇是身，那箇是心，卓然在目前，便做得身主。少間事物來，逐一區處得當。」以下訓南升。

又云：「看文字須以鄭文振爲法，理會得便説出，待某看甚處未是，理會未得，便問。」又云：「渠今退去，心中却無疑也。」

先生曰：「文振近來看得須容易了。」南升曰：「不敢容易看。但見先生集注字字著實，故易得分明。」先生曰：「潘兄、鄭兄要看文字，可明日且同文振從後段看起，將來却補前面。廖兄亦可從此看起。」謂潘立之、鄭神童、廖晉卿也。

「朋友多是方理會得文字好，又歸去。」似指植言。又云：「鄭文振能平心看文字，看得平正周匝，只無甚精神。如立之，則有説得到處。如文振，無甚卓然到處，亦無甚不到處。」植。

先生問倪：「已前做甚工夫？」曰：「只是理會舉業。」曰：「須有功夫。」曰：「只是習春秋。」又問：「更做甚工夫？」曰：「曾涉獵看先生語孟精義。」曰：「近來作春秋義，穿鑿殊甚。如紹興以前，只是諱言攘夷復讐事，專要説和戎，却不至如此穿鑿。某那時亦自説春秋不可做，而今穿鑿尤甚。」倪曰：「緣是主司出題目，多是將不相屬處出，致舉子不得不如此。」曰：「却是引得他如此。」又曰：「向來沈司業曾有申請，令主司不得斷章出題，後來少變。」曰：「向在南康日，教官出題不是，也不免將他申請下郡學，令不得如此。近來省試，如書題，依前如此。」又曰：「看來不要作春秋義，可別治甚經。」以下訓倪。時舉云：「問游和之：『曾看甚文字？』曰：『某以春秋應舉，粗用力於此經，似不免有科第之心，故不知理義之要。』曰：『春秋難治，做出經義，往往都非經旨。某見紹興初治春秋者，經義中只避數項說話，如復仇討賊之類而已。如今却不然，往往所避者多，更不復依傍春秋經意說，只自做一種說話，知他是說甚麼！大凡科舉之事，士子固未能免，然只要識得輕重。若放那一頭重，這一頭輕，是不足道。然兩頭輕重一般，也只不得，便一心在這裏，一心在那裏，於本身易得悠悠。須是教令這頭重，那頭輕，方好。孟子云：「今之人，修其天爵，以要人爵。」凡要人爵者，固是也理會天爵。然以要人爵而爲之，則所修者皆非切己之學。』」

問倪〔一〕「未識下手工夫」。曰：「舉業與這箇道理，一似箇藏子。做舉業，只見那一邊。若將此心推轉看這一邊，極易。孟子云：『古人修其天爵，而人爵從之；今人修其天爵，以要人爵。』」又將起扇子云：「公只是將那頭放重，這頭放輕了，便得。若兩頭平，也不得。」

〔一〕「問倪」，似當作「倪問」。

倪求下手工夫。曰：「只是要收斂此心，莫要走作，走作便是不敬，須要持敬。堯是古今第一箇人，書説堯，劈頭便云『欽明文思』，欽，便是敬。」問：「敬如何持？」曰：「只是要莫走作。若看見外面風吹草動，去看覷他，那得許多心去應他？便也不是收斂。」問：「莫是『主一之謂敬』？」曰：「主一是敬表德，只是要收斂。處宗廟只是敬，處朝廷只是嚴，處閨門只是和，便是持敬。」時舉聞同。見後。

倪曰：「自幼既失小學之序，願授大學。」曰：「授大學甚好，也須把小學書看，只消旬日功夫。」

「諸公固皆有志於學，然持敬工夫大段欠在。若不知此，何以爲進學之本！程先生云：『涵養須用敬，進學則在致知。』此最切要。」和之問：「不知敬如何持？」曰：「只是要收斂此心，莫令走失便是。今人精神自不曾定，讀書安得精專！凡看山看水，風驚草動，此心便自走失，視聽便自眩惑。此何以爲學？諸公切宜免此！」時舉。

緊切詳密。以下訓至。

書云：「千萬更加勉力，就日用實事上提撕，勿令昏縱爲佳！」

至自謂：「從來於喜怒哀樂之發，雖未敢自謂中節，自覺亦無甚過差。」曰：「若不窮理，則喜怒哀樂之發，便有過差處也不覺，所以貴於窮理。」

書云：「日用之間，常切操存；讀書窮理，亦無廢惰，久久當自覺有得力處。」又書云：「要須反己深自體察，有箇火急痛切處，方是入得門户。若只如此悠悠，定是閑過日月。向後無得力處，莫相怪也。」三書文集未載。

楊子順、楊至之、趙唐卿辭歸請教。先生曰：「學不是讀書，然不讀書，又不知所以爲學之道。聖賢教人，只是要誠意、正心、修身、齊家、治國、平天下。所謂學者，學此而已。若不讀書，便不知如何而能修身，如何而能齊家、治國。聖賢之書説修身處，便如此；説齊家、治國處，便如此。節節在那上，自家都要去理會，一一排定在這裏；來，便應將去。」淳。

楊問：「某多被思慮紛擾，思這事，又慮做那一事去。雖知得了，自是難止。」曰：「既知不是，便當絶斷，更何必問！」寓。

至之少精深，蜚之少寬心，二病正相反。道夫。

植再舉曾子「忠恕一貫」及子貢「聞一知二」章。曰：「大概也是如此。更須依曾子逐事經歷做過，方知其味。」先生繼問或人：「理會得所舉忠恕否？」陳因問集注中舉程子第一段。先生曰：「明道説此一段甚好，非程子不能道得到。自『忠恕一以貫之』以後説忠恕，至『違道也』住，乃説『一以貫之』之忠恕。其曰『此與違道不遠異者，動以天爾』，何也？蓋此數句乃動以天爾。如『推己及人，違道不遠』，則動以人爾。」又問：「如此，則有學者之忠恕？」曰：「聖人不消言恕，故集注中云借學者之事而言。」以下訓植。

植舉「仁者，愛之理，心之德」，紬繹説過。曰：「大概是如此，而今只是做仁工夫。」植因問：「顏子『博文約禮』，是循環工夫否？」曰：「不必説循環。如左脚行得一步了，右脚方行得一步；右脚既行得一步，左脚又行得一步。此頭得力，那頭又長；那頭既得力，此頭又長，所以欲罷而不能。所謂『欲罷不能』者，是它先見得透徹，所以復乎天理，欲罷不能。如顏子教他復天理，他便不能自已；教他徇人欲，便没舉止了。蓋惟是見得通透，方無間斷。不然，安得不間斷！」

過見先生。越數日，問曰：「思得爲學之要，只在主敬以存心，格物以觀當然之理。」曰：「主敬以存心，却是。下句當云：『格物所以明此心。』」以下訓過。

先生教過爲學不可粗淺，因以橘子譬云：「皮内有肉，肉内有子，子内有仁。」又云：「譬如埽地，不可只埽面前，如椅子之下及角頭背處，亦須埽著。」

先生語過以爲學須要專一用功，不可雜亂，因舉異教數語云：「用志不分，乃凝於神。置之一處，無事不辦。」

謂林正卿曰：「理會這箇，且理會這箇，莫引證見，相將都理會不得。理會『剛而塞』，且理會這一箇『剛』字，莫要理會『沉潛剛克』。各自不同。」節。訓學蒙。

問思慮紛擾。曰：「公不思慮時，不識箇心是何物。須是思慮時，知道這心如此紛擾，漸漸見得，却有下工夫處。」以下訓賜。

問：「存心多被物欲奪了。」曰：「不須如此說，且自體認自家心是甚物？自家既不曾識得箇心，而今都說未得。纔識得，不須操而自存；如水火相濟，自不相離。聖賢說得極分明。夫子說了，孟子恐後世不識，又說向裏。後之學者依舊不把做事，更說甚閑話。孟子四端處，儘有可玩索。」

問：「每日暇時，略靜坐以養心，但覺意自然紛起，要靜越不靜。」曰：「程子謂：『心自是活底物事，如何窒定教他不思？只是不可胡亂思。』纔著箇要靜底意思，便是添了多少思慮。且不要恁地拘迫他，須自有寧息時。」又曰：「要靜，便是先獲，便是助長，便是正。」以下訓胡泳。

問：「程子教人，每於己分上提撕，然後有以見流行之妙。正如先生昨日答語中謂『理會得其性情之德，體用分別，各是何面目』一段一般。」曰：「是如此。」問：「人之手動足履，須還是都覺得始得。看來不是處，都是心不在後，挫過了。」曰：「須是見得他合當是恁地。」問：「『立則見其參於前，在輿則見其倚於衡』，只是熟後自然見得否？」曰：「也只是隨處見得那忠信篤敬是合當如此。」又問：「舊見敬齋箴中云：『擇地而蹈，折旋蟻封。』遂欲如行步時，要步步覺得他移動。要之無此道理，只是常常提撕。」曰：「這箇病痛，須一一識得，方得。且如事父母，方在那奉養時，又自著注脚解說道，這箇是孝；如事兄長，方在那順承時，又自著注脚解說道，這箇是弟，便是兩箇了。」問：「只是如事父母，當勞苦有倦心之際，却須自省覺說這箇是當然。」曰：「是如此。」

伯量問：「南軒所謂『敬者通貫動靜內外而言』，泳嘗驗之，反見得靜時工夫少，動時工夫多，少間隨事逐物去了。」曰：「隨事逐物，也莫管他。有事來時，須著應他，也只得隨他去。只是事過了，自家依舊來這裏坐，所謂『動亦敬，靜亦敬』也。」又問：「但恐靜時工夫少，動時易得撓亂耳。」曰：「如何去討靜得！有事時須著應。且如早間起來，有許多事，不成說事多撓亂人，我且去靜坐。不是如此。無事時固是敬，有事時敬便在事上。且如早間人客來相見，自家須著接它；接它時，敬便在交接處。少間又有人客來，自家又用接它。若自朝至暮，人客來不已，自家須盡著接它，不成不接它，無此理。接它時，敬便隨著在這裏。人客去後，敬亦是如此。若厭人客多了心煩，此却是自撓亂其心，非所謂敬也。所以程子說：『學問到專一時方好。』蓋專一，則有事無事皆是如此。程子答或人之問，說一大片，末梢只有這一句是緊要處。」又曰：「不可有厭煩好靜之心。人在世上，無無事底時節。要無事時，除是死也。隨事來，便著應他。有事無事，自家之敬元未嘗間斷也。若事至面前，自家却自主静，頑然不應，便是心死矣！」僩。

壽昌問：「鳶飛魚躍，何故仁便在其中？」先生良久微笑曰：「公好説禪，這箇亦略似禪，試將禪來説看。」壽昌對：「不敢。」曰：「莫是『雲在青天水在瓶』麽？」壽昌又不敢對。曰：「不妨試説看。」曰：「渠今正是我，我且不是渠。」曰：「何不道我今正是渠？」既而又曰：「須將中庸其餘處一一理會，令教子細。到這箇田地時，只恁地輕輕拈掇過，便自然理會得，更無所疑，亦不著問人。」訓壽昌。

先生顧壽昌曰：「子好説禪，禪則未必是。然其所趣向，猶以爲此是透脱生死底等事。其見識猶高於世俗之人，紛紛然抱頭聚議，不知是照證箇甚底事！」

先生曰：「子所謂『賢者過之也』。夫過猶不及，然其玩心於高明，猶賢於一等輩。」因問：「子遊廬山，嘗聞人説一周宣幹否？」壽昌對以聞之，今見有一子頤字龜父者在。先生曰：「周宣幹有一言極好：『朝廷若要恢復中原，須要罷三十年科舉，始得！』」

先生問壽昌：「近日教浩讀甚書？」壽昌對以方伯謨教他午前即理論語，仍聽講，曉些義理；午後即念些蘇文之類，庶學作時文。先生笑曰：「早間一服木附湯，午後又一服清凉散。」復正色云：「只教讀詩書便好。」

先生問壽昌：「子好説禪，何不試説一上？」壽昌曰：「明眼人難謾。」先生曰：「我則異於是，越明眼底，越當面謾他。」

先生問壽昌：「子見疏山，有何所得？」對曰：「那箇且拈歸一壁去。」曰：「是會了拈歸一壁？是不會了拈歸一壁？」壽昌欲對云：「總在裏許。」然當時不曾敢應。會先生爲壽昌題手中扇云：「長憶江南三月裏，鷓鴣啼處百花香。」執筆視壽昌曰：「會麽？會也不會？」壽昌對曰：「總在裏許。」

先生奉天子命，就國於潭，道過臨江。長孺自吉水山間越境迎見。某四拜，先生受半答半。跪進劄子，略云：「竊觀聖賢之間，惟兩答問最親切極至：『子路、曾皙、冉有、公西華侍坐。子曰：「居則曰，不吾知也。如或知爾，則何以哉？」』子路以使勇對，冉有以足民對，子華以小相對。三子者，夫子皆未所領許也。獨曾點下一轉語：『「異乎三子者之撰。莫春者，春服既成，冠者五六人，童子六七人，浴乎沂，風乎舞雩，詠而歸。」夫子喟然嘆曰：「吾與點也！」』此是一問答。『子貢問：「有一言而可以終身行之者乎？」子曰：「其恕乎！」』此是一問答。是故善答莫如點，善問者莫如賜。長孺懵不知道，先生若曰：『有一言而可以終身行之者乎？』先生推先聖之心，慰學者之望，不孤長孺所以委身受教之誠，賜金聲『如或知爾，則何以哉？』長孺未有以對也。長孺狂妄，將有請問於先生曰：『有一言而可以終身行之者乎？』先生推先聖之心，慰學者之望，不孤長孺所以委身受教之誠，賜金聲玉振之音。」先生閱劄子，笑曰：「恁地却不得。子貢問夫子：『有一言而可以終身行之者乎？』子曰：『其恕乎！』此只是就子貢身上與他一箇『恕』字。若其他學者要學聖人，煞有事件，如何將一箇字包括得盡！」問曰：「先生云：『一箇字包不盡，極是。但大道茫茫，何處下手？須有一箇切要可以用功夫處。」先生乃舉中庸「大哉聖人之道」至「敦厚以崇禮」一章。誦訖，遂言曰：「『尊德性，道問學；致廣大，盡精微；極高明，道中庸；温故，知新；敦厚，崇禮』，只從此下功夫理會。」曰：「何者是德性？何者是問學？」曰：「不過是『居處恭，執事敬』，『言忠信，行篤敬』之類，都是德性。至於問學，却煞闊，條項甚多。事事物物皆是問學，無窮無盡。」曰：「德性却如何尊？問學却如何道？」曰：「將這德性做一件重事，莫輕忽他，只此是尊。」時先生手中持一扇，因舉扇而言：「且如這一柄扇，自家不會做，去問人扇如何做。人教之以如何做，如何做，既聽得了，須是去做這扇，便得。如此，方是道問學。若只問得去，却掉下不去做，如此，便不是道問學。」曰：「如先生之言，『道』字莫只是訓『行』否？」先生頷之，而曰：「自『尊德性』而下，雖是五句，却是一句總四句；雖是十件，却兩件統八件。」「如何是一句總四句？」曰：「『尊德性，道問學』，這一句爲主，都總得『致廣大，盡精微；極高明，道中庸；温故，知新；敦厚，崇禮』四句。」問：「如何是兩件統八件？不知分別那箇四件屬『尊德性』，那箇四件屬『道問學』？」曰：「『致廣大，盡精微；極高明，道中庸』，這四件屬尊德性。『温故，知新；敦厚，崇禮』，這四件屬道問學。」按：章句：「『尊德性，所以存心』，致廣大，極高明，温故，敦厚，皆存心之屬也。『道問學，所以致知』，盡精微，道中庸，知新，崇禮，皆致知之屬也。」此録蓋誤。問：「如何『致廣大』？如何『盡精微』？」曰：「自家須要做聖賢事業，到聖賢地位，這是『致廣大』。然須是從埽洒應對進退間，色色留意，方得，這是『盡精微』。」問：「如何『極高明』？如何『道中庸』？」曰：「此身與天地並，這是『極高明』。若只説却不踏實地，無漸進處，亦只是胡説。也須是自家周旋委曲於規矩準繩之中，到俯仰無愧怍處始得，這是『道中庸』。」問：「如何『温故』？如何『知新』？」曰：「譬如讀論語，今日讀這一段，所得是如此；明日再讀這一段，所得又如此。兩日之間所讀同，而所得不同，這便是『温故知新』。」問：「如何『敦厚』？如何『崇禮』？」曰：「若只是恁地敦厚，却塊然無用。也須是見之運量酬酢、施爲注措之間，發揮出來始得。」長孺謝云：「教誨親切明白，後學便可下工夫。」先生又諷誦「大哉聖人之道！洋洋乎發育萬物，峻極于天。優優大哉！禮儀三百，威儀三千，待其人然後行。故曰：『苟不至德，至道不凝焉』」等數語，而贊之曰：「這全在人。且如『發育萬物，峻極于天！禮儀三百，威儀三千』，甚次第大事，只是一箇人做了。然而下面又特地拈出，謂『苟不至德，至道不凝焉』。結這兩句，最爲要切。須先了得『禮儀三百，威儀三千』，然後到得『發育萬物，峻極于天』

去處。這一箇『凝』字最緊。若不能凝，則更没些子屬自家。須是凝時，方得。所謂『至德』，便是『禮儀三百，威儀三千』；所謂『至道』，便是『發育萬物，峻極于天』，切須著力理會！」按章句，至德指其人，至道指「發育萬物，峻極于天」與「禮儀三百，威儀三千」兩節。此録亦誤。長孺請曰：「愚陋，恐不能盡記先生之言，不知先生可以書爲一説如何？」先生笑曰：「某不立文字，尋常只是講論。適來所説，盡之矣。若吾友得之於心，推而行之，一向用工，儘有無限，何消某寫出！若於心未契，縱使寫在紙上，看來是甚麽物事？吾友只在紙上尋討，又濟甚事！」長孺謝曰：「敢不自此探討力行！」曰：「且著力勉之！勉之！」長孺起，先生留飯，置酒三行，燕語久之，飯罷辭去，退而記之。訓長孺。

因言異端之學，曰：「嘗見先生答『死而不亡』説，其間數句：『大率禪學只是於自己精神魂魄上，認取一箇有知覺之物，把持玩弄，至死不肯放捨。』可謂直截分曉。」曰：「何故只舉此數句，其他平易處都不説？只是務要痛快説話，只此便是病處。初在臨江，見來劄，固已疑其有此，今見果然。」問：「平日自己不知病痛，今日得蒙點破，却望指教，如何醫治？」曰：「大凡自家見得都是，也且做一半是，留取一半且做未是。萬一果是，終久不會變著；萬一未是，將久浹洽，自然貫通。不可才有所見，便就上面扭捏。如孟子中『養氣』一段，是學者先務。」問：「『養氣』一段，不知要緊在甚處？」曰：「從頭至尾都要緊。」因指靜香堂言：「今人說屋，只說棟梁要緊，不成其他椽桷事事都不要！」以下訓琮。

問：「程子之言，有傳遠之誤者，願先生一一與理會過。」曰：「今之所言，與程子異者亦多矣。」曰：「節目小者不必論。且如金縢一說，程子謂，此但是周公發於誠心，不問有此理無此理。如聖人自在天理上行，豈有無此理而聖人乃爲之者！此等語恐誤。」曰：「然則有此理乎？」曰：「詳考金縢首尾，周公初不曾代武王死。」曰：「『以旦代某之身』，却是如何？」曰：「武王有疾，周公恐是三后在天有所譴責，故以身代行事而請命焉耳。」先生舉「予仁若考」以下至「無墜天之降寶命」，曰：「此一段却如何解？」曰：「如古注之說，恐待周公太薄。」曰：「今却要如何說？」曰：「竊詳周公之意，蓋謂盡其材藝於鬼神之事者，己所能也。己所能，則己所當任其責，非武王之責也。受命帝庭而敷佑四方，定爾子孫而使民祇畏，是則武王之所能。若今三后以鬼神之事責武王，是『墜天之降寶命』也。」曰：「只務說得響快。前聖後賢都是恁地解說將來，如何一旦要改換他底？此非學者之先務。須於自家身己上理會，方是實學問。格物之學，須是窮見實理。今若於聖人分上不能實見，何以學聖人？」曰：「自己一箇身心元不理會，却只管去議論別人不是，枉了工夫。」曰：「平日讀至此有疑，願求是正。」曰：「只緣自己處工夫少，所以別人處議論多。且理會自家應事接物處，與未應接時，此心如何。」曰：「昨日先生與諸人答問心說，或謂存亡出入，皆是神明之妙；或謂存底入底亦不是。先生之説云：『入而存者，道心也；出而亡者，人心也。』琮謂，通四句只是説人心。『操之則存，舍之則亡』，於是『出入無時，莫知其鄉』。言其所以危者如此。若是道心，則湛然常存，不惟無出，亦自無入；不惟不舍，雖操亦無所用。」曰：「且道如何是人心？如何是道心？」曰：「心一也。方寸之間，人欲交雜，則謂之人心；純然天理，則謂之道心。」曰：「人心，堯舜不能無；道心，桀紂不能無。蓋人心不全是人欲，若全是人欲，則直是喪亂，豈止危而已哉！只飢食渴飲、目視耳聽之類是也，易流故危。道心即惻隱、羞惡之心，其端甚微故也。」問：「『惟精惟一』，不知學者工夫多在『精』字上，或多在『一』字上？」曰：「『惟精惟一』，是一樣説話。」曰：「琮意工夫合多在『精』字上。」曰：「如何見得？」曰：「譬如射，藝精則一，不精則二三。」曰：「如何得精？」曰：「須從克己中來。若己私未克，則被粗底夾和在，何止二三？」曰：「『精』字只是於縫脈上見得分明，『一』字却是守處。」問：「如此，恐『允執厥中』更無著力處？」曰：「是其效也。」

或問：「今日挑講，諸生所請何事？」曰：「萍鄉一士人問性無復。其説雖未是，其意却可進。」因言：「『克己復禮』，今人全不曾子細理會。」琮問：「克己銘一篇，如顔子分上，恐不必如此。」曰：「何故？」曰：「顔子『不遠復』，『有不善未嘗不知，知之未嘗復行』，安用張皇如此？」曰：「又只是議論別人。」又曰：「此『己』字未與物爲對，只己意發處便自克了。」問：「是『克家』之『克』，非『克敵』之『克』也。」曰：「林三山亦有此說。大凡孔門爲仁，言雖不同，用工處都一般。」又問：「如『子貢問爲仁。子曰：「工欲善其事，必先利其器。居是邦也，事其大夫之賢者，友其士之仁者」』，不知此言是築底處，或尚有進步處？」曰：「如何？」曰：「事賢、友仁方是利其器處。」曰：「亦是如此。」

「聖賢言語，只管將來玩弄，何益於己！」曰：「舊學生以論題商議，非敢推尋立論。」曰：「不問如此。只合下立脚不是，偏在語言上去，全無體察工夫，所以神氣飛揚。且如仲方主張『克己』之說只是治己，還曾如此自治否？仁之爲器重，爲道遠，舉莫能勝，行莫能至。果若以此自任，是大小大事！形神自是肅然，『無有師保，如臨父母』。曾子所謂『戰戰兢兢，如臨深淵，如履薄冰』！如此氣象，何暇輕於立論！仲方此去，須覺識見只管遲鈍，語言只管畏縮，方是自家進處。」琮起謝云：「先生教誨之言，可謂深中膏肓，如負芒刺！自惟病根生於『思而不學』，於是不養之氣襲而乘之，『徵於色，發於聲』，而不自知也。孟子曰：『持其志，毋暴其氣。』琮雖不敏，請事斯語矣！」曰：「此意固然。志不立後，如何持得！」曰：「更願指教。」曰：「『大學之道，在明明德，在新民』，是立志處。」

朱子語類卷第一百一十九

朱子十六

訓門人七

欲速之患終是有，如一念慮間便出來，如看書欲都了之意是也。以下訓方。

方行屋柱邊轉，擦下柱上黑。見云：「若『周旋中規，折旋中矩』，不到得如此。」大率多戒方欲速也。

方云：「此去當自持重以矯輕。」先生曰：「舊亦嘗戒擇之以安重。」

方云：「此去欲看論語，如何？」曰：「經皆好看，但有次第耳。」前此曾令方熟看禮記。

臨行請教。曰：「累日所講，無非此道，但當勉之。」又曰：「持守可以自勉，惟窮理須講論，此尤當勉。」又曰：「經書正須要讀。如史書要見事變之血脈，不可不熟。」又曰：「持敬工夫，愈密愈精。」因曰：「自浮沉了二十年，只是說取去，今乃知當涵養。」

包顯道言：「楊子直論孟子『四端』，也説得未是。」先生笑曰：「他舊曾去晁以道家作館，晁教他校正闢孟子説，被以道之説入心後，因此與孟子不足。後來所以抵死要與他做頭抵，這亦是拗。人才拗，便都不見正底道理。諸葛誠之嘗言，孟子説『性善』，説得來緩，不如説惡底較好。那説惡底，便使得人戒慎恐懼後方去爲善。不知是怎生見得偏後，恁地蹺蹊。嘗見他執得一部呂不韋呂覽到，道裏面煞有道理，不知他見得是如何。晁以道在經筵講論語畢，合當解孟子，他説要莫講。高宗問他如何。曰：『孟子與孔子之道不同，孔子尊王，孟子却教諸侯行王道。』由此遭論去國。他當時也是博學，負重名；但是而今將他幾箇劄子來看，却不可曉，不知是如何。李覯也要罵孟子。不知只管要與孟子做頭抵做甚？你且揀箇小底來罵，也得。」義剛。

包顯道領生徒十四人來，四日皆無課程。先生令義剛問顯道所以來故，於是次日皆依精舍規矩説論語。一生説「時習」章。先生曰：「只是熟，故説；到説時，自不肯休了。而今人所以恁地作輟者，只是未熟。『以善及人，而信從者衆』，此説地步闊。蓋此道理天下所公共，我獨曉之而人不曉得，也自悶。今『有朋自遠方來』，則從者衆，故可樂。這箇自是地位大段高了。『人不知而不愠』，也是難。愠不是大段怒，但心裏略有不平底意便是愠。此非得之深，養之厚，何以至此？」一生説「務本」章。先生曰：「『君子務本，本立而道生』，這是掉開說。凡事若是務本時，道便自然生。此若拈定孝弟說，下面自不要這兩句了。」又曰：「愛是仁之發，謂愛是仁，却不得。論性，則仁是孝弟之本。惟其有這仁，所以能孝弟。仁是根，孝弟是發出來底；仁是體，孝弟是用；仁是性，孝弟是仁裏面事。某嘗謂孟子論『四端』處，說得最詳盡，裏面事事有，心、性、情都說盡。心是包得這兩箇物事。性是心之體，情是心之用；性是根，情是那芽子。惻隱、羞惡、辭遜、是非皆是情。惻隱是仁之發，謂惻隱是仁，却不得，所以說道是仁之端也。端，便是那端緒子。讀書須是子細，『思之弗得，弗措也；辨之弗明，弗措也』，如此方是。今江西人皆是要偷閑自在，才讀書，便要求箇樂處，這便不是了。某說，若是讀書尋到那苦澀處，方解有醒悟。康節從李挺之學數，而曰：『但舉其端，勿盡其言，容某思之。』它是怕人說盡了，這便是有志底人。」因言：「聖人漉得那天理似泥樣熟。只看那一部周禮，無非是天理，纖悉不遺。」一生說「三省」章。先生曰：「忠是發於心而形於外；信也是心裏發出來，但却是就事上說。而今人自謀時，思量得無不周盡；及爲人謀，則只思量得五六分便了，這便是不忠。『與朋友交』，非謂要安排去罔他爲不信，只信口說出來，說得不合於理，便是不信。謀是主一事言，信是泛說。」一生說「敬事而信」章。先生曰：「大事小事皆要敬。聖人只是理會一箇『敬』字。若是敬時，方解信與愛人、節用、使民；若是不敬，則其他都做不得。學而一篇皆是就本領上説。如治國，禮樂刑政，尚有多少事，而夫子却只説此五項者，此蓋本領所在。」一生説「入孝出弟」章。先生曰：「夫子只是泛恁地説，説得較寬，子夏説得較力。他是説那誠處，『賢賢易色』，是誠於好善；『事父母能竭其力』，是誠於事親；『事君能致其身』，是誠於事君；『與朋友交，言而有信』，是誠於交朋友。這説得都重，所以恁地説。他是要其終而言。道理也是恁地，但不合説得大力些。」義剛問：「『賢賢易色』，如何在先？」曰：「是有那好善之心底，方能如此。」一生説「温良恭儉」章。先生曰：「夫子也不要求之於己而後得，也不只是有此五德。若説求之於己而後得，則聖人又無這般意思。這只是説聖人謹厚退讓，不自以爲聖賢，人自然樂告之。『夫子之求之也』，此是反語。言夫子不曾求，不似其它人求後方得，這是就問者之言以成語，如『吾聞以堯舜之道要湯，未聞以割烹也』。伊尹不是以堯舜之道去要湯是定，這只是表得不曾割烹耳。」一生説「顔子不愚」章。先生曰：「聖人便是一片赤骨立底天理，光明照耀，更無蔽障；顔子則是有一重皮了。但其他人則被這皮子包裹得厚，剥了一重又一重，不能得便見那裏面物事；顔子則皮子甚薄，一剥便爆出來。夫子與他説，只是要與它剥這一重皮子。它緣是這皮子薄，所以一説便曉，更不要再三。如説與它『克己復禮』，它更不問如何是克己，如何是復禮，它便曉得，但問其目如何而已。」以下訓揚。義剛。

先生謂顯道曰：「久不相見，不知年來做得甚工夫？」曰：「只據見成底書讀。」夔孫録云：「包顯道侍坐，先生方修書，語之曰：『公輩逍遥快活，某便是被這事苦。』包曰云云。」先生曰：「聖賢已説過，何待更去理會他？但是不恁地，恁地都不濟事。」次日又言：「昨夜睡不著，因思顯道恁地説不得。若是恁地，便不是『自强不息』底道理。人最是怕陷溺其心，而今顯道輩便是以清虚寂滅陷溺其心，劉子澄輩便是以務求博雜夔孫録作「求多務博」。陷溺其心。『周公思兼三王，以施四事。其有不合者，仰而思之，夜以繼日；幸而得之，坐以待旦。』聖賢之心直是如此。」已而其生徒復説「孝弟爲仁之本」。先生曰：「説得也都未是。」因命林子武説一過。既畢，先生曰：「仁是根，惻隱是根上發出底萌芽，親親、仁民、愛物，便是枝葉。」次日，先生親下精舍，大會學者。夔孫録云：「顯道請先生爲諸生説書。」先生曰：「荷顯道與諸生遠來，某平日説底便是了，要特地説，又似無可説。而今與公鄉里平日説不同處，只是争箇讀書與不讀書，講究義理與不講究義理。如某便謂是須當先知得，方始行得。如孟子所謂詖、淫、邪、遁之辭，何與自家事？而自家必欲知之，何故？若是不知其病痛所自來，少間自家便落在裏面去了。孔子曰：『詩，可以興，可以觀，可以羣，可以怨；邇之事父，遠之事君，多識於鳥獸草木之名。』那上面六節，固是當理會；若鳥獸草木之名，何用自家知之？但是既爲人，則於天地之間物理，須要都知得，方可。若頭上髻子，便十日不梳後待如何？便一月不梳待如何？但須是用梳，方得。張子曰：『書所以維持此心，一時放下，則一時德性有懈。』也是説得『維持』字好。蓋不讀書，則此心便無用處。今但見得些子，便更不肯去窮究那許多道理，陷溺其心於清虛曠蕩之地，却都不知，豈可如此！直卿與某相聚多年，平時看文字甚子細；數年在三山，也煞有益於朋友，今可爲某説一遍。」直卿起辭。先生曰：「不必多讓。」顯道云：「可以只將昨日所説『有子』章申之。」於是直卿略言此章之指，復歷叙聖賢相傳之心法。既畢，先生曰：「仁便是本，仁更無本了。若説孝弟是仁之本，則是頭上安頭，以脚爲頭，伊川所以將『爲』字屬『行』字讀。蓋孝弟是仁裏面發出來底。『性中只有箇仁義禮智，何嘗有箇孝弟來？』它所以恁地説時，緣是這四者是本，發出來却有許多事；千條萬緒，皆只是從這四箇物事裏面發出來。如愛，便是仁之發，才發出這愛來時，便事事有：第一是愛親，其次愛兄弟，其次愛親戚，愛故舊，推而至於仁民，皆是從這物事發出來。人生只是箇陰陽，那陰中又自有箇陰陽，陽中又自有箇陰陽，物物皆不離這四箇。而今且看：如天地，便有箇四方；以一歲言之，便有箇四時；以一日言之，便有箇晝夜昏旦；以十二時言之，便是四箇三；若在人，則只是這仁義禮智這四者。如這火爐有四箇角樣，更不曾折了一箇。方未發時，便只是仁義禮智；及其既發，則便有許多事。但孝弟至親切，所以行仁以此爲本。如這水流來下面，做幾箇塘子，須先從那第一箇塘子過。那上面便是水源頭，上面更無水了。仁便是本。行仁須是從孝弟裏面過，方始到那第二箇第三箇塘子。但據某看，孝弟不特是行仁之本，那三者皆然。如親親長長，須知親親當如何，長長當如何。『年長以倍，則父事之；十年以長，則兄事之；五年以長，則肩隨之』，這便是長長之道。事君時是一般，與上大夫言是一般，與下大夫言是一般，這便是貴貴之道。如此便是義。事親有事親之禮，事兄有事兄之禮。如今若見父不揖後，謂之孝弟，可不可？便是行禮也由此過。孟子說：『孩提之童，無不知愛其親；及其長也，無不知敬其兄。』若是知得親之當愛，兄之當敬，而不違其事之之道，這便是智。只是這一箇物事，推於愛，則爲仁；宜之，則爲義；行之以遜，則爲禮；知之，則爲智。」良久，顯道云：「江西之學，大要也是以行己爲先。」先生曰：「如孝弟等事數件合先做底，也易曉；夫子也只略略說過。如孝弟、謹信、汎愛、親仁，也只一處恁地說。若是後面許多合理會處，須是從講學中來。不然，爲一鄉善士則可；若欲理會得爲人許多事，則難。」義剛。

先生因論揚，書謂「江南人氣粗勁而少細膩，浙人氣和平而力弱，皆其所偏也」。揚。

浩作卷子，疏已上條目爲問。先生逐一說過了。浩乞逐段下疏數語。先生曰：「某意思到處，或說不得；說得處，或寫不得。此據所見，盡說了。若寫下，未必分明，却失了先問言語。公只記取。若未安，不妨反覆。」訓邵浩。

砥初見，先生問：「曾做甚工夫？」對以近看大學章句，但未知下手處。曰：「且須先操存涵養，然後看文字，方始有浹洽處。若只於文字上尋索，不就自家心裏下工夫，如何貫通？」問：「操存涵養之道如何？」曰：「才操存涵養，則此心便在。」仲思問：「操存未能無紛擾之患。」曰：「才操，便存。今人多於操時不見其存，過而操之，愈自執捉，故有紛擾之患。」此下訓砥。

問：「有事時須應事接物，無事時此心如何？」曰：「無事時，亦只如有事時模樣，只要此心常在也。」又問：「程子言『未有致知而不在敬』，如何？」曰：「心若走作不定，如何見得道理？且如理會這一件事未了，又要去理會那一件事，少間都成没理會。須是理會這事了，方去理會那事。」又問：「只是要主一？」曰：「當如此。」又問：「思慮難一，如何？」曰：「徒然思慮，濟得甚事！某謂若見得道理分曉，自無閑雜思慮。人之所以思慮紛擾，只緣未實見得此理。若實見得此理，更何暇思慮！『天下何思何慮』？不知有甚事可思慮也。」又問：「伊川嘗教人静坐，如何？」曰：「亦是他見人要多思慮，且以此教人收拾此心耳，若初學者亦當如此。」

用之問：「動容周旋未能中禮，於應事接物之間，未免有礙理處，如何？」曰：「只此便是學。但能於應酬之頃，逐一點檢，便一一合於理，久久自能中禮也。」砥。訓礪。

問論孟疑處。曰：「今人讀書有疑，皆非真疑。某雖説了，只做一場話説過，於切己工夫何益！向年在南康，都不曾爲諸公説。」次日，求教切己工夫。曰：「且如論語説『孝弟爲仁之本』，因甚後便可以爲仁之本？『巧言令色鮮矣仁』，却爲甚不鮮禮，不鮮義，而但鮮仁？須是如此去著實體認，莫要才看一遍不通，便掉下了。蓋道本無形象，須體認之可矣。」以下訓煇。

問：「私欲難克，奈何？」曰：「『爲仁由己，而由人乎哉！』所謂『克己復禮爲仁』者，正如以刀切物。那刀子乃我本自有之器物，何用更借別人底？若認我一己爲刀子而克之，則私欲去而天理見矣。」

陳芝廷秀以謝昌國尚書書，及嘗所往來詩文來見。且曰：「每嘗讀書，須極力苦思，終爾不似。」曰：「不知所讀何書？」曰：「尚書、語、孟。」曰：「不知又何所思？」曰：「只是於文義道理致思爾。」曰：「也無大段可思，聖賢言語平鋪説在裏。如夫子説『學而時習之』，自家是學何事？便須著時習。習之果能説否？『有朋自遠方來』，果能樂不樂？今人學所以求人知，人不見知，果能不愠否？至孟子見梁王，便説箇仁義與利。今但看自家所爲是義乎，是利乎。向内便是義，向外便是利，此甚易見。雖不讀書，只恁做將去。

若是路陌正當，即便是義。讀書是自家讀書，爲學是自家爲學，不干别人一綫事，别人助自家不得。若只是要人道好，要求人知，便是爲人，非爲己也。」因誦子張「問達」一章，語音琅然，氣節慷慨，聞者聳動！道夫。以下訓芝。

廷秀問：「今當讀何書？」曰：「聖賢教人，都提切己説話，不是教人向外，只就紙上讀了便了。自家今且剖判一箇義利。試自睹當自家，今是要求人知？要自爲己？孔子曰：『君子喻於義，小人喻於利。』又曰：『古之學者爲己，今之學者爲人。』孟子曰：『亦有仁義而已矣，何必曰利！』孟子雖是爲時君言，在學者亦是切身事。大凡爲學，且須分箇内外，這便是生死路頭！今人只一言一動，一步一趨，便有箇爲義爲利在裏。從這邊便是爲義，從那邊便是爲利；向内便是入聖賢之域，向外便是趨愚不肖之途。這裏只在人劄定脚做將去，無可商量。若是已認得這箇了，裏面煞有工夫，却好商量也。」顧謂道夫曰：「曾見陸子静『義利』之説否？」曰：「未也。」曰：「這是他來南康，某請他説書，他却説這義利分明，是説得好！如云：『今人只讀書便是爲利！如取解後，又要得官；得官後，又要改官。自少至老，自頂至踵，無非爲利！』説得來痛快，至有流涕者！今人初生稍有知識，此心便恁亹亹地去了；干名逐利，浸浸不已，其去聖賢日以益遠，豈不深可痛惜！」道夫。

先生謂陳廷秀曰：「今只理會下手做工夫處，莫問他氣禀與習。只是是底便做，不是底莫做，一直做將去。那箇萬里不留行，更無商量。如今推説雖有許多般樣，到做處只是是底便做。一任你氣禀物欲，我只是不恁地。如此，則『雖愚必明，雖柔必强』，氣習不期變而變矣。」道夫。

爲學有用精神處，有惜精神處，有合著工夫處，有枉了工夫處。要之，人精神有得亦不多，自家將來枉用了，亦可惜。惜得那精神，便將來看得這文字。某舊讀書，看此一書，只看此一書，那裏得恁閑功夫録人文字！廷秀、行夫都未理會得這箇功夫在。今當截頭截尾，劄定脚跟，將這一箇意思帖在上面。上下四旁，都不管他，只見這物事在面前。任你孔夫子見身，也還我理會這箇了，直須抖擻精神，莫要昏鈍。如救火治病，豈可悠悠歲月！道夫。

廷秀問：「某緣不能推廣。」曰：「而今也未要理會如此。如佛家云：『只怕不成佛，不怕成佛後不會説話。』如公却是怕成佛後不會説話了！」廷秀又問：「莫是見到後自會恁地否？」曰：「不用恁地問。如今只用下工夫去理會，見到時也著去理會，見不到時也著去理會。且如見得此段後，如何便休得？自著去理會。見不到時，也不曾説自家見不到便休了，越著去理會，理會到死！若理會不得時，亦無可奈何。」道夫。

陳芝拜辭，先生贈以近思録，曰：「公事母，可檢『幹母之蠱』看，便自見得那道理。」因言：「易傳自是成書，伯恭都摭來作閫範，今亦載在近思録。某本不喜他如此，然細點檢來，段段皆是日用切近功夫而不可闕者，於學者甚有益。」友仁。

問每日做工夫處。曰：「每日工夫，只是常常唤醒，如程先生所謂『主一之謂敬』，謝氏所謂『常惺惺法』是也。」「然。這裏便是致知底工夫。程先生曰：『涵養須是敬，進學則在致知。』須居敬以窮理，若不能敬，則講學又無安頓處。」

問：「『主一無適』，亦是遇事之時也須如此。」曰：「於無事之時這心却只是主一，到遇事之時也是如此。且如這事當治不治，當爲不爲，便不是主一了。若主一時，坐則心坐，行則心行，身在這裏，心亦在這裏。若不能主一，如何做得工夫？」又曰：「人之心不正，只是好惡昏了他。孟子言：『平旦之氣，其好惡與人相近者幾希。』蓋平旦之時，得夜間息得許久，其心便明，則好惡公：好則人之所當好，惡則人之所當惡，而無私意於其間。過此時，則喜怒哀樂紛擾於前，則必有以動其氣，動其氣則必動其心，是『梏之反覆』，而夜氣不能存矣。雖得夜間稍息，而此心不能自明，是終不能善也。」

問：「每常遇事時也分明知得理之是非，這是天理，那是人欲。然到做處，又却爲人欲引去；及至做了，又却悔。此是如何？」曰：「此便是無克己工夫，這樣處極要與他埽除打疊。如一條大路，又有一條小路。自家也知得合行大路，然被小路有箇物事引著，不知不覺，走從小路去；及至前面荆棘蕪穢，又却生悔。此便是天理人欲交戰之機，須是遇事時便與克下，不得苟且放過。明理以先之，勇猛以行之。若是上智聖人底資質，它不用著力，自然循天理而行，不流於人欲。若賢人之資次於聖人者，到得遇事時，固不會錯，只是先也用分别教是，而後行之。若是中人之資，須大段著力，無一時一刻不照管克治，始得。曾子曰：『仁以爲己任，不亦重乎！死而後已，不亦遠乎！』須是如此做工夫。其言曰：『戰戰兢兢，如臨深淵，如履薄冰！而今而後，吾知免夫，小子！』直是恁地用工方得。」

語黄先之病處，數日諄諄。先之云：「自今敢不猛省！」曰：「何用猛省？見得這箇是要緊，便拽轉來。如東邊不是，便挈過西邊，更何用猛省！只某夜來説得不力，故公領得尤〔一〕未切。若領會得切，只眼下見不是，便一下打破沙瓶便了。公今只看一箇身心，是自家底？是别人底？是自家底時，今纔挈轉，便都是天理；挈不轉，便都是人欲。要識許多道理，是爲自家？是爲别人？看許多善端，是自家本來固有？是如今方從外面强取來，附在身上？只恁地看，便灑然分明。『未之思也，夫何遠之有？』纔思，便在這裏。

〔一〕「尤」，似當作「猶」。

某嘗説，孟子雞犬之喻也未甚切。雞犬有求而不得，心則無求而不得，纔思，便在這裏，更不離步。莊子云：『其熱焦火，其寒凝冰，其疾俛仰之間，而再撫四海之外。』心之變化如此，只怕人自不求。如桀、紂、盜蹠，他自向那邊去，不肯思。他若纔會思，便又在這裏。心體無窮，前做不好，便換了後面一截，生出來便是良心、善性。」賀孫。

昨夜與先之説「思則得之」。纔思，便在這裏，這失底已自過去了。自家纔思，這道理便自生。認得著莫令斷，始得。一節斷，一節便不是。今日恁地一節斷了，明日又恁地一節斷，只管斷了，一向失去。賀孫。

德輔言：「自承教誨，兩日來讀書，覺得只是熟時自見道理。」曰：「只是如此。若忽下趨高以求快，則都不是。『下學而上達』。初學直是低。」以下訓德輔。

德輔言：「今人看文字義理，如何得恁不細密？」曰：「只是不曾仔細讀那書，枉用心，錯思了。孔子説：『吾嘗終日不食，終夜不寢，以思，無益，不如學也。』正謂這樣底。所謂『思而不學則殆』，殆者，心隉杌危殆不安。尹和靖讀得伊川説話煞熟，雖不通透，渠自有受用處。呂堅中作尹墓誌、祭文云，尹於六經之書，『耳順心通，如誦己言』。嘗愛此語説得好，但和靖却欠了思。」

問汪長孺：「所讀何書？」長孺誦大學所疑。先生曰：「只是輕率。公不惟讀聖賢之書如此，凡説話及論人物亦如此，只是不敬。」又云：「長孺氣粗，故不仔細。爲今工夫，須要静，静多不妨，今人只是動多了静。静亦自有説話，程子曰：『爲學須是静。』」又曰：「静多不妨。才静，事都見得，然總亦只是一箇敬。」㷂。

長孺向來自謂有悟，其狂怪殊不可曉，恰與金溪學徒相似。嘗見受學於金溪者，便一似嚥下箇甚物事，被他撓得來恁地。又如有一箇蠱在他肚中，螬得他自不得由己樣。某嘗皆譬云，長孺、叔權皆是爲酒所使，一箇善底只是發酒慈，那一箇便酒顛。必大。

姜叔權也是箇資質好底人，正如吴公濟相似。汪長孺正好得他這般人相處。但叔權也昏鈍，不是箇撥著便轉，挑著便省底。於道理只是慢慢思量後，方説得。若是長孺説話恁地横後跳躑，他也無奈他何。道夫。

問孟子「如不得已」一段。曰：「公念得『如不得已』一句字重了！聲高。但平看，便理會得。」因此有警，以言語太粗急也。訓振。

先生問：「日間做甚工夫？」震曰：「讀大學章句、或問，玩味先生所以警策學者著實用工處。」曰：「既知工夫在此，便把大學爲主，我且做客，聽命於大學。」又問：「或問中載諸先生敬之説，震嘗以『整齊嚴肅』體之於身，往往不能久。此心又未免出入，不能自制。」曰：「只要常常操守，人心如何免得出入！正如人要去，又且留住他，莫教他去得遠。」

訓震。

椿臨行請教。曰：「凡人所以立身行己，應事接物，莫大乎誠敬。誠者何？不自欺不妄之謂也。敬者何？不怠慢不放蕩之謂也。今欲作一事，若不立誠以致敬，說這事不妨胡亂做了，做不成又付之無可奈何，這便是不能敬。人面前底是一樣，背後又是一樣；外面做底事，內心却不然，這箇皆不誠也。學者之心，大凡當以誠敬爲主。」訓椿。

紹興甲寅良月，先生由經筵奉祠，待命露芝，杞往見。首問：「曾作甚工夫？」曰：「向蒙程先生曰端蒙賜教，謂人之大倫有五，緊要最是得寸守寸，得尺守尺。」曰：「如何得這寸，得這尺？」曰：「大概以持敬爲本，推而行之於五者之間。」曰：「大綱是如此。」顧蘇兄云：「凡人爲學須窮理，窮理以讀書爲本。孔子曰：『好古敏以求之。』若不窮理，便只守此，安得有進底工夫？如李兄所云固是。且更窮理，就事物上看。窮得這箇道理到底了，又却窮那箇道理。如此積之以久，窮理益多，自然貫通。窮理須是窮得到底，方始是。」杞云：「莫『致知在格物』否？」曰：「固是。大學論治國、平天下許多事，却歸在格物上。凡事事物物，各有一箇道理。若能窮得道理，則施之事物，莫不各當其位。如『人君止於仁，人臣止於敬』之類，各有一至極道理。」又云：「凡萬物莫不各有一道理，若窮理，則萬物之理皆不出此。」曰：「此是『萬物皆備於我』？」曰：「極是。」訓杞。

初投先生書，以此心不放動爲主敬之説。先生曰：「『主敬』二字只恁地做不得，須是內外交相養。蓋人心活物，吾學非比釋氏，須是窮理。」書中有云：「近乃微測爲學功用，知此事乃切己事，所係甚重。」先生舉以語朋友云：「誠是如此。」以下訓士毅。

問：「窮理莫如隨事致察，以求其當然之則。」曰：「是如此。」問：「人固有非意於爲過而終陷於過者，此則不知之矣。然當不知之時，正私意物欲方蔽錮，竊恐雖欲致察而不得其真。」曰：「這箇恁地兩相擔閣不得，須是察。」問：「程子所謂『涵養須用敬，進學則在致知』，不可除一句。」曰：「如此方始是。」又曰：「知與敬是先立底根脚。」

「講論自是講論，須是將來自體驗。説一段過又一段，何補！某向來從師，一日説話，晚頭如温書一般，須子細看過。有疑，則明日又問。」問：「士毅尋常讀書，須要將説心處將自體之以心，言處事處推之以事，隨分量分曉，方放過，莫得體驗之意否？」曰：「亦是。」又曰：「體驗是自心裏暗自講量一次。」廣録云：「或問：『先生謂講論固不可無，須是自去體認。如何是體認？』曰：『體認是把那聽得底，自去心裏重複思繹過。』伊川曰：『時復思繹，浹洽於中，則説矣。』某向來從師，日間所聞説話，夜間如温書一般，一一子細思量過。方有疑，明日又問。』」

士毅稟歸，請教。曰：「只前數日説底便是，只要去做工夫。如飲食在前，須是去喫他，方知滋味。」又曰：「學者最怕不知蹊徑，難與他説。今日有一朋友將書來，説從外面去，不知何益。不免説與他，教看孟子『存心』一段。人須是識得自家物事，且如存，若不識得他，如何存得？如今既知蹊徑，且與他做去。只如主敬、窮理，不可偏廢。這兩件事，如踏一物一般，踏著這頭，那頭便動。如行步，左足起，右足自來。」又曰：「更有一事，如今學者須是莫把做外面事看。人須要學，不學便欠闕了他底，學時便得箇恰好。」

「人須做工夫方有疑。初做時，事定是觸著相礙，没理會處。只如居敬、窮理，始初定分作兩段。居敬則執持在此，纔動則便忘了也。」問：「始學必如此否？」曰：「固然。要知居敬在此，動時理便自窮。只是此話，工夫未到時難説。」又曰：「但能無事時存養教到，動時也會求理。」

問：「如何是反身窮理？」曰：「反身是著實之謂。」又曰：「向自家體分上求。」以下訓枅。

問：「天理真箇難明，己私真箇難克，望有以教之。」先生罵曰：「公不去用力，只管説道是難。孟子曰：『道若大路然，豈難知哉？人病不求耳！』往往公亦知得這箇道理好。纔下手，見未有入頭處，便説道是難，而不肯用力，所以空過了許多月日，可惜！可惜！公若用力久，亦自有箇入頭處，何患其難！」

枅嘗問先生「自謂矯揉之力雖勞，而氣禀之偏自若；警覺之念雖至，而惰怠之習未除。異端之教雖非所願學，而芒忽之差未能辨；善、利之間雖知所決擇，而正行、惡聲之念，或潛行而不自覺。先覺之微言奥論，讀之雖間有契，而不能浹洽於心意之間」云云。曰：「所論皆切問近思。人之爲學，惟患不自知其所不足，今既知之，則亦即此而加勉焉耳。爲仁由己，豈他人所能與？惟讀書窮理之功不可不講也。」

先生語枅曰：「看公意思好。但本原處殊欠工夫，莫如此過了日月，可惜！」

朱子語類卷第一百二十

朱子十七

訓門人八 雜訓諸門人者爲此卷。

因説林擇之，曰：「此人曉事，非其他學者之比。」徐又曰：「到他已分，事事却暗。」文蔚。

先生問堯卿：「近看道理，所得如何？」曰：「日用間有些著落，不似從前走作。」曰：「此語亦是鶻突，須是端的見得是如何。譬如飲食須見那箇是好喫，那箇滋味是如何，不成説道都好喫。」淳。

問堯卿：「今日看甚書？」曰：「只與安卿較量下學處。」曰：「不須比安卿。公年高，且據見定底道理受用。安卿後生有精力，日子長，儘可闊著步去。」淳。

李丈問：「前承教，只據見定道理受用。某日用間已見有些落著，事來也應得去，不似從前走作。」曰：「日用間固是如此，也須隨自家力量成就去看如何。」問：「工夫到此，自是不能間斷得？」曰：「『博學、審問、慎思、明辨、篤行』，這箇工夫常恁地。昔李初平欲讀書，濂溪曰：『公老無及矣，只待某説與公，二年方覺悟。』他既讀不得書，濂溪説與他，何故必待二年之久覺悟？二年中説多少事，想見事事説與他。不解今日一説，明日便悟，頓成箇別一等人，無此理也。公雖年高，更著涵養工夫。如一粒菜子，中間含許多生意，亦須是培壅澆灌，方得成。不成説道有那種子在此，只待他自然生根生苗去。若只見道理如此，便要受用去，則一日止如一日，一年止如一年，不會長進。正如菜子無糞去培壅，無水去澆灌也。須是更將語、孟、中庸、大學中道理來涵養。」淳。義剛同。

堯卿問：「事來斷制淳録作「置」。不下，當何以處之？」曰：「便斷制不得，也著斷制，不成掉了。」又問：「莫須且隨力量做去？」曰：「也只得隨力量做去。」又問：「事有至理，理有至當十分處。今已看得七八分，待窮來窮去，熟後自解到那分數足處。」曰：「雖未能從容，只是熟後便自會，只是熟，只是熟。」義剛。淳録略。

傳誠至叔請教。曰：「聖賢教人甚分曉，但人不將來做切己看，故覺得讀所做時文之書與這箇異。要之，只是這箇書。今人但見口頭道得，筆下去得，紙上寫得，以爲如此便了。殊不知聖賢教人初不如是，而今所讀亦自與自家不相干涉也。」道夫。

與楊通老說：「學問最怕悠悠。讀書不在貪多，未能讀從後面去，且温習前面已曉底。一番看，一番別。」賀孫。

通老問：「孟子説『浩然之氣』，如何是浩然之氣？」先生不答。久之，曰：「公若留此數日，只消把孟子白去熟讀。他逐句自解一句，自家只排句讀將去，自見得分明，却好來商量。若驀地問後，待與説將去，也徒然。康節學於穆伯長，每有扣請，必曰：『願開其端，勿盡其意。』他要待自思量得。大凡事理，若是自去尋討得出來，直是別。」賀孫。

語通老：「早來説無事時此理存，有事時此理亡。無他，只是把事做等閑。須是於事上窮理，方可。理於事本無異，今見事來，别把做一般看，自然錯了。」可學。

周公謹問：「學者理會文字，又却昏了。若不去看，恐又無路可入。」曰：「便是難。且去看聖賢氣象，識他一箇規模。若欲盡窮天下之理，亦甚難，且隨自家規模大小做去。若是迫切求益，亦害事，豈不是私意！」泳。

李公謹問：「讀書且看大意，有少窒礙處，且放過，後來旋理會，如何？」曰：「公合下便立這規模，便不濟事了。才恁地立規模，只是要苟簡。小處曉不得，也終不見大處。若説窒礙，到臨時十分不得已，只得且放下。如何先如此立心！」賀孫。

語敬子曰：「讀書須是心虛一而静，方看得道理出。而今自家心只是管外事，硬定要如此，要別人也如此做，所以來這裏看許多時文字，都不濟事，不曾見有長進。是自家心只在門外走，與人相抵拒在這裏，不曾入得門中，不知屋裏是甚模樣。這道理本自然，不消如此。如公所言，說得都是，只是不曾自理會得公身上事，所以全然無益。只是硬椿定方法抵拒將去，全無自然意思，都無那活底水，只是聚得許多死水。」李曰：「也須是積將去。」曰：「也只積得那死水，那源頭活水不生了。公只是每日硬用力推這車子，只見費力。若是有活水來，那車子自轉，不用費力。」李曰：「恐才如此說，不善聽者放寬，便不濟事。」曰：「不曾教你放寬。所以學問難，才說得寬，便不著緊；才太緊，又不濟事。寬固是便狼狽，然緊底下梢頭也不濟事。」僩。

敬子問：「人患多懼，雖明知其不當懼，然不能克。莫若且强制此心使不動否？」曰：「只管强制，也無了期。只是理明了，自是不懼，不須强制。」僩。

胡叔器問：「每常多有恐懼，何由可免？」曰：「須是自下工夫，看此事是當恐懼不當恐懼。遺書云：『治怒難，治懼亦難。克己可以治怒，明理可以治懼。』若於道理見得了，何懼之有！」義剛。

問叔器：「看文字如何？」曰：「兩日方在思量顏子樂處。」先生疾言曰：「不用思量！他只道『博我以文，約我以禮』後，見得那天理分明，日用間義理純熟後，不被那人欲來苦楚，自恁地快活。而今只去博文約禮，便自見得。今却索之於杳冥無朕之際，去何處討這樂處？將次思量得成病。而今一部論語，説得恁地分明，自不用思量，只要著實去用工。前日所説人心、道心，便只是這兩事。只去臨時思量那箇是人心，那箇是道心。便顔子也只是使人心聽命於道心，不被人心勝了道心。今便須是常常揀擇教精，使道心常常在裏面如箇主人，人心只如客樣。常常如此無間斷，便能『允執厥中』。」義剛。

胡問静坐用工之法。曰：「静坐只是恁静坐，不要閑勾當，不要閑思量，也無法。」問：「静坐時思一事，則心倚靠在事上；不思量，則心無所倚靠，如何？」曰：「不須得倚靠。若然，又是道家數出入息，目視鼻端白一般。他亦是心無所寄寓，故要如此倚靠。若不能斷得思量，又不如且恁地，也無害。」淳。義剛録同。又曰：「静坐息閑雜思量，則養得來便條暢。」

胡叔器患精神短。曰：「若精神少，也只是做去。不成道我精神少，便不做。公只是思索義理不精，平日讀書只泛泛地過，不曾貼裏細密思量。公與安卿之病正相反。安卿思得義理甚精，只是要將那粗底物事都掉了。公又不去義理上思量，事物來，皆柰何不得。只是不曾向裏去理會。如入市見鋪席上都是好物事，只是自家没錢買得；如書册上都是好説話，只是自家無柰他何。如黄兄前日説忠恕。忠恕只是體用，只是一箇物事，猶形影，要除一箇除不得。若未曉，且看過去，那時復把來玩味，少間自見得。」叔器曰：「安之在遠方。望先生指一路脈，去歸自尋。」曰：「見行底便是路，那裏有别底路來？道理星散在事物上，却無總在一處底。而今只得且將論、孟、中庸、大學熟看。如論語上看不出，少間就孟子上看得出。孟子上底，只是論語上底，不可道孟子勝論語。只是自家已前看不到，而今方見得到。」又問：「『優游涵泳，勇猛精進』字如何？」曰：「也不須恁地立定牌牓，淳録作「做題目」。也不須恁地起草，只做將去。」又問：「應事當何如？」曰：「士人在家有甚大事？只是著衣喫飯，理會眼前事而已。其他天下事，聖賢都説十分盡了。今無他法，爲高必因丘陵，爲下必因川澤，自家只就他説話上寄搭些工夫，便都是我底。某舊時看文字甚費力。如論、孟，諸家解有一箱，每看一段，必檢許多，各就諸説上推尋意脈，各見得落著，然後斷其是非。是底都抄出，一兩字好亦抄出。雖未如今集注簡盡，然大綱已定。今集注只是就那上删來，但人不著心，守見成説，只草草看了。今試將精義來參看一兩段，所以去取底是如何，便自見得。大抵事要思量，學要講。如古人一件事，有四五人共做。自家須看那人做得是，那人做得不是。又如眼前一件事，有四五人共議，甲要如此，乙要如彼。自家須見那人説得是，那人説得不是。便待思量得不是，此心曾經思量一過，有時那不是底發我這是底。如十箇物事，團九箇不著，那一箇便著，則九箇不著底，也不是枉思量。又如講義理有未通處，與朋友共講。十人十樣説，自家平心看那箇不是。

或他説是底，却發得自家不是底；或十人都説不是，有時因此發得自家是底。所以適來説，有時是這處理會得，有時是那處理會得，少間便都理會得。只是自家見識到，别無法。學者須是撒開心胸，事事逐件都與理會過。未理會得底，且放下，待無事時復將來理會，少間甚事理會不得！」義剛。

林恭甫問：「論語記門人問答之辭，而堯曰一篇乃記堯、舜、湯、武許多事，何也？」曰：「不消恁地理會文字，只消理會那道理。譬如喫飯，椀中盛得飯，自家只去喫，看那滋味如何，莫要問他從那處來。堯曰一篇，某也嘗見人説來，是夫子嘗誦述前聖之言，弟子類記於此。先儒亦只是如此説。然道理緊要却不在這裏，這只是外面一重，讀書須去裏面理會。譬如看屋，須看那房屋間架，莫要只去看那外面墻壁粉飾。如喫荔枝，須喫那肉，不喫那皮，公而今却是剥了那肉，却喫那皮核！讀書須是以自家之心體驗聖人之心。少間體驗得熟，自家之心便是聖人之心。某自二十時看道理，便要看那裏面。嘗看上蔡論語，其初將紅筆抹出，後又用青筆抹出，又用黄筆抹出，三四番後，又用墨筆抹出，是要尋那精底。看道理，須是漸漸向裏尋到那精英處，方是。如射箭，其初方上垜，後來又要中帖；少間又要中第一暈，又要中第二暈，後又要到紅心。公而今只在垜之左右，或上或下，却不要中的，恁地不濟事。須是子細看，看得這一般熟後，事事書都好看。便是七言雜字，也有道理。未看得時，正要去緊要處鑽；少間透徹，則無書不可讀。而今人不去理會底，固是不足説；去理會底，又不知尋緊要處，也都討頭不著。」義剛。

子升問：「向來讀書，病於草草，所以多疑而無益。今承先生之教，欲自大學温去。」曰：「然。只是著便把做事。如説持敬，便須入隻脚在裏面做，不可只作説話看了。」木之。

子升問：「主一工夫兼動静否？」曰：「若動時收斂心神在一事上，不胡亂思想，東去西去，便是主一。」又問：「由敬可以至誠否？」曰：「誠自是真實，敬自是嚴謹。如今正不要如此看，但見得分曉了，便下工夫做將去。如『整齊嚴肅』、『其心收斂』、『常惺惺』數條，無不通貫。」木之。

子升問遇事心不存之病。曰：「只隨處警省，收其放心，收放只在自家俄頃瞬息間耳。」或舉先生與吕子約書，有「知其所以爲放者而收之，則心存矣」。此語最切要。又問曾子謂孟敬子「君子所貴乎道者三」之意。曰：「曾子之意，且將對下面『籩豆之事則有司存』説。言君子動容貌，要得遠暴慢；正顔色，要得近信；出辭氣，要得遠鄙倍。此其本之所當先者。至於『籩豆之事則有司存』，蓋末而當後者耳，未説到做工夫上。若説三者工夫，則在平日操存省察耳。」木之。

黎季成問：「向來工夫零碎，今聞先生之誨，乃見得人之所任甚重，統體通貫。」曰：

「季成只是守舊窠窟，須當進步。」蓋卿。

敬之黄名顯子。問：「理既明於心，須又見這樣子，方始安穩。」曰：「學問思辨，亦皆是學。但學是習此事，思是思量此理者。只説見這樣子又不得，須是依樣去做。然只依本畫葫蘆又不可，須是百方自去尋討，始得。」寓。

語敬之：「今看文字，專要看做裏面去。如何裏面也更無去處，不看得許多言語？這裏只『主一無適』，『敬以直内』，涵養去。嘗謂文字寧是看得淺，不可太深；寧是低看，不可太高。蓋淺近雖未能到那切近處，更就上面推尋，却有見時節。若太深遠，更無回頭時。恰是人要來建陽，自信州來，行到崇安歇了，却不妨；明日更行，須會到。若不問來由，一向直走過均亭去，迤邐前去，更無到建陽時節。」寓。

語敬之曰：「這道理也只是如此看。須是自家自奮迅做去，始得。看公大病痛只在箇懦弱，須是便勇猛果決，合做便做，不要安排，不要等待，不要靠别人，不要靠書籍言語，只是自家自檢點。公曾看易，易裏説陽剛陰柔，陰柔是極不好。」賀孫。

語黄敬之：「須是打撲精神，莫教恁地慢。慢底須是矯教緊，緊底須是莫放教慢。」賀孫。

語敬之曰：「敬之意氣甚弱，看文字都恁地遲疑不決，只是不見得道理分明。」賀孫問：「先生向令敬之看孟子。若讀此書透，須自變得氣質否？」曰：「只是道理明，自然會變。今且説讀孟子，讀了只依舊是這箇人，便是不曾讀，便是不曾得他裏面意思；孟子自是孟子，自家身己自是自家身己。讀書看道理，也須著些氣力，打撲精神，看教分明透徹，方於身上有功。某近來衰晚，不甚著力看文字。若舊時看文字，有一段理會未得，須是要理會得，直是辛苦！近日却看得平易。舊時須要勉强説教得，方了，要知初間也著如此著力。看公如今只恁地慢慢，要進又不敢進，要取又不敢取，只如將手恁地探摸，只怕物事觸了手相似。若恁地看文字，終不見得道理，終不濟事，徒然費了時光。須是勇猛向前，匹馬單鎗做將去看如何，只管怕箇甚麼？『彼丈夫也，我丈夫也，吾何畏彼哉！』他合下也有許多義理，自家合下也有許多義理；他做得，自家也做得。某近看得道理分明，便是有甚利害，有甚禍福，直是不怕。只是見得道理合如此，便做將去。」賀孫。

黄敬之有書，先生示人傑。人傑云：「其説名義處，或中或否。蓋彼未有實功，説得不濟事。」曰：「也須要理會。若實下工夫，亦須先理會名義，都要著落。彼謂『易者心之妙用，太極者性之本體』，其説有病。如伊川所謂『其體則謂之易，其理則謂之道，其用則謂之神』，方説得的當。然伊川所謂『體』字，與『實』字相似，乃是該體、用而言。如陰陽動静之類，畢竟是陰爲體，陽爲用，静而動，動而静，是所以爲易之體也。」人傑云：「向見先生云，體是形體，却是著形氣説，不如説該體、用者爲備耳。」曰：「若作形氣説，然却只説得一邊。惟説作該體、用，乃爲全備，却統得下面『其理則謂之道，其用則謂之神』兩句。」人傑。

「某平生不會懶，雖甚病，然亦一心欲向前做事，自是懶不得。今人所以懶，未必是真箇怯弱，自是先有畏事之心。纔見一事，便料其難而不爲。緣先有箇畏縮之心，所以習成怯弱而不能有所爲也。」昌父云：「某平生自覺血氣弱，日用工夫多只揀易底事做。或尚論人物，亦只取其與己力量相近者學之，自覺難處進步不得也。」曰：「便當這易處而益求其所謂難，因這近處而益求其所謂遠，不可只守這箇而不求進步。縱自家力量到那難處不得，然不可不勉慕而求之。今人都是未到那做不得處，便先自懶怯了。雖是怯弱，然豈可不向前求其難者遠者！但求之，無有不得。若真箇著力求而不得，則無如之何也。」趙曰：「某幸聞諸老先生之緒言，粗知謹守，而不敢失墜爾。」曰：「固是好，但終非活法爾。」僩。

昌父辭，請教。曰：「當從實處作工夫。」可學。

饒幹廷老問：「今之學者不是忘，便是助長。」曰：「這只是見理不明耳。理是自家固有底，從中而出，如何忘得？使他見之之明，如飢而必食，渴而必飲，則何忘之有？如食而至於飽則止，飲而至於滿腹則止，又何助長之有？此皆是見理不明之病。」道夫。

先生謂饒廷老曰：「觀公近日都汩没了這箇意思。雖縣事叢冗，自應如此，更宜做工夫。」蓋卿。

二彭尋蠡。初見，問平居做甚工夫。曰：「爲科舉所累，自時文外不曾爲學。」曰：「今之學者多如此。然既讀聖人書，當反身而求可也。」二公頗自言其居家實踐等事。曰：「躬行固好，亦須講學。不講學，遇事便有嵲屼不自安處。講學明，則坦坦地行將去。此道理無出聖人之言，但當熟讀深思。且如人看生文字與熟文字，自是兩般。既熟時，他人説底便是我底。讀其他書，不如讀論語最要，蓋其中無所不有。若只躬行而不講學，只是箇鶻突底好人。」又曰：「論語只是箇坯璞子，若子細理會，煞有商量處。」謨。

語泉州趙公曰：「學固不在乎讀書，然不讀書，則義理無由明。要之，無事不要理會，無書不要讀。若不讀這一件書，便闕了這一件道理；不理會這一事，便闕這一事道理。要他底，須著些精彩方得，然泛泛做又不得。故程先生教人以敬爲本，然後心定理明。孔子言『出門如見大賓』云云，也是散説要人敬。但敬便是箇關聚底道理，非專是閉目静坐，耳無聞，目無見，不接事物，然後爲敬。整齊收斂，這身心不敢放縱，便是敬。嘗謂『敬』字似甚字，恰似箇『畏』字相似。」寓。

蕭兄問心不能自把捉。曰：「自是如此。蓋心便能把捉自家，自家却如何把捉得他！唯有以義理涵養耳。」又問：「『持其志』，如何却又要主張？」曰：「志是心之發，豈可聽其自放而不持之？但不可硬守定耳。」蓋卿。

問曾光祖曰：「公讀書，有甚大疑處？」曰：「覺見持敬不甚安。」曰：「初學如何便得安？除是孔子方始『恭而安』。今人平日恁地放肆，身心一下自是不安。初要持敬，也須有些勉强。但須覺見有些子放去，便須收斂提掇起，教在這裏，常常相接，久後自熟。」又曰：「雖然這箇也恁地把捉不得，須是先理會得箇道理。而今學問，便只要理會一箇道理。『天生烝民，有物有則。』有一箇物，便有一箇道理。所以大學之道，教人去事物上逐一理會得箇道理。若理會一件未得，直須反覆推究研窮，行也思量，坐也思量；早上思量不得，晚間又把出思量；晚間思量不得，明日又思量。如此，豈有不得底道理！若只略略地思量，思量不得便掉了，如此千年也理會不得，只管責道是自家魯鈍。某常謂，此道理無他，只是要熟。只是今日把來恁地看過，明日又把來恁地看過，看來看去，少間自然看得。或有看不得底，少間遇著别事没巴没鼻，也會自然觸發，蓋爲天下只是一箇道理。」賀孫。

光祖説：「大學首尾該貫，此處必有脱字。初間看，便不得如此。要知道理只是這箇道理，只緣失了多年，卒急要尋討不見。待只管理會教熟，却便這箇道理，初間略見得些少時也似。」曰：「生恁地，自無安頓去處。到後來理會熟了，便自合當如此。如一件器用掉在所在多年，卒乍要討，討不得。待尋來尋去，忽然討見，即是元初的定底物事〔一〕。」賀孫。

光祖說：「治國、平天下，皆本於致知、格物，看來只是敬。」又舉伊川說「內直則外無不方」。曰：「伊川亦只是大體如此說。看來世上自有一般人，不解恁地內直外便方正；只是了得自身己，遇事應物，都顛顛倒倒没理會。大學須是要人窮理。今來一種學問，正坐此病。只說我自理會得了，其餘事皆截斷，不必理會，自會做得；更不解商量，更不解講究，到做出都不合義理。所以聖人說『敬以直內』，又說『義以方外』，是見得世上有這般人。學者須是要窮理，不論小事大事，都識得通透。直得自本至末，自頂至踵，並無些子夾雜處。若說自家資質恁地好，只消恁地做去，更不解理會其他道理，也不消問別人，這倒是夾雜，倒是私意。」賀孫。

光祖告行，云：「蒙教誨讀大學，已略知爲學之序。平日言語動作，亦自常去點檢。又恐有發露而不自覺，乞指示箴戒。」曰：「看公意思遲重，不到有他過。只是看文字上，

〔一〕此條，賀疑有脱誤。

更子細加功，更須著些精采。」賀孫。

曾問：「讀大學已知綱目次第了，然大要用工夫，恐在『敬』之一字。前見伊川説『敬以直内，義以方外』處。」先生曰：「能『敬以直内』矣，亦須『義以方外』，方能知得是非，始格得物。不以義方外，則是非好惡不能分別，物亦不可格。」曾又問：「恐敬立則義在其中，伊川所謂『弸諸中，彪諸外』是也。」曰：「雖敬立而義在，也須認得實，方見得。今有人雖胸中知得分明，説出來亦是見得千了百當，及到應物之時，顛倒錯謬，全是私意。不知聖人所謂敬義處，全是天理，安得有私意？」因言：「今釋老所以能立箇門户恁地，亦是他從旁窺得近似。他所謂敬時，亦却是能敬，更有『笠影』之喻。」卓。

程次卿自述：「向嘗讀伊洛書。妄謂人當隨事而思，視時便思明，聽時便思聰。視聽不接時，皆不可有所思，所謂『思不出其位』。若無事而思，則是紛紜妄想。」曰：「若閑時不思量義理，到臨事而思，已無及。若只塊然守自家箇軀殼，直到有事方思，閑時都莫思量，這却甚易，只守此一句足矣。聖賢千千萬萬，在這裏何用？如公所説，則六經、語、孟之書，皆一齊不消存得。以孔子之聖，也只是好學：『我非生而知之者，好古敏以求之者也。』『文武之道未墜於地，在人：賢者識其大者，不賢者識其小者，莫不有文武之道焉。夫子焉不學？而亦何常師之有！』若説閑時都莫思，則世上大事小事，都莫理會。如此，却都無難者。事事須先理會，知得了，方做得行得。何故中庸却不先説『篤行之』，却先説『博學之，審問之，慎思之，明辨之』？大學何故却不先説『正心誠意』，却先説致知是如何如何？孟子却説道『詖辭知其所蔽，淫辭知其所陷，邪辭知其所離，遁辭知其所窮』？若如公説，閑時都不消思量。」季通問：「程君之意是如何？」曰：「他只要理會自家這心在裏面，事至方思，外面事都不要思量理會。」蔡云：「若不理會得世上許多事，自家裏面底也怕理會不得。」曰：「只據他所見，自守一箇小小偏枯底物事，無緣知得大體。」因顧賀孫曰：「公鄉間陳叔向正是如此。如他説格物云：『物是心，須是格住這心。致知如了了的當，常常知覺。』他所見既如彼，便將聖賢説話都入他腔裏面；不如此，則他所學無據。這都是不曾平心讀聖賢之書，只把自家心下先頓放在這裏，却捉聖賢説話壓在裏面。如説隨事而思，無事不消思，聖賢也自有如此説時節，又自就他地頭説。只如公説『思不出其位』，也不如公説，這『位』字却不是只守得這軀殼。這『位』字煞大，若見得這意思，天下甚麽事不關自家身己！極而至於參天地，贊化育，也只是這箇心，都只是自家分内事。」蔡云：「陸子静正是不要理會許多。王道夫乞朝廷以一監書賜象山，此正犯其所忌。」曰：「固是。」蔡云：「若一向是禪時，也終是高。」曰：「只是許多模樣，是甚道理如此？若實見得自家底分明，看彼許多道理，不待辨而明。如今諸公説道這箇也好，某敢百口保其自見不曾分明。如云洛底也是，蜀底也是，某定道他元不曾理會得。如熙豐也不是，元祐也不是，某定保他自元不曾理會得。如云佛氏也好，老氏也好，某定道他元不曾理會得。若見得自底分明，是底直是是，非底直是非，那得恁地含含胡胡，怕觸著人，這人也要周旋，那人也要周旋！」賀孫。

程又問：「某不是説道閑時全不去思量，意謂臨事而思，如讀書時只思量這書。」曰：「讀書時思量；書，疊了策時，都莫思量去。行動時心下思量書都不得。在這裏坐，只思量這裏事；移過那邊去坐，便不可思量這裏事。今日只思量今日事，更不可思量明日事。這不成説話！試自去平心看聖賢書，都自説得盡。」賀孫。

吴伯英初見，問：「書如何讀？」曰：「讀書無甚巧妙，只是熟讀。字字句句，對注解子細辯認語意。解得一徧是一徧工夫，解得兩徧是兩徧工夫。工夫熟時，義理自然通貫，不用問人。」先生問：「尋常看甚文字？」曰：「曾讀大學。」曰：「看得如何？」曰：「不過尋行數墨，解得文義通，自不曾生眼目於言外求意。」曰：「如何是言外意？」曰：「且如臣之忠，子之孝，火之熱，水之寒，只知爲臣當忠，爲子當孝，火性本熱，水性本寒，不知臣之所以忠，子之所以孝，火之所以熱，水之所以寒。」曰：「格物只是就事物上求箇當然之理。若臣之忠，臣自是當忠；子之孝，子自是當孝。爲臣試不忠，爲子試不孝，看自家心中如何。

火熱水寒，水火之性自然如此。凡事只是尋箇當然，不必過求，便生鬼怪。」僩。

吴伯英問：「某當從致知、持敬，如此用工夫？」曰：「此自吾友身上合做底事，不須商量。」蓋卿。

吴伯英問持敬之義。曰：「且放下了持敬，更須向前進一步。」問：「如何是進步處？」曰：「心中若無一事時，便是敬。」蓋卿。

吴伯英講書。先生因曰：「凡人讀書，須虚心入裏玩味道理，不可只説得皮膚上。譬如一食物，滋味盡在裏面，若只䑛噬其外，而不得其味，無益也。」

問器遠所學來歷。曰：「自年二十從陳先生。其教人讀書，但令事事理會，如讀周禮，便理會三百六十官如何安頓；讀書，便理會二帝三王所以區處天下之事；讀春秋，便理會所以待伯者予奪之義。至論身己上工夫，説道：『「形而上者謂之道，形而下者謂之器。」器便有道，不是兩樣，須是識禮樂法度皆是道理。』」曰：「禮樂法度，古人不是不理會，只是古人都是見成物事，到合用時便將來使。如告顏淵『行夏之時，乘殷之輅』，只是見成物事。如學字一般，從小兒便自曉得，後來只習教熟。如今禮樂法度都一齊亂散，不可稽考，若著心費力在上面，少間弄得都困了。」賀孫。

器遠言：「少時好讀伊洛諸書。後來見陳先生，却説只就事上理會，較著實。若只管語孟開陳許多大本原，多少的實可行，反以爲恐流於空虛，却把左傳做實，要人看。殊不知少間自都無主張，只見許多神頭鬼面，一場没理會，此乃是大不實也！又只管教人看史書，後來諸生都衰了。如潘叔度臨死，却去討佛書看，且是止不得。緣是他那裏都無箇捉摸，却來尋討這箇。如人乘船，一齊破散了，無柰何，將一片板且守得在這裏。」又曰：「孟子曰：『作於其心，害於其事；作於其事，害於其政。』若不就自家身心理會教分明，只道有些病痛不妨，待有事來旋作安排；少間也把捉得一事了，只是有些子罅縫，少間便是一箇禍端。這利害非輕，假饒你盡力極巧，百方去做，若此心有些病根，只是會不好。」又曰：「又有説道，身己自著理會，一種應出底事又自著理會，這分明分做兩邊去。不知古人説修身而天下平，須説做不是始得。大學云『物格而後知至，知至而後意誠』云云，今來却截斷一項，只便要理會平天下，如何得！」又曰：「聖門之中，得其傳者惟顔子。顔子之問，夫子之答有二項：一則問爲仁，一則問爲邦。須知得那箇是先，那箇是後。也須從『克己復禮』上做來，方可及爲邦之事，這事最分曉可見。」又曰：「公適來説君舉要理會經世之學。今且理會一件要緊事，如國家養許多歸明、歸正及還軍年老者，費粮食供之，州郡困乏，展轉二三十年，都縮手坐視其困。器遠且道合如何商量？去之則傷恩，養之則益困。若壯資其力，而老棄其人，是大不可，須有箇指實。」器遠言：「鄉間諸先生嘗懷見先生之意，却不得面會剖析，使這意思合。」又曰：「某不是要教人步步相循，都來入這圈套。只是要教人分別是非教明白，是底還他是，不是底還他不是，大家各自著力，各自撑柱。君盡其職，臣効其功，各各行到大路頭，自有箇歸一處。是乃不同之同，乃所以爲真同也。若乃依阿鶻突，委曲包含，不别是非，要打成一片，定是不可。」賀孫。

器遠問：「初學須省事，方做得工夫。」曰：「未能應得事，終是省好。然又怕要去省，却有不省病痛。某嘗看有時做事要省些工夫，到得做出却有不好，却不厭人意。且如出路要減些用度令簡便，到要用時没討處，也心煩，依前是不曾省得。若可無事時，且省儘好。若主家事，及父母在上，當代勞役，終不成掉了，去閑所在坐不管。省事固好，然一向不經歷，到得事來，却會被他來倒了。」問：「處鄉黨固當自盡，不要理會别人。若有事與己相關，不可以不説，當如何？」曰：「若合説，便著説，如所謂『若要我頭也須説』！若是不當自家説，與其人不可説，則只得不説。然自家雖然是不説，也須示之以不然之意。只有箇當説與不當説，若要把他不是處做是説，便決是不可！」賀孫。

曹問：「先生所解『致知格物』處，某即就這上做去。如未能到貫通處，莫也無害否？」曰：「何謂無害？公只是不曾學，豈有不貫通處？學得熟便通。且如要去所在，須是去到，方得。若行得一日，又説恐未必能到，若如此，怎生到得？天下只有一箇道理，緊包在那下，撒破便光明，那怕不通！」曹叔遠。

又問：「如孟子言『勿忘，勿助長』，却簡易。而今要從細碎做去，却怕不能貫通。」曰「『勿忘，勿助長』，自是言養氣，試取孟子説處子細看。大凡爲學，最切要處在吾心身，其次便是做事，此是的實緊切處。又那裏見得如此？須是聖人之言。今之學者，須是把聖人之言來窮究，見得身心要如此，做事要如此。天下自有一箇道理若大路然，聖人之言，便是那引路底。」

江文卿博識羣書，因感先生之教，自咎云：「某五十年前，枉費許多工夫，記許多文字。」曰：「也不妨。如今若理會得這要緊處，那許多都有用。如七年十載積疊得柴了，如今方點火燒。」賀孫。

謂江文卿曰：「『多聞，擇其善者而從之；多見，而識之。』公今却無擇善一著。聖人擇善，便是事不遺乎理。公今知得，便拽轉前許多工夫自不妨。要轉便轉，更無難者。覺公意思尚放許多不下，説幾句又漸漸走上來，如車水相似，又滚將去。」又曰：「東坡説話固多不是，就他一套中間又自有精處。如説易，説甚性命，全然惡模樣。如説書，却有好處。如説帝王之興，受命之祥，如河圖、洛書、玄鳥、生民之詩，固有是理，然非以是爲先。恨學者推之過詳，流入讖緯；後人舉從而廢之，亦過矣。這是他説得好處，公却不記得這般所在，亦是自家本領不明。若理會得原頭正，到得看那許多，方有辨别。如程先生與禪子讀碑，云：『公所看都是字，某所看都是理。』似公如今所説亦都是字，自家看見都是理。」賀孫。

周兄良問：「某平時所爲，把捉這心教定。一念忽生，則這心返被他引去。」曰：「這箇亦只是認教熟，熟了便不如此。今日一念纔生，有以制之；明日一念生，又有以制之，久後便無此理。只是這邊較少，那邊較多，便被他勝了。如一車之火，以少水勝之，水撲處才滅，而火又發矣。又如弱人與强人相牽一般，强人在門外，弱人在門裏，弱底不能勝，便被他强底拖去了。要得勝他，亦只是將養教力壯後，自然可以敵得他去。非别有箇道理，也只在自家心有以處之耳。孟子所謂捨則亡、操則常存在此。大學所謂忿懥、好樂等事，亦是除了此心，則心自然正，不是把一箇心來正一箇心。」又曰：「心只是敬。程子所謂『主一無適』，主一只是專一。如在這裏讀書，又思量做文字，又思量别事去，皆是不專。」又曰：「見得徹處，徹上徹下，只是一箇道理，須是見得實方是。見得鐵定，如是便爲善，不如是便爲惡，此方是見得實。」卓。

諸生説書畢，先生曰：「諸公看道理，尋得一綫子路脈著了。説時也只是恁地，但於持守處更須加工夫。須是著實於行己上做得三兩分始得，只恁説過不濟事。」周貴卿曰：

「非不欲常常持守，但志不能帥氣，後臨事又變遷了。」曰：「只是亂道！豈是由他自去？正要待他去時撥轉來。『爲仁由己，而由人乎哉！』『止，吾止也；往，吾往也。』」義剛。

李周翰請教，屢歎年歲之高，未免時文之累。曰：「這須是自見得，從小兒也須讀孝經、論語來，中間何故不教人如此？曾讀書，也須疑著。某所編小學，公且子細去看，也有古人說話，也有今人說話，且看是如何。古人都自少涵養好了。」後因說「至善」，又問作時文，先生曰：「讀書才說要做文字使，此心便錯了。若剩看得了，到合說處便說，當不說處不說也得，本來不是要人說得便了。如時文，也只不出聖賢不多說話翻騰出來。且如到說忠信處，他也會說做好，只是與自身全不相干。」因舉「在漳州日，詞訟訖，有一士人立庭下。待詢問，乃是要來從學。居泉州，父母遺學舉業，乃厭彼，要從學。某以其非父母命，令且歸去，得請再來，始無所礙。然其有所見如此，自別」。賀孫。

吴寀直翁問：「學亦頗知自立，而病痛猶多，柰何？」曰：「未論病痛。人必全體是，而後可以言病痛。譬如純是白物事了，而中有黑點，始可言病痛。公今全體都未是，何病痛之可言！設雖有善，亦只是黑上出白點，特其義理之不能已與氣質之或美耳。大抵人須先要趨向是。若趨向正底人，雖有病痛，也是白地上出黑花。此特其氣稟之偏，未能盡勝耳，要之白地多也。趨向不正底人，雖有善，亦只是黑地上出白花，却成差異事。如孔門弟子，亦豈能純善乎？然終是白地多，可愛也。人須先拽轉了自己趨向始得。孔子曰：『苟志於仁矣，無惡也。』既志於義理，自是無惡；雖有未善處，只是過耳，非惡也。以此推之，不志於仁，則無善矣。蓋志在於利欲，假有善事，亦偶然耳，蓋其心志念念只在利欲上。世之志利欲與志理義之人，自是不干事。志利欲者，便如趨夷狄禽獸之徑；志理義者，便是趨正路。鄉里如江德功、吴公濟諸人，多少是激惱人，然其志終在於善。世亦有一種不激惱人底，又見人説道理，他也從而美之；見人非佛老，他亦從而非之。但只是胡亂順人情説，而心實不然，不肯真箇去做，此最不濟事。」伯羽。

「某人來説書，大概只是捏合來説，都不詳密活熟。此病乃是心上病，蓋心不專静純一，故思慮不精明。要須養得此心令虚明專静，使道理從裏面流出，便好。」銖曰：「豫六二『介于石，不終日，貞吉』，正謂此。」曰：「然。」張仁叟問：「何以能如此？莫只在静坐否？」曰：「自去檢點。且一日間試看此幾箇時在内？幾箇時在外？小説中載趙公以黑白豆記善惡念之起，此是古人做工夫處。如此檢點，則自見矣。」又曰：「讀書須將心帖在書册上，逐字看得各有著落，方好商量。須是收拾此心，令專静純一，日用動静間都在，不馳走散亂，方看得文字精審。如此，方是有本領。」銖。

先生語陳公直曰：「讀書，且逐些子理會，莫要攙動他别底。今人讀書，多是從頭一向看到尾，都攬渾了。」道夫。

先生嘗謂劉學古曰：「康節詩云：『閑居謹莫説無妨！』蓋道無妨，便是有妨。要做好人，則上面煞有等級；做不好人，則立地便至，只在把住放行之間爾。」道夫。

彦忠問：「居常苦私意紛攪，雖即覺悟而痛抑之，然竟不能得潔静不起。」先生笑曰：「此正子静『有頭』之説，却是（始）〔使〕[一]得。惟其此心無主宰，故爲私意所勝。若常加省察，使良心常在，見破了這私意只是從外面入。縱饒有所發動，只是以主待客，以逸待勞，自家這裏亦容他不得。此事須是平日著工夫，若待他起後方省察，殊不濟事。」道夫。

林士謙初見，問仁智自得處。曰：「仁者得其爲仁，智者得其爲智，豈仁智之外更有自得？公此問不成問。且去將論語從『學而時習』讀起，孟子將『梁惠王』讀起，大學從『大學之道在明明德』讀起，中庸從『天命之謂「性」』讀起。某之法是如此，不可只摘中間一兩句來理會，意脈不相貫。」淳。

蘇宜久辭，問歸欲觀易。曰：「而今若教公讀易，只看古注，并近世數家注，又非某之本心。若必欲教公依某之易看，某底又只説得三分，自有六七分曉不得，亦非所以爲教。

〔一〕據吕本、院本改。

看來易是箇難理會底物事，卒急看未得，不若且未要理會。聖人云：『詩、書、執禮，皆雅言也。』看來聖人教人，不過此數者。公既理會詩了，只得且理會書；理會書了，便當理會禮。禮之爲書，浩瀚難理會，卒急如何看得許多？且如箇儀禮，也是幾多頭項。某因爲思得一策：不若且買一本温公書儀，歸去子細看。看得這箇，不惟人家冠、昏、喪、祭之禮，便得他用，兼以之看其他禮書，如禮記、儀禮、周禮之屬，少間自然易，不過只是許多路徑節目。温公書儀固有是有非，然他那箇大概是。」僩。

廖晉卿請讀何書。曰：「公心放已久，精神收拾未定，無非走作之時。可且收斂精神，方好商量讀書。」繼謂之曰：「玉藻九容處，且去子細體認。待有意思，却好讀書。」時舉。

厚之臨別請教，因云：「看文字生。」曰：「日子足，便熟。」可學。

陳希周請問讀書修學之門。曰：「所謂讀書者，只是要理會這箇道理。治家有治家道理，居官有居官道理，雖然頭面不同，然又只是一箇道理。如水相似，遇圓處圓，方處方，小處小，大處大，然亦只是一箇水耳。」時舉。

先生謂鄭光弼子直曰：「書雖是古人書，今日讀之，所以蓄自家之德。却不是欲這邊讀得些子，便搬出做那邊用。易曰：『君子以多識前言往行，以蓄其德。』公今却是讀得一書，便做得許多文字，馳騁跳躑，心都不在裏面。如此讀書，終不干自家事。」又曰：「義利之辨，正學者所當深知。」道夫。

子合純篤，膚仲疏敏。道夫。

先生謂正甫任忠厚，遂安人。「精神專一」。僩。

鍾唐傑問「窮理、持敬」。曰：「此事不用商量。若商量持敬，便不成持敬；若商量窮理，便不成窮理。須令實理在題目之後。」蓋卿。

問丘次孟言：「嘗讀曲禮、遺書、康節詩，覺得心意快活。」曰：「他本平鋪地說在裏，公却帖了箇飛揚底意思在上面，可知是恁地。康節詩云：『真樂攻心不柰何。』某謂此非真樂也，真樂便不攻心。如顏子之樂，何嘗恁地！」曰：「次孟何敢望康節，直塗之人爾。」曰：「塗人却無許多病。公正是肚裏有許多見識道理，攪得恁地叫喚來。」又舉曲禮成誦。先生曰：「但曲禮無許多叫喚。」曰：「次孟氣不足。」曰：「非氣不足，乃氣有餘也。」道夫。

語元昭：「且要虛心，勿要周遮。」元昭以十詩獻，詩各以二字命題，如「實理」之類，節節推之。先生指立命詩兩句：「『幾度風霜猛摧折，依前春草滿池塘。』既說道佛老之非，又却流於佛老，此意如何？」元昭曰：「言其無止息。」曰：「觀此詩與賢說話又異。此只是要鬬勝。知道，安用許多言！顏子當時不曾如此，此只是要人知，安排餖飣出來，便不是。末篇極致尤不是。如何便到此，直要撞破天門！前日說話如彼，今日又如此，只是説話。」可學。

元昭告歸。先生曰：「歸以何爲工夫？」曰：「子細觀來，平生只是不實，當於實處用工夫。」曰：「只是粗。除去粗，便是實。」曰：「每嘗觀書，多只理會大意，元不曾子細講究。」曰：「大意固合理會，文義亦不可不講究，最忌流於一偏。明道曰：『與賢説話，却似扶醉漢，救得一邊，倒了一邊。』今之學者大抵皆然。如今人讀史成誦，亦是玩物喪志。學者若不理會得，聞這説話，又一齊棄了。只是停埋攤布，使表裏相通方可。然亦須量力。若自家力不及，多讀無限書，少間埋没於其間，不惟無益，反爲所害。近日學者又有一病，多求於理而不求於事，求於心而不求於身。如説『一日克己復禮，天下歸仁』。既能克己，則事事皆仁，天下皆歸仁於我，此皆有實迹。而必曰『天下皆歸吾仁之中』，只是無形無影。自龜山以來皆如此説。徐承叟亦云，見龜山説如此。」

先生問元昭：「近來頗覺得如何？」曰：「自覺此心不實。」曰：「但不要窮高極遠，只於言行上點檢，便自實。今人論道，只論理，不論事；只説心，不説身。其説至高，而蕩然無守，流於空虚異端之説。且如『天下歸仁』，只是天下與其仁，程子云『事事皆仁』是也。今人須要説天下皆歸吾仁之中，其説非不好，但無形無影，全無下手脚處。夫子對顔子『克己復禮』之目，亦只是就視聽言動上理會。凡思慮之類，皆動字上包了，不曾更出非禮勿思一條。蓋人能制其外，則可以養其内。固是内是本，外是末，但偏說存於中，不說制於外，則無下手脚處，此心便不實。外面儘有過言、過行更不管，却云吾正其心，有此理否？浙中王蘋信伯親見伊川來，後來設教作怪。舒州有語録之類，專教人以『天下歸仁』。才見人，便說『天下歸仁』，更不說『克己復禮』！」璘。

楊丞問心思擾擾。曰：「程先生云：『嚴威整肅，則心便一。一則自無非僻之干。』只才整頓起處，便是天理，無別天理。但常常整頓起，思慮自一。」璘。

黄達才言思不能精之病。曰：「硬思也不得。只要常常提撕，莫放下，將久自解有得。」義剛。

立之問：「某常於事物未來，思慮未萌時，覺見有惺惺底意思，故其應變接物，雖動，却有不動之意存。未知是否？」曰：「應變接物，只要得是。如『敬以直内，義以方外』，此可以盡天下之事。若須要不動，則當好作事處，又蹉過了。」時舉。

李伯誠曰：「打坐時意味也好。」曰：「坐時固是好，但放下脚，放開眼，便不恁地了。須是臨事接物時，長如坐時方可。如挽一物樣，待他要去時，硬挽將轉來，方得。」義剛。

張以道請誨。曰：「但長長照管得那心便了。人若能提掇得此心在時，煞争事。」義剛。

劉炳韜仲以書問格物未盡，處義未精。曰：「此學者之通患。然受病不在此，這前面別有受病處。」余正叔曰：「豈其自然乎？」曰：「都不干別事，本不立耳。」伯羽。

鄭昭先景紹請教。曰：「今人却是倒置。古人學而後仕，今人却反仕而後學。其未仕也，非不讀書，但心有所溺，聖賢意思都不能見。科舉也是奪志。今既〔免〕〔一〕此，亦須汲汲於學。爲學之道，聖經賢傳所以告人者，已竭盡而無餘，不過欲人存此一心，使自家身有主宰。今人馳鶩紛擾，一箇心都不在軀殼裏。孟子曰：『學問之道無他，求其放心而已。』又曰：『存其心，養其性，所以事天也。』學者須要識此。」道夫。

丘玉甫作別，請益。曰：「此道理儘說只如此。工夫全在人，人却聽得頑去聲。了，不曾真箇做。須知此理在己，不在人；得之於心而行之於身，方有得力，不可只做册子工夫。如某文字說話，朋友想都曾見之。想只是看過，所以既看過，依舊只如舊時。只是將身掛在理義邊頭，不曾真箇與之爲一。須是決然見得未嘗離，不可相捨處，便自然著做不能已也。」又曰：「學者肯做工夫，想是自有時。然所謂時者，不可等候，只自肯做時便是也。今學者自不以爲飢，如何强他使食！自不以爲渴，如何强他使飲！」必大。

江元益問入德。曰：「德者己之所自有。入德，只是進得底。且如仁義禮智，自家不

〔一〕據陳本增。

得，便不是自家底。」榦。

江元益問門人勇者爲誰。曰：「未見勇者。」榦。

林叔和別去，請教。曰：「根本上欠工夫，無歸宿處。如讀書應事接物，固當用功；不讀書，不應事接物時如何？」林好主葉正則之説。曰：「病在先立論，聖賢言語，却只將來證他説。凡讀書須虛心，且似未識字底。將本文熟讀平看，今日看不出，明日又看。看來看去，道理自出。」閎祖。

周元卿問：「讀書，有時半板前心在書上，半板後忽然思慮他事，口雖讀，心自在別處，如何得心只在書上？」曰：「此最不可。『不誠無物』，雖讀，猶不讀也。『誠者物之終始』。如半板已前心在書上，則只在半板有始有終；半板以後心不在焉，則無物矣。」壯祖。

謂諸友曰：「鄭仲履之學，只管從小小處看，不知經旨初不如此，觀書當從大節目處看。程子有言：『平其心，易其氣，闕其疑，則聖人之意可見矣。』」蓋卿。

方叔弟問：「平居時習，而習中每覺有愧，何也？」曰：「如此，只是工夫不接續。要習，須常令工夫接續則得。」又問尋求古人意思。曰：「某常謂，學者須是信，又須不信，久之，却自尋得箇可信底道理，則是真信也。」大雅。

先生以林一之問卷示諸生，曰：「一之恁地沉淪，不能得超脱。他説生物之心，我與那物同，便會相感。這生物之心，只是我底，觸物便自然感，非是因那物有此心，我方有此心。且赤子不入井，牛不觳觫時，此心何之？須常粧箇赤子入井，牛觳觫在面前，方有此惻隱之心；無那物時，便無此心乎？又説義利作甚？此心才有不存，便錯了。未説到那義利處。」淳。

林一之問：「先生説動静義，只是動中有静，静中有動底道理？」曰：「固是如此。然何須將來引證？某僻性最不喜人引證。動中静，静中動，古人已説了。今更引來，要如何引證得是？但與此文義不差耳，有甚深長？今自家理會這處，便要將來得使。恁地泛泛引證，作何用！明道言介甫説塔，不是上塔，今人正是説塔。須是要直上那頂上去，始得，説得濟甚事？如要去取咸陽，一直去取，便好，何必要問咸陽是如何廣狹？城池在那處？宫殿在那處？亦何必説是雍州之地？但取得其地便是。今恁地引證，恰似要説咸陽，元不曾要取他地。」寓。

郭叔雲問：「爲學之初，在乎格物。物物有理，從何處下手？」曰：「人箇箇有知，不成都無知，但不能推而致之耳。格物，是格物理至徹底處。」又云：「致知、格物，只是一事，非是今日格物，明日又致知。格物以理言，致知以心言。」恪。

先生教郭曰：「爲學切須收斂端嚴，就自家身心上做工夫，自然有所得。」恪。

與馮德貞説爲己、爲人。曰：「若不爲己，看做甚事都只是爲别人。雖做得好，亦不關己。自家去從師，也不是要理會身己；自家去取友，也不是要理會身己。只是漫恁地，只是要人説道也曾如此，要人説道好。自家又識得甚麽人，自家又有幾箇朋友，這都是徒然。説道，看道理，不曾著自家身己，如何會曉得？世上如此爲學者多。只看爲己底是如何，他直是苦切。事事都是自家合做底事，如此方可，不如此定是不可。今有人苦學者，他因甚恁地苦？只爲見這物事是自家合做底事。如人喫飯，是自家肚飢，定是要喫。又如人做家主，要錢使，在外面百方做計，壹錢也要將歸。這是爲甚如此？只爲自家身上事。若如此爲學，如何會無所得！」賀孫。

余國秀問治心、修身之要。以爲雖知事理之當爲，而念慮之間多與日間所講論相違。曰：「且旋恁地做去，只是如今且説箇『熟』字。這『熟』字如何便得到這地位？到得熟地位，自有忽然不可知處。不是被你硬要得，直是不知不覺得如此。」賀孫。

國秀問：「向曾問身心性情之德，蒙批誨云云。宋傑竊於自己省驗，見得此心未發時，其仁義禮智之體渾然未有區别。於此敬而無失，則發而爲惻隱、羞惡、辭遜、是非之情，自有條理而不亂。如此體認，不知是否？」曰：「未須説那『敬而無失』，與未有區别，及自有條理而不亂在，且要識認得這身心性情之德是甚底模樣。説未有區别，亦如何得？雖是未發時無所分別，然亦不可不有所分別。蓋仁自有一箇仁底模樣物事在内，義自有箇義底模樣物事在内，禮智皆然。今要就發處認得在裏面物事是甚模樣。故發而爲惻隱，必要認得惻隱之根在裏面是甚底物事；發而爲羞惡，必要認得羞惡之根在裏面是甚底物事。禮智亦如之。譬如木有四枝，雖只一箇大根，然必有四根，一枝必有一根也。」又問：「宋傑尋常覺得資質昏愚，但持敬則此心虚静，覺得好。若敬心稍不存，則裏面固是昏雜，而發於外亦鶻突，所以專於『敬而無失』上用功。」曰：「這裏未消説敬與不敬在。蓋敬是第二節事，而今便把來夾雜説，則鶻突了，愈難理會。且只要識得那一是一，二是二。便是虚静，也要識得這物事；不虚静，也要識得這物事。如未識得這物事時，則所謂虚静，亦是箇黑底虚静，不是箇白底虚静。而今須是要打破那黑底虚静，换做箇白底虚静，則八窗玲瓏，無不融通。不然，則守定那裏底虚静，終身黑淬淬地，莫之通曉也。」燾。

問：「先生答余國秀云：『須理會得其性情之德。』」曰：「須知那箇是仁義禮智之性，那箇是惻隱、羞惡、恭敬、是非之情，始得。」問：「且如與人相揖，便要知得禮數合當如此。不然，則『行矣而不著，習矣而不察』。」曰：「常常恁地覺得，則所行也不會大段差舛。」胡泳。

用之舉似：「先生向日曾答蔡丈書，承喻『以禮爲先』之説。又：『「似識造化」之云，不免倚於一物，未知親切工夫耳。大抵濂溪説得的當，通書中數數拈出「幾」字。要當如此幾地，即自然有箇省力處，無規矩中却有規矩，未造化時已有造化。』此意如何？」曰：「都固要得。且於日用處省察，善便存放這裏，惡便去而不爲，便是自家切己處。古人禮儀，都是自少理會了，只如今人低躬唱喏，自然習慣。今既不可考，而今人去理會，合下便別將做一箇大頭項。又不道且理會切身處，直是要理會古人因革一副當，將許多精神都枉耗了，元未切自家身己在。」又曰：「只有大學教人致知、格物底，便是就這處理會；到意誠、心正處展開去，自然大。若便要去理會甚造化，先將這心弄得大了，少間都没物事說得滿。」賀孫。

林仲參問下學之要受用處。曰：「潑底椅桌在屋下坐，便是受用。若貪慕外面高山曲水，便不是受用底。」舉詩云：「貧家净埽地，貧女好梳頭。下士晚聞道，聊以拙自修。」

劉淮求教。曰：「某無別法，只是將聖賢之書虛心下氣以讀之。且看這箇是，那箇不是。待得一回推出一回新，便是進處。不然，只是外面事，只管做出去，不見裏滋味，如何「前人只恁地說了。」銖。

趙恭父再見。問：「別後讀書如何？」曰：「近覺得意思却不甚迫切。」曰：「若只恁地責得他！」

據見定做工夫，却又有苟且之病去。」曰：「安敢苟且？」曰：「既不迫切，便相將向這邊來，又不可不察。」又問：「切己工夫，如何愈見得己私難勝？」曰：「這箇也不須苦苦與他爲敵。但纔覺得此心隨這物事去，便與他唤回來，便都没事。」

謂南城熊曰：「聖賢語言，只似常俗人説話。如今須是把得聖賢言語，湊得成常俗言語，方是，不要引東引西。若説這句未通，又引那句，終久兩下都理會不得。若這句已通，次第到那句自解通。」銖。

看文字，不可過於疏，亦不可過於密。如陳德本有過於疏之病，楊志仁有過於密之病。蓋太謹密，則少間看道理從那窮處去，更插不入。不若且放下，放開闊看。燾。

器之看文字見得快。叔蒙亦看得好，與前不同。賀孫。

許敬之侍教，屢與言，不合。曰：「學未曉理，亦無害；説經未得其意，亦無害。且須静聽説話，尋其語脈是如何。一向强辨，全不聽所説，胸中殊無主宰，少間只成箇狂妄人去。」淳。

淳叟問：「方讀書時，覺得無静底工夫。須有讀書之時，有虚静之時。」曰：「某舊見李先生，嘗教令静坐。後來看得不然，只是一箇『敬』字好。方無事時，敬於自持；凡心不可放入無何有之鄉，須收斂在此。及應事時，敬於應事；讀書時，敬於讀書，便自然該貫動静，心無時不存。」德明。

先生見劉淳叟閉目坐，曰：「淳叟待要遺物，物本不可遺。」大雅。

坐間有及劉淳叟事。曰：「不意其變常至此！某向往奏事時來相見，極口説陸子静之學大謬。某因詰之云：『若子静學術自當付之公論，公如何得如此説他？』此亦見他質薄處。然其初間深信之，畢竟自家唤做不知人。」賀孫。

辨姦論謂「事之不近人情者，鮮不爲大姦慝」。每常嫌此句過當，今見得亦有此樣人。某向年過江西，與子壽對語，而劉淳叟堯夫獨去後面角頭坐，都不管，學道家打坐。被某罵云：「便是某與陸丈言不足聽，亦有數年之長，何故恁地作怪！」義剛。

因論劉淳叟事，云：「添差倅亦可以爲。」論治三吏事，云：「漕自來爲之亦好。不然，委别了事人。淳叟自爲太掀揭，故生事。」因論今趙帥可語，鹽弊何不一言？云：「某如何敢與？大率以沉審爲是，出位爲戒。」振。

陳寅仲問劉淳叟。曰：「劉淳叟，方其做工夫時，也過於陳正己；及其狼狽，也甚於陳正己。陳正己輕薄，向到那裏，覺得他意思大段輕薄，每事只説道他底是。他資質本自撈攘，後來又去合那陳同父。兼是伯恭教他時，只是教他權數了。伯恭教人，不知是怎生地至此。」笑云：「向前見他們人有箇祭文云，其有能底，則教他立功名作文章；其無能底，便語他『正心、誠意』！」義剛。

先生説：「陳正己，薛象先喜之者何事？」賀孫云：「想是喜其有才。」汪長孺謂：「併無其才，全做事不成。」曰：「叔權謂長孺：『他日觀氣質之變，以驗進退之淺深。』此説最好。大凡人須是子細沉静，大學謂『知止而後有定，定而後能静，静而後能安，安而後能慮，慮而後能得』。如一件物事，自家知得未曾到這裏，所見未曾定；以無定之見，遂要決斷此事，如何斷得盡！一件物事，有長有短。自家須實見得他那處是長，那處是短。如今便一定把著他短處，便一齊没他長處。若只如此，少間一齊不通。禮記云：『疑事毋質，直而勿有。』看古人都是恁地不敢草草。周先生所以有『主静』之説，如蒙艮二卦，皆有静止之體。洪範五事『聽曰聰，聰作謀』。謀屬金，金有静密意思；人之爲謀，亦欲静密。『貌曰恭，恭作肅。』肅屬水，水有細潤意思；人之舉動，亦欲細潤。聖人所以爲聖人，只是『動静不失其時，時止則止，時行則行』。聖人這般所在，直是則得好。自家先恁地浮躁，如何要發得中節！做事便事事做不成，説人則不曾説得著實。」又曰：「老子之術，自有退後一著。事也不攙前去做，説也不曾説將出，但任你做得狼狽了，自家徐出以應之。如人當紛争之際，自去僻静處坐，任其如何。彼之利害長短，一一都冷看破了，從旁下一著，定是的當。此固是不好底術數，然較之今者浮躁胡説亂道底人，彼又較勝。」因舉老子語：「『豫兮若冬涉川，猶兮若畏四鄰，儼若客，涣若冰將釋。』子房深於老子之學。曹參學之，有體而無用。」賀孫。

問：「姜叔權自言終日無思慮，有『寂然不動』之意。德輔疑其已至。」曰：「且問他還能『感而遂通天下之故』否？須是窮理。若只如此，則不須説格物、致知。」問：「如此，則叔權之静未是至？」曰：「固是。」德輔。

戴明伯請教。曰：「且將一件書讀。聖人之言，即聖人之心；聖人之心，即天下之理。且逐段看令分曉，一段分曉，又看一段。如此至一二十段，亦未解便見箇道理，但如此心平氣定，不東馳西鶩，則道理自逐旋分明。去得自家心上一病，便是一箇道理明也。道理固是自家本有，但如今隔一隔了，須逐旋揩磨呼唤得歸。然無一唤便見之理。如金溪只要自得，若自得底是，固善；若自得底非，却如何？不若且虚心讀書。讀書，切不可自謂理會得了。便理會得，且只做理會不得。某見説不會底，便有長進；不長進者，多是自謂已理會得了底。如此，則非特終身不長進；便假如釋氏三生十六劫，也終理會不得！」又云：「此心先錯用向東去，及至唤回西邊，又也只是那向東底心；但只列轉些頓放，元不曾改换。有一學者先佞佛，日逐念金剛大悲呪不停口。後來雖不念佛，來誦大學、論、孟，却依舊趕徧數，荒荒忙忙誦過，此亦只是將念大悲呪時意思移來念儒書爾。」必大。

括蒼徐元明、名琳。鄭子上同見。先生説：「『博學而詳説之，將以反説約也。』今江西諸人之學，只是要約，更不務博；本來雖有些好處，臨事盡是鑿空杜撰。至於吕子約，又一向務博，而不能反約。讀得書多，左牽右撰，横説直説，皆是此理；只是不潔凈，不切要，有牽合無謂處。沈叔晦不讀書，不教人，只是所守者淺狹；只有些子道理，便守定了，亦不博之弊。」璘。

陸深甫問爲學次序。曰：「公家庭尊長平日所以教公者如何？」陸云：「删定叔祖所以見教者，謂此心本無虧欠，人須見得此心，方可爲學。」曰：「此心固是無虧欠，然須是事事做得是，方無虧欠。若只説道本無虧欠，只見得這箇便了，豈有是理！」因説：「江西學者自以爲得陸删定之學，便高談大論，略無忌憚。忽一日自以爲悟道，明日與人飲酒，如法駡人。某謂賈誼云，秦二世今日即位而明日射人！今江西學者乃今日悟道而明日駡人，不知所修者果何道哉！」時舉。

包詳道書來言「自壬子九月一省之後」云云。先生謂顯道曰：「人心存亡之決，只在出入息之間。豈有截自今日今時便鬼亂，已後便悄悄之理？聖賢之學，是揩揩定定做，不知不覺，自然做得徹。若如所言，則是聖賢修爲講學都不須得，只等得一旦怳然悟去，如此者起人僥倖之心。」義剛。

「看孫吉甫書，見得是要做文字底氣習。且如兩漢、晉、宋、隋、唐風俗，何嘗有箇人要如此變來？只是其風俗之變，滚來滚去，自然如此。漢末名節之極，便變作清虚底道理。

到得陳、隋以後，都不理會名節，也不理會清虚，只是相與做一般纖艷底文字。君臣之間，把這文字做一件大事理會。如進士舉是隋煬帝做出來，至唐三百年以至國初，皆是崇尚文辭。」鄭子上問：「風俗滚來滚去，如何到本朝程先生出來，便理會發明得聖賢道理？」曰：「周子、二程説得道理如此，亦是上面諸公挪趲將來。當楊、劉時，只是理會文字。到范文正、孫明復、石守道、李太伯、常夷甫諸人，漸漸刊落枝葉，務去理會政事，思學問見於用處。及胡安定出，又教人作『治道齋』，理會政事，漸漸挪得近裏，所以周、程發明道理出來，非一人之力也。」璘。

先生謂杜叔高曰：「學貴適用。」

先生謂魯可幾曰：「事不要察取盡。」道夫。

或問徐子顔。曰：「其人有守，但未知所見如何。」文蔚。

今學者有兩樣，意思鈍底，又不能得他理會得；到得意思快捷底，雖能當下曉得，然又恐其不牢固。如龔郯伯理會也快，但恐其不牢固。賀孫。

先生問郭廷碩：「今如何？」曰：「也只如舊爲學。」曰：「賢江西人，樂善者多，知學者少。」又説：「楊誠齋廉介清潔，直是少。謝尚書和易寬厚，也煞朴直。昔過湘中時，曾到謝公之家，頽然在敗屋之下，全無一點富貴氣，也難得。」又曰：「聞彭子壽造居甚大，何必如此？」又及一二人，曰：「以此觀謝尚書，直是朴實。」祖道。

先生問：「湘鄉舊有從南軒遊者，爲誰？」佐對以周奭允升、佐外舅舒誼周臣。外舅没已數歲，南軒答其論知言疑義一書，載文集中。允升藏修之所正枕江上，南軒題曰「濂溪書室」。鄉曲後學講習其間，但允升今病不能出矣。先生曰：「南軒向在静江曾得書，甚稱説允升，所見必别，安得其一來！次第送少藥物與之。」佐。

直卿告先生以趙友裕復有相招之意。先生曰：「看今世務已自没可柰何。只得隨處與人説，得識道理人多，亦是幸事。」賀孫。

吕德遠辭，云將娶，擬某日歸。及期，其兄云：「與舍弟商量了，且更承教一月，却歸。」曰：「公將娶了，如何又恁地説？此大事，不可恁地。宅中想都安排了，須在等待，不可如此了。」即日歸。義剛。

季繹勸蔡季通酒，止其泉南之行。蔡决於先生，先生笑而不答。良久，云：「身勞而心安者爲之，利少而義多者爲之。」人傑。廣録云：「或有所欲爲，謀於先生。曰：『心佚而身勞，爲之；利少而義多，爲之。』」

先生看糊窗，云：「有些子不齊整，便不是他道理。」朱季繹云：「要好看，却從外糊。」直卿云：「此自欺之端也！」賀孫。